本成果受到中国人民大学2016年度
"建设世界一流大学（学科）和特色发展引导专项资金"专项经费的支持
被中国知网、超星域出版平台全文收录

中国苏轼研究

（第八辑）

中国人民大学文学院　主办

学苑出版社

图书在版编目（CIP）数据

中国苏轼研究. 第八辑/冷成金主编. ——北京：学苑出版社，2017.12
ISBN 978-7-5077-5403-2

Ⅰ.①中… Ⅱ.①冷… Ⅲ.①苏轼（1036—1101）-人物研究②苏轼（1036—1101）-文学研究 Ⅳ.①K825.6 ②I206.2

中国版本图书馆CIP数据核字（2017）第319029号

出 版 人：孟　白
特约编审：刘尚荣
责任编辑：刘　丰
出版发行：学苑出版社
社　　　址：北京市丰台区南方庄2号院1号楼　100079
网　　　址：www.book001.com
电子信箱：xueyuanpress@163.com
销售电话：010-67601101（营销部）、010-67603091（总编室）
印　刷　厂：北京京华虎彩印刷有限公司
开本印张：787×1092　1/16
印　　　张：24.75
字　　　数：400千字
版　　　次：2017年12月第1版
印　　　次：2017年12月第1次印刷
定　　　价：122.00元

《中国苏轼研究》编辑委员会

主　　编　　冷成金
秘　　书　　董宇宇　包树望
编辑委员　　（按姓氏笔画为序）
　　　　　　内山精也〔日本〕　王　洪　王水照　王维玉
　　　　　　叶嘉莹〔加拿大〕　艾朗诺〔美国〕　由兴波
　　　　　　包树望　安熙珍〔韩国〕　刘　石　刘尚荣
　　　　　　刘清泉　朱　刚　冷成金　张　鸣　张　剑
　　　　　　张志烈　张海鸥　张爱东〔新加坡〕
　　　　　　张振军〔美国〕　张高评〔中国台湾〕
　　　　　　吴　真　浅见洋二〔日本〕　杨松冀　杨胜宽
　　　　　　邱俊鹏　周裕锴　柳晟俊〔韩国〕　饶学刚
　　　　　　唐凯琳〔美国〕　徐　楠　诸葛忆兵　陶文鹏
　　　　　　程　磊　董宇宇　康　震　曾枣庄　曾祥波
　　　　　　潘殊闲

目　录

人的自证与悲剧意识的兴起　◇冷成金/1
中国悲剧意识的特质与演变
　　——兼及苏轼的典型意义　◇董宇宇/12
论苏轼理趣诗中的悲剧意识　◇包树望/38
苏轼诗歌悲剧意识的消解和超越方式
　　——兼及苏轼诗歌豪放风格成因分析　◇张永宽/51
论苏、辛怀古词的悲剧意识　◇宋梁缘/70
悲剧情怀与苏轼形象的理想化　◇宋春光/83
浅析苏轼挽诗中的悲剧意识　◇王博施/95
再论苏轼"心理本体"的情理结构　◇宋　颖/103
苏轼词情理结构探析　◇马　蓉/122
苏轼隐逸词的情理结构　◇吴宇轩/134
秦观词情理结构特点
　　——兼与苏轼词比较　◇蔡明月/146
苏轼黄州、岭海时期诗歌中"情—理—情"
　　价值建构理路浅析　◇王　艳/160
儋州是苏东坡真正的精神家园　◇李公羽/172
苏轼诗歌的儒家维度　◇沈广斌/183
苏轼恤狱之仁研究
　　——以《乞医疗病囚状》为基点　◇彭林泉/202
苏轼晚年心灵世界探微
　　——兼谈苏轼对汉传观音文化的贡献　◇袁桂娥　刘继增/213
苏轼的养生智慧及其当代启示　◇潘殊闲/224

论苏轼的饮食养生思想 ◇王友胜/235

苏轼密州超然台诗文唱和及其文化意蕴 ◇马银华/254

苏轼庐山诗综论 ◇高云鹏/262

文化视野下的苏轼和陶诗平议 ◇吴增辉/278

丁谓执殳 为苏前驱
　　——丁谓与苏轼流贬海南经历对读 ◇海　滨/293

苏东坡北归卜居考 ◇李景新/320

苏轼葬郏之因探析 ◇乔建功/328

苏轼"和陶诗"系年考辨 ◇杨松冀/334

苏轼润州词编年辨证 ◇喻世华/349

北宋前期官制下苏轼官职解读 ◇周云容/360

清代"豪放""婉约"词论之文献载体举隅 ◇赵银芳/368

第二十一届苏轼学术会议综述 ◇刘清泉/382

人的自证与悲剧意识的兴起

◇冷成金*

中国文化中有着极其丰富成熟的悲剧意识，且唐诗宋词是其重要的载体，而其中苏轼诗词文中的悲剧意识又具有代表性的意义。因此，在研究苏轼的诗词文时，探讨悲剧意识的源起及性质尤为必要。但历来对于中国文化中的悲剧意识的源起、性质、特点以及作用的研究尚不深入，也不明确。兹从三个方面来简要论述这一问题。

一、人要"活着"的内在亲证：价值建构的起点和原动力

"子曰：'人能弘道，非道弘人。'"（《论语·卫灵公》）在人和道的关系上，这句话是一个具有根本意义的性质命题（直言命题），"人能弘道"的思想不仅是孔门仁学的基本观点之一，更对中国哲学以及思想文化发生了根本性的影响。

人是什么？即人的本质属性是什么？"子曰：'吾未见好德如好色者也。'"（《论语·子罕》）"子曰：'我未见好仁者，恶不仁者。好仁者，无以尚之；恶不仁者，其为仁矣，不使不仁者加乎其身。有能一日用其力于仁矣乎？我未见力不足者。盖有之矣，我未之见也。'"（《论语·里仁》）其意是说，相对于"好德""好仁"，人更容易"好色""恶仁"，其中的"好德""好色"、"好仁""恶仁"是两组对立的概念，又都同时存在于人的身上。

但对于"吾未见好德如好色者也"，历史上有这样的解释：

---

* 作者简介：冷成金，中国人民大学文学院教授。
项目基金：中国人民大学"中央高校建设世界一流大学（学科）和特色发展引导专项资金"支持，项目批准号（16XNL008）。

谢氏曰："好好色，恶恶臭，诚也。好德如好色，斯诚好德矣，然民鲜能之。"《史记》："孔子居卫，灵公与夫人同车，使孔子为次乘，招摇市过之。"孔子丑之，故有是言。（朱熹《论语集注》）[1]114

本章叹时人薄于德而厚于色。或曰：好色出于诚，人之好德每不如好色之诚。又说：《史记》"孔子居卫，灵公与夫人同车，使孔子为次乘，招摇市过之。"故有是言。今按：孔子此章所叹，古固如此，今亦同然，何必专于卫灵公而发。读《论语》，贵从人生事实上体会，不贵多于其他书籍牵说。（钱穆《论语新解》）[2]238

钱解甚好。好色之色亦可作宽泛解，不必止于女色，一切过度之华美文饰均是。（李泽厚《论语今读》）[3]229

显然，钱穆承袭的是《论语集注》的说法，从"今按"看，李氏是同意《论语集注》的说法的。朱、钱、李的解释一脉相承，但不正确。

朱熹将"好色"的"人欲"看作人之"诚"，是为证明人欲的存在，是出于"灭人欲"的考虑。但《四书集注》对"诚"的使用有很不一致的地方，《中庸集注》在"诚者，天之道也；诚之者，人之道也"下注："诚者，真实无妄之谓，天理之本然也。诚之者，未能真实无妄，而欲其真实无妄之谓，人事之当然也。"[1]31如果按照这一解释，"好色"便是"天理之本然"。朱熹与钱穆之意，大致是教人"好德如好色"，将"好色"之"诚"移植到"好德"上来，但既然是"诚"，又如何能移植？况且二者是对立的。

"诚"本是原始巫术活动中的要求和心理感受，随着历史的发展，"诚"逐渐被提升到宇宙和人的本质的高度，所以才有"诚者，天之道也；诚之者，人之道也"（《中庸》）。所谓"天之道"，就是天然之道，就是最本真、最自然、最无人为的样子，以无人为干预自然而然地运行的"天之道"来标举人类社会，得出的结论只能是无战争无剥削无压迫且富裕文明的状态，因为这是人的最本真的希望和追求，是人的本真心理的真诚显现，所以是"诚"；但人类社会并未达到上述的应然状态，那就要使之不断趋近，所以说"诚之者，人之道也"。因此，"诚"本身就是对基本历史合理因素的体认，在漫长的历史实践中，这种对"诚"的体认的要求就被确定为人的本质规定性。这样一来，对于不同历史时期的合理因素来讲，"诚"就成了人的人性心理形式。

如果"好色"是人之诚的话，那些杀身成仁、舍生取义的人就没有了

"诚"，只有贪生怕死、见利忘义的人才有"诚"。因此，从这一意义上说，朱、钱、李所说的"诚"并不是原始儒学意义上的"诚"，更多的是人的动物性的自然物欲心理。

在原始儒家看来，人不是抽象的，人的本质属性是由人的动物性（自然物欲）和人的社会性（在长期的历史实践中建构理性的结果）两个方面组成的。动物性是人性的基础，其本质特征是生本能，即要活着并延续族类，主要体现为物质欲望；社会性是人性的指向，是对人的动物性的规范、提升和转向，其本质特征是奉献。"吾未见好德如好色者也"，"我未见好仁者，恶不仁者"，其中的"好色""恶仁"是人的动物性，"好德""好仁"是人的社会性。必须看到的是，"好色""恶仁"是随时随地地自然产生的，而"好德""好仁"则要克制私欲，通过"克己复礼"（《论语·颜渊》）的艰苦修炼才能实现的。（从这个意义上说，人生的唯一目的就是不断地克服和转化人的动物性，增加和提升人的社会性。）

所以，"好色""恶仁"仅仅是人的动物性，是人的自然欲望，而非人之"诚"。而"好德""好仁"则是人的社会性。在这个问题上，《孟子》以其深刻的思辨性进行了彻底的论述："口之于味也，目之于色也，耳之于声也，鼻之于臭也，四肢之于安佚也，性也。有命焉，君子不谓性也。仁之于父子也，义之于君臣也，礼之于宾主也，智之于贤者也，圣人之于天道也，命也。有性焉，君子不谓命也。"（《孟子·尽心下》）其意是说，人喜欢感官享受，是人的自然天性，但能否得到这些享受，却有偶然性，是外在命运，是人不能把握的，所以君子不把乐于享受看作是人的天性的必然；至于仁义天道能否实现，虽然也属于命运，也有偶然性，但它是人的天性的必然，是人的本质规定性，所以君子不认为能否实现仁义天道属于命运，而应该看作是属于人的天性，因此应该努力去实现仁义天道。在这里，孟子依据人类社会发展的必然要求（人类总体意识）将"性"与"命"、人的自然属性和社会属性进行置换，确立了人的社会属性为人的应然之"诚"。

在这里，有必要说明的是，孟子的哲学中存在着一些先验的或设定的东西，如："恻隐之心，仁之端也；羞恶之心，义之端也；辞让之心，礼之端也；是非之心，智之端也。人之有是四端也，犹其有四体也。有是四端而自谓不能者，自贼者也；谓其君不能者，贼其君者也。凡有四端于我者，知皆扩而充之矣，若火之始然，泉之始达。苟能充之，足以保四海；苟不充之，不足以事父母。"" '我知言，我善养吾浩然之气。' '敢问何谓浩然之气？'曰：'难言也。其为气也，至大至刚，以直养而无害，则塞于天地之间。其为气也，配义与道。无是，馁也。是集义所生者，非义袭而取之也。行有不慊于心，则馁矣。'"（《孟子·公孙丑上》）在这里，孟子将"四端"等同于"四体"，是混淆概念，将"四端""浩然之气"这种在历史实践中形成的人性心理当成人生来就有的东西，这就导向了先验，为后来的随意设定（比如将封建社会某个阶段的道德规范当成永恒的东西）开了方便之门，失去了以人为本的历史实践的源头活水，必然走向僵化。但同时，孟子哲学思想中又有与孔子高度一致的地方，如上段引文中的将仁规定为人的本质属性，就是从人类社会发展的应然要求出发来思考问题，而不是从某个固定的先验的东西来思考问题，是孔子"人能弘道"思想的具体体现。

综上所述，要"活着"是人的动物性的永恒的本能冲动，然而，由于人的高智商与高情商，动物性的要活着一旦在人的身上体现出来，就必然体现为人的动物性与社会性的合一，所以，人的要"活着"与动物的要活着又有着本质的区别：动物性的要活着仅仅出于生本能和族类延续的本能，而人的要"活着"基于上述的动物性本能并进行升华，即为了个体的存在与发展必须为社会的发展做出贡献。"夫仁者，已欲立而立人，已欲达而达人。能近取譬，可谓仁之方也已。"（《论语·雍也》）这就是孔子的"人"（或君子），也是孔子仁学思想的基础与核心。

那么，人为什么能弘道？人要"活着"是人的内在亲证。所谓内在亲证，即不依赖于任何外在证明的内在的亲切感受，是每个人都不需要理性论证就能亲切感受到的感性状态。当一个人怀疑自己是否想"活着"的时候，就已经证明他想"活着"并且正在"活着"。

当然，人的内在亲证有多种，不只有要"活着"，但在"食色二性"、支配欲、贪欲等诸多的内在亲证中，唯有人要"活着"的内在亲证是最根本和最有决定意义的。这种人要"活着"的内在亲证决定了人想更好更长久地"活着"，而人要更好更长久地"活着"就必须建立起有利于人更好更长久地"活着"的社会规范和价值观念，这些社会规范和价值观念就是"道"。

这是人能弘道的根本原因，也是人能进行一切实践活动的根本动因。在人与实践的互动关系中，人要"活着"的内在亲证始终处于主导地位。

接下来的问题是人根据什么来弘道？"人能弘道"，人是第一位的，在这里，这个"人"是有着要"活着"的内在亲证的人，其弘道的依据必然是有利于"活着"的规范、准则或思想观念。由于人类具有区别于动物的高智商和高情商，纯粹为个体"活着"而发生的各种动物性行为只能使人类退步乃至灭亡。

这里必须说明的是，动物虽与人类同样有着要"活着"的内在亲证，但因动物无人类的高智商和高情商，其利己行为一般不会导致族类的退步和灭亡，即动物没有能力自我灭绝。所以，与动物不同的是，人类必然要依据利他、奉献的思想观念来建构社会规范和价值准则，而这个利他、奉献的终极状态就是为人类总体的更好更长久的存在，这就是人类总体观念。

《论语》的精神实质就是要建立这种人类总体观念，其中的各种推论的依据就是这种人类总体观念。如人生来未必是爱学习的，却是必须要学习的；人生来未必是爱孝的，却是必须孝的；人生来未必是性善的，却是必须性善的；人生来未必是有价值的，却是必须有价值的；人生来未必是愿意走向大同社会的，却是必须也必然要走向大同社会的。这种推论之间的保障不是形式逻辑，而是人类总体观念，其论证方式不是易于导向各种唯心主义的"主观性设定"，而是以历史实践为根本的"客观性推断"。

最后的问题是为什么不是道能弘人？如果是道能弘人，将道置于首位，那么道就必然僵化，因为无论这个道多么富有合理性，它总是带有历史的局限，总是不能与现实情形完全符合。只有活生生的人才永远处于当下的开放境域中，人因对自己负责而永远不会产生僵化的问题。当然，道具有宣教的作用，在这个意义上道是可以"弘人"的。

二、人的自证：价值建构的形式

人的自证与仁的来源紧密相关。关于仁是什么，历来有不同的解释。"孟子曰：'仁，人心也；义，人路也。舍其路而弗由，放其心而不知求，哀哉！人有鸡犬放，则知求之；有放心而不知求。学问之道无他，求其放心而已矣。'"(《孟子·告子上》)《论语集注》在"仁远乎哉？我欲仁，斯仁至矣"章后注曰："仁者，心之德，非在外也。放而不求，故有以为远者；反而求之，则即此而在矣，夫岂远哉？"[1]100 这实际上赋予了"仁"以某种先验性。在哲学运思方式上，朱熹与孟子相近。

近代也有很大的争论。牟宗三先生认为"良知是呈现":"三十年前,当吾在北大时,一日熊(十力)先生与冯友兰氏谈,冯氏谓王阳明所讲的良知是一个假设,熊先生听之,即大为惊讶说:'良知是呈现,你怎么说是假设!'吾当时在旁静听,知冯氏之语底根据是康德。而闻熊先生言,则大为震动,耳目一新。"[4]153 "良知是真实,是呈现,这在当时,是从所未闻的。"[5]108 后牟宗三先生花三十年的时间来理解、消化"良知是呈现"这一命题,自谓得明启而学术大进。他认为,"良知"是一个创生的实体,该实体既是"理"又是"心"。"儒家之天命不已的道体就是创生万物……乾元就是最高的创造原理。所以儒家看天地之道,是'天地之道,可一言而尽也:其为物不贰,则其生物不测'。这就是创造,创生万物。"[6]91 但"理"不具有"活动性",只有"心"才具有"活动性",是"心"创生了"良知",使"良知"具有了"活动性",故能滋道德、生善行。但这一具有普遍必然性的"理"从哪里来,"心"为什么有创生性,牟宗三先生并未说明。这仍是受康德"倒逼"思路——即从现象推定本源——的影响,与原始儒家历史实践本体论思想相去甚远。

在原始儒家看来,仁不是纯粹的客观或主观性的存在,而是一种主客观融合的审美性的情理结构,是以社会客观性为基础,以人性心理追求为主导,以人要"活着"的内在亲证为动力源泉的灵动的心理生成。仁具有历史性、实践性、开放性和社会客观性。

从精神实质上讲,王阳明的良知说是对孔子仁学的进一步阐发。著名的阳明"四句教"说:"无善无恶心之体,有善有恶意之动,知善知恶是良知,为善去恶是格物。"人生来是没有价值的,所以无善无恶是"心之体",这是"心"的本来样子。为什么"有善有恶意之动"?因为人性当中有动物性和社会性两部分,人的社会性一动便是善,动物性一动便是恶,这就是"有善有恶意之动"。"知善知恶是良知","良知"是在一定历史阶段里形成的最合理的应然观念,人的情感认同使这些观念化为生命情感,这种生成在人的心理中的情理交融的情感状态就是良知,以这种情感状态对情事进行观照就能知善知恶。"为善去恶是格物",是由上面的良知情感状态上升到理性状态,因为对于有些善的东西人们不一定愿意留下,对有些恶的东西人们也不一定愿意去除,所以"为善去恶"必须由理性来控制完成,这就是"格物"。如果能够再将"格物"的理性化为生命的情感状态,那么人格境界就上升了一个层次，这是一个螺旋上升、永无止境的过程。

所以，"仁远乎哉"，道不远人，仁就在人的心中，因为仁是由每个人以人要"活着"的内在亲证为动力建立起来的；"我欲仁，斯仁至矣"，因为仁在每个人的心中，所以，只要"欲仁"，仁就一定能来。为了人类的存在与发展，必定是多数人在多数时间里"欲仁"，而不是相反。上述的一切有关仁的生成的心理活动，都不受外在条件的影响和限制，完全是主体的自由、自主的选择，因此是自证。

所以，人的自证即人的自我证明，是指人不依赖于外在价值评判系统的内在价值的自我贞立，是人要"活着"的内在亲证在价值建构中的表现形式和必由路径；只有通过人的自证，即只有在人的自证的情理交融的状态中，人要"活着"的内在亲证才能开始价值的建构，向人的理性积淀价值观念（对这种价值观念的情感体认而形成的情理交融的状态则是人的人格境界的又一次提升）。人要"活着"的内在亲证是人的自证的动力源泉，人类总体意识是人的自证的根据和指向。

人的自证何以可能？这是由中国文化中人的"自足性"决定的。在中国主流文化中，没有外向超越的价值观念，人的一切价值都是由人自己建立的，在这一意义上，人无待而自足。"子曰：'朝闻道，夕死可矣。'"（《论语·里仁》）人生的全部意义就在于"闻道"，不在于生死，人通过"闻道"而建立价值，并超越生死。"王孙贾问曰：'与其媚于奥，宁媚于灶也'，何谓也？子曰：'不然。获罪于天，无所祷也。'"（《论语·八佾》）鬼神是否"赦免"人之"罪"对于人的道德的圆满并无意义，人生的全部价值只在于现实道德的完满，而不在于是否信奉鬼神。鬼神既然对人能否实现价值毫无意义，人和鬼神也没有任何关系，鬼神有无的问题就是假问题，这就是对鬼神无待。同样，对他人也无待。"子曰：'不怨天，不尤人，下学而上达，知我者其天乎！'"（《论语·宪问》）剪除外在"天"（命运）"人"（机会）的因素，只有通过"下学而上达"的进德方式，才能由现实到超越，最终达到与"天"同在的人格境界。

摒除一切外在因素，剩下的只有个体的自觉，这就是人的自证。"子曰：'仁远乎哉？我欲仁，斯仁至矣。'"（《论语·述而》）就是人的自证宣言。

人的自证只对人要"活着"的内在亲证负责，因此保证了它的纯粹性，正是在这一意义上，它成为（正面）价值建构的形式，即一旦人的自证出现，便会有（正面）价值向人的情感积淀。

必须特别指出的是，这是中国主流文化价值建构过程中的自由意志。这种自由意志是由人要"活着"的内在亲证为动力正向生发出来的，而不是像康德的自由意志那样以"倒逼"的思路逆向推导出来的，在建构理路上没有留下外在设定的罅隙。

三、人的自证与悲剧意识的兴起

一般说来，悲剧意识是指人在对现实悲剧性的把握过程中由于对待现实悲剧性的态度、方法和目的的不同而产生的各种思想和意识；现实悲剧性则是指人的主体意识（人对于自身的主体地位、主体能力和主体价值的自觉意识）与客观限制之间的矛盾。对于中国主流文化来讲，主体意识与客观限制的冲突主要表现在三个问题上，即宇宙中性、价值无解和生命有限，而在三个问题中，生命有限处于核心位置。因为生命有限性如果得到了解决，其余两个问题也就有了解决的思路和可能；反之，无论是希望把宇宙自然当作人的外在归依，还是将人的精神价值当作人的内在归宿，都会留下宗教设定的罅隙而落不到实处。

问题是，在中国主流文化中，这种悲剧意识从何而来？即在面对不可改变的客观限制性时为什么会有与之冲突的主体意识？这是由中国主流文化的价值建构方式决定的。

自证是人的心灵处于最纯净状态时的精神走向，也正是在这种最纯净的心灵状态中，人的动物性必然最彻底地显露出来。在人的高智商的观照下，这种最彻底的动物性不是食色二性，而是希望人永远活着，进而希望填满各种根本无法填满的欲壑。同时，这种高智商又使人明确地知道客观限制性，即人不可能永远活着，也不可能满足自己的各种不合理的欲望，于是，人的主体能力的某些方面（主要是高智商）与客观限制性之间便产生冲突。

在这个意义上，人的高智商是没有价值属性和情感色彩的纯粹的智能，这种智能只能感知人的生命的有限性并对此产生恐惧感，这就是现实悲剧性的产生。现实悲剧性不带有情感色彩和价值倾向，因此不是悲剧意识，它只是人的高智能在认知过程中提出的问题。当然，这是人的高智能能够提出的所有问题中最具根本性的问题。

当悲剧性问题凸显出来时，由人的动物性与社会性融合而成的人性心理必定对此进行各种形式的把握，由此而产生的思想、观念、情感等就是原初意义上的悲剧意识。

人要"活着"的内在亲证决定了人有着对现实悲剧性进行把握的永恒冲动，同时也决定了这种把握的指向，即对现实悲剧性的超越，这种对现实悲剧性超越的指向就是中国文化中的悲剧精神。

人的自证虽是纯粹的心理活动，但绝非无所依傍的绝对自由，而是恰恰相反。人在剥除了外在依赖和束缚的时候，人的本真心灵就会呈现，人要"活着"的内在亲证就会鲜明、充分、彻底地显现出来，人类总体意识就会自然而然地生成，因此，人性心理在对现实悲剧性进行把握时，其依据是人类总体。

人的动物性是人性的基础，人的社会性是人性的主导。在人的自证中，人的高智商观照下的动物性决定了现实悲剧性的产生，人的动物性与社会性融合而成的人性心理决定了悲剧意识的兴起，人的社会性则决定了对悲剧意识的超越。

当然，自证的过程并不一定都伴随着悲剧意识的兴起（在很多情形中自证直接选择了历史合理性），但却不可避免地有悲剧意识的兴起。因为对人的社会性的检讨是自证过程中必然会出现的情形（即对人生价值与意义的追问），一旦启动这种检讨，就必然会触及人的动物性（"人"生本无价值，只求"活着"），一旦触及人的动物性，现实悲剧性就会产生（高智商观照下"人"意识到不能永生的现实悲剧性）。因此，人的自证中存在着对历史合理性的直接体认和追询两个基本维度，以人要"活着"的内在亲证为永恒的动力，对历史合理性的直接体认便直接积淀价值，而对历史合理性的追询就必然触及生命有限的现实悲剧性，这就是原初意义上的悲剧意识的兴起。这种悲剧意识对于其他所有类型和所有层次上的悲剧意识都具有基础性意义。

必须看到的是，当这种原初意义上的悲剧意识产生之时，给人感受更深刻的往往是生命的悲情，"哀兵必胜"的悲情力量反而更激发了对这种现实悲剧性的超越——一种经过追索后的价值建构的冲动。因此，悲剧意识的兴起不仅不会使人走向空虚和毁灭，反而能够使人更加坚强起来。

悲剧意识的兴起还有一个非常重要的作用，即从根本上净化价值，从根本上保证价值建构内容的正确性。在人的自证的第一个维度——即对历史合理性的直接体认——中，人往往无法选择和确认历史合理性，因此，有些价值建构未必是正确的，这些不正确的价值就不能称其为价值；而在悲剧意识兴起时，人只对超越生命的有限性负责，即只对人类总体意识负责（因为只有这样人才能因获得价值而永恒），从而摆脱了很多僵固观念的束缚。因此，通过悲剧意识的兴起而建构的价值总是纯净和正确的。当然，这里的价值更多地是指向文化层面的，而非指向社会或政治层面的。

现实悲剧性与人共生共在，是人的重要存在形式，因此它不会被克服，也不会消失，但它可以被超越，"子曰：'朝闻道，夕死可矣。'"（《论语·里仁》）就是对悲剧意识超越的经典表述。"朝闻道，夕死可矣"，不是说"闻道"后就可以死，而是说人生的全部价值和意义在于"闻道"，不在于生死，即"闻道"可以超越生死。在这里，将"闻道"与生死对举，也说明"闻道"与生死之间有着不可分割的内在关联：如果生命可以永恒，人就不必急于"闻道"；既然生命不能永恒，人就应该用"闻道"来超越这种无可逃避的现实悲剧性。这个意思，也可以用西方某些哲学流派的观点讲，即死亡是价值的起点，但价值建构的心理机制和原动力，这些流派并没有讲清楚。

中国主流文化中的悲剧超越不是走向外在，而是走向内在，在人的精神境界的观照下而执著现实。"子在川上曰：'逝者如斯夫，不舍昼夜！'"（《论语·子罕》）孔子在说了"逝者如斯夫"后，没有对人生的有限性采取直接的对策，而是如实地描摹了水流的性状："不舍昼夜"。流水逝去，人生有限，这是不能改变的悲剧性现实，如果进行理性追询，就必然导向宗教；而承认现实，深情感慨，则导向审美超越。这种深情感慨既来自人要"活着"的内在亲证，同时又向人要永恒地"活着"开出：既然逝水不回，流水不停，那么人生也应该像"不舍昼夜"的流水一样，把握一切可把握的东西，做一切应该做的事情！"子在川上曰：'逝者如斯夫，不舍昼夜！'"首先激起的是人要"活着"的内在亲证，继之而起的是人绝待于天、人的自证，与自证同时兴起的是生命的悲情——无法超越人生的有限性；在经过这种反复的情—理相融的心灵磨啮之后，最终选择的是"天人合德"的生活方式和价值观念："不舍昼夜"。

中国悲剧意识的形态应该在中国哲学与文学的互证中来确定，中国文化虽一脉相传，但其哲学思想丰富，流派众多，哪些哲学思想深入到民族文化心理结构中，需要细致分析。事实上，如果将哲学分为内在亲证和外在设定两种路径,则哲学史上的很多问题可以更明晰地划分和解决。以中国哲学为例,以孔子、王阳明为代表的中国主流哲学走的是内在亲证的路径,而以孟子、朱熹为代表的哲学走的是外在设定的路径。中国文学艺术中蕴含的主要是孔子、王阳明的思想,这些思想已经内化为我们的民族情感,是我们民族文化最深层的心理结构,对我们的价值建构和存在方式产生着根本性的影响;孟子、朱熹的思想更多地指向政治意识形态的建构,对民族文化心理影响较小,有很多时候甚至仅仅停留在"高头讲章"的格位上。

中国文学中的悲剧意识大致可以分为三种形态:生命悲剧意识、价值悲剧意识和冲突悲剧意识。生命悲剧意识直接指向的是对生命有限现实悲剧性的把握,先秦汉唐时期的文学对此体现得较多。价值悲剧意识指向的主要是价值的建构,宋代文学对此体现得较多。冲突悲剧意识在形式上主要表现为人想永生与不可能实现之间的冲突和各种不同价值观念的冲突,而之所以有这些冲突,就是因为找不到价值,正是因为缺乏价值感,人的感情需求才被极度发扬,因此产生了突破生死有限性的一些戏剧和小说(如《牡丹亭》和《聊斋志异》中的许多篇什),这也是明清浪漫主义思潮兴起的重要文化原因。

这三种悲剧意识之间的关系是以生命悲剧意识为基础,以价值悲剧意识为核心,以冲突悲剧意识为最为激烈的表现形式。对于上述三种悲剧意识,各个历史阶段和不同的情景中表现的侧重点是不尽相同的,但它们之间的关系不是割裂的,在很多情况下是融合在一起的。

悲剧意识是中国文学的基调,通过悲剧意识的兴起进行价值积淀是中国文学的基本特点。在整个中国古典文学作品中,唐诗宋词中悲剧意识最为丰富,也最为全面,其对后世的影响和对中国人心灵塑造的作用也最大。

注 释

[1](宋)朱熹:《四书章句集注》,中华书局 1983 年版。
[2] 钱穆:《论语新解》,生活·读书·新知三联书店 2008 年版。
[3] 李泽厚:《论语今读》,安徽文艺出版社 1998 年版。
[4] 牟宗三:《心体与性体》,上海古籍出版社 1999 年版。
[5] 牟宗三:《生命的学问》,广西师范大学出版社 2005 年版。
[6] 牟宗三:《中国哲学十九讲》,上海古籍出版社 2005 年版。

中国悲剧意识的特质与演变
——兼及苏轼的典型意义
◇董宇宇 *

我们在理解中国文化时，必须借鉴现代学术的思维、概念、视角、方法，同时要把中国文化当作自足体来观照，而不能以所谓西方理性思维的立场为指导。例如"悲剧意识"问题直接关乎人的价值建立与本质，在一种文化中反映了其属性、高度及命运，有着复杂的表现和演变而难于把握。这一概念源自西方，长期以来很多学者生搬西方悲剧作品与学说作为标准，在中国悲剧意识的基本问题上陷入歧途，甚至得出隐含负面判断的中国文化缺乏悲剧意识、悲剧精神之论。事实上一种成熟文化不可能没有悲剧意识，西方悲剧意识与设定外在超越有关，其表现及界说并无定论，需要反思的恰是将一种殊相视为标准的狭隘认识。也有学者力图从中国文化内部来揭示悲剧意识，但在理论性及覆盖面上仍需推进。总之，有关中国悲剧意识的长期争论仍未厘清真相，需要从观念及方法上进行根本的突破和调整。

冷成金先生在系列论著中阐明了中国悲剧意识的特质、阶段等重要问题[1]，为后续研究提供了基础。事实上中国哲学的价值建构方式是，任何起点设定和理论推导都不可靠，人要"活着"的内在亲证才是唯一可靠、无待证明的起点与动力。而人要"活着"无限追求与有限条件的冲突是不可克服的客观存在，必须把握它以保证主体性生存——价值，悲剧意识就应理解为要"活着"的人对有限性的这种意识。此外当然可从其他侧面或第二层次来描述，但都不应与根本定义相矛盾。中国文化的悲剧意识丰富深刻，总体特点是在兴起的同时又以超越性的价值建构来弥合，应深入悲剧性根本层面，系

---

* 作者简介：董宇宇，文学博士，中央社会主义学院学报编辑。
项目基金：中央社会主义学院统一战线高端智库委托课题"中华文明的信仰自证"（课题编号ZK20170242）

统梳理其起因与指向,揭示阶段与类型、核心与典型,在此基础上以客观的思维依据来比较、定性,方能解决这一长期聚讼的问题,发展悲剧意识理论,并有助于认识文化传统和指导价值建构。

一、生命的价值理想之悲

西方以悲剧为艺术最高形式,考察悲剧意识多以悲剧为对象,事实上悲剧意识在社会意识诸形式都有深刻反映。先秦理性觉醒时六经、诸子、史传、楚辞表现了朴素而永恒的生命理想之悲,尤以《诗经》和孔子为重要,而在汉代骚体诗赋及《史记》中又围绕政治来展开。

(一) 《诗经》时代的生存悲剧意识

从原初的"存在决定意识"来讲,广袤的东亚大陆对外大略隔离、分为几大地带,漫长的新石器至青铜时代中地理及气候相对良好而主要适于农业(广义),几大古族适应不同自然条件和经过多次环境变迁而物竞天择,精耕农业、聚族定居、熟人社会的华夏逐渐融成并壮大,在以之为主体和核心的"天下"确立了对内外都要合作共存、推己及人的道理和天人、体用、物我、情理都不二分的思维方式。由于社会存在高度延续,中国的文明确立是基于对这种古老传统的"转化性创造",也因此不会产生古希腊那种以二分思维为背景的命运悲剧。

而《诗经》的重要性在于:它实际凝聚了悠久文明演进的成果,包括着初民千万年的生存感思,并充分崭露出中华文明的独特气象;它作为六经之一是中华文明的选择,在后世解释中成为神圣的文明法典,是"人文化成"丰富展开的重要源头;它所开启的诗歌是中国文艺的主要门类,直接而凝练地表现并塑造人性心理,最能反映国人的心灵状态与历程。《诗经》对悲剧意识有大量表现,又可概括为两个层面:

一是天下、国家的生存,颂和大雅的时代以此类为主,反映了人类觉醒之初艰难崛起或治世转衰时对族类命运的感思。如《大雅·召旻》集中叙述各种灾难,主题是"凡伯刺幽王大坏"[2]。诗写"旻天疾威,天笃降丧。瘨我饥馑,民卒流亡。我居圉卒荒","天降罪罟,蟊贼内讧。昏椓靡共,溃溃回遹,实靖夷我邦",又引发"今也日蹙国百里"(犬戎入侵、诸侯外叛),

囊括了自然灾害、神灵降祸、战争、内乱等悲剧,传达出严重的生存危机感。作者指出:"池之竭矣,不云自频?泉之竭矣,不云自中?溥斯害矣,职兄斯弘,不烖我躬?"将天灾人祸的总根源归结于人事,悲剧发展的后果则是祸及每个人的生存。最后怀念"昔先王受命,有如召公",以询问"维今之人,不尚有旧"结束,要求修人事(政治与道德)来解决悲剧现实。

二是家庭、个人的生存,此类在小雅、风的时代渐多,反映了历史前进、政治衰乱刺激下个人情感初步觉醒。如《小雅·小宛》是"大夫遭时之乱,而兄弟相戒以免祸之诗"[3],首章中"我心忧伤,念昔先人。明发不寐,有怀二人"(怀念祖先和父母)定下基调。作者看到"彼昏不知,壹醉日富",警诫"各敬尔仪,天命不又",为了"毋忝尔所生"(不辱没父母)而"我日斯迈,而月斯征。夙兴夜寐",却遭遇"哀我填寡,宜岸宜狱"(穷困牢狱),占卜问天"自何能穀",又以"温温恭人"却"如集于木""如临于谷""如履薄冰"的悲叹结束。全诗写到死亡、劳役、人际别离怨憎等,当这些影响到个体生存便引发悲剧意识,《诗经》中包括很多婚恋诗也有类似情形。作者所能做的就是深情怀念,勤慎地做事谋生,祈求天命保佑,要求合理的现实。

生存悲剧按起因来分,一类是天灾、厄运、衰老、自然死亡等由"天"引起,一类是战争、内乱、徭役、人际别离怨憎等由"人"引起。其实质是人们之间的关系和人对自然的关系相互制约,人要"活着"就要战胜动物性与自然界这两种强大的自然,否则油然而生悲剧意识。与后世不同的是,《诗经》时代直接以人类及个人生存为核心来思考,紧密联系社会政治、天人关系的具体事件,在追问中暴露人不能战胜内外自然的生存悲剧性,兴起与弥合本质上决定于现实秩序能否保证生存;在当时生产方式的条件下,要以群体意识觉醒来保证族类生存,这种思维限制了更深入和抽象的探讨,个体生命的感受思考也止于生存层面;它会提升到朴素的"天人之际",认为神灵通过天象和人事在主宰生存,但因天人、体用、物我、情理都不二分,"天"是给人自谋生存的客观自然和赏善罚恶的人格神;解决生存悲剧的方式也不是征服、反抗或投降,而是现实及观念地修人事以自救自赎,实现理想的政治社会状态。

由于能力和境界的提高,悲剧性的层次、悲剧意识的品格也随之提高。《诗经》时代改造与认识自然的能力还较低下,悲剧意识亦较朴素,但由于《诗经》古老崇高的地位,一定程度上奠定了中国悲剧意识的品质。朱熹《诗集传·序》认为孔子"其政虽不足行于一时，而其教实被于万世，是则诗之所以为教者然也"，然则孔子对《诗经》的论断极为重要，甚至决定了《诗经》在后世解释与影响的方式。《论语》中多次论及《诗经》，实际诠释了《诗经》悲剧意识的属性：

> 诗三百，一言以蔽之，曰：思无邪。（《为政篇》）
> 关雎，乐而不淫，哀而不伤。（《八佾篇》）
> 兴于诗，立于礼，成于乐。（《泰伯篇》）
> 诵诗三百，授之以政，不达；使于四方，不能专对：虽多，亦奚以为？（《子路篇》）
> 不学诗，无以言……不学礼，无以立。（《季氏篇》）
> 小子何莫学夫诗？诗可以兴，可以观，可以群，可以怨；迩之事父，远之事君；多识于鸟兽草木之名。（《阳货篇》）
> 人而不为周南、召南，其犹正墙面而立也与？（《阳货篇》）[4]

人的生存、意识、情感、价值都建立于天人总体，悲剧意识是以人要"活着"的内在亲证为永恒原初动力，在追寻中暴露了生命有限、价值无解且实质上无外在超越的彻底悲剧性而"哀""怨"，涉及生命、价值、冲突等维度；又基于内在亲证与基本理性，产生自证的愿望和意志，将悲剧性转化为建立价值、解决问题的方式，指向对人道—天道的追寻；这种价值靠自己内在建立并不断追询，在悲剧意识反复兴起与弥合中，建立起健全、开放、坚韧的指导生存实践的内在体系。反观西方的悲剧基于外在超越的观念，倾向于设定自然、命运、现实、他人等概念为对象，通过对抗或征服来获得价值，反而只是悲剧性的二级类型或偷换概念，并且会导向屈服、毁灭、虚诞。

（二）悲剧意识的"哲学突破"

"管仲相桓公，霸诸侯，一匡天下，民到于今受其赐。微管仲，吾其披发左衽矣。"（《论语·宪问篇》）春秋后期，生产方式有很大提高，华夏民族基本解决存亡威胁，主要思考转向华夷之辨、礼崩乐坏。文明积累和社会剧变要求建立强大永远的现实秩序，文化下移使崛起的士阶层强化了使命感，由此催生"哲学突破"。诸子百家追询生存—价值，悲剧意识产生于社会理想不能实现，但又能超越性地融入天人总体而获得归宿，这既是理想悲剧意识的阶段，又奠定了中国悲剧意识的属性。《论语》中曰：

予欲无言。……天何言哉？四时行焉，百物生焉，天何言哉？（《阳货篇》）
人能弘道，非道弘人。（《卫灵公篇》）

孔子必是在深有感慨、参悟至理的情形下做此论断，从根本层面探讨规则及价值的依据。"天"无先验之言，设定先验的"道"是局限、异化的，宇宙和人事只是无本质的现象，万象未必有联系和规律，万物生灭无常，人在生存认知中发现的"时行物生"等自然规律原与价值无关。反推可知，只有人要"活着"的内在亲证是可靠、必然且天地独钟、万物攸同的根本"自然"，是价值建构并"为天地心"的起点与动力。儒学对此抱以至深关切与积极肯定，并形成完备的内在体系。

人要"活着"一方面与现实条件形成根本冲突，没有外在超越的中国文化有着绝对意义的悲剧意识；另一方面使人类总体必然选择生存和"弘道"，彻底悲剧意识恰恰激发了追寻的意志和自由。"弘道"方式就是基于推己及人、"人要'活着'就必须这样"的内在亲证和历史实践，建立与动物性相反相成的人类总体观念作为依据。个人情理交融、"为仁由己"地体认这一根本原则，具体现实交给"天""命"而绝待，归于境界打开、内在永恒的心理本体，生命意义就在自然而自足、现象即本体的过程。进一步在"弘道"中会通人道与天道，把自然而必然的"时行物生"建构为天人总体的运行方式，以"天"为物质—精神的形上着落，个体生命过程在此宇宙家园中安顿，"情"升华为人格本体与天地境界。

面向不可克服的悲剧性，以生命之"情"为本而鲜活"弘道"，悲剧意识在不断兴起和超越的过程中，转化为保障和净化机制，承认现实、深情追询、审美超越、勉力而行，这种悲剧精神是最自然、合理和积极的。人必然靠自己建立价值乃具有自足性，以内在亲证及天人总体赋予的合法性与使命感为依据，是即"为天地立心，为生民立命"。这种理路不能用理论或事实来证明，却是基本的实践理性、辩证逻辑，也是中国哲学文化的根本和人类的应然选择。以孔子为代表的先秦哲学在"述"而"作"中奠定了民族文化心理结构，创造了文明史上的"普适真理"与"理性信仰"。故曰："先孔子而圣者，非孔子无以明；后孔子而圣者，非孔子无以法。所谓祖述尧舜，宪章文武，仪范百王，师表万世者也。"（《加封孔子大成至圣碑》）

孔门仁学的明范性在于，既代表优秀文化的共性，又呈现出以价值为核心的执著而超越、极高明而道中庸的特质，代表了最应然的选择。同样是从人要"活着"出发，儒学相比古今中外其他哲学宗教，是在追询中扬弃基于动物性的对生命满足与永恒的追求，以人类总体观念和心理本体的价值建构圆满解答这一根本问题。孟子在建构与超越的同时突出了平治之志与无道现实的冲突，张扬了沛然莫御的"浩然之气"，背后却有战国秦汉时代一统与独立的张力，以及价值先验、固化的倾向，预示着生命的追求与拒斥。屈原受儒、道影响，符合当时楚地儒学传播、道风兴盛的事实，《离骚》等诗也是鲜明的内证。《离骚》代表了理想悲剧意识的最强音，其本质是美政理想不能实现之悲，与儒家更接近。作者对现实的批判与决绝有绝待、超越的性质，但高阳苗裔、楚之同族的身份使他要将现实与理想等同，无法在体认根本原则中获得心灵解脱与归宿。这种哀怨之至、生死反思、上下求索的悲剧精神没有给出现实希望，空前强化了冲突维度，还激发了"老冉冉其将至兮"的生命之悲。屈原"衣被词人，非一代也"（《文心雕龙·辨骚》），但影响于后世仍是逼向自证与超越。

道家悲剧意识也有深刻而独特的影响。它主要源于认为人类有过多的意欲，社会偏离了理想的自然运行，人为撕开并恶化了生命有限性，因此也属理想悲剧意识；其弥合则是"复归于婴儿"最基本和本真的人要"活着"内在亲证，消除意欲以消除与现实条件的对立，体证和实现"道法自然"根本原则，融入宇宙总体与本体。老子其人、《老子》成书的年代仍有争议，而基本思想形成于春秋后期当属事实，其悲剧意识侧重价值维度的深刻感慨、冷静分析，较少担荷感与实践性；庄子抒发了无道现实中的生命之悲，将人类命运归于个体精神的"逍遥游"；庄子后学强化了冲突维度，导向"绝圣弃知""绝仁弃义"。只有以儒家为前提的"儒道互补"，才能充分发扬道家悲剧意识的意义。

墨家、法家以社会政治学说为主，有偏离民族文化心理之处，对悲剧意识影响较小。当时儒、墨并为"显学"，墨家主张"非命""节用""尚贤""非攻"，问题在"俭而难遵"（司马谈《论六家要旨》），"尚同""天志"是以外在为依据,"兼相爱,交相利"的进路违背情理而诉诸功利,这种小生产劳动者的空想实际只能靠极权推行,因此很快衰微。法家以"法""术""势"迅速建立秩序、富国强兵,但守法驯从、贪功奋勇取代了情理交融的正常人性,走向人的反面。"汉家自有制度,本以霸王道杂之,奈何纯任德教,用周政乎"(《汉书·元帝纪》)是强调礼法合治、王霸并用,即使帝王心术"外儒内法",制度层的"儒法互用"终是以儒学统摄并改造法家。

(三) 汉代的政治理想—生命情感之悲

中国史学以道德史观为灵魂,是在历史与道德背反的历史悲剧意识基础上自证起历史—道德本体,《史记》被誉为"史家之绝唱,无韵之离骚"的原因即此,《汉书》以降尤其官修史书强硬的道德史观并不掩盖悲剧意识。中国哲学反映了立足亲证与实践、面对彻底悲剧性的探询智慧,儒、道、佛的基本观念对此都有清晰呈现,贾谊、嵇康、苏轼、李贽等哲人的思想亦很显著,而经学、理学及道教、佛教中偏离亲证的向度便难深入民族文化心理。以诗歌为代表、包括叙述文学在内的中国文学有一种"抒情传统","情"的本质即经过悲剧意识洗礼来建立超越性价值,这也是其意蕴之美和"可以兴"的关键,尤以所谓"一代之文学"及其代表作家作品为典型。相比柏拉图批评诗人迎合人性的无理性以满足听众快感,把诗人赶出理想国,亚里士多德《诗学》尽管肯定了文艺,却是基于认为文艺的本质是"摹仿",中国文学与哲学的本原和意义都在于"人能弘道""道始于情","诗教""诗的国度"等提法应由此充分阐释。

"每种艺术作品都属于它的时代和它的民族,各有特殊环境,依存于特殊的历史的和其他的观念和目的。"[5]19民国以来不少学者认为并无屈原其人、《离骚》等是秦汉人作,相关争论涉及史学多个领域。如果从文学精神来讲,"轴心时代"至东汉中期都属于理想悲剧意识的阶段,但《离骚》的自由、深情、抗争,是建立强大政治哲学的汉代所罕见的。汉代由于政治成为主要的价值观,悲剧性与价值的问题偷换到政治上,但在与政治的张力中也激发着生命觉醒。

汉初奉行黄老之道,但也显示了大一统下的思想束缚。如果说诞生于楚地强藩的淮南小山《招隐士》既有盛世进取的取向,尚不失《离骚》的浪漫,那么贾谊《惜誓》《鵩鸟赋》《吊屈原赋》便流露出大一统下的内心屈抑。《鵩鸟赋》序云：

> 谊为长沙王傅三年，有鵩飞入谊舍。鵩似鸮，不祥鸟也。谊即以谪居长沙，长沙卑湿，谊自伤悼，以为寿不得长，乃为赋以自广也。[6]

"以为寿不得长"的生命之悲，对生死祸福的深刻关切，并非关于生命不能满足与永恒，而是"谪居长沙"而生命理想不能实现，又试图以"道"来"自广"；但在与政治相疏离，有一种屈抑感中，个体生命意识得以觉醒。在贾谊等的骚体诗赋中，悲剧意识产生于现实政治不合理、政治理想不能实现，也有政治对个人的压抑、生命的短暂与虚掷，但尚未对政治的异化、生命的屈抑、二者的应然做开放思考。

汉代继承"人能弘道"精神的首推司马迁。《史记》对伯夷叔齐、孔子颜回、屈原贾生、信陵君、项羽、李广等悲剧命运的追询，对秦始皇、刘邦等的复杂评价，指向生命价值理想与历史的根本冲突，达到"究天人之际，通古今之变"的高度。例如《伯夷列传》毋宁说是一篇史论，对"若伯夷、叔齐，可谓善人者非邪？积仁洁行，如此而饿死。天之报施善人，其何如哉"[7]等现象，抒发了强烈的悲愤。

朱熹《楚辞辩证》认为："《七谏》《九怀》《九叹》《九思》虽为骚体，然其词气平缓，意不深切，如无所疾痛而强为呻吟者。就其中《谏》《叹》犹或粗有可观，两王则卑已甚矣。故虽幸附书尾，而人莫之读。"[8]这其实是由于武帝以来全面大一统，建立了强大的政治意识形态，真正凝聚了中华民族，整个社会也进入政治本体化、神学化的时代，士人把现实秩序作为理想所在，相信政治本体能够带来一切，但真正的个体情感受到压制，因此诗坛黯淡。倒是《诗大序》从"厚人伦""动天地"的高度确认了诗歌的价值，"王道衰"而"变风变雅作"、"发乎情，止乎礼义"的论断正与理想悲剧意识的兴起与弥合有关。被视为"一代之文学"的是汉大赋，那种"控引天地，错综古今""苞括宇宙，总览人物"的"赋家之心"（《西京杂记》卷二），实即无限渲染了人类第一次崛立于天地间的伟大气魄，"润色鸿业"正是对政治本体的极端乐感，悲剧意识在其中是不可得见的。

政治乐感的极致是对无限时空的征服占有，要求一统、远征和不死、万世。秦皇汉武这些"千古一帝",历史伟业提供了笼盖四海、追求不死的物质与心理能量。但在相信政治本体能够带来一切时,猝然直面生命不可挽回地走向衰老死亡的现实,那种近乎绝望、夹杂着极度震惊恐惧的深悲剧痛,实质上暴露了政治本体的虚妄,使理想悲剧意识中萌发着生命悲剧意识。相传为汉武所作的《秋风辞》,颇能反映建不世之功、祈天下太平、忧一姓长王、伤生命不永的胸怀,前七句是极致的政治乐感,末两句如果说"欢乐极兮哀情多"是乐极悲来、哀情难已,陡然而起的"少壮几何兮奈老何"就是生死惊魂、痛彻天地。1977年出土的玉门汉简有一篇(通常认为是汉武帝的)遗诏,其中说"朕体不安,今将绝矣!与地合同,终不复起""苍苍之天不可得久视,堂堂之地不可得久履,道此绝矣",重点是对皇太子的政治遗嘱,又有"告后世及其孙子,忽忽锡锡,恐见故里,毋负天地,更亡更在,去如舍庐,下敦闾里。人固当死,慎毋敢佞"之语。[9]政治提供生命永恒是虚妄的,仍须归于体认天道自然以弥合悲剧意识,但生命本身多么不甘!

从大量出土的画像砖来看,"它通过神话跟历史、现实和神、人与兽同台演出的丰满的形象画面,极有气魄地展示了一个五彩缤纷、琳琅满目的世界。它是人对客观世界的征服,这才是汉代艺术的真正主题",神仙世界"是愉快的渴望,是对生前死后都有永恒幸福的祈求",与之交织并列的"对现实世间的津津玩味和充分肯定"中,"难以掩盖那股根底深厚异常充沛的浪漫激情"。[10]78—79至于生命及其价值的开放追寻,却是新的历史阶段的主题了。

二、生命价值的突破与自证

文学比哲学更集中完整地表现并塑造我们的价值建立方式,也是历时整体展现中国悲剧意识的主要载体,应当通过文学史来认识中国悲剧意识,同时考察悲剧意识亦可将文学研究推向新的高度。在六朝唐宋,悲剧意识的关键动向是重新突破为生命价值的开放追询。

(一)汉末—盛唐的生命悲剧意识

汉末六朝在社会动乱、门阀政治等背景下,儒学维持主导又大大松动,道家、玄学兴起,道教正式诞生。道教以"仙道贵生,无量度人""形神俱妙,与道合真"等为宗旨,如果说"太平世道"的诉求是部分解决现实悲剧,养性修道继承了儒家、道家的悲剧超越，那么"我命由我不由天"的长生升玄则是要消除悲剧的产生。但仙道对主流文化心理的影响是作为悲剧意识的消解因素，实质是象征本真而超越的境界，洞悉仙道的虚妄则会强化悲剧意识而导向内在超越。

  佛教中国化也产生深刻影响。佛教有庞大的理论与信仰体系，以厌离、彼岸消除彻底的悲剧意识：世界"缘起性空"，人生是"苦"的，只有"扫相破执"，才能根除与现实对待的烦恼。但其与中国哲学一致、深入我们文化心理的，在于一切都是现象、天人总体永恒、归于心灵境界、扫荷众生命运等基本观念。在下讫盛唐的政治本体时代，佛、道更多作为一种补充，官方出于统治目的来调和三教，三教由冲突而渐趋融合。中国文化对佛教的改造就在，唯一不空的就是人要"活着"的内在亲证，消除个人意欲，自然地按照人类总体观念，便能消除与现实的对待和现实的不合理，再破除对天人总体的体认，归于纯粹的心理本体，在物我时空泯然中现象即本体。

  从文学看，汉末士人在痛苦迷惘中重新思考政治与生命的关系。王符、仲长统等的政论散文，赵壹的《刺世疾邪赋》、蔡邕的《述行赋》，都富于批判色彩。抒情小赋的兴起同样醒目，如张衡《归田赋》中"谅天道之微昧，追渔父以同嬉"，正是新的生命意识。更重要的是《古诗十九首》，那种羁旅中生命之悲、对短暂生命中人情的珍视、及时行乐中的生命觉醒，强烈抒发了不愿追求政治却缺乏价值的生命之悲。

  六朝士人仍把现实秩序作为主要价值，又对政治追询解构，意识到社会、责任之外还应有个人的生活、爱好，是即个体意识觉醒[11]，实质即理性强固建立又受到质疑后的感性释放。魏晋风骨、正始之音，晋宋的玄言、山水、田园，齐梁新体，抒情小赋、骈文，都是这一思潮的反映。这时政治与生命的关系成为最大的焦灼，追询现实政治是否合理、政治能否带来生命价值与满足，产生激烈或深重的生命悲剧意识，尽管力图追寻天道自然来弥合，但也显示了对政治的逐渐挣脱。相比曹植、左思、鲍照等的"慷慨"诗风，阮籍的特点是悲感玄思导向宇宙深处的"遥深"；思想界则以嵇康等为代表。

  陶、谢表现出在挣脱政治的山水田园及"玄理"中安顿身心的倾向，以《南齐书·文学传论》所谓"情性""气韵"为美。如果说玄言山水"道""情""物"尚不交融，那么陶渊明融入田园、体悟天道乃可在接受中诠释出"意境""韵味"。至如《杂诗十二首》其二："白日沦西阿，素月出东岭。遥遥万里辉，荡荡空中景。风来入房户，中夜枕席冷。气变悟时易，不眠知夕永。欲言无予和，挥杯劝孤影。日月掷人去，有志不获骋。念此怀悲凄，终晓不能静。"[12]这就表明，只要仍围绕政治建立价值，生命悲剧意识就难以消解。

南朝次等士族夺取皇权，结束了严格意义的门阀政治，开始士庶消长的历史进程，生动的人生取代了士族的"神明"与"五情"。一是更迫切地自我实现，却更易遭到人生起落，"志"更深化为"情"；二是阶层流动中情感更世俗开放，以文艺的心情对待生活，对山水自然亦由"观道"转向"移情"。齐梁文学多弱于"风骨"，但以抒情写景及形式为追求，标志着诗歌自觉的完成和意境的开始凸现。如谢朓《春游》："置酒登广殿，开襟望所思。春草行已歇，何事久佳期？"[13]这种类型的情感弱化政治底色，而强化了生命情景本身的感伤与追寻，是唐代"诗国高潮"之前必要的突破与准备，有重要的积极意义。

魏晋以来诗歌成为文学主要门类，也出现了《诗品》这样的诗学专著。《诗品》开篇"气之动物，物之感人，故摇荡性情，形诸舞咏，照烛三才，晖丽万有"[13]，继承《乐记》"物感"说，但更应注意涉及中国哲学几大基本范畴，故不只是在哲学背景下揭示诗歌本原，更揭示了情感与价值的本原：在"气"中以"情"追寻，建立"道"以挺立主体性。有学者认为中国文艺有道本论、气本论、心本论[14]，事实上三者正统一于"情"。诗歌不是"为艺术而艺术"或"为人生而艺术"，而是与人生、心灵融为一体，从人要"活着"确认其内容、动力、发展及品格。诗歌基本的体和用就是抒情，这一看似简单的论断表现了与"摹仿说""反映论"迥异的契合文艺本质的进路，中国文学的"抒情传统"有着丰富深刻的内蕴。钟嵘所举"凡斯种种"人事和自然以悲剧意识为主，"离群托诗以怨"以下皆然，但"嘉会寄诗以亲，离群托诗以怨""使穷贱易安，幽居靡闷"等语，又从正反两面提示了消解与超越。在当时，这种追询与建构仍是围绕政治，故强调"风力"。

唐代三教虽有消长，总体格局是并尊的。佛教各宗盛极一时，但禅宗风行才深及士人心灵；道教被奉为国教，激发了长生升玄之想；儒学的主体地位绝难撼动，与盛世气象是相因的。更重要的是，在初盛唐"黄金时代"，人们对政治有着最充沛和开放的乐感，新鲜的生命觉醒和饱满的现实热情融化了宇宙，当时思想界不能以"盛世的平庸"来概括[15]，而是"情"融化了

"理",因此古文甚至抒情散文尚无勃发的条件,充分吸收六朝诗文成就的诗歌成为绝唱。人们在诗歌中对现实秩序进行最自由的追询,恰恰发现政治不能提供生命满足,李白那种基于现实激情对悲剧真相的深情追询,指向对政治的挣脱。杜甫则处在传统社会前期向后期转型的节点,对人生历史深沉体认,现实却使他产生强烈质疑,而他终身对现实生活及人生价值的追求,确乎开启了新的走向。

(二) 中唐两宋的价值悲剧意识

紧随"黄金时代"的是盛世幻相急遽惊破,经济仍在发展,政治哲学再难维系更觉醒的人心,发生了根本的文化转型。渐而占据历史舞台的庶族地主(包括没落士族)一面积极致力于重整政治及思想秩序,却深切感到现实不合理;一面尽情追求美好生活,尤其失意时作为心灵补偿。他们在各种选择间更裕如,要求重新认识世界。李商隐《上崔华州书》云:"夫所谓道,岂古所谓周公、孔子者独能耶?盖愚与周、孔俱身之耳。"[17]108儒学既有对治道的追求,又突出心性和生活的一面,佛道亦呈世俗化、心性化动向;并且人们直接从心灵出发、以人类总体为依据,便能深入内部对三教扬弃交融,佛道也失去自足地位。在新的追询中,否弃外在价值形式,重新暴露了彻底悲剧性,是即价值悲剧意识;同时敞开价值的自由,挺立以心灵来扬弃的自证,体现了本真生命状态的归宿意义。这不仅是唐代的重大转变,也是宋明文化的发端、整个历史的分界,看似不及魏晋、明中叶两次解放思潮那么激烈,却有普适的积极意义。

中晚唐开始新的追询与探讨,但韩愈、白居易、杜牧、李商隐等对"道""理"的热切追索远未成功,故诗歌仍为主要形式,古文、抒情散文亦始盛行。柳宗元、李贺的生命悲剧意识强烈到无可消解,如李贺《天上谣》极力渲染神仙世界,篇末陡然翻出"东指羲和能走马,海尘新生石山下",把生命之悲抒发到极致。但这不是由于政治不能带来满足与永恒,反而是失去心灵支撑后撕开"纯粹"生命的无情、短促、偶然、有限,倾向于价值之悲,并以彻底虚空逼向自证。追询由人生而历史,故怀古诗激增。很多诗作的"退缩、萧瑟"意绪反映了现实热情不可复现,重要的是在人生历史之悲中解构政治本体,在自然与人情为内容的生活中追寻心灵归宿,造就刘长卿、许浑为代表的清秀尖新而富于"韵味",以及"杜牧之之豪纵,温飞卿之绮丽,李义山之隐僻"(《唐诗品汇·总叙》)等诗风。如许浑《行次潼关驿》:"红叶晚萧萧,长亭酒一瓢。残云归太华,疏雨过中条。树色随山迥,河声入海遥。帝乡明日到,犹自梦渔樵。"[18]这种类型在中晚唐大量存在,表明以本真心灵在生活中营构归宿与境界的方向,其意义值得充分阐释。曲词也逐渐兴起,主要指向是在感性生命中追求人生。如果说中唐侧重向空追寻,晚唐便侧重新的积淀,随着心灵成长和展开追询,最终会建立超越性价值;但当时仍未达到"人能弘道"的高度,故诗的各种主题都未成功获得形上归宿,词的感性追求亦未弥补虚无感。

进入宋代,"宋世风流"中感性生命汇为洪流,诗文革新以前诗词都表现这一主题。时代赋予了享受生活的现实基础,词人沉浸于美好生活的细节,却不肯在浑噩糜烂中挥霍时光,而是深情体味来确认生存,于是有"人生有限情无限"(晏殊《踏莎行·绿树归莺》)与"不奈情多无处足"(欧阳修《玉楼春·雪云乍变春云簇》)的生命体验。不能把握美好生活、情感追求不能满足,对生命的悲情实态有丰富细腻的意识,又达不到悲剧意识的理性高度,可称为悲情意识。由于缺乏超越意识和理性思考,试图在生活的执著追求与幽微体会中消解,往往陷入无限追求与无限感伤迷惘的循环;但在情感追寻中蕴含悲剧意识的理性因素,反面确认了建立价值的必然,积累着追问和自证的感性基础。悲情意识在汉唐政治本体、明清"情""理"冲突的阶段不会集中表现,是与价值悲剧意识相辅的。它是生活和情感层面对悲剧性的体认,以更符合心灵追寻常态的方式来感受和回应,潜在而直接地抚慰提升着心灵。

熙宁变法至宋元之际,在人生国势的升沉、剧烈的民族冲突中,士人将心灵向生存悲剧性敞开,价值问题凸显出来。哲学上,宋学渐趋成熟,各家多即"心"求"道",相比理学后来为官方利用和扭曲,苏轼为代表的"情本"思想才是"思统"所在。文学上,由于从"情""理"不同侧面来建构价值,词、诗、文并兴,相比尚"理"的宋诗,"主情"的宋词更能揭示心灵追寻的轨迹。从悲剧意识讲,由于直面价值虚空而审美超越,往往是"弱化"中蕴含深刻。宋词悲剧意识普遍是从某一维度或层次表现价值失落与自证,苏轼的"此心安处是吾乡"表现了彻底的虚空与超越,秦观的"春去也,飞红万点愁如海"则是在"绝望"中隐含着必然崛立。

如果说北宋与辽实质是历史遗留、对等承认的两个政权,那么南宋偏安、蒙元一统便带来剧烈沉重的政治悲愤与文明困惑，价值悲剧意识也多了这一内容和内蕴。南渡诗词表现了冲突感，遗民诗词表现了幻灭感。前者如辛弃疾［贺新郎］《同甫见和再用韵答之》下阕："事无两样人心别。问渠侬，神州毕竟，几番离合？汗血盐车无人顾，千里空收骏骨。正目断关河路绝。我最怜君中宵舞，道男儿到死心如铁。看试手，补天裂。"[19]神州不复，政治昏乱，英雄空老，那是何等"天裂"般的悲剧感！后者如蒋捷［南乡子］《钱塘门元宵》："翠幰夜游车。不到山边与水涯。随分纸灯三四盏，邻家。便做元宵好景夸。　　谁解倚梅花。思想灯毬坠绛纱。旧说梦华犹未了，堪嗟。才百余年又梦华。"[20]两度"梦华"摧毁了醒来的能量，对悲剧性默认与消解却终不能忘怀，生命乃溺于幻灭。

金代文学远胜辽代，诗词以金元之际元好问为代表。《壬辰十二月车驾东狩后即事五首》除了反映战乱现实，有惨痛的家国之悲，也有对天道人文的质疑控诉；尤其把金元之战笼统称为"惨澹龙蛇日斗争"，只以"干戈直欲尽生灵"为念[21]，意味着更强的生命觉醒和现实冲突。在元明清文学中，这一内容得到强化。

（三）　苏轼悲剧意识的典型意义

中国悲剧意识源于生命追寻，以价值为核心，这在价值悲剧意识中豁显。苏轼作为宋代文化的重要代表，其"情本"哲学及悲剧意识、审美超越远绍孔子，甚或更具直观的纯粹性、解放性，下启浪漫思潮，最具典型意义。

首先，由于思维不二分，价值建立不是从外在超越和客观认识的进路，这在直接诉诸心灵世界深层的文学中，最能幽隐而真切地反映。苏轼［南歌子］（雨暗初疑夜）写"仙村梦不成。蓝桥何处觅云英"，"仙村""云英"只是象征本真而超越的境界，但这种境界也不是外向追寻而来，只能归于自己心灵的建构；［南歌子］（带酒冲山雨）"梦里栩然蝴蝶、一身轻"[22]语出（庄子·齐物论），表明理性不可能回答何者为真、何者为我，价值不能建构在不可靠的认识上，"一身轻"正是摆脱这种方式的身心自由超越。又如［行香子］《过七里濑》：

一叶舟轻。双桨鸿惊。水天清、影湛波平。鱼翻藻鉴，鹭点烟汀。过沙溪急，霜溪冷，月溪明。

重重似画，曲曲如屏。算当年、虚老严陵。君臣一梦，今古空名。但远山长，云山乱，晓山青。

政治凸显了异化的一面，它和隐逸、道德、人情、生活能否提供价值都遭到质疑，并且都不能带来生命永恒，剥除这些内容的自我便失去内容，历史和自然只能对比出生命的有限和虚无，以至本身也给人虚无感。这是多么深刻的悲剧意识！在能否带来生命满足与永恒这一观照下，一切价值都可能解构，无论自然的代序变化、人事的是非聚散、个人的爱恶忧乐，还归一种亲切普遍、可以自由体认却没有本质和价值的"纯粹"现象。

其次，在"纯粹"现象中，在悲剧意识背面，有唯一不可解构的存在：人要"活着"的内在亲证。没有它便不会在现象中追寻、兴起悲剧意识，不会否定负面因素、质疑既有价值，不会要求和能够建构合理价值，人类本身也不复存在。[江城子]《东武雪中送客》写道：

相从不觉又初寒。对尊前。惜流年。风紧离亭，冰结泪珠圆。雪意留君君不住，从此去，少清欢。
转头山上转头看。路漫漫。玉花翻。云海光宽，何处是超然。知道故人相念否？携翠袖，倚朱栏。

留住的祈愿和留不住的感伤，正因人要"活着"。它首先表现为"惜流年"，这种"惜"绝非动物性或空洞的要"活着"，必然结合"故人""清欢"等本真的内容，包括可能是离别原因的政治；它与现实条件的冲突绝不导向绝望或虚妄，而是既执著于"故人""清欢"，也追求"超然"，是即生命价值的建构。一面是与现象"平等"交流而积极追寻，价值自证；一面是"寓意"而不"留意"于物（《宝绘堂记》），即现象而超现象、即感性而超感性。上阕对体味、留恋、感伤都未过度渲染，下阕"转头看"以下转向建构与超越，是在与"路漫漫"等所见的交流中追寻，"故人相念"是追寻内容而非确定答案，最终指向开放而深微的心理本体。

再者，在"纯粹"现象中建构价值，就是按照有利于人"活着"的方式组织起来，建立人事和心灵的准则，并与代序变化的自然规律相融通。如[满庭芳]：

> 蜗角虚名，蝇头微利，算来着甚干忙。事皆前定，谁弱又谁强。且趁闲身未老，须放我、些子疏狂。百年里，浑教是醉，三万六千场。
>
> 思量。能几许，忧愁风雨，一半相妨。又何须抵死，说短论长。幸对清风皓月，苔茵展、云幕高张。江南好，千钟美酒，一曲满庭芳。

人要"活着"是无关具体欲求的根本。"名利""强弱""短长"根本上是由于人的动物性，对其否定是在推己及人中得出。"忧愁风雨"是对具体事物的过分执着，否定之是因为也有消极作用。故"七情六欲"都属正常，否定它们便无从培养人性心理，但人要"活着"就会洞悉基于动物性而指向与之相反相成的社会性、情理交融的必然，解脱对生命满足与永恒的奢求。

推己及人最终是建立人类总体观念。这是一切有利于人"活着"的观念总称，包括传统的价值，但由内心自由地选择、组织、融通；尽管未必提供生命满足，更不能带来永恒，却回答了人要"活着"的根本问题，在更高观照下进行解构后的重建。有时看似只是对人情—生活的追求，实质正是人类总体观念最幽微深厚的显现。并且人类总体观念是必然、应然的，也是最自然的，与代序变化的自然而然、不可干预融为一体，建构为天人总体的根本法则，"幸对清风皓月……一曲满庭芳"是其体现。

最后，人类总体观念必然被认识和接受、体认和践履，但体认程度是不确定的，"情"与"理"、悲剧感与价值感的张力是永恒的，在这开放过程中心灵不断自证和超越，包括呈现应然选择、心灵净化、在彻底悲剧上崛立、禅悟等形式。并且由于根本上建构了天人法则，现象即本体，对具体现实是无待的。如［虞美人］《有美堂赠述古》：

> 湖山信是东南美。一望弥千里。使君能得几回来？便使尊前醉倒，更徘徊。
>
> 沙河塘里灯初上。水调谁家唱。夜阑风静欲归时。惟有一江明月，碧琉璃。

全词表现了深沉缠绵的留恋之情，一种美好中又有不足和无常的平淡而深长的惆怅。上阕归于对当下美好情景的把握，以及执着于过去、此刻、未来以至永恒的人情；下阕归于对明澈的自然的体认，以及心灵在这种境界中的洗礼与超越。对于具体及感性的得失，便在根本的执着而超越中"无待"了。

这种执着而超越是不断体认具有象征和普遍意义的状态而生成和存在的感觉，可称为归于心理本体：面对"纯粹"现象，必然基于人要"活着"的内在亲证，以人类总体观念为依据，建立起根本价值，归于无待现实、内在永恒的审美超越，生命的意义在于过程，提升到天人本体，因此心理既是价值的原点和动力，也是其依据与归宿，具有本体意义。

三、冲突中的生命价值追寻

诗歌在元明清仍是文学主要门类，同时所谓叙述文学兴起，但同样服务于价值追寻，深受传统的"抒情境界"的影响[23]292。由于自我意识日益强化，与环境的冲突不可调和，生命价值追寻常常陷入绝望，传统社会再无新路，却又通过"大团圆"等形式预示着未来。

（一）元代对历史—道德本体的追询

元代前期在异族统治、仕途阻断、市民文化等背景下，诗和散曲中对现实的冲突感、放弃感增强。"风云变古今，日月搬兴废"（卢挚《沉醉东风·退步》）、"盖世功名总是空"（白朴《双调乔木查·对景》）、"何须自苦风波际"（陈草庵《山坡羊·无题》）等意识很普遍。[24]至张养浩《山坡羊·潼关怀古》"兴，百姓苦；亡，百姓苦"的悲愤呐喊，反映出超越政治正确、以百姓为准则的观念。

淋漓抒发悲剧意识是在杂剧中。有学者质疑《窦娥冤》《赵氏孤儿》等的悲剧性质，诟病中国悲剧的"大团圆"结局，但这仍是概念先行的误解。回到戏曲文本，深入悲剧性层面，才能厘清哪些是悲剧，揭示中国悲剧的特质。中国戏曲的悲喜性质未必体现在表面的情节上，应从是否合理解决问题、实现正面意志、抒发欢情乐感、真使读者满足等维度来定性。然则元杂剧代表作正以悲剧为主，悲剧意识主要表现就是对根本的历史—道德本体的追询：

历史充斥着负面现象，人要"活着"就必须让历史总体上是道德的，建构起道德史观；但对于日益觉醒的个体，负面因素会造成身心的戕害毁灭，在个体事件和情感中极度显现而难以弥合。这种悲剧意识开始从价值转向冲突。

《窦娥冤》中窦娥是完全正面的形象，却落得含冤被戮的下场，这就超越个体命运的追询、社会现实的反抗，上升到对天道的质疑。窦娥临刑前一腔悲愤冲天而起，发誓"着这楚州亢旱三年"以报复社会，将悲剧推向顶点。但指天骂地后，仍只能对天发下三桩"无头誓愿"，是一种虚幻的愿望。其父窦天章审囚刷卷，窦娥冤魂几次诉冤受挫，意味着申冤并不可信。即使死后沉冤得雪，对于惨死的个体，这种补偿竟有何益？全剧以窦天章"下断"草草收场，并未渲染善恶有报的场景，"人之意感应通天""王家法不使民冤"等语似为后人所添。[24] 然则天道真的存在，值得信奉吗？再抬出"知命"来生硬弥合，何其苍白。不但虚幻的道德宿命意识彻底破灭，历史—道德本体本身也几近轰然解构。

然而另一方面，死后申冤反映了窦娥、作者、观众的愿望和意志，更深层则是反映人类总体的必然。既不是推翻天道后虚诞、毁灭，也不是仍然选择相信天道，而是从盲目、廉价、僵化的天道信仰中猛醒，对人道—天道强制要求与自主建立，豁显"人能弘道"的本相，空前高扬人的反抗性、主体性，建立的价值也更可靠。

《汉宫秋》中元帝与昭君是正面形象，追求美好爱情，又为家国牺牲爱情与幸福，昭君的自我牺牲更有主动性。但这种牺牲并不带来价值：德福不相配，道德是以牺牲为代价，然则道德是绝对正义，能让个人如此牺牲吗？昭君既无谋国之责，便无献身之义，其牺牲很大程度是被迫的，能获得价值吗？举国无人抗敌，但知逼迫昭君和番，此等丧德之人，值得昭君牺牲吗？群体逼迫个体牺牲似乎理所当然，昭君未获一点生荣死哀，对鲜活的个体生命如此践踏，果有天道吗？情节到第三折便已结束，第四折都是元帝抒怀。悲剧性无法弥合，留给元帝的是永恒的伤痛与幻灭，激发了对历史—道德本体的深刻怀疑；但就在无尽的哀思中，激发了对负面因素的净化、对应然状态的追寻，恰是积淀价值的特殊方式。

相比《窦娥冤》，《赵氏孤儿》的复仇结局不乏现实性：从剧本讲，救孤与报仇不但实现，还是在现实中实现；从现实讲，救孤与报仇虽极具偶然性，却不排除实现的可能。但全剧仍充满悲剧性，人物抒情充满悲剧感，悲剧性不在正不胜邪，而在恶势力竟能造成如此多正义之士的毁灭与心灵撕裂。从楔子至第三折，都是由屠岸贾作恶来推动情节发展，"恶"竟成了历史的动力与指向，整个过程足以使人战栗。既然历史是道德的，天道给人承诺，为何这等恶人还会出现，造成如此多毁灭？一旦反映于个体事件与情感，历史中的恶便彻底撕开，无法用高悬的天道来弥合；甚至眼睁睁看着如此多鲜活生命的毁灭，天道在他们身上都不落实，孰敢断言它的存在！一连串人悲惨或悲壮地死去，被迫或主动地牺牲，都遭受了心灵撕裂，足以引爆对天道的质疑。第一折中赵朔和公主、第二折中韩厥、第三折中公孙杵臼、第四折中赵氏孤儿的唱词都有这样的内容，而主线人物程婴的内心撕裂更到了无法表达的地步。

第五折中赵氏孤儿报得血海深仇，昭示着正义最终战胜邪恶，却根本不能弥合心灵的撕裂，以至这种正义与战胜显得无比苍白。所谓"那其间颇多仗义，岂真谓天道微茫""普国内从今更始，同瞻仰主德无疆"[26]，"主德""天道"竟是这样一种荒诞无验之物。但人要生存发展，"弘道"的主体性又由此激发出来。

《琵琶记》是全力维护帝制统治及道德的，然而不但这种统治与道德有内在冲突，二者更造成个体的现实灾难与心灵撕裂。重点不在用看似圆满的结局来生硬弥合，而是在作者看来，正因实现过程的艰难痛苦，才充分体现"绝对律令"的值得敬畏与追求。但作者对这种道德所造成、信奉它所要付出的心灵撕裂有着充分认识，是即《琵琶记》悲剧性之所在。更重要的是其客观效果：这种所谓道德真有合理性，还值得信奉吗？真正的"人"的道德应该是怎样，要如何建构？

除了《汉宫秋》，《窦娥冤》《赵氏孤儿》《琵琶记》表面看都是某种"大团圆"结局，实质上却与叙事抒情的苍白构成强烈"反讽"，这是中国悲剧的独特形式：一面是指向对人类应然的追寻，并通过在个体事件上的实现来昭示其必然；另一面是未必都能实现而引发更深的悲剧感与追问，这种充满亲证与理性的永恒追求的悲剧精神正是人的主体性所在。

（二）元末：自性生命的屈抑与幻灭

元代在民族压迫的同时，工商业快速发展，文化多元，思想统制松动，于是市民阶层渐起，"人"的主题日益突出。元代后期，杂剧《倩女离魂》反映了"真情"对"礼教"的突破，但高度强化的个体意识首先要在诗和散曲中高歌出来，诗于是达到"奇材益出"（顾嗣立《元诗选·凡例》）的高潮。那种鲜亮的生活意趣，对自适、自性的追求，在杨维桢、高启等的诗中达到最强音。必须指出的是，当时已恢复科举，社会文化进一步汉化，重新提供"学而优则仕"的出路，然则他们是自觉选择了这种生活。尤其高启，"高启的人生态度最令人注目的，是其对个性的尊重。在他看来，维护个性而不使扭曲，乃是人生最重要的事件。在中国诗歌史上，他最早唱出了个性被压抑的悲哀和焦虑"[27]12。

高启诗表现出对个体生命的无条件重视，如《吴越记游十五首·过奉口战场》"白骨横马前，贵贱宁复论"[28]，超越是非贵贱而对生命一视同仁地热爱。又如《兵后出郭》"俯仰兴亡异，青山落照中"，对人生历史的思考已不只是对历史—道德本体的追询与净化，更是以生命、生活的立场来否定"兴亡"。重视个体生命即要求个人权利、自由、欲望、尊严进一步得到尊重，核心就是自由。"季迪之诗，隽逸而清丽，如秋空飞隼，盘旋百折，招之不肯下；又如碧水芙渠，不假雕饰，翛然尘外。"（王祎《〈缶鸣集〉序》）他的心灵要在天地间翱翔，自由体验一切事物，《赠漫客》《青丘子歌》等诗呈现得尤为鲜明，前者写道：

畸人诚达生，謦欬亦旷士。漫客乃其徒，放意在云水。有山即漫游，有竹乃漫止。漫吟不求工，漫饮不须美。与物无留情，所适皆漫尔。人生本漫寄，何事纷戚喜。与子作漫交，逍遥论兹理。

做一个"漫客"是他的人生宣言，无所不漫根底上是"人生本漫寄"的无定与自由。这已不是宋词表现的感性生命，甚至不只是个性，而是要求感性与个性的自由；这是形上的"高翔"，山水、田园、诗酒、人情并非突出物质或情爱的内容，而着落于心灵的超然自由和纯粹的审美体验；与明中叶解放思潮不同的是，这里没有自然人性，也没有"掀翻天地"的强烈欲求。这是一种"自性生命"，自性便是生命与世界的本体。

但这种自性生命尚未赋予理论依据，也缺乏足够的具体内容，很难成为坚实的精神支撑，更得不到基本的现实保证，因此时常感受到摧残与幻灭。为保障自性生命而起"济时"之心，事实却是"已嗟求道晚，复省济时难。碌碌成何事，天涯又岁阑"（《岁暮》）。《御沟观鹅》一诗对御沟群鹅的优游之态隐含讥讽和怜悯，尾联表达"自怜观咏者，江湖兴未忘"；《池上雁》抒发"野性不受畜，逍遥恋江渚"的情志，即使社会公认的"华沼得游处"也是其"野性"所不堪的。他长期过着隐居生活，精神取向即自适、自性，却在愉悦中交织着焦虑、忧郁、惊惧、痛苦；他寻求精神上的解脱与清净，却苦于既不能忘怀现实，更得不到环境的保证；传统因素都不能抚慰其心灵，新的环境与价值又未到来，他始终处在有追求而无归宿的困境中。《孤雁》表现了更深层的本体性孤独感："衡阳初失律，归路远飞单。度陇将书怯，排空作阵难。呼群云外急，吊影月中残。不共凫鹥宿，蒹葭夜夜寒。"

他在追询现实与历史时陷入虚空，有难以名状、时时袭来的破灭与忧愁，干脆作一首《我愁自何来》，开篇就说"我愁从何来？秋至忽见之。欲言竟难名，泯然聊自知"。他在孤寂中常常感到莫名的惊悸："梦惊孤枕夜，愁掩一篷秋。苇叶寒相战，滩声暗共流"（《雨篷》），"客梦方暂适，竹间风雨惊"（《雨中客僧舍》），"竹动鸟惊梦，草凉虫语悲"（《次韵内弟周思敬秋夜同饮白莲寺池上》），"流藻舞波寒，惊虬翔壑冷"（《月林清影》），"隔叶栖身稳，移柯忽意惊"（《新蝉》），"玉钩正荡月，罗袖忽惊风"（《宴顾使君东亭隔帘观竹下舞妓》）……与"日暖呦呦草际鸣，养驯未省见人惊"（《奉游西园命赋二题·鹿》）对比，可知这种"惊"正是由于环境对其"野性"的戕害。又如"鸟啄枯杨碎，虫悬落叶轻"（《步至东皋》），则是死亡意象了。

他超越了"亲亲仁民爱物"，诉诸对一切生命的深情，诗中常见的落花意象便是生命的象征。《水上盥手》写道："盥手爱春水，水香手应绿。泛泛细浪起，杳杳惊鱼伏。惆怅坐沙边，流花去难掬。"水、鱼、花都是鲜活独特的生命之美，那是怎样一种生命的敏感与深情！"流花去难掬"也就从一般的惜花、伤时，指向生命深处的悲剧与困境：生命如此之美，为何会有凋落？这是一种"有灵"生命之间的"痴恋"，以至有不胜之致。又如《咏水边桃花》："一片欲随流，残妆照影愁。谁来唱桃叶，风雨送离舟。"个人与环境的尖锐冲突虽未表现在强度上，却已表现在深度上。这种孤独感既非来自与庸恶对立或摆脱政治来追求自我，也不同于价值虚空，而是个体彻底被抛弃而走向死亡。

高启诗预示着自性生命发展的坎坷。明初高压之下，不止最有声望的高启，吴中名士王彝、徐贲、张羽、杨基等都被迫害致死，东南文化中心遭到最惨重的打击，整个文坛陷入长达百余年的萧条，文化发展严重断裂。成化以前，哲学与意识形态上"所谓此亦一述朱，彼亦一述朱耳"（黄宗羲《明儒学案》卷十）。文学上，"向后诸公采掇，近似套语，以供应制，而诗遂为之中绝，以启景泰十子之陋。将道泰则文否，两者不并立乎？"（王夫之《明诗评选》卷一评解缙《怨歌行》）[29]"道泰"实即以暴政推尊程朱理学、施行思想统制的时代氛围，诗的"中绝"正由此造成。

（三） 明清的冲突悲剧意识

随着统制再次松动，近代生产方式萌芽，主体意识终于觉醒，反映在哲学上即心学盛行。文学上，吴中诗派复苏为先声，李贽、徐渭、汤显祖等推动解放思潮，袁宏道以"独抒性灵，不拘格套"（《序小修诗》）纲领宣告了心灵和书写的自由。他们认为社会是为一切人服务，要根据人的欲求来改造，并从传统理性下挣脱，呈现出近代意义的个体感性觉醒、以个人为中心、张扬自然人性的倾向。"情"与"理"剧烈冲突，生命陷入深刻绝望而价值难以建构，是即传统社会再无新路的冲突悲剧意识。如袁宏道《紫骝马》：

> 紫骝马，行且嘶。愿为分背交颈之逸足，不愿为追风绝景之霜蹄。霜蹄灭没边城道，朔风一夜霜花老。纵使踏破天山云，谁似华阴一寸草。紫骝马，听我歌。壮心耗不尽，奈尔四蹄何。[30]

"分背交颈"语出《庄子·马蹄》"喜则交颈相靡，怒则分背相踶"，指世俗的爱恶喜乐。李白《紫骝马》写"挥鞭万里去，安得念春闺"，袁诗反过来表达主体意识觉醒与冲突悲剧意识。随后满族入关造成历史发展受挫，浪漫主义一变为空幻感，纳兰成德词、黄景仁诗都有鲜明的流露。

戏曲小说代表作多为悲剧，"情""理"冲突是核心主题，这不只是人性解放与帝制礼教的冲突，更是生存与价值的本体困境。由于个体对自身无比重视，"情"无须外在的认可与证实，要求在当下突破现实以体验存在，以此作为人道—天道的依据。"理"是对现实条件的承认，"情"强大到要求突破社会理性、一切现实，不如此便不足以表现和实现主体性。在长篇叙事中冲突性、悲愤感极度彰显而不能弥合，突破了传统悲剧意识，淋漓地表现了"掀翻天地"的精神。亚里士多德《诗学》认为悲剧是"对于一个严肃、完整、有一定长度的行动的摹仿"[31]16，深远影响了西方戏剧小说的结构，而中国戏曲小说由于服务于人生历史的不同追寻,结构也应是灵活的。

戏曲除了晚明、清初之异,又分两大类型。一种是悲剧冲突在妥协中深化。如《牡丹亭》一般认为下半部是"团圆"结局,实则根本冲突不能解决,绝非"喜剧性的戏剧冲突"。因为即使未来可以实现自由爱情与人性解放,"情""理"冲突却是永恒的。这种冲突最终必然走向建构、超越、解决,是即团圆的现实深度,但人性解放程度已逸出传统,明知"'情有者理必无,理有者情必无',真是一刀两断语"(汤显祖《寄达观》),而有意写出"情""理"妥协、充满"反讽"的团圆结局,恰恰激发了无尽的空没悲凉和不竭的追求反抗。故这种"团圆"的价值在于:团圆却充满反讽,使人在空虚中觉省;冲突却完成团圆,使人为希望而斗争。又如《长生殿》,关键不在最终天上"重圆",而在"重圆"的前提——忏悔。这种弥合无比苍白,唤醒更深的悲剧意识:"情""理"冲突不是靠这种忏悔就能解决,缥缈的天上重圆是以放弃永恒追求这一人的本质为代价!

另一种是追求的毁灭与破灭。《娇红记》表现了"情""理"冲突的现实主义指向。申纯与娇娘的爱情,但求才貌相当、心性一致的"同心子",超越了一切功利目的与条件制约,是充满理性的情感行为。他们反抗现实上升到反抗"命"的高度,最终无怨无悔地殉情明志。最后两出《合冢》《仙圆》并未渲染团圆之乐,那种"终归正道""亦凤重于仙家"的"情"并不等于现实认可,二人"兼掌世上姻缘之箓"则是"情"的执着与升华。[32] 又如《桃花扇》"借离合之情,写兴亡之感"(《先声》),侯方域、李香君的爱情悲剧正是国家民族危亡造成,最后二人在张道士一声断喝中"顿悟",激于大义斩断"情根"、双双入山修道,那种"放悲声唱到老"的破灭虚无,恰恰是净化与积淀的特殊形式。

小说中《三国演义》《水浒传》是"世代累积型"作品,基本成书于元代后期,但内容与精神经明中叶点化乃引起轰动。《三国演义》表现以明君贤相为代表的永恒理想,又注入了社会应服务于个人实现及众生利益的精神,这种理想的破灭引发深沉的历史悲剧意识。《水浒传》聚义前的辐辏结构,反映了聚义是一种原生态、大趋势,"大忠大义"是以保障广泛的个人实现与欲望为基础;但这种物质伦理尚无土壤,宋江要统一"大忠大义""小忠小义",注定招安后接连而来"不精彩"的悲剧。

孙悟空的人间原型或即市民阶层的江湖好汉。[33] 无论是突破秩序及死亡的大闹三界，还是个人实现的漫漫取经征途，以至西天成佛的"共乐天真"，一脉相承的是突破现实的自由追求。但果真三者都是自由，取经成佛代表突破后重归平衡吗？又如对待猪八戒代表的"人欲"，应怎样尊重、引导、控制，《西游记》的态度并不分明。于是，表面的滑稽下有着悲剧内核。《金瓶梅》则回到世俗生活现象本身，散漫结构与此一致。那种生龙活虎的欲望，却走向失去价值与理性的恶性张扬，直到必然的毁灭与虚诞。最后以佛法点化，指明了净化与超越，却无法落实为现实出路。

《儒林外史》画出旧制度下令人窒息的"异化"全景。末回写名士渐消磨尽，真儒老死散遁，"哪知市井中间又出了几个奇人"，但这绝望中最后的理想如残阳般红得苍白。《红楼梦》是古典小说的辉煌终结，对人要"活着"的追问深入到文化、本体、宇宙高度，那是怎样的"落了片白茫茫大地真干净"！在彻骨眷恋与悲痛的最深层审美中，宗教般挺立"大旨谈情"，而现实中确乎"梦醒了无路可走"。

近代以来中华文明遭遇"数千年未有之大变局"，带来的冲击远甚于宋元、明清之易代，那种追问与反思、救亡与启蒙，伴随着冲突悲剧意识的强化与深化，既发展了明清思潮，又指向现代。而漫漫"变局"中思想的追寻与纷嚣，又蕴蓄着现代性的虚诞感。

近现代随着国运衰极，中国文化被谳为缺乏理性思维及悲剧意识、自由意志、精神信仰、理论体系。但历史和现实证明，立足亲证与实践、追求情理交融正是其优势，它在理性思维上亦无障碍。中国文化以"人能弘道"统摄历史实践，亦即从人要"活着"的内在亲证出发，经过彻底悲剧意识的洗礼，达到绝待现实、与天同在的自由意志。围绕这一基本普适道理，形成了虚灵的内在价值体系。一方面，许多不同提法实则都是围绕这一核心，研究中国文化也必然归结于此，却无须也难以通过宇宙论、人生观、认识论的概念体系来把握和穷尽；另一方面，哲学虽可脱离亲证与实践探讨问题，或者设定外在超越、推论逻辑大厦，但中国哲学文化的根底是可靠的，长期来看最能保证人的生存、安顿、和合、发展，历史和逻辑都证明了其自身的合法性。

从中国悲剧意识及悲剧精神来讲，它有着复杂的构成，也经历了多个阶段，但以孔子、苏轼等为代表，总体是以生命价值追寻为核心，亦即以人要

"活着"的内在亲证为起点与动力,豁显了生命有限、价值无解、宇宙中性的彻底悲剧性,导向以人类总体为依据、以心理本体为归宿的自证与超越,这也是其永恒、普适的指导意义所在。现代世界的复杂性是古代无法比拟的,既有种种现实与观念的强大束缚,又有对工具理性的反抗和"上帝死了"的呐喊,以及过于多元、解放而失去文化导向,在喧嚣与浮华背后,颇难捕捉到真正的悲剧意识与价值生成。我们应该在悲剧意识的净化与保障中,追寻到一种本真而充实的自由,并由此创造一个美好的世界。回顾中国古代悲剧意识,或许有助于解答许多现代性迷惘,将悲剧意识的故事续写向永远的未来。

注　释

[1] 参见《中国文学的历史与审美》(中国人民大学出版社2012年版)、《唐诗宋词研究》(中国人民大学出版社2013年版)、《论语的精神》(上海古籍出版社2016年版)等。

[2] 朱杰人整理《毛诗注疏》,上海古籍出版社2013年版。

[3] 赵长征点校《诗集传》,中华书局2011年版。

[4] 黄怀信《论语汇校集释》,上海古籍出版社2008年版。

[5] [德]黑格尔《美学》第1卷,朱光潜译,商务印书馆1979年版。

[6] 阎振益、钟夏《新书校注》附录,中华书局2007年版。

[7] 《史记》(点校本二十四史修订本),中华书局2014年版。

[8] (宋)朱熹撰,黄灵庚点校《楚辞集注》,上海古籍出版社2015年版。

[9] 吴礽骧等《敦煌汉简释文》,甘肃人民出版社1991年版。

[10] 李泽厚《美学三书》,安徽文艺出版社1999年版。

[11] 关于先秦的群体意识觉醒、六朝的个体意识觉醒、明中叶的主体意识觉醒,参见成复旺《中国古代的人学与美学》,中国人民大学出版社1995年版。

[12] 逯钦立校注《陶渊明集》,中华书局1979年版。

[13] 曹融南《谢宣城集校注》,上海古籍出版社2001年版。

[14] (梁)钟嵘撰,曹旭集注《诗品集注》,上海古籍出版社1994年版。

[15] 参见蔡钟翔、袁济喜《中国古代文艺学》第一章,人民文学出版社2011年版。

[16] 葛兆光《中国思想史》第二卷,复旦大学出版社2001年版。

[17] 刘学锴、余恕诚《李商隐集编年校注》,中华书局2002年版。校记引钱钟书曰"身,体现也"。

[18]（唐）许浑撰，罗时进笺证《丁卯集笺证》，中华书局 2012 年版。
[19] 邓广铭《稼轩词编年笺注》，上海古籍出版社 2007 年版。
[20] 唐圭璋编纂，王仲闻参订，孔凡礼补辑《全宋词》，中华书局 1999 年版。
[21] 姚奠中主编，李正民增订《元好问全集》，山西古籍出版社 2004 年版。
[22] 张志烈等主编《苏轼全集校注》，河北人民出版社 2010 年版。
[23]［美］高友工《美典：中国文学研究论集》，生活·读书·新知三联书店 2008 年版。
[24] 隋树森编《全元散曲》，中华书局 1964 年版。
[25] 蓝立蓂校注《汇校详注关汉卿集》，中华书局 2006 年版。
[26] 王季思主编《全元戏曲》第三卷，人民文学出版社 1999 年版。
[27] 章培恒、骆玉明《中国文学史新著》（下），复旦大学出版社 2011 年版。参见该书相关章节。
[28]（清）金檀辑注，徐澄宇、沈北宗校点《高青丘集》，上海古籍出版社 1985 年版。
[29]《船山全书》第十四册，岳麓书社 2011 年版。
[30] 钱伯城《袁宏道集笺校》，上海古籍出版社 1981 年版。
[31]［古希腊］亚里士多德《诗学》，罗念生译，人民文学出版社 2002 年版。
[32]（明）孟称舜著，欧阳光注释《娇红记》，上海古籍出版社 1988 年版。
[33] 林庚《西游记漫话》，人民文学出版社 1990 年版。

论苏轼理趣诗中的悲剧意识

◇包树望 *

"三代以下诗人，无过屈子、渊明、子美、子瞻者。此四子者苟无文学之天才，其人格亦自足千古。故无高尚伟大之人格，而有高尚伟大之文章者，殆未有之也。"[1]312（《文学小言》）王国维先生认为苏轼是封建社会后期的人格典范。苏轼是继欧阳修之后的北宋文坛领袖、诗文革新运动的主要领导者和重要实践者，诗词文皆有巨大成就和贡献，其诗歌创作对于宋诗的最终建立具有重要意义，如严羽云："至东坡、山谷始自出己意以为诗。唐人之风变矣。"[2]26（《沧浪诗话》）对于苏诗与前人的不同，刘熙载认为："太白长于风，少陵长于骨，昌黎长于质，东坡长于趣。"[3]107（《艺概》）这里的趣是和理联系在一起的。"诗不能离理，然贵有理趣，不贵下理语。……邵康节诗，直头说尽，有何兴会？"[4]1（沈德潜《清诗别裁集·凡例》）将诗中的理语和理趣区分开来。这符合实际，以苏诗为例，与理学家的表达哲学理念的诗歌不同，苏诗的很多理趣诗有着丰富的人生思考、人生哲理、人生内容，其中兴会与寄托的运思、表达机制构成理趣。冷成金先生认为："宋诗的'理趣'之所以是美的，是因为它不仅以'趣'来装点'理'，而且化'理'为情，在更高的层次上与美的本质相契合。"[5]244与理不同，情与现实生活、感性生命紧密联系在一起，人的生存真相是悲剧性的，这也就使苏轼理趣诗中的情和理都关涉到悲剧意识。探讨苏轼理趣诗中的悲剧意识有助于深入理解苏轼理趣诗及其中蕴含的苏轼对现实悲剧性的感知、思考、超越等，也有助于我们理解苏轼"亦自足千古"的人格精神世界。

---

* 作者简介：包树望，文学博士，北京化工大学文法学院讲师。
项目基金：中国人民大学"中央高校建设世界一流大学（学科）和特色发展引导专项资金"支持，项目批准号（16XNL008）。

一、超越生命有限的现实悲剧性

"生年不满百,常怀千岁忧。"(《古诗十九首》)"人生有限情无限。"(晏殊《踏莎行》)人要"活着"是人的内在亲证,而人不能永远活着,生命的有限构成了首要的现实悲剧性。在先秦汉唐的政治本体化时代,人们以现实政治秩序、现实社会功业为出发点和归宿,生命的意义不在长短而在对政治本体的体认与乐感中。但是,政治本体并不能时时处处为人提供归宿,一旦遭遇现实挫折、政治衰败,人们难免对其产生追询、质疑,于是更加深切地感受到生命有限的现实悲剧性,兴起生命悲剧意识。[6]这在政治本体让位于文化本体的宋代,也多有表现。比如,

> 西望穆陵关,东望琅邪台。南望九仙山,北望空飞埃。相将叫虞舜,遂欲归蓬莱。嗟我二三子,狂饮亦荒哉。红裙欲仙去,长笛有余哀。清歌入云霄,妙舞纤腰回。自从有此山,白石封苍苔。何尝有此乐,将去复徘徊。人生如朝露,白发日夜催。弃置当何言,万劫终飞灰。[7]686 (《登常山绝顶广丽亭》)

现实政治不再能够为生命存在提供价值,在仕途蹭蹬的坎坷生命历程中,诗人环视宇内,打开历史时空,萌生归隐之意,以"狂饮亦荒哉""长笛有余哀"点出悲剧意识,其后"清歌入云霄"等八句具体写出悲剧意识的兴起缘由和内容,诗人认为清歌妙舞代表的美好的感性生命生活是古之未有,故更加珍重、眷恋,不忍离去,但是生命如同烛膏和朝露般有限和短暂,美好的感性生命生活并不能长久,面对生命有限的现实悲剧性,诗人兴起悲剧意识。诗人并未沉浸于生命悲剧意识,而是超脱出来,"弃置当何言,万劫终飞灰",以佛家思维揭示万物终将消散的悲剧性现实。这并不是对生命悲剧意识采取默认、消解的方式,也不是走向颓废,而是以庄子的无限扩大事物参照系的方式,在诗作的内在理路的作用下予以深情感慨、审美超越。所谓深情感慨就是对现实困境不做直接的对等的回应,不拘泥于具体的事物和功利,而是进行审美观照,指向总体的根本的原则,这种观照是洞悉了人生悲剧真相后的开悟和解脱。最早的典型代表就是"子在川上曰:'逝者如斯夫,不舍昼

夜.'"(《论语·子罕》)既然流水不可把握，那就应像流水一样执着现实，把握可把握的，做应该做的事情。[8]因为有前面对美好感性生命生活的珍视、眷恋，在"人要活着、更好地活着的内在亲证"的动力下，"弃置当何言，万劫终飞灰"不会走向颓废，而是指向对悲剧性现实不做对等回应，超越具体的功利和目的，把握可把握的美好的感性生命生活，对生命过程予以审美化。整首诗并不是空疏、僵硬地说理，内在理路鲜明而深切，蕴理于情，化理为情，不仅是"趣"来装点"理"，更是通过化理为情的方式对理的审美化体认，同时实现了对生命有限的现实悲剧性的审美超越。

《读孟郊诗二首》(其一)与《登常山绝顶广丽亭》类似：

> 夜读孟郊诗，细字如牛毛。寒灯照昏花，佳处时一遭。孤芳擢荒秽，苦语余诗骚。水清石凿凿，湍激不受篙。初如食小鱼，所得不偿劳。又似煮彭越，竟日持空螯。要当斗僧清，未足当韩豪。人生如朝露，日夜火消膏。何苦将两耳，听此寒虫号。不如且置之，饮我玉色醪。[7]796（《读孟郊诗二首》其一）

诗人以丰富贴切的比喻描述自己阅读孟郊诗歌的审美感受，表达自己对孟郊诗歌的审美评价。至"人生如朝露，日夜火消膏"，陡然揭出生命有限而日夜流逝的悲剧性现实，兴起生命悲剧意识。但诗人并不直接回应这种悲剧意识，而以之与读孟郊诗歌的审美感受、诗歌所反映的孟郊的凄清寒苦的心理和悲剧性的现实生活相对比，认为不必再读孟郊诗歌，而是选择玉醪佳酿代表的美好感性生命生活，超越"人生如朝露，日夜火消膏"的生命悲剧意识。诗人对孟郊诗歌的评论生动贴切，富有理趣，在揭出"人生如朝露，日夜火消膏"的生命悲剧真相之后，认为"何苦将两耳，听此寒虫号。不如且置之，饮我玉色醪"，是理性的选择，但这种理性选择却并不是纯粹概念说理而来，而是以对美好感性生命、现实生活的深情为基础和指向，以"人要活着、更好地活着的内在亲证"为动力，所以是理由情生，化理为情，达到以玉醪佳酿代表的美好感性生命生活对生命有限的现实悲剧性的审美超越。诗作这种情理互生的内在流程使其富于理趣。与《登常山绝顶广丽亭》不同，《读孟郊诗二首》(其一)中生命悲剧意识的兴起有背景、参照系的意义，并在最后给出了玉醪佳酿代表的美好感性生活生活，而《登常山绝顶广丽亭》

则是在"人生如朝露,白发日夜催"的生命悲剧意识之后,直接跳脱出来,以"弃置当何言,万劫终飞灰"为结束,从更廓大的视角审视生命有限的现实悲剧性真相,两首诗内在流程不同,但同样富有理趣,都实现了对生命有限的现实悲剧性的审美超越。

由此也可看出苏轼诗和李贺诗中的生命悲剧意识的不同。李贺诗(如《天上谣》、《将进酒》等)往往在极尽描写生命、生活的美好之后,猛然翻出永恒的时间映照下的生命的短暂与无常的悲剧真相,并以之给人在绝望中建构价值的冲动,促进价值的崛立[9],其中情感的因素极为炽烈,苏轼诗中其对生命悲剧意识的表现相对沉静,对生命悲剧意识的超越是情理相互促生而成。

> 先生依旧广文贫,老守时遭醉尉嗔。
> 汝辈何曾堪一笑,吾侪相对复三人。
> 黄鸡催晓凄凉曲,白发惊秋见在身。
> 一别胶西旧朋友,扁舟归钓五湖春。[7]1380 (《过密州次韵赵明叔、乔禹功》)

首联感叹三人依旧生活贫苦、身世坎坷,为醉尉所嗔斥,表达个人现实境遇的悲剧性;颔联认为那些"醉尉"不堪一笑,诗人珍视的是好友三人又得相聚,以知己重逢、人际温暖超越悲剧意识;颈联写晓晨离别,而三人年华迅速老去,再聚不知何时,再次兴起生命不永、聚少离多的悲剧意识;尾联通过"扁舟归钓五湖春"的渔樵归隐的本真生活,超越生命悲剧意识。

《入峡》也是如此。"……气候冬犹暖,星河夜半涵。遗民悲昶衍,旧俗接鱼蚕。板屋漫无瓦,岩居窄似庵。伐薪常冒崄,得米不盈甔。叹息生何陋,劬劳不自惭。叶舟轻远泝,大浪固尝谙。矍铄空相视,呕哑莫与谈。蛮荒安可住,幽邃信难媅。"诗人描写峡中自然条件恶劣、百姓生活艰苦简陋,接以入峡艰难,既叹息峡中百姓生何陋,又叹息自己仕宦奔波、羁旅局促,揭示生命的现实悲剧性,兴起生命悲剧意识。"独爱孤栖鹘,高超百尺岚。横飞应自得,远飏似无贪。振翮游霄汉,无心顾雀鹌。尘劳世方病,局促我何堪。尽解林泉好,多为富贵酣。试看飞鸟乐,高遁此心甘。"[7]33化用《庄子·逍遥游》,写孤鹘虽孤,却高飞、远飏,不贪食、不顾雀鹌之属,得高超之乐,而世人多为物欲观念所束缚,沉溺于世俗富贵荣华之中,两相对比,表达自己不愿仕宦奔波,向往甘心远遁的孤鹘代表的隐逸生活。诗人通过哲理运思,以飞鸟譬喻,超脱富贵、仕宦等代表的非本真生活与观念的束缚,以隐逸代表的本真生活超越生命悲剧意识。

> 人事无涯生有涯,逝将归钓汉江槎。
> 乘桴我欲从安石,遁世谁能识子嗟。
> 日上红波浮翠巘,潮来白浪卷青沙。
> 清谈美景双奇绝,不觉归鞍带月华。[7]595 (《次韵陈海州乘槎亭》)

首句即揭示生命有限的现实悲剧性,次句以归隐渔樵超越这种现实悲剧性。三、四句追慕留子嗟、谢安,进一步表达归隐之愿。五、六句写美好自然的自然而然。七、八句写身处这种美景中,清谈、赏景而不觉时光流逝,诗人达到了超越生命有限的现实悲剧性后的清明、恬淡的美好境界。

二、 建构精神家园

从中唐至两宋,悲剧意识从政治本体层面进入了文化本体的层面,对文化价值展开探询,即在现实政治不再作为思考世事人生的出发点和归宿点的背景下,在生命有限、宇宙中性、价值无解的前提下,追询人生的价值、意义与归宿,兴起价值悲剧意识。[6]苏轼理趣诗中价值悲剧意识突出表现为对精神家园的追询。苏轼在诗词作品中对故乡的思念、归家意识和对家园的追寻随处可见,试看:

> 故人人送我东来时,手栽荔子待我归。[7]1665 (《寄蔡子华》)
> 三年无日不思归,梦里还家旋觉非。[7]224 (《华阴寄子由》)
> 何时归耕江上田,一夜心逐南飞鹄![7]176 (《二十七日自阳平至斜谷宿于南山中蟠龙寺》)
> 笑指西南是归路,倦飞弱羽久知还。[7]1710 (《九日袁公济有诗次其韵》)

东南此去几时归，倦鸟孤云岂有期。[7]1974（《七年九月自广陵召还复馆于浴室东堂……》其三）

只疑归梦西南去，翠竹江村绕白沙。[7]2427（《留题显圣寺》）

谁使爱官轻去国，此身无计老渔樵。[7]168（《题宝鸡县斯飞阁》）

扁舟一棹归何处？家在江南黄叶村。[7]1525（《书李世南所画秋景二首》其一）

一别胶西旧朋友，扁舟归钓五湖春。[7]1380（《过密州次韵赵明叔、乔禹功》）

此身自幻孰非梦，故国山水聊心存。[7]1999（《次韵滕大夫三首·雪浪石》）

从此归耕剑外，何人送我池南。[7]1449（《西太一见王荆公旧诗，偶次其韵二首》其一）

与唐人不同，苏轼对故乡的思念更为具体、深切，归家意识和对家园的追询更为浓烈、执着，对故乡难归有着清醒认识，诗作中的悲剧意识也更为浓烈、深切，苏轼在特殊的文化心理机制作用下，最终找到了精神家园。

人生到处知何似，应似飞鸿踏雪泥。
泥上偶然留指爪，鸿飞那复计东西。
老僧已死成新塔，坏壁无由见旧题。
往日崎岖还记否，路上人困蹇驴嘶。[7]97（《和子由渑池怀旧》）

苏轼将苏辙《怀渑池寄子瞻兄》中一般的羁旅离别之情上升到人生哲理的高度，富于理趣。首联因人生劳碌奔波兴起理性追询，以偶然、短暂的雪泥鸿爪揭示人生转瞬即逝、漂泊无依的现实悲剧性，给人沧桑变幻、虚无缥缈之感，属于价值悲剧意识。"暮云收尽溢清寒，银汉无声转玉盘。此生此夜不长好，明月明年何处看。"[7]753（《中秋月》）表达得更具体。良辰美景、美好的感性生命生活为诗人珍惜、眷恋，但美好难以永恒，命运无从把握，人事无常，人生漂泊不定，给人以无所着落的悲剧感。"这个意思在苏轼诗里屡次出现，例如《十月十五观月黄楼席上次韵》：'为问登临好风景，明年还忆使君无？'又《和子由山茶盛开》：'雪里盛开知有意，明年开后更谁看？'"[10]111《和孔密州·东栏梨花》更为典型："梨花淡白柳深青，柳絮飞石花满城。惆怅东兰一株雪，人生看得几清明。"[7]730清明时节，梨花盛开，随后由盛转衰，而人生中此种美好亦难有几何，使人伤感、惆怅、迷茫，作者将这种伤感上升到人生的高度，揭示出人生短暂、空没、无所归依的现实悲剧性，属于价值悲剧意识。第四句通过飞鸿不为雪泥指爪及其具体指向而挂怀，给出对待漂泊人生应采取的态度，即人生在世亦应采取达观的态度，不为聚散辗转所羁绊，超越了前面的悲剧意识。苏轼以雪泥鸿爪譬喻、思考人生的现实悲剧性，将人生提升到形式的层面，指出人生应遵循的自然之理，是通过理的思考超越了因理的追询而产生的价值悲剧意识。这里的理的追询和理的思考都以对现实人生、现实生活的无限深情、眷恋为基础、指向和动力。

颈联和尾联以具体人事对前两联的情理流程进一步展开、体认。颈联写具体人事的沧桑变迁，具体说明首联、颔联表达的世事变幻、人生沧桑之理和人生空没感，同时也是以之前体悟到的人生之理观照、审视人生的现实悲剧性。尾联以"路上人困蹇驴嘶"表征往日崎岖，超越对过往种种具体细节的执念拘泥，直指生活的形式，体认前面揭示的人生之理。这也是"深情感慨"，对人生现实悲剧性不作对等回应，而是超脱出来，予以审美观照，从容而坚定地面对必然的人生坎坷和漂泊，达到化理为情后的审美的人生境界，从而构建精神家园。

> 我家江水初发源，宦游直送江入海。闻道潮头一丈高，天寒尚有沙痕在。中泠南畔石盘陀，古来出没随涛波。试登绝顶望乡国，江南江北青山多。羁愁畏晚寻归楫，山僧苦留看落日。微风万顷靴文细，断霞半空鱼尾赤。是时江月初生魄，二更月落天深黑。江心似有炬火明，飞焰照山栖鸟惊。怅然归卧心莫识，非鬼非人竟何物？江山如此不归山，江神见怪惊我顽。我谢江神岂得已，有田不归如江水。[7]307（《游金山寺》）

一二句概括描述自己离乡宦游、不得归家的漂泊人生，内含悲剧意识。"闻道"四句将个人漂泊引入历史时空，在廓大的历史时空背景审视、思考人生，深化悲剧意识。其后写羁旅思乡之情，并因奇异江景，引发深思，认为

论苏轼理趣诗中的悲剧意识

异景为警,遂以江水为誓,定当归隐。诗人在自然异景的触发下,思考人生,与自然展开对话,超越悲剧意识,不再拘泥于具体地理上的故乡和具体的自然异景,而是有田即归,其实是归于美好自然映衬下的审美的人生范式、人生境界。苏轼思沉而情深,自然异景、鸿落鸿飞都成为他思考人生的契机,以对人生之理的体认、归隐生活的选择,超越现实悲剧性,建构精神家园。

霭霭青城云,娟娟峨嵋月。随我西北来,照我光不灭。我在尘土中,白云呼我归。我游江湖上,明月湿我衣。岷峨天一方,云月在我侧。谓是山中人,相望了不隔。梦寻西南路,默数长短亭。似闻嘉陵江,跳波吹枕屏。送君无一物,清江饮君马。路穿慈竹林,父老拜马下。不用惊走藏,使者我友生。听讼如家人,细说为汝评。若逢山中友,问我归何日。为话腰脚轻,犹堪踏泉石。[7]1844(《送运判朱朝奉入蜀》)

首句至"跳波吹枕屏",苏轼语调低柔,娓娓道出对故乡的热爱、眷恋、思念,同时写出故乡难归的悲剧意识。之后,诗人点出赠别主题,并劝慰乡人,然后再次回到自己的归乡意识。诗作以"为话腰脚轻,犹堪踏泉石"作结,指向审美观照下的自然本真生活。整首诗从寻找家园、表达悲剧意识开始,通过送别友人、劝慰乡人和请友人代为答问的过渡,超越悲剧意识,找到了精神家园。

四州环一岛,百洞蟠其中。我行西北隅,如度月半弓。登高望中原,但见积水空。此生当安归,四顾真途穷。眇观大瀛海,坐咏谈天翁。茫茫太仓中,一米谁雌雄。幽怀忽破散,永啸来天风。千山动鳞甲,万谷酣笙钟。安知非群仙,钧天宴未终。喜我归有期,举酒属青童。急雨岂无意,催诗走群龙。梦云忽变色,笑电亦改容。应怪东坡老,颜衰语徒工。久矣此妙声,不闻蓬莱宫。[7]2246(《行琼儋间,肩舆坐睡梦中得句,云:千山动鳞甲,万谷酣笙钟。觉而遇清风急雨,戏作此数句》)

诗题言明诗作缘由。诗人将梦中得句和梦觉后的清风急雨作为思考与感悟人生的契机。首句至"四顾真途穷"兴起追寻家园而不得的价值悲剧意识。"眇观大瀛海"至"永啸来天风",以庄子扩大参照系的方式,统观宇宙自然,消弭事物的差别,超越对具体地点、目的的执着。以理性哲思超越悲剧意识,"幽怀"由此"破散"。"千山动鳞甲"至"不闻蓬莱宫"是"此生当安归,四顾真途穷"的幽怀、悲剧意识经过理性哲思的洗礼,被破散、超越后,所达到的与天地相通的廓大的审美体验、审美境界。同样以日常情景为思考与感悟人生的契机,与前引《游金山寺》《和子由渑池怀旧》《送运判朱朝奉入蜀》三首不同,《行琼儋间,……》的境界更为超脱旷达,这是因为苏轼在岭海时期达到天地境界,建构了审美的精神家园。在这种审美境界观照下,诗人能于功名利禄、贫富穷达、贵贱寿夭等世俗观念、评价标准了无挂碍,"心似已灰之木,身如不系之舟。问汝平生功业,黄州惠州儋州"[7]2641（《自题金山画像》),将内在精神家园的构建视为功业。

就本质而言,生命悲剧意识属于价值悲剧意识,在宇宙中性、价值无解的背景下,因生命有限的悲剧性现实而兴起,所以二者相通,在许多诗作中不能截然二分,而是相互伴生、促生,由生命悲剧意识上升为价值悲剧意识。

> 初惊鹤瘦不可识,旋觉云归无处寻。
> 三过门间老病死,一弹指顷去来今。
> 存亡惯见浑无泪,乡井难忘尚有心。
> 欲向钱塘访圆泽,葛洪川畔待秋深。[7]566（《过永乐,文长老已卒》)

首二句先追忆上次见文长老时情景,后写文长老溘然而逝,兴起生命悲剧意识。三、四句用佛典、佛语,将自己对文长老的三次过访与其老、病、死相联,在无限、永恒的时间中审视生命与人生,凸显生命与人生的短暂与无常。第五句写自己因近年好友多有故去,已然惯见、无泪,由具体一人上升为普遍众生,给人空没之感,将生命悲剧意识提升到本体高度,即指向人生价值的价值悲剧意识。但诗人并未因此走向虚无、颓废,仍对故乡、故友、世事人生饱含深情。唐代袁郊所作《甘泽谣·圆观》中,圆观亡前与好友李源相约十三年后相见,李源十三年后得见牧童,牧童吟诗:"三生石上旧精魂,赏月吟风不要论。惭愧情人往相访,此身虽异性长存。"苏轼据此作《僧圆泽传》(《苏轼文集》卷13)。七、八句以此故事为喻,表达希望再与文长老相见之情,其实是以深情超越生死、超越悲剧意识,以此深情为精神家园。此深情是指对现实人生、感性生命的深情执着,体现了苏轼执着而超越和以情为本体的思想。《东府雨中别子由》亦如此。

> 庭下梧桐树,三年三见汝。前年适汝阴,见汝鸣秋雨。去年秋雨时,我自广陵归。今年中山去,白首归无期。客去莫叹息,主人亦是客。对床定悠悠,夜雨空萧瑟。起折梧桐枝,赠汝千里行。归来知健否,莫忘此时情。[7]1992 (《东府雨中别子由》)

前八句写梧桐见证兄弟团聚离别。九、十句既是对朝政走势的判断,更是以人生哲理,将前述"白首归无期"的价值悲剧意识进一步深化。最后四句折赠梧桐枝,祝愿健康归来,并以"此时情"为归依,即以人际温暖的情感为精神家园,超越前述悲剧意识。

三、 苏轼理趣诗中悲剧意识的意义

在唐宋文化转型的背景下,文学作品中对政治本体的乐感也转为对文化本体的追询。人们不再以外在的政治为人生的出发点和归宿,而是转向内在文化心理追询,建构价值与意义。苏轼将其坎坷的人生经历、深入的哲学思考、深厚的艺术才能和对世事人生的无限深情熔铸在丰富的诗歌创作中。所以,与理学家不同,苏轼理趣诗不是纯粹哲学理念的描摹表达,而是从现实人生、感性生命出发,有着对人生的深情与思考、深沉的悲剧意识和对悲剧意识的超越。如前所述,苏轼将现实生活中的具体情境作为感悟人生、追寻精神家园、超越悲剧意识的契机,《慈湖夹阻风五首》于此更加典型,其内在情理流程也十分清晰。

> 捍索桅竿立啸空,篙师酣寝浪花中。
> 故应菅蒯知心腹,弱缆能争万里风。(其一)
>
> 此生归路愈茫然,无数青山水拍天。

犹有小船来卖饼，喜闻墟落在山前。（其二）

我行都是退之诗，真有人家水半扉。
千顷桑麻在船底，空余石发挂鱼衣。（其三）

日轮亭午汗珠融，谁识南讹长养功。
暴雨过云聊一快，未妨明月却当空。（其四）

卧看落月横千丈，起唤清风得半帆。
且并水村欹侧过，人间何处不嵌岩。（其五）[7]2034

被贬南行，在当涂遇风受阻，诗人描摹风浪中的劳作、生活场景等，感悟人生，作组诗五首。第一首写风大浪高，船工安然，船缆虽弱却能与风浪抗争，内含执着、坚韧。第二首前两句在水浪接天、青山无数的背景下揭示出归路茫然、此生无依的悲剧意识，后两句写风浪中犹有小船卖饼执着生活，并告知村落在前，使悲剧意识为之一缓。纪昀评："当前之寥落可知。然此二句，乃遇风泊船，初不辨头路人语，惟老于江湖者知之，非道眼前寥落也。"[7]2034 揭示了诗作中深沉的悲剧意识。这种深沉的悲剧意识在苏轼诗作中有更显豁的表现，如："澹月倾云晓角哀，小风吹水碧鳞开。此生定向江湖老，默数淮中十往来。"[7]1870（《淮上早发》）第三首以相似情景表达对韩愈的知己之感和相同的孤独感受。第四首写天空转晴，风雨虽大，却并不能妨碍明月当空，表达积极乐观的态度。第五首揭示出人生本就到处险峻难行的常态和应然之理，并选择不为之所拘束、欹侧而过，超越了前面的悲剧意识。组诗是苏轼在行旅风雨中感悟人生的过程，第一首即点出阻风之题，以篙师、弱缆蕴自然之理，奠定诗作执着而超越的基调；第二、三首抒写悲剧意识，但以小船卖饼、墟落在前和同于韩愈来予以缓解，情中含理；第四首写天空转晴，第五首归为对人生坎坷命运的本然之理的体认与深情感慨，化理为情。悲剧意识由兴起而超越，诗人由此建构价值，找到精神家园，提升人生境界。

这是因为苏轼对人生的现实悲剧性的认识极为清醒、充分和彻底。比如，"诗人例穷苦，天意遣奔跑。尘暗人亡鹿，溟翻帝斩鳌。艰危思李牧，述作谢王褒。失意各千里，哀鸣闻九皋。骑鲸遁沧海，捋虎得绨袍。巨笔屠龙手，微官似马曹。迁疏无事业,醉饱死游遨。"[7]265(《次韵张安道读杜诗》)提出诗人之穷苦是其必然命运。"贵、贱、寿、夭,天也。贤者必贵,仁者必寿,人之所欲也。人之所欲,适与天相值实难,譬如匠庆之山而得成镰,岂可常也哉。因其适相值,而责之以常然,此人之所以多怨而不通也。至于文人,其穷也固宜。劳心以耗神,盛气以忤物,未老而衰病,无恶而得罪,鲜不以文者。天人之相值既难,而人又自贼如此,虽欲不困,得乎?"[11]320(《邵茂诚诗集叙》)贵贱寿夭等全属偶然,没有必然性,现实中的才位相符、德福相配也如此,具体到文人,则因为追求文化理想,必然遭遇现实的坎坷命运。苏轼从人生的偶然性和理想与现实的对比出发,将现实悲剧性归为人生,特别是文人人生的本质属性,进而指出若以必然责偶然,以理想责现实,怨愤必生,而怨愤德福不配、命运坎坷等只能徒增困窘。如前引"人生如朝露,日夜火消膏。何苦将两耳,听此寒虫号。不如且置之,饮我玉色醪"[7]796(《读孟郊诗二首》其一),以诗酒生活超越现实悲剧性。"生前富贵,死后文章,百年瞬息万世忙,夷齐盗跖俱亡羊。不如眼前一醉,是非忧乐两都忘。"[7]688(《薄薄酒》其一)"但恐珠玉留君容,千载不朽遭樊崇。文章自足欺盲聋,谁使一朝富贵面发红。达人自达酒何功,世间是非忧乐本来空。"[7]689(《薄薄酒》其二)诗人的自和之作进一步否定前作中的醉忘方式,指出"世间是非忧乐本来空",揭示人生的现实悲剧性,将"是非忧乐"等代表的一切外在标准全部打落,显露出本真心灵,将标准归为内在心理,并不是随心所欲,而是以"人类总体"为指归,建构精神家园。

  朝见吴山横,暮见吴山纵。吴山故多态,转侧为君容。幽人起朱阁,空洞更无物。惟有千步冈,东西作帘额。春来故国归无期,人言悲秋春更悲。已泛平湖思濯锦,更看横翠忆峨眉。雕栏能得几时好,不独凭栏人易老。百年兴废更堪哀,悬知草莽化池台。游人寻我旧游处,但觅吴山横处来。[7]426(《法惠寺横翠阁》)

  前八句写吴山、法惠寺横翠阁美景。其后八句先写思乡之情,次写人生易老,再感叹百年兴废,在廓大的历史时空中感叹现实悲剧性,将不能归家、生命不永的现实悲剧性提高到人生本质的高度,生命悲剧意识转为价值悲剧意识。最后两句写自己将与吴山共在长存,既不是以自然比德,也不是赋情自然、融入自然，而是经过悲剧意识的洗礼，自然成为丰富、发展自我的方式和彰显人格的手段。[12]吴山的自然而然的美好、永恒使诗人超越了悲剧意识。

　　综上，苏轼理趣诗并不是简单地对自然之理、哲学之理的摹写、体认，或简单地以自然之理譬喻人生世事之理，苏轼理趣诗中有此类作品，但这些作品并不是苏轼理趣诗与其他宋代诗人的理趣诗区别开来的代表作。苏轼理趣诗往往与现实人生、感性生命直接相联系，富含现实内容、悲剧意识、本真情感和对现实悲剧性的揭示、思考、超越，哲理是思考人生的工具、超越悲剧意识的梯航（如前引《登常山绝顶广丽亭》《过永乐，文长老已卒》《行琼儋间，……》），对现实悲剧性的揭示、思考、超越是以情促理、化理为情、情理互生的内在理路的具体表现，比纯粹的哲学理念、自然之理的表达，更为切近、鲜活。这是苏轼理趣诗符合诗的审美本质、具有丰富的艺术魅力、潜移默化的感染力和恒久的生命力的根本原因，也使苏轼理趣诗对滋养人们的心灵、促进心灵成长、建构价值具有更重要的意义。通过分析苏轼理趣诗中的悲剧意识，我们可以窥见苏轼乐观旷达精神的情感来源和其情感与哲思互生的形成理路，切近地感受苏轼丰富、深微、伟大的人格精神世界。

注　释

[1]傅杰编校《王国维论学集》，中国社会科学出版社1997年版。

[2]（宋）严羽《沧浪诗话校释》，人民文学出版社1983年版。

[3]《刘熙载文集》，江苏古籍出版社2001年版。

[4]（清）沈德潜《清诗别裁集》，河北人民出版社1997年版。

[5]冷成金《中国文学的历史与审美》，中国人民大学出版社2012年版。

[6]冷成金《苏轼诗文悲剧意识的特质》，《社会科学战线》2010年第2期。

[7]《苏轼诗集》，中华书局1982年版。

[8]冷成金《论孔子的内在亲证价值建构思想》，《杭州师范大学学报》（社会科学版）2016年第2期。

[9]冷成金、董宇宇《论李贺诗的悲剧意识》，《杭州师范大学学报》（社会科学版）2015年第2期。

[10]钱钟书《宋诗选注》，生活·读书·新知三联书店2002年版。

[11]《苏轼文集》，中华书局1986年版。

[12]《苏轼词对现实悲剧性的审美超越》，《河北学刊》2013年第3期。

苏轼诗歌悲剧意识的消解和超越方式
——兼及苏轼诗歌豪放风格成因分析

◇张永宽 *

苏轼是中国"豪放派"文学中首屈一指的大家，其豪放超脱、旷达不羁由来有因，是在经历悲惨的人生命运、面对人生困境之时，对内心兴起的悲剧意识进行消解和超越而形成的。苏轼诗中流露着老病缠身、人生苦短的生命悲剧意识，德位不匹、历史虚无的历史悲剧意识，飘零无定、亲友乖隔的宦游悲剧意识，政敌迫害、壮志不酬的政治悲剧意识，人生如梦、世界泡影的价值悲剧意识，暴露了人生和世界的悲剧真相。但他并未因此颓废沉沦，而是积极突围，对悲剧意识进行消解和超越，用旷达和豪迈反抗人生悲剧，成为中国文学中一颗耀眼的明星。本文对苏轼诗中悲剧意识的几种超越方式展开详细论述。

一、向世间感性生活沉入

儒家文化鲜明体现了悲剧意识不注重外在超越的一面，即不依赖上帝、天国和居于现象界之上的先验理念世界，而注重现实、世俗的人世间及其日常的感性生活，在"此世间"寻找价值和超越。常见的就是渗透于文学中的追求现世生活甚至及时行乐的思想。物质生活有时能给人带来肉体快乐与精神愉悦的双重效果，暂时消除心理痛感和不良情绪，从而缓解意志与现实之间紧张的压力。疾病缠身，时感生命短暂、世事无常的苏轼也不例外。

---

* 作者简介：张永宽，文学硕士，清华大学附属中学教师。
项目基金：中国人民大学"中央高校建设世界一流大学（学科）和特色发展引导专项资金"支持，项目批准号（16XNL008）。

（一） 饮酒

饮酒是包括苏轼在内很多文人的重要行乐方式。"顾惭桑榆迫，岂厌诗酒娱。"[1]2177（《和陶赠羊长史》）"在时光飘忽、人生苦短的死之悲的背景下，在对人生之乐的追求里，酒的位置一下子就重要起来。"[2]197 久而久之，酒便获得了某种文化品格，饮酒成了摆脱政治现实、消解悲剧意识的一种物质手段，体现了文人的独立人格，不少诗文名篇正是乘着酒兴得以完成，或是直接为赞美酒的"品德"而作。

苏轼的日常生活离不开酒，"偶得酒中趣，空杯亦常持"（《和陶饮酒二十首》），他不仅爱喝酒，会酿酒，还写过不少诗文来阐述酒的文化内涵和现实功用。《酒隐赋》[3]20、《浊醪有妙理赋》[3]21 两文将酒奉为与天工相并的自然神物，系统论述了酒的功用：酒不仅可以远害全身，躲避政治追杀，具有了隐逸的文化品格，"引壶觞以自娱，期隐身于一醉"；还与大道相通，"杳冥似道"，是知心体道的媒介，借酒得以"识心之正"；更重要的是借助酒可以"内全其天，外寓于酒"，暂托酒以排意，"酣羲皇之真味，反太初之至乐"，使胸中洞然无悲。这与"谁言大道远，正赖三杯通"（《和陶饮酒二十首》）表达的是同一观点。

酒的这种功用，足以用来排遣现世的苦痛。苏轼常常借酒消愁："白酒无声滑泻油，醉行堤上散吾愁。"[1]979（《陈州与文郎逸民饮别……》）"逝将江湖去，浮我五石樽。"[1]1696（《复次前韵谢赵景贶……》）"使我有名全是酒，从他作病且忘忧。"[1]1537（《次韵王定国得晋卿酒相留夜饮》）喝酒解除心灵痛苦所带来的愉悦远远大于喝酒的弊端，一向重视养生的苏轼甚至连生命健康也不顾了。

在这里，酒是作为对生命悲剧意识的消解因素而出现的。酒可以使人忘记时间的流逝，消解时光飞逝带给人的生命焦虑，甚至将焦虑转化成欢乐："簿书常苦百忧集，杯酒今应一笑开。"[1]1501（《送钱穆父出守越州二首》）酒是可以抵抗衰老的妙药："强镊霜须簪彩胜，苍颜得酒尚能韶。"[1]1542（《叶公秉王仲至见和次韵答之》）《蜜酒歌》《薄薄酒二首》《新酿桂酒》则通篇写酒之美，酒之真，表达饮酒之趣、饮酒之乐。特别是《薄薄酒二首（其一）》似乎已将饮酒上升为生命的本体性的真实存在了：

苏轼诗歌悲剧意识的消解和超越方式

薄薄酒，胜茶汤；粗粗布，胜无裳；丑妻恶妾胜空房。五更待漏靴满霜，不如三伏日高睡足北窗凉。珠襦玉柙万人相送归北邙，不如悬鹑百结独坐负朝阳。生前富贵，死后文章，百年瞬息万世忙。夷齐盗跖俱亡羊，不如眼前一醉是非忧乐都两忘。[1]658

此诗体现了历史悲剧意识、价值悲剧意识及其超越和消解。"五更待漏"是指帝王将相的政治生活，"珠襦玉柙"是指荣华富贵，这些虚华的事物在苏轼看来都是无价值的，即使死后足以流芳后世的作为"经国之大业"的文章也同样是无价值的，二者都比不上北窗高卧、悬鹑负日。"夷齐盗跖俱亡羊"化用《庄子》中典故，将圣贤伯夷、叔齐代表的正面价值和恶人盗跖代表的负面价值全部否定，将所有的意义全都聚焦于眼前一杯美酒，人世的一切是非荣辱都比不上把盏一醉。

酒消解悲剧意识的心理机制是"醉忘"，当人们进入醉境时，其精神常混沌一片，立足于思虑之上的人生一切束缚和失意全都自动解体，生命衰老、历史虚无、人生空漠、漂泊羁旅等悲剧意识以及贤愚是非之辨，全都被消解了。"醉时万虑一扫空"[1]1125（《孔毅父以诗戒饮酒……》）所描写的就正是无思无虑这种"醉忘"的精神体验，而"笑谈万事真何有，一时付与东岩酒"[1]1627（《送张嘉州》）则肯定了酒在虚幻人的世间的实体性存在及其意义。

醉酒消解悲剧意识的另一心理机制是"颓然醉里得全浑"[1]1977（《惠守詹君见和复次韵》）。在"全浑"状态中，一切束缚被挣开，一切痛苦的根源被消灭；精神彻底得到解放，复归原始自然的体验，获得了与世界本体融合的最高的欢乐，在极度的自由与开放中尽情展示生命的活力，用苏轼自己的话来讲就是"方其寓形于一醉也，齐得丧，忘祸福，混贵贱，等贤愚，同乎万物，而与造物者游"[3]344（《醉白堂记》）。"醉里未知谁得丧"[1]1036（《与潘三失解后饮酒》），对人世间得失荣辱不作感知，更不作区别。这既是"醉忘"也是"全浑"，都是对悲剧意识的消解。

在这种"全浑"的自由中，个体身心全方位解放，言行举止皆不受世俗礼法约束，也没有得失利害的考量，纯然是自由而行、自由而止的"醉而狂"。因此，醉酒与中国狷狂文化往往联系在一起，狷狂者也大多是爱酒者，"醉后粗狂胆满躯"[1]527（《刁景纯席上和谢生二首》）正是狂者形象的最佳写照。苏轼也时常借酒"聊发少年狂"，大醉之后亦是狂人，"坐睡落巾帻"，

"蓬发不暇帻"（《岐亭五首》）；醉后言语、作诗文也不顾后果，"门前恶语谁传去，醉后狂歌自不知"[1]500（《刘贡父见余歌词数首以诗见戏聊次其韵》），"饮中真味老更浓，醉里狂言醒可怕"[1]997（《定惠院寓居月夜偶出》）。

（二） 涵泳日常生活

苏轼认为，"一物有一物之道"，"凡物皆有可观。苟有可观，皆有可乐，非必怪奇玮丽者也"[3]351（《超然台记》）。只要以审美的眼光审视世界，生活中一切皆有可乐，"行住坐卧，饮食语默，具足众妙"[3]404（《观妙堂记》），"寓意于物，虽微物足以为乐"[3]356（《宝绘堂记》）。苏轼对待日常生活总不乏审美的态度，凡事以审美的态度欣赏，平凡的日常生活就获得了超越它自身的价值。

人一诞生就置身于他的生存境域中，一开始就循环于他的生存方式中，生活由于见惯而对于他变得"平常"甚至乏味，不能勾起他的好奇心和"惊异感"，他已经不能从日常生活中"瞥见""大道"，从这个意义上说，生活世界已经向他关闭。审美的生活则不同，它是一种诗意的生活。审美的生存者处于醒悟和澄明状态中，世界对他敞开，大道向他显现，因此他始终保持着对生活世界的新鲜感，生活中的点滴小事都是通达"至乐"境界的途径。以审美的态度欣赏生活，尺幅小景亦包含着大千世界，门前覆砌茂草也能观大化流行之生生不息，盆池数尾小鱼亦能知万物自得之意。比如睡眠，本是人类例行的日常行为，苏轼却从其中悟出了非同寻常的意义，他在《游惠山》一诗中写道："吾生眠食耳，一饱万想灭。"睡眠和饮食似乎成了人生的得意追求，成了灭绝妄念、消解悲剧意识的重要媒介。他还特意写诗描述身心两忘、烦恼消尽的睡眠体验，如《谪居三适三首·午窗坐睡》：

> 蒲团盘两膝，竹几阁双肘。此间道路熟，径到无何有。身心两不见，息息安且久。睡蛇本亦无，何用钩与手。神凝疑夜禅，体适剧卯酒。我生有定数，禄尽空余寿。枯杨下飞花，膏泽回衰朽。谓我此为觉，物至了不受。谓我今方梦，此心初不垢。非梦亦非觉，请问希夷叟。[1]2141

苏轼的睡美之乐一方面与他多病经常闭门不出有关，但更有文化上的渊源,他的睡美之乐受陶渊明影响。《晋书·陶潜传》:"尝言虚闲,高卧北窗之下,清风飒至,自谓羲皇上人。"[4]2464 "放朝三日君恩重,睡美不知身在何。"[1]363(《次韵杨褒早春》)睡眠是感觉器官的暂时关闭,是自我意识的暂时丧失,时间和空间消失了,因而整个现象界也消失了,只剩下了杂乱无章、随机拼凑的梦境,"身心两不见,息息安且久"描述的就是这种退出现象界的睡眠体验。因此,与现象界相关的人世的一切不如意,以及人间的是非善恶之辨等,社会强加给人的一切东西,无论好的坏的,全都消失了。此时的意识主体彻底达到无意识界,完全不受外物的干扰,"物至了不受""此心初不垢"。苏轼自己对睡眠的功用也有系统的总结,在《睡乡记》[3]372中明白阐述了对睡眠的看法:"昏然不生七情,茫然不交万事,荡然不知天地日月";睡乡之民"其人安恬舒适,无疾痛札疠",不知得失利害。

  美食也是苏轼常常借来消遣苦闷的方式。他在贬谪期间生活上常常陷入困窘,连基本的日常生活都难以为继,何谈其他活动。延君寿《老生常谈》中谈到苏轼的饥馑之状与落魄中的孤傲:"人生太穷,至于饮食不继,虽说该去忍饥读书,然枵腹高吟,肚里如何支架得住。偶忆东坡诗绝句云:'北船不到米如珠,醉饱萧条半月无。明日东家当祭灶,只鸡斗酒定膰吾。'夫以东坡之豪贤,饿到十来天,也想人家馈东西吃,而真率之气,妙能纵笔写出。"[5]1483每当暂得美食,苏轼便乐不可支,品尝之余还要写在诗文中,表现美食带给人的愉悦感。如:

  枇杷已熟粲金珠,桑落初尝滟玉蛆。暂借垂莲十分盏,一浇空腹五车书。青浮卵碗槐芽饼,红点冰盘藿叶鱼。醉饱高眠真事业,此生有味在三余。(《二月十九日携白酒鲈鱼过詹使君食槐叶冷淘》)[1]1990

  梦回闻雨声,喜我菜甲长。平明江路湿,并岸飞两桨。天公真富有,膏乳泻黄壤。霜根一蕃滋,风叶渐俯仰。未任筐筥载,已作杯案想。艰难生理窄,一味敢专飨。小摘饭山僧,清安寄真赏。芥蓝如菌蕈,脆美牙颊响。白菘类羔豚,冒土出蹯掌。谁能视火候,小灶当自养。(《雨后行菜圃》)[1]2050

  此二诗典型地体现了宋诗的日常化特征。苏轼极其懂得以审美的眼光品味日常生活的艺术生存方式，在其笔下，无事不可入诗，无物不可为诗材，平凡的饮食、喝茶等琐屑之事都具有非同寻常的蕴味。对平凡日常生活细节的反复吟咏恰好证明了宋代个体意识的高涨，以及日常生活的发现。汉唐朝代宏大的政治本体将人的日常生活及其意义遮蔽了，人们大多关注着外在的政治功利而很少注视与自身切近的日常生活，多注重参与政治化的集体活动而忽略了日常生活的本真意义。魏晋以来人的个体意识觉醒，到了中晚唐尤其宋代，切近的日常生活也被发现，进入了文学的书写范围，这是宋代文化了不起的进步，苏轼诗是这方面的代表。第一首诗的构成要素除了酒，还有槐芽饼、藿叶鱼等"俗不可耐"的事物，全诗都是由这些东西构成；第二首诗亦是由菜圃小菜等微不足道的事物构成。这些在汉唐时代很难"载道"和入诗，因为当时所谓"道"是高高在上的与政治相关的宏大事物；只有在宋代，在苏轼那里，这些不登大雅之堂的事物才因日常生活的被发现而进入价值领域，"小摘饭山僧，清安寄真赏"，"醉饱高眠真事业，此生有味在三余"又把闲暇时光之饮酒吃饭及其"醉""饱"等生理体验上升为"真事业"。

日常生活的发现及其进入价值领域具有重大的意义。日常生活的审美欣赏对悲剧意识具有重大的消解和超越作用。日常生活之乐是纯粹的生命乐趣，是对生命本身的观摩和体验，抒情主体一旦进入敞开着的纯粹的生活世界，那么政治上的失意、生命流逝之悲、流离颠沛之劳累、人生世界的空漠之感，将全被涤荡净尽。

二、自然山水与天地境界

向自然山水中融入，借山水化其郁结，也是悲剧意识的重要消解方式。在对自然山水的俯察仰观中体味天地大道，消融自我意识，即庄子所说"忘我""丧我""忘身"，从而进入忘掉生死、"不知老之将至"、物我合一、与天地同化的心灵状态，达至"独与天地精神往来"的境界。天地境界（又作审美境界）"表现为一己身心与自然、宇宙相沟通、交流、融解、认同、合一的神秘经验"，"它是泯灭了主客体之分的审美本体"[6]21，是人与自然的合一。

（一） 人的自然化

人的自然化一层意思是"把自然景物作为欣赏、欢娱的对象，栽花养草、游山玩水、乐于景观、投身于大自然中，似乎与它合为一体"。[6]48 自然不仅包括罕无人迹、幽僻清冷的荒野，也包括经人类改造过、富有人文气息的苑囿田园等。

落魄文人和仕宦失意者常常以自然山水、荒野田园为寄托和排遣，宦途显达者也不例外。究其根源，人类诞生于自然，在漫长的原始时期，自然一直是人类的家园。人类虽然从自然荒野中走出，建构了人群聚集的城市，但与自然山水比起来，城市是人类的异乡，自然仍是人类的故乡，人类有一种回归故乡的原始冲动。自然是作为城市的对立面存在的，它所代表的心灵原始自由状态也与城市世俗文明强加于人的诸种悲苦压抑的心灵状态相对。后者发展到一定阶段会对人类的心灵产生某种程度的异化作用，这是人类文明自身发展的必然内在缺陷。只有回归自然，才能解脱心灵苦痛。自然山水是抵消文明异化作用的解毒剂，人的自然化对人类的健康发展而言是应当和必要的，这也是自然山水能够化解悲剧意识的关键所在。

苏轼在悲苦之际，常常将自己投入山水之间，融解在自然山水里，借天地自然之大美排遣苦闷抑郁。试看被贬海南时的《行琼儋间，肩舆坐睡梦中得句……》：

> 四州环一岛，百洞蟠其中。我行西北隅，如度月半弓。登高望中原，但见积水空。此生当安归，四顾真途穷。眇观大瀛海，坐咏谈天翁。茫茫太仓中，一米谁雌雄。幽怀忽破散，永啸来天风。千山动鳞甲，万谷酣笙钟。安知非群仙，钧天宴未终。喜我归有期，举酒属青童。急雨岂无意，催诗走群龙。梦云忽变色，笑电亦改容。应怪东坡老，颜衰语徒工。久矣此妙声，不闻蓬莱宫。[1]2108

诗中有鲜明的自我形象，这个"我"行居宇宙之内，在天地之间流连徜徉，仰观俯察。"四州环一岛……但见积水空"这几句构造了异常辽阔的物理空间，这个空间浩渺无垠，使诗人感到自身微弱渺小，顿生途穷末路之悲，这是由于诗人"执着生计，梗塞未通"，"尚拘泥于现实，未求得解脱"[7]346。

但这个空间同时又磅礴壮美、充塞天地,这种壮美使诗人悲极生乐,在极度的迷茫困惑中获得解脱和超越:"眇观大瀛……永啸来天风。"苏轼在此以宇宙视角俯观个体人生,将自然历史、个人遭际"放到一个更大甚至无穷的参照系中去考察,随着参照系的无限扩大,具体事物的价值和意义就缩小,以致可以忽略不计"[7]334,泯灭了万事万物相互对待的区分与差别,成与败、荣与辱、雌与雄都在心灵的"力场"中浑然齐一,最终"幽怀破散",完成了超越。诗的最后几句表现了获得解脱后心灵的陶醉和乐状态,此刻诗人已完全融化在宇宙自然中:千山仿佛跃动的鳞甲,天地间处处充溢着生命的活力,万谷散发着风雨悦耳的奏鸣,仿佛九天仙乐播扬人世;诗人沉浸于自然呈现的美的外观中,陶醉于对自然事物形式化的审美中,身心节律与自然节律齐鸣协奏、呼应合一,刹那间原本可怕的自然力量获得生动的诗意,世界完全揭开了遮掩的面纱,美彻底向诗人显现了。

人的自然化最终导致以自然为本体和归宿,即情感心理指向自然,将所有的情感收束在自然中,把自然当作实在的价值归依。这是人向自然融入后的必然结果。当政治权位、功名利禄、官场倾轧等一切浮华事物失去意义后,当人面临价值缺失、无所归依的精神状态时,宇宙自然为人提供了可供憩息的归宿地和价值场,人生在了然无味之际突然重新发现了乐趣,在同宇宙自然的浑同冥合中体天地大道,这就是《庄子·天道》篇所说的"天乐"。人的自然化既有人向宇宙自然的亲近、靠拢和融入,也指情感心理上向宇宙自然的归依,否则无法融入宇宙自然,觉悟和显现天地之美。这种将所有心理情感归于自然的写法,似乎成了固定的思维模式,在苏诗中很常见。再如《九日次定国韵》,开头与中间全是写历史虚无、世界泡影、人生空漠、政治浮华等种种悲剧意识,诗尾归于宇宙自然、丘壑田园:"北山有云根,寸田自可耰。会当无何乡,同作逍遥游。"

自然山水能够使人忘掉死亡的忧虑感、价值的空漠感等悲剧意识,内在机制在于它能够使人暂时忘掉自我。在对自然的直观审美中,在那种主客体不分的状态下,审美主体摆脱了意志的束缚,上升为纯粹的不带意志的,"栖息于、沉浸于眼前对象的亲切观审中,超然于该对象和任何其他对象的关系之外","自失于对象之中了,忘记了他的个体,忘记了他的意志"。[8]249在观审中主客体都消失、融合了,认识不但处于时间、空间之外,而且既不用感性,也不用理性。"他已是认识的主体,纯粹的、无意志的、无痛苦的、无时间的主体……当它完全浸沉于被直观的对象时,也就成为这对象的自身了。"在自失之中,那"永远寻求而又永远不可得的安宁就会在转眼之间自动的光临,而我们也就得到十足的怡悦"。[8]250 所以,大自然才可以净化人的心灵,洗去一切苦闷,消解悲剧意识。

(二) 以象观道,乐天知命

人具有理性能力,在对宇宙自然的形式化审美过程中,往往能够突破事物美的表象,捕捉其背后的本质,这美的表象的本质即造物者;这种造物者并非实存,而是生生不息、无形无象的虚灵大道。万事万物都是大道一体运作过程中的产物,都是大道的"遗迹",有形事物都是短暂、有限的,念念迁变,刹那即逝;只有大道是稳定、永恒、无限的。明白这个道理,就能将目光投注在大道,总能看到繁华消歇背后的永恒本体,不会因有限而短暂的事物而悲伤。正如《庄子·田子方》所说:"天下者,万物之所一也。得其所一而同焉,则四肢百体将为污垢而死生终始将如昼夜而莫之能滑,而况得丧祸福之所介乎?"自同于大道,就能进入天地境界,不怨不怒,不悲不喜,不忧不惧,体道顺化,乐天知命。

苏轼常常通过反思导致人生痛苦的现实人生社会现象,了悟世间万事多变、短暂的表象本质,直达导致这些表象的"道"或"理",消解人生痛苦。苏轼的"道"或"理"并非超验的形而上学概念,而是亲近日常生活和指导现实人生的。如《安国寺浴》[1]999 写自己为消除衰病苦恼,"披衣坐小阁,散发临修竹",静息趺坐,临竹参禅。这是在向自然融入,在自然中体"道"、悟"理",最终获得解悟和解脱,以与大化冥合为一,"忘净秽""洗荣辱",挣开一切人世烦恼因缘,完成心灵的内在超越。再看他晚年谪居儋州的《和陶游斜川正月五日与儿子过出游作》:

谪居澹无事,何异老且休。虽过靖节年,未失斜川游。春江绿未波,人卧船自流。我本无所适,泛泛随鸣鸥。中流遇洑洄,舍舟步层丘。有口可与饮,何必逢我俦。过子诗似翁,我唱儿辄酬。未知陶彭泽,颇有此乐不。问点尔何如,不与圣同忧。问翁何所笑,不为由与求。[1]2145

这首诗更是遇物顺化、体道明理、乐天知命的体现。自我意识把外在世界客体化，人的意志与自然的意志就割开、分裂了，就会发生冲突，如死亡意识。因为有自我意识存在，生死才成为问题，死亡才令人恐惧忧虑。如果看透了个体化原理，穿过万物的表象，直达万物的本质，即生生不息而又毁生不止的生命意志，就与天地大道统一了。无论生与死，在他看来都是大道运作的过程，生的必然结局是死，死又意味着另一物的新生，生死只是事物之间的相互转化。他"以道眼观物"，从大道而非自我意识的角度看待生死，知生灭之无常、生死都是顺化，不因一物死生而悲喜，"无所谓怕死不怕死"[9]219—220，对自己的死不会悲伤，对生死已无所芥蒂，因而不受死的威胁。晚年的苏轼已尝遍人生百味，达到人生的最高境界——天地境界，不受生命衰老、死亡和时间流逝之悲的困扰，因此虽垂暮流放蛮荒，仍不失山水悠游之乐。对待生死和一切事务均不再有"我执"，那种以物从我、顺我的固执的"我心"已消泯，取而代之的是与物曲折、无所适而无所不适的泛泛大道之"心"，真正做到"无意，无必，无固，无我"。"我本无所适，泛泛随鸣鸥"是对这种境界的自况，因此中流遇洄便舍舟步行，不必效穷途之哭；饮酒无伴便把盏自酌，"何必逢我俦"。结尾借孔子风乎舞雩再次肯定这种向自然融入、无所不适的天地境界。其心灵和意志已自同于大道造化、天地万物，不再受现象界困扰，遇物无伤，逍遥无待，不与穷达俱存亡，达到了绝待的自由意志。

《老子》第十三章云："吾所以有大患者，为吾有身。即吾无身，吾何以有患？""有身"便为生老病死、贪嗔痴怨提供了受体，这也是海德格尔所说的"烦"和"畏"的人生基本现实情态。初生赤子，虽有形体，却无"我心"，虽生不知其生，有死而不忧其死，不知名位权禄之厚、声色犬马之乐、穷通贫贱之别，无知无欲，浑然与宇宙同体。清净如水的人之本心随着现象界经验的浸染，在获得文化知识和生存经验的同时，也被人世的贪嗔痴怨、爱恶取予、聚散离别所苦。观道察理，回归本心，浑然与物同体，追求天地境界，其实与饮酒、睡眠一样，都是为了暂时清空从赤子到成年这漫长过程中积压在人心中的负面经验，甚至一切经验，达到无欲界甚至无意识界。这不是与木石禽兽一般的无知无识无欲，而是有意识的主动修为。处于天地境界的苏轼，对现象界的无常已能做到动静不惊，对人世的得失荣辱无所挂心，陶醉于知天之乐中。他已对生活的终极目的无所驻心，"思我无所思"[1]2089

(《和陶移居二首》),"往来付造物,未用相招麾"(《和陶还旧居》),只是以不喜亦不惧的心态悠游世间,纵浪大化。

三、"向空而有"的价值建构

苏轼时常对历史、人生、人世和世界整体都进行怀疑和否定,历史虚无,人生无价值、无意义,世界假有而不实,彻底将人生和世界的悲剧性暴露在人的面前,但这并非结束。苏轼在价值虚无、人生空漠之际,并未彻底向人生的悲剧投降,而是在绝无价值之处建立起价值,完成对悲剧意识的超越,这就是"向空而有"的价值建构。"向空而有"建立在人的自足性基础之上,与人的自足性是统一的,同时人的自足性也是悲剧意识的超越方式之一。

(一)人的自足性

人具有自证能力,通过自证建构价值。"自证是不依靠宇宙自然和外在社会条件或是对之否定而确立价值,'空而有'是在空的基础上通过对自然或人事的体认而建立价值,其本质仍是自我寻找式自证。"这种自证能力决定了人具有无待的自足性,二者是二而一的。"人的'自足性'是指人自身的价值完全依靠自己建立,不受任何外在因素的困扰。"[10] "为仁由己,而由人乎","仁远乎哉,我欲仁斯仁至矣",价值既不是遥不可及,也不依赖他人或外在的上帝天国,纯由自我一己建立;即使在一无依傍的情况下,依然能依靠自我内在的自足性,建构起本真的价值。苏轼晚年在《迁居》一诗中有"吾生本无待,俯仰了此世"之语,正是对个体无待的自足性的体现。再如《和陶怨诗楚调示庞主簿邓治中》:

> 当欢有余乐,在戚亦颓然。渊明得此理,安处故有年。嗟我与先生,所赋良奇偏。人间少宜适,惟有归耕田。我昔堕轩冕,毫厘真市廛。困来卧重裀,忧愧自不眠。如今破茅屋,一夕或三迁。风雨睡不知,黄叶满枕前。宁当出怨句,惨惨如孤烟。但恨不早悟,犹推渊明贤。[1]2180

诗题点明是以抒发内心哀怨为主题,"嗟我与先生,所赋良奇偏"亦是说自己与官场不合,"我昔堕轩冕……忧愧自不眠"表达对出仕的自悔愧疚之意,接着写被贬的贫困,突出政治失意之悲与人生的窘态。但结尾又对此完成了超越,肯定了陶渊明和他所代表的隐逸的价值。苏轼赞美隐逸并表达隐逸之思的诗很多。与其说隐逸是对政治和社会的逃避,不如说是对政治乃至整个社会的无待。隐者最大的特点在于个体的价值不需要官场、社会承认,而建立于内心,即使遁迹山林园野,仍能逍遥自任,即使寂寂无名,仍能在个人化的自由生活中悠然自得。清冷孤寂的山野生活在世人看来是难以忍受的,在隐者眼中却是充满活泼生气的;没世而名不称于世在儒者看来是令人忧惧的,在隐者眼中名利却是妨碍心灵自由的重负。隐者抛开了社会性存在,处于对社会的决然无待。"宁当出怨句,惨惨如孤烟。但恨不早悟,犹推渊明贤。"是对官场政治的否定,是对荣华富贵的拒斥;朝廷是错误的,新党是不贤的,唯有陶渊明那种隐居以求志、"但使愿无违"是正确的,唯有自身"隐居亦何乐,素志庶可求"是正确的。诗人的政见对否、贤愚与否、有罪与否完全不依赖朝廷和官场的裁决,而是取决于内心对仁的追求、对道的固守;苏轼推崇渊明之贤,亦是在自表心志。此诗充分体现了诗人主体精神的自证能力和对政治无待的自足性。

苏轼始终都怀有用世济民的理想,但理想的实现与否已经无关朝廷是否重用他,无关皇帝是否圣明。于海南贬所,《借前韵贺子由生第四孙斗老》[1]2139写"无官一身轻,有子万事足",高抬人伦之乐,贬低功名利禄,告诫子孙"不须富文章","但令强筋骨,可以耕衍沃"便足矣。政治已然成为人生重负,"功名正自妨行乐"[1]791 (《和孙莘老次韵》),唯有脱离官场,才能获得身心的轻逸自由。

(二) 向空而有

苏轼的哲学思想融合了儒释道三家,其思想虽然在消极处时时体现出佛家的空幻思想和道家的厌世情绪,但对人生价值的怀疑、对世界真实性的否定并不是苏轼思想的全部,在怀疑此在人生和否定世界之后,他总又要回到此在人生中和此在依寓其中的世界之内。如《九日次定国韵》:

> 朝菌无晦朔,蟪蛄疑春秋。南柯已一世,我眠未转头。仙人视吾曹,何异蜂蚁稠。不知蛮触氏,自有两国忧。我观去来今,未始

苏轼诗歌悲剧意识的消解和超越方式

一念留。奔驰竟何得,而起无穷羞。王郎误涉世,屡献久不酬。黄金散行乐,清诗出穷愁。俯仰四十年,始知此生浮。轩裳陈道路,往往儿童收。封侯起大第,或是君家驹。似闻负贩人,中有第一流。炯然径寸珠,藏此百结裘。意行无车马,倏忽略九州。邂逅独见之,天与非人谋。笑我方醉梦,衣冠戏沐猴。力尽病骐骥,伎穷老伶优。北山有云根,寸田自可耰。会当无何乡,同作逍遥游。归来城郭是,空有累累丘。[1]1811

这首诗集多种悲剧意识为一体:"南柯已一世,我眠未转头""俯仰四十年,始知此生浮"写生命短暂、浮若漂萍的人生有限性,既是生命悲剧意识,同时也包含着此在人生的虚幻和无意义;"仙人视吾曹,何异蜂蚁稠"是站在超人间视角俯视人世间的无价值、无意义。"我观去来今,未始一念留"写时间的飞逝,透露着世界的瞬间生灭性,也是对世界真实性的怀疑和否定;"奔驰竟何得,而起无穷羞"写人世的追名逐利到头来也是一场空,"王郎误涉世……或是君家驹"表面上是在说王定国,实际是在具体解释汲汲于世、追名逐利者究竟无所得的悲剧,既是对政治本体的否定,也是在强调"你方唱罢我登场"的浮华历史的无意义,体现了历史悲剧意识。这些总体上给人一种对人生、社会、世界整体怀疑、厌倦、无所希冀的空漠虚幻之感。人生虽然空无意义,但人毕竟还要活着,必须在绝无价值之处为自己建立价值。"北山有云根,寸田自可耰。会当无何乡,同作逍遥游"就是价值的建立,即在否定了人生、世界的真实性之后,并未归向超验的理念世界,也没有飞向宗教性的上帝天国,而是仍然回到这个世界,过着逍遥山水、寄情田园的本真的农耕生活,沉浸于对现象界的审美观照。用李泽厚先生的话来讲就是"事件、景物、人生、世界、生活、生命即使虚无空幻却又仍然可以饶有意义和充满兴味","虽知实有为空,却仍以空为有,珍惜这个有限个体和短暂人生,在其中而不在他处去努力寻觅奋力地生存和栖居的诗意"。[12]239

与人生和空漠感一样,苏轼对历史虚无感的消解同样是"向空而有"地建立起新价值。"对历史'空而有'的价值建构方式——通过对浮华喧嚣历史的否定和对永恒不变的宇宙自然的肯定积淀起具有本真意义的价值观。"[10]中国诗人常用自然的永恒来突显人事的短暂,在强烈反差中表达历史的虚无感。永恒的自然往往也成了消解历史虚无之悲的重要因素,"空而有"之"有"

也常常落实在自然上,如《游灵隐寺得来诗复用前韵》:

> 君不见,钱塘湖,钱王壮观今已无。屋堆黄金斗量珠,运尽不劳折简呼。四方宦游散其孥,宫阙留与闲人娱。盛衰哀乐两须臾,何用多忧心郁纡。溪山处处皆可庐,最爱灵隐飞来孤。乔松百丈苍鬓须,扰扰下笑柳与蒲。高堂会食罗千夫,撞钟击鼓喧朝晡。凝香方丈眠毾㲪,绝胜絮被缝海图。清风时来惊睡余,遂超羲皇傲几蘧。归时栖鸦正毕逋,孤烟落日不可摹。[1]294

从开头至"何用多忧心郁纡",讽刺和批判钱镠广征徭役赋税,大兴土木,建造奢华宫殿,过着奢靡的生活,揭露其功业和浮华生活终归虚无。钱王的历史是浮华历史的代表,诗的前半部分是对浮华历史的否定,表达历史虚无之悲。在对浮华历史进行了否定之后,接着又肯定了自然,在一否定和一肯定的转折中,历史的"空"转向了自然的"有",肯定了纯真山林田园生活的永恒价值。

四、以心理本体进行内在超越

心理本包含情感和理智两个要素,前者指以情为本,后者指以理性思索超越人世间悲欢的理性直观。苏轼在陷入人世悲苦和绝境之际往往寻找并回归人间温情,这种人间温情或来自亲旧挚交,或来自美好的自然风物,并因之消解内心苦闷,是即情本体对悲剧意识的消解。当外在世界一无可依傍时,他又能凭借理性看透人世一切的现象性,实现对人世悲欢的超越。

(一) "情本体"与宇宙情怀

所谓"情本体",是以"情"为人生的最终实在、根本。每个个体"在这个世界中"与他人共在,人与人之间交感而产生"我活着"的悲欢、情爱、苦痛、哀伤,以及恼恨、耻愤、同情、平静等。[6]139人际情感即本真本己的最终实在,这是"现象即本体"的思维理路。积极的人际情感,即人际温情,是消解和超越悲剧意识的有效途径,也是精神的归宿。如《东府雨中别子由》"莫忘此时情"就是以兄弟温情消解悲剧意识。再如《过淮》:

> 朝离新息县，初乱一水碧。暮宿淮南村，已渡千山赤。麋鼯号古戍，雾雨暗破驿。回头梁楚郊，永与中原隔。黄州在何许，想象云梦泽。吾生如寄耳，初不择所适。但有鱼与稻，生理已自毕。独喜小儿子，少小事安佚。相从艰难中，肝肺如铁石。便应与晤语，何止寄衰疾。[1]985

元丰三年正月苏轼将家眷留在子由处，独携苏迈赴黄州贬所作。"麋鼯号古戍，雾雨暗破驿"是苏轼被贬后沉重心情的写照，这里的自然景象是生疏、异己、阴暗、冰冷乃至压迫人的。人与自然并无交会、沟通、融化、合一，自然不再是审美对象和悲剧意识消解因素，不再具有温暖的人的情感，反而成了人的对立面和对峙物，带来巨大的压抑感和逼迫感，加强了政治失意之悲。"回头梁楚郊，永与中原隔"正是在冰冷阴暗的自然力量的压迫之下政治悲剧意识的明确表达，"永与中原隔"表明强烈的贬谪之痛和对朝廷的眷恋。"黄州在何许，想象云梦泽"既是对未来不确定性的忧虑，也是对即将处身的黄州之险恶地理环境的忧虑。在自然力量与人世力量的双重打击和压迫下，苏轼内心的不安与焦虑是不可避免的，因此自然而然生出"吾生如寄耳"的感叹。从"独喜小儿子"到诗尾，这多重交织的悲剧意识都化解在亲子之间的人伦温情中："便应与晤语，何止寄衰疾"，即使羁旅他乡、自然险恶、前途莫测、人生短暂，似乎人生一无所有、一无依靠了，但仍然有儿子朝夕相从，可以相对晤语，排遣寂寥，聊寄衰疾，人生的种种失意都在这可供栖息依傍的亲子温情中受到了抵抗和瓦解。

情本体也与宇宙情怀相通。"所谓宇宙情怀，是对宇宙自然的情感体认，赋予中性的宇宙以积极温暖的情感。"[11]31这是一种有情自然观或有情宇宙观。宇宙天地本是客观中性的，人以自己的温情给予宇宙万物以温暖的情怀，这就是自然的人化。自然事物由恐怖或无关的自在对象，变而为人可以有着亲切关系的主体间性的存在，在杂乱无章、毫无秩序的自然事物中发现令人愉悦的美的感性形式和规律，人从中获得舒适感、安全感和家园感。

苏轼诗中将温暖积极、刚健不息的乐感赋于自然事物的情感多有所见，以此来消解悲剧意识。如作于海南的《儋耳》诗中有"垂天雌霓云端下，快意雄风海上来"，赋予自然刚健不息的壮大昂扬之情，象征着诗人内心的雄豪超迈之情。再如诗人被贬黄州时曾作《红梅三首》，描摹梅花的冰清玉洁、傲岸独立、玲珑可爱，使梅花具有了人的品格和德性，寄托自己被贬谪后独立不屈的人格。晚年被贬岭南复见梅花，诗人触物生情，复借梅花抒怀，诗中都充满了宇宙情怀：

> 春风岭上淮南村，昔年梅花曾断魂。岂知流落复相见，蛮风蜒雨愁黄昏。长条半落荔支浦，卧树独秀桄榔园。岂惟幽光留夜色，直恐冷艳排冬温。松风亭下荆棘里，两株玉蕊明朝暾。海南仙云娇堕砌，月下缟衣来扣门。酒醒梦觉起绕树，妙意有在终无言。先生独饮勿叹息，幸有落月窥清樽。（《十一月二十六日松风亭下梅花盛开》）

> 罗浮山下梅花村，玉雪为骨冰为魂。纷纷初疑月挂树，耿耿独与参横昏。先生索居江海上，悄如病鹤栖荒园。天香国艳肯相顾，知我酒熟诗清温。蓬莱宫中花鸟使，绿衣倒挂扶桑暾。抱丛窥我方醉卧，故遣啄木先敲门。麻姑过君急洒扫，鸟能歌舞花能言。酒醒人散山寂寂，惟有落蕊黏空樽。（《再用前韵》）[1]1974

两诗不涉议论与说理，对宇宙自然并无理性的思索和寻"道"悟"理"，全是对宇宙自然的情感体认。前一首诗，作者突破物我主客二分的理性思维方式，将梅花视作久别重逢的故友，直接对梅花展开人际对话，"岂知流落复相见，蛮风蜒雨愁黄昏"，面对梅花直接倾诉漂游和贬谪之悲。后韵中同样如此，"先生索居江海上，悄如病鹤栖荒园"，将自我抒情主体置于辽阔的江海荒园中，抒发漂流异乡的孤寂落魄之悲。"天香国艳肯相顾，知我酒熟诗清温"，"抱丛窥我方醉卧，故遣啄木先敲门"，都是人际互动和双向沟通。自然物不再是冰冷死寂的被认识对象，而具有了灵动的生命气息和温暖的人际温情，人恬然嬉戏于花草鸟兽之中，与自然为友，与自然同乐。自然界活了起来，成了人类孤苦无依时的伴侣："先生独饮勿叹息，幸有落月窥清樽"，"酒醒人散山寂寂，惟有落蕊黏空樽"。"窥"和"黏"二字更是将人与自然亲密无间的感情写得活灵活现。在穷途落魄、孤独无助之际，宇宙自然提供了精神上的慰藉、支撑和归宿。

（二） 以理性超越现象界悲欢

有时，酒、仙、梦、自然、女人、亲情等外在媒介全部失效或无法依赖，似乎陷入绝境。这种情况下该如何消解悲剧意识，实现超越？苏轼的策略是，直面人生或世界的悲剧性现象，以理智思索追询变易不息的现象背后的本质，抑制过度的意欲等感性活动给心灵造成的创痛，以理性超越现象界悲欢。这就是通过心理本体消解悲剧意识的理性直观。

"世界所包含的一切有限性、一切痛苦、一切烦恼都属于它所欲求的那东西的表现。"[8]483人间情感具有两面性，感情需求得到满足时能给人带来欢乐，得不到满足时往往成为痛苦的原因。人不能改变现实遭际，却能改变看待遭际的态度，形成心境的反转，转苦为乐、化悲为喜，在极端困厄的绝境中仍能以泰然达观处之。解脱之道就在于对宇宙和人生的全部现象、一切存在展开理性反思，摆脱现象对认识的遮蔽，普遍地看穿世界的本来面目，看透个体化原理，超脱现象性的存在，获得更高的解悟，从而削弱乃至消除感性欲求，消除由现象界关系而产生的烦恼、忧惧和痛苦。

理性思维的最大特点在于从具体、个别的现象出发，继而摆脱这具体、个别的现象，上升到抽象普遍、无差别化的概念层次。道家对"一"与"多"关系的探讨以及最终归于"一"，佛教对"色"与"空"关系的探讨以及最终归于"空"，其实皆然。苏轼擅于运用佛道二家的思维方式对人间万象进行反思和理性追问，淡化乃至摆脱与现象界各种对象的关系，以理性克制感情，缓解乃至消解悲剧意识。如《和陶王抚军座送客》：

> 胸中有佳处，海瘴不能腓。三年无所愧，十口今同归。汝去莫相怜，我生本无依。相从大块中，几合几分违。莫作往来相，而生爱见悲。悠悠含山日，炯炯留清辉。悬知冬夜长，不恨晨光迟。梦中与汝别，作诗记忘遗。[1]2171

首句所谓"胸中佳处"指心理本体、自由心灵已经明天地之道、万物之情，与宇宙本体为一；"海瘴不能腓"指有心理本体为支撑，摆脱了一切外在束缚，困苦险厄皆不能摇荡其心志，不再使自己有所病厄损伤。"三年无所愧"是指自足性和自证，无待于外在的一切，无愧于天地、鬼神、君王、朝廷，乃至自己的良知。接下来对人生和世界的现象性关系展开理性反思："汝去莫相怜，我生本无依"是对人与人之间现象性关系的看破，是对人际情感的超越；"相从大块中，几合几分违"是穿透个体化原理，将生命视作大化之一流程，将聚散离合上升为无常的造化之现象；"莫作往来相，而生爱见悲"，劝诫朋友和自己不要执着于现象性的"往来相"，不要因现象性的人际关系而哀痛伤身。此刻的苏轼已了悟"诸法无我"之真谛，心灵不再受现象界的困扰，海岭毒瘴、眼前离别、官场升降浮沉、人世冷暖悲欢等一切都是大化反复往来之现象，都不能在其心灵中搅起波澜，不再是心灵痛苦的根源。到这里，全诗一直是议论，直接对人生和世界的现象性展开反思和理性总结，直接以理入道，并未凭借自然山水悟道。最后"悠悠含山日，炯炯留清辉。悬知冬夜长，不恨晨光迟"，似乎又回到自然，但这不是借自然证道，而是宗炳所谓"含道映物"，在悟道后对自然的反观。因为理性认知已超脱了现象界的悲欢，所以此句格调明朗轻快，如万里晴空，无一丝阴沉悲苦相。

再如《罢徐州往南京马上走笔寄子由五首》：

> 吏民莫扳援，歌管莫凄咽。吾生如寄耳，宁独为此别。别离随处有，悲恼缘爱结。而我本无恩，此涕谁为设。纷纷等儿戏，鞭镫遭割截。道边双石人，几见太守发。有知当解笑，抚掌冠缨绝。[1]902

人与人之间的现象性关系及人间情爱是人的价值和归宿所在，但有时也是悲剧意识产生的重要原因，即苏轼所说的"悲恼缘爱结"。意志要求团聚和情爱的实现，而现实是不可避免别离，意志被现实束缚的不自由感，即离别之悲的根源。理性认识可以影响意志，发生意志的自我扬弃，使主体从现象性的关系中解放出来，超脱于情感，获得愉悦和恬静，从尘世得到解脱。"吾生如寄"是苏轼对人生悲剧真相暴露后进行理性思索所得出的结论，尽管这种结论带有悲情色彩，但仍是理性的。"别离随处有，悲恼缘爱结。而我本无恩，此涕谁为设"，苏轼站在理性的角度对人间情感进行反观和超越，他不要求吏民在送别他时夹道扳援，也不要求送别的歌管悲伤凄咽，将人际情感削弱乃至消除。此刻的苏轼已无所求于任何事物和人际情感，他自己的意志也不牵挂在事物上，而保持去留无意的无执态度。甚至在智者看来，人间情感不仅不值得留恋，而且显得幼稚可笑，故而面对离别的亲友反倒说"纷纷等儿戏""有知当解笑,抚掌冠缨绝"。到此,离别之悲被理性认识消解或超越,意志、情感都按照理性运作,与理性统一,理性不喜、不悲亦不惧,心理本体也同样是"纵浪大化中,不喜亦不惧"[12]35(陶渊明《形影神赠答诗》)。《辩才老师退居龙井……》亦是以理性超越离别的悲伤之情,实现情理的圆融无碍;诗中有"去住两无碍",最后"大千在掌握,宁有离别忧",都表明了苏轼对现象界的存在和现象性的关系做到了了无挂碍、随缘任运的平静超脱境界。

苏轼诗悲剧意识的诸种超越方式并非界限分明、相互孤立地存在,而是相互贯通包含。苏轼常常于一首诗中进行多种方式的超越,诗歌内容丰富蕴藉、气象万千,意境上有一种甩开一切羁束的豪迈旷达、超尘绝俗。苏轼同别人一样经历人生坎坷,乃至甚于他人,正是凭借诸种消解和超越方式,才能在悲剧情境中实现反转和突围,成为中国豪放派文学的代表。其作品为后世失意文人提供了一片精神家园和乐土,其人格和精神也深深沉淀入中华文化内核,成为民族的文化性格之一。

注　释

[1] (清)冯应榴辑注,黄任轲校点《苏轼诗集合注》,上海古籍出版社2001年版。
[2] 张法《中国文化与悲剧意识》,中国人民大学出版社1989年版。
[3] (明)茅维编,孔凡礼点校:《苏轼文集》,中华书局1986年版。
[4] (唐)房玄龄等撰《晋书》,中华书局1974年版。
[5] 四川大学中文系唐宋文学研究室《苏轼资料汇编》,中华书局1994年版。
[6] 李泽厚《人类学历史本体论》,天津社会科学院出版社2008年版。
[7] 冷成金《苏轼的哲学观与文艺观》,学苑出版社2003年版。
[8] [德]叔本华《作为意志和表象的世界》,石冲白译,商务印书馆1982年版。
[9] 冯友兰《新原人》,生活·读书·新知三联书店2007年版。
[10] 参见冷成金《孔子思想中的"自足性"》,《光明日报》2012年7月16日国学版。
[11] 冷成金《唐诗宋词研究》,中国人民大学出版社2013年版。
[12] 逯钦立校注《陶渊明集》,中华书局1979年版。

论苏、辛怀古词的悲剧意识

◇宋梁缘[*]

所谓怀古词,是指词人以历史人物、历史地点、历史事件等为媒介来抒发个人情感和志向的词作。"怀古者,见古迹而思古人其事,无他,兴亡贤愚而已。"[1]78(方回《瀛奎律髓》卷三)词人往往处在某一背景下,或凭吊历史古迹,或回顾古人往事,进而产生内心的共鸣。

"伤时吊古,苏、辛之词工矣。"[2]1456苏轼、辛弃疾的怀古词既一脉相承,又各有千秋。陈廷焯曾评价"东坡心地光明磊落,忠爱根于性生,故词极超旷,而意极和平。稼轩有吞吐八荒之概,而机会不来"[3]166,可谓抓住了二人的风格特点。但传统词论大都集中于二人词风的讨论,稍显不足。本文从悲剧意识的角度论述二人的怀古词,试探究其词作内涵及词人的文化人格。

一、悲剧意识的兴起

在中国主流文化中,悲剧意识的兴起源于人生的有限性。如果人生有限这一终极问题解决了,那么人就不会产生悲剧意识。人为什么会怀古?司马迁曾说"通古今之变"。个人的生命是有限、渺小的,而历史是无限、永恒的,历史是个体时空的总和。历史是过去的现实,现实是历史的延续,二者无法割裂。所以当人无法解决现实性的悲剧时,便希冀在历史中去找寻答案,来建立有利于人类更好、更长久"活着"的价值准则。在怀古时,词人处在历史与现实的交汇点上,与历史对视,反思现实,词作往往展露出悲剧意识

---

[*] 作者简介:宋梁缘,中国人民大学文学院硕士研究生。
项目基金:中国人民大学"中央高校建设世界一流大学(学科)和特色发展引导专项资金"支持,项目批准号(16XNL008)。

的兴起与消解过程。苏、辛怀古词中,悲剧意识的兴起有共通之处,大致可分为三种类型:生命悲剧意识、历史悲剧意识和政治悲剧意识。

(一) 生命悲剧意识

人想要长久地活着而不能实现,于是兴起生命悲剧意识。在怀古时,这种对生命有限性的感知愈加强烈。无论是叱咤风云的帝王将相,抑或默默无名的贩夫走卒,都无法永恒地存在。怀古,本身就是对生命短暂的喟叹。具体分析二人词作,生命悲剧意识又可分为两层:一是时光不永、年华易逝之悲;二是在前者基础上产生的物是人非的人生空没之悲。

"逝者如斯夫,不舍昼夜"(《论语·子罕》),人活着便能感受到时间的存在。时间的永恒流动与生命的无法长存,时间的不可逆转与生命的不可重来,时时提撕着人生的困境。苏、辛二人对时间的逝去极为敏感,怀古词中亦多有叹老之句。如苏词中"欲问再来何岁?应有华发"[4]86(《劝金船·和杨元素韵》),"都是斜川当日境,吾老矣,寄余龄"[4]352(《江城子》),"无可奈何新白发,不如归去旧青山"[4]15(《浣溪沙·感旧》)。辛词中也多有体现,如"今老矣,搔白首,过扬州"[5]58(《水调歌头·舟次扬州,和杨济翁、周显先韵》),"休感叹,年华促。人易老,叹难足"[5]78(《满江红》),"要破帽、多添华发。白发空垂三千丈,一笑人间万事"[5]236(《贺新郎》)。二人通篇叹老的词作不多,因为年华逝去并不是他们忧虑的主要原因,更重要的是理想抱负尚未实现。"朝闻道,夕死可矣"(《论语·里仁》),人生的意义在于闻道,与生命的长度没有直接关系。功业未成之时,人对时间转瞬即逝的感知更为凸显,引发生命悲剧意识。

那么,第二层的人生空没之悲便是在时光不永的基础上产生的。既然时间有限,就利用有限的时间去创造无限的价值。如何建构价值?词人本欲在古人中寻找建立价值的依据,却发现千百年来人事莫不如此。天地悠悠,人独立于世无所依傍,苏、辛怀古词都浸润着这样一层悲凉的底色。苏轼吸取了佛家以空为本、道家万物齐一的思想,其怀古词的情绪流程大致展现出这样的模式:将短暂的人事与永恒的自然相提并论,进而泯灭时间长短的差异,形成"世事一场大梦"[4]798(《西江月》)的空没之感。如《西江月·平山堂》[4]533写在平山堂抚今追昔。"三过平山堂下"既表现与恩师的情谊深厚,又展现了多年的宦海浮沉。"半生弹指声中"极言时间短暂,倏忽而过。墙壁上欧阳修的字迹仍然笔力遒劲，但"文章太守"已经仙逝，顿生物是人非之感。最后形成"休言万事转头空，未转头时是梦"的感慨。人生如梦，这样的表达历来并不少见。李白"浮生若梦，为欢几何"，这是政治本体时代带来的极大自信，诗人希望抓住时光、及时行乐。李煜"往事已成空，还如一梦中"，政治本体逐渐消解而文化本体尚未建立，"梦"是家亡国灭后的绝望，是对自我的否弃。然而苏轼此处的"梦"，不仅指人生际遇的飘忽和个人生命的偶然，更强调了人生的无价值，是洗尽一切历史与现实、合理与不合理的因素后心灵状态的袒露。这是对人自身的发现与回归，是一种文化本体的探询。"'人间如梦'，是早就有的感慨，但它在苏轼这里所取得的，却是对更深一层的对人生目的和宇宙存在的怀疑和叹谓。"[6]173 "这种整个人生空漠之感，这种对整个存在、宇宙、人生、社会的怀疑、厌倦、无所希冀、无所寄托的深沉喟叹，尽管不是那么非常自觉，确是苏轼最早在文艺中把它充分透露出来的。"[7]165 辛弃疾的怀古词对于人生空没之悲也多有表现，不妨看这首《满江红·江行，简杨济翁、周显先》：

> 过眼溪山，怪都似、旧时曾识。还记得、梦中行遍，江南江北。佳处径须携杖去，能消几緉平生屐。笑尘劳、三十九年非，长为客。
> 吴楚地，东南坼。英雄事，曹刘敌。被西风吹尽，了无尘迹。楼观才成人已去，旌旗未卷头先白。叹人间、哀乐转相寻，今犹昔。[5]60

此词是辛弃疾从临安去湖北的旅途中所写。上片写重临旧地，往事如梦，三十九年过去，才能仍未得以施展，揭露生命有限、价值无解的困境。"笑尘劳"则是一种自我解嘲。下片写面对江南美景，不禁想起在此处成就一番霸业的孙权，但也只是空想，"被西风吹尽，了无尘迹"。辛弃疾同样用"梦"来怀古，但此词更侧重于对蹉跎往事的缅怀。"梦"是对过去的尘封，他更在意的是未来的功业。"旌旗未卷头先白"，流露着对恢复大业的渴望。所以，苏轼所暴露出的是时空与人的疏离感，那么稼轩则试图去弥合，找到历史与人的共性。此处稼轩没有东坡那般通透超脱，将生死视为一梦，而是"叹人间、哀乐转相寻，今犹昔"，认为古与今、哀与乐都是可以相互转化的，暗示着对价值的不断追寻。

（二） 历史悲剧意识

历史悲剧意识是价值悲剧意识在社会历史领域的表现，无论是在生命情感还是在历史中，词人都有价值难以建立的悲剧感。"历史悲剧意识是天道与人道的疏离，是客观实然的历史事实与应然的道德观念的冲突和悖离。"[8]342—343 怀古就是弘扬历史的合理性，扬弃其不合理之处，建立道德化的历史，亦即历史本体，这是怀古词的重要意义。苏、辛怀古词的历史悲剧意识包含几种情况：

首先，对于负面价值，二人皆有清醒的认识，即浮华的历史短暂、虚幻，应该被历史淘汰。如苏轼"五家车马如水，珠玑满路旁。翠华一去掩方床。独留烟树苍苍"[4]3（《华清引》）、"楼船远。白云飞乱。空有年年雁"[4]625（《点绛唇·庚午重九再用前韵》），辛弃疾"君不见王亭谢馆，冷烟寒树啼乌"[5]540（《汉宫春·会稽蓬莱阁观雨》）、"舞榭歌台，风流总被雨打风吹去"[5]553（《永遇乐·京口北固亭怀古》）等均是同一意脉。二人皆采用永恒的自然来消解，认为自然而然才是历史的本真，从而向历史应然状态进行积淀。在人类总体意识的观照下，人们不断通过对善的积淀，对恶的剥离，建立起符合人类发展要求的"仁"。

其次，对不合理历史的质疑，辛弃疾的怀古词表现得较为明显。"稼轩不平之鸣，随处辄发"[9]8，他常常为历史人物鸣不平，《贺新郎·别茂嘉十二弟》全篇连用王昭君、陈皇后、庄姜、李陵、荆轲五个典故表达历史之怨，表现了对天道与人道疏离的质疑，陈廷焯感叹此词"沉郁苍凉，古今无此笔力"[3]21。再如《卜算子》：

千古李将军，夺得胡儿马。李蔡为人在下中，却是封侯者。
芸草去陈根，笕竹添新瓦。万一朝家举力田，舍我其谁也。[5]492

英勇巧夺胡马的李将军最终含冤而死，资质平庸的李蔡却能被重用封侯。词人通过李广、李蔡的对比，把满腔义愤全部展现出来。辛弃疾多次用李广将军事，如"莫射南山虎，直觅富平侯"[5]58（《水调歌头·舟次扬州，和杨济翁、周显先韵》）、"插架牙签万轴，射虎南山一骑，容我揽须不"[5]133（《水调歌头》）、"故将军、饮罢夜归来，长亭解雕鞍"[5]205（《八声甘州》）

等等。稼轩一直对抗金怀有巨大的热情，却有将近二十年的时间闲居生活。他吟咏李广将军，将满腔愤懑和盘托出，既包含明君贤臣理想的破灭，也暗示了自身"举力田"的遭遇。

最后，是对历史正面价值的反复体认，苏轼怀古词在这一点更为突出。苏轼对历史的体认并非将历史直接拿来作为建立价值的依据，而是否定一切，对历史重新进行思考。如千古风流人物、兰亭集会以及燕子楼等，这些历来被人们羡慕与尊崇的人事，在苏轼这里却似乎失去了意义。他采取否定一切的态度，将正面和负面价值完全清空，从人要"活着"的内在亲证出发，经过悲剧意识这一保障机制进行反复体认，做出最可靠的价值选择。他既不是被迫地接受既定价值，也并非是盲目地否定一切，而是以向空而有的方式建立价值。在这一层面上，苏轼词的历史悲剧意识表现得更为彻底。

（三）政治悲剧意识

苏、辛二人都怀有政治理想，但一生仕途坎坷。怀古，即暗含着对当下政治秩序的不满。中唐以后直至南宋，政治本体瓦解，士人不仅不能从政治中找到精神归宿，反而对政治进行深刻的质疑和否定。苏轼为人耿直单纯，不屑于委曲逢迎，在党争之中屡屡受挫。辛弃疾以抗金为己任，空有一腔热情而不被偏安朝廷重用。二人的怀古词都带有一定的政治悲剧意识。

苏词主要体现在对功名利禄的厌倦。如《踏莎行》（山秀芙蓉）[4]976一词，上片写想要像周处一样建立功绩，"临风慨想斩蛟灵，长桥千载犹横跨"，下片笔锋一转，对于政治不再抱有希望，"元龙非复少时豪，耳根洗尽功名话"，展现了文化理想不能实现的政治悲剧。这里并非苏轼心态的老化，而是对于外在功业有了更深的认识。

稼轩则稍有不同，他虽也说"功名馀事"[5]55（《鹧鸪天·送人》），其实并不排斥功名。"算平戎万里，功名本是，真儒事，公知否"[5]145（《水龙吟·甲辰岁寿韩南涧尚书》），他认为抗金复国、追求功名是其应尽的责任。"功名事，身未老，几时休？诗书万卷，致身须到古伊周"[5]27（《水调歌头》），他直言不讳对功名的执着追求。但这些功名是指正当的功业名分，不是那些名不副实的世俗虚名，"过分功名莫强求"[5]552（《瑞鹧鸪·胶胶扰扰几时休》）。辛弃疾把功业作为实现个人价值的手段，而非价值追寻的目的。

此外，政治悲剧意识还体现在二人出世与入世的矛盾。隐逸本身是对现实政治秩序的否弃,但二人都没有出世,而是在仕隐当中挣扎。如苏轼的《浣溪沙》[4]15,上片"徐邈能中酒圣贤,刘伶席地幕青天"表达对徐邈与刘伶的羡慕,下片"无可奈何新白发,不如归去旧青山,恨无人借卖山钱"既体现了生命悲剧意识,又展现欲做官而不能、归隐而不得的政治失意。

苏、辛二人都有归隐的意愿,一致奉陶渊明为榜样,苏轼曾作百余首和陶诗。辛弃疾"吟咏、提及陶渊明,借用、化用陶诗文的词有 87 首"[10]362。但二人从未真正地效法渊明,归隐是他们无法改变现实状态的无奈表达。如辛弃疾的《水龙吟》[4]521:

> 老来曾识渊明,梦中一见参差是。觉来幽恨,停觞不御,欲歌还止。白发西风,折腰五斗,不应堪此。问北窗高卧,东篱自醉,应别有、归来意。
>
> 须信此翁未死。到如今、凛然生气。吾侪心事,古今长在,高山流水。富贵他年,直饶未免,也应无味。甚东山何事,当时也道,为苍生起。

此词写于瓢泉闲退时期。上片写对陶渊明的极度倾慕,并指出陶不为五斗米折腰的高洁志向。"应别有、归来意",稼轩别出心裁地指出陶并非是完全飘逸的隐士,他只是洁身自好,其实仍不忘国家与事业。这实际上是稼轩内心的真实写照。下片进一步写陶渊明的精神永在,同时表达自己做官并非对世俗富贵的觊觎,而是"为苍生起"。不难看出,即使在隐退期间,辛弃疾也不忘国家大业,时刻准备为国家而战。

苏、辛二人皆学陶,但结果不同。苏轼取陶渊明之"自然"来面对政治党争带来的宦海浮沉。"呼我钓其池,人鱼两忘返。"[4]2281(《和陶田舍始春怀古二首》其一)东坡无性命之忧,身临困境能够泰然处之,并且在地方上勤恳为政,造福一方百姓。而辛弃疾学陶多取陶之"豪气"。朱熹也曾说:"陶渊明诗,人皆说是平淡,据某看他自豪放,但豪放得来不觉耳。其露出本相者,是《咏荆轲》一篇,平淡底人如何说得这样言语出来。"[11]3325 陶渊明"带性负气"的隐士之豪是辛弃疾颇为欣赏的。[12] "以往的接受者绝大多数只解读了陶渊明作为隐士不染尘俗、超然物外、浑身静穆的一面,没有看到陶渊明作为豪杰胸怀壮志、凛然有生气的一面。而辛弃疾把两面都看到了,以激荡抑郁的心灵创造了一个新的陶渊明：豪杰般的隐士。"[10]366稼轩尽管也辗转湖北、湖南、江西等地为地方官，但他是有征必出，志不在此。他始终抱有尚武任侠的军人情结，将国家安危与个人命运联结在一起，其意志非常明确地指向抗金杀敌，所以无法做到独善其身。刘辰翁《辛稼轩词序》中说："陷绝失望，花时中酒，托之陶写，淋漓慷慨，此意何可复道，而或者以流连光景、志业之终恨之，岂可向痴人说梦哉！"[5]599这种强烈的壮志难酬、报国无路的政治悲剧意识贯穿着稼轩的一生。

二、悲剧意识的超越

词发展之初以"低徊要眇"的艳情词为主，怀古词偶有出现，并不为文人重视。怀古词直到北宋中期形成一定规模，尤其是苏轼突破了词为"艳科"的藩篱，将词的题材和境界进一步扩展。刘辰翁《辛稼轩词序》说："词至东坡，倾荡磊落。如诗如文，如天地奇观。"[5]599南宋时期文人以怀古来抒发爱国之志，辛弃疾"以文为词"进一步扩展词的功能，将怀古词推向高峰。"到了宋代，咏史词成为和咏史诗分庭抗礼的一种体裁。"[13]苏、辛二人可谓两宋时期怀古词的代表，但因时代环境、生平遭际、性格特点、哲学思想等方面的不同，二人怀古词各具特质，通过悲剧意识的消解和超越过程可以探究二人不同的精神指向。

（一）心灵解脱与执着追询

苏轼的怀古词往往以心灵解脱的方式进行悲剧意识的超越。"心灵解脱，是指人在思维和情感上都摆脱了现实功利乃至生存欲望的束缚和羁绊，只按照历史合理性的本然要求来思维和行动。"[14]面对浩瀚的历史，苏轼既没有因个人生命的短暂而消沉，也没有与历史抗争、强行建立价值，而是在顺应历史的基础上摆脱一切外在的束缚，追求心灵的自然而然。《念奴娇·赤壁怀古》体现得最为典型：

大江东去，浪淘尽，千古风流人物。故垒西边，人道是，三国周郎赤壁。乱石穿空，惊涛拍岸，卷起千堆雪。江山如画，一时多少豪杰。

> 遥想公瑾当年，小乔初嫁了，雄姿英发。羽扇纶巾，谈笑间，樯橹灰飞烟灭。故国神游，多情应笑我，早生华发。人间如梦，一尊还酹江月。[4]398

开篇既唤醒了人对英雄豪杰的向往，同时又直接打破了英雄梦，将最合理的"千古风流人物"都清空了，直面价值的虚空。进而通过江山的秀美和周瑜的雄姿，为人生价值的寻找提供了基础。最后"人生如梦，一樽还酹江月"，面对现实悲剧性，以心灵解脱的方式进行超越，远取诸物，近取诸身，像长江与明月一样自然而然地建立起本真的生活。以自然之景消解了正面与负面的价值，这并不是沉溺于自然享乐，也并非将人融入自然，而是在自然中悟道，按照最本真的方式去生活。再如《满江红·寄鄂州朱使君寿昌》：

> 江汉西来，高楼下、葡萄深碧。犹自带，岷峨雪浪、锦江春色。君是南山遗爱守，我为剑外思归客。对此间，风物岂无情，殷勤说。
> 《江表传》，君休读。狂处士，真堪惜。空洲对鹦鹉，苇花萧瑟。独笑书生争底事，曹公黄祖俱飘忽。愿使君，还赋谪仙诗，追黄鹤。[4]335

苏轼于黄州江边与友人抚今追昔。上片写长江景色与友人的情谊，下片直言曹操、黄祖都免不了飘忽而逝，故祢衡有何可争、徒然丧命。于是苏轼劝谏友人，"还赋谪仙诗，追黄鹤"，以诗酒文章的本真生活超然于复杂的政治斗争之外。以心灵解脱的方式，苏轼最终解决了仕隐的矛盾，"用舍由时，行藏在我"[4]134（《沁园春·孤馆灯青》），因为他认为一切政治因素都是外在于人的。无论是党争分歧，还是功名利禄，都对我的人格境界没有丝毫意义，所以也不能成为我的价值准则。孔子所说的"邦有道则仕，邦无道则可卷而怀之"（《论语·卫灵公》）其实也有一个客观的标准，而苏轼则否弃一切外在标准，但这并不是悖离儒家精神，而是发挥了儒家的根本精神，是真正的心灵解脱，达到"极高明而道中庸"的审美状态。

辛弃疾则稍有不同，他的怀古词中鲜有心灵解脱的呈现，更多是以执着追询的方式来超越悲剧意识。执着追询，即人深知现实悲剧性的存在，仍然直面悲剧真相，以执着的深情追询价值，从而消解悲剧意识。所以苏轼的怀古词往往旷达清朗，而辛词则在深刻的无奈与深情的追寻之间形成了巨大的张力，给人悲凉沉郁之感。王国维曾说："东坡之词旷，稼轩之词豪。"[15]213 辛弃疾所处的南宋时期正是国家风雨飘摇之际，这种时代背景决定了他无法像苏轼那样否弃一切，绝待于政治。稼轩执着于现实，将重大的政治主题化为内在情感，其怀古词往往带有政治悲剧意识的底色。这并不是辛弃疾向政治地融入，而是将家国大义与生命情感紧密相连，实现个人价值与时代价值的统一。来看这首《念奴娇·登建康赏心亭呈史致道留守》：

> 我来吊古，上危楼、赢得闲愁千斛。虎踞龙蟠何处是，只有兴亡满目。柳外斜阳，水边归鸟，陇上吹乔木。片帆西去，一声谁喷霜竹。
>
> 却忆安石风流，东山岁晚，泪落哀筝曲。儿辈功名都付与，长日惟消棋局。宝镜难寻，碧云将暮，谁劝杯中绿。江头风怒，朝来波浪翻屋。[5]11

此词是乾道五年于建康赏心亭所作。开篇三句写登楼吊古，"闲愁千斛"。辛词中多次出现"闲愁"，如"闲愁最苦"[5]66（《摸鱼儿·淳熙己亥，自湖北漕移湖南，同官王正之置酒小山亭，为赋》）、"闲愁闲恨一番新"[5]454（《浣溪沙·偕杜叔高、吴子似宿山寺戏作》）、"一片闲愁，芳草萋萋"[5]28（《一剪梅·游蒋山，呈叶丞相》）等等。这种"闲愁"与北宋初期不同：北宋初期如晏殊、欧阳修等词中的"闲愁"大多是富贵优游生活中的迷惘，对人生如梦如幻的感知；辛弃疾在动荡的政治环境下，想要出世不被重用，想要退隐又时刻担心国家危亡，"闲愁"就体现在这种南宋前期独有的矛盾心理中。"这种精神状态不仅包含着不知能否收复故国的焦虑，也包含着对精神价值的困惑。"[16]322 此词上片以今昔对比兴起浓郁的悲剧意识，下片则追忆抵御北方强敌却遭猜忌的谢安，不禁忠愤填膺。"宝镜难寻，碧云将暮，谁劝杯中绿"，试图用酒来消解悲剧意识，却是"举杯消愁愁更愁"。最后两句写江头风怒之景，暗喻风起云涌的政治环境，表明词人内心仍然是积极用世的。同样是自然环境的描写，但此处不同于唐诗在宇宙情怀中找到归宿，也非苏轼在自然中悟道，而是对悲剧真相的执着中的超越。

另一篇《水龙吟·登建康赏心亭》[5]34 是时隔五年后稼轩重临此地所写，

词的上片写出"落日楼头,断鸿声里,江南游子"的家园感缺失以及"无人会、登临意"的政治苦闷。下片则分别用张翰、刘备、桓温三事来表达坚定的宏图之志,"倩何人唤取,红巾翠袖,揾英雄泪",展现了失路英雄的无奈。稼轩词能够达到"最高灵境的启示",即"终极层次的高峰体验"[17]128-129,往往是因为执着追询带来的心灵感发的力量。这种悲剧意识的兴起—执着追询—超越的过程是随着生命本身的动态过程,让他能够饱含创作的动力与激情。他的怀古词通过悲剧意识的反复洗礼,历经着人类情感的全域,给人们带来极为丰富的审美体验。这种执着追询的过程对培养坚韧的民族文化心理具有重要意义。

(二) 精神家园的积淀与失落

精神家园并非指某一现实地域的故乡,而是指词作中能够提供精神归宿的一种情理结构。苏轼的怀古词中往往将历史与人性相联系,历史不是冰冷的过往,而是对人情、人性的积淀。其词由情入理,再升华为情,最终可以寻得精神家园,获得价值的自足。如《八声甘州·寄参寥子》:

> 有情风,万里卷潮来,无情送潮归。问钱塘江上,西兴浦口,几度斜晖。不用思量今古,俯仰昔人非。谁似东坡老,白首忘机。
>
> 记取西湖西畔,正春山好处,空翠烟霏。算诗人相得,如我与君稀。约他年,东还海道,愿谢公、雅志莫相违。西州路,不应回首,为我沾衣。[4]663

苏轼常常在送别中吊古。上片写钱塘江景,"无情送潮归",自然似乎是无情的,以自然的永恒突出历史的短暂,"白首忘机"表明苏轼已忘却世俗机诈之心。面对俯仰一瞬的历史、逐渐老去的生命,东坡用美好的春天景色渐渐弥合了悲剧意识。他无意去追名逐利,但没有完全忘世,更没有忘情。他珍视深厚的友谊,将情与自然融汇,导向人性感情的培养。"不应回首,为我沾衣",既是嘱咐友人,也是对自我的劝慰,无论生活或喜或悲,都要按照应然的方式生活。

苏轼的怀古词往往为超越历史悲剧意识指明了出路,即以情为本,用精神家园的积淀融化悲剧意识。他将情看作人事活动的本源和根据,将世俗情感超过感性需求，提高到生命本体的高度。陈廷焯曾说："东坡之词，纯以情胜，情之至者，词亦至。只是情得其正，不似耆卿之喁喁儿女私情耳。"[3]12《劝金船·和杨元素韵》[4]86同样以怀古来送别："无情流水多情客，劝我如相识，杯行到手休辞却。""还对茂林修竹，似永和节。"自然、历史或许是无情、无价值的，但人是有情、可以建立价值的。这种人情的蓄养是建构精神家园的奠基。苏轼并没有为历史强行规范价值，而是"思我无所思"，不进行理性思考和质询，以情感对待，将应然之理充分地情感化。

相较于苏轼的"此心安处是吾乡"，辛弃疾则常常面临着精神家园的失落。他的怀古词少有暖色的人情展露，对自然的描写常带有象征的色彩。如"看乘空、鱼龙惨淡，风云开合"[5]240（《贺新郎·用前韵送杜叔高》）、"待燃犀下看，凭栏却怕，风雷怒，鱼龙惨"[5]337（《水龙吟·过南剑双溪楼》）、"秦望山头，看乱云急雨，倒立江湖"[5]540（《汉宫春·会稽蓬莱阁观雨》），等等，皆有象征破碎山河的意味。稼轩一直从自我的失落中寻求突破，他自出生家乡就已被金人占领，现实的故乡无法回归。归宋后又面临着"归正人"的尴尬，同仇敌忾者可谓寥寥。朝廷的苟且偷安，小人的恶意中伤，让他一直找不到归属感，即使是"红巾翠袖揾英雄泪"的温柔乡，也难以成为其心灵安放之所。他倾其一生都在建构精神家园的路上。

这种家园感的失落，让稼轩的感情无处寄托，在怀古词中往往导向强烈的自证。"人的自证是指人不依赖于外在价值评判系统的内在价值的自我贞立，是人的内在亲证在价值建构中的表现形式。"[18]辛弃疾对于价值建构的渴望极为迫切，但他的价值建构不是随心所欲、漫无目的的，而是以人类总体意识为准则。他常常在怀古词中借历史人物树立起正面价值，如"天下英雄谁敌手？曹刘。生子当如孙仲谋"[4]548（《南乡子·登京口北固亭有怀》），"想当年，金戈铁马，气吞万里如虎"[4]553（《永遇乐·京口北固亭怀古》），"东北看惊诸葛表，西南更草相如檄"[4]147（《满江红·送李正之提刑入蜀》），等等。这些历史人物大多为英勇豪杰，如大禹、李广、孙权、谢安、刘裕等，除了感叹他们英雄无用武之地，辛弃疾更多的是将他们作为唤起崇高理想的榜样。但这并非把价值建立在历史上，而是这些历史人物的精神流传千古，已经成为人类总体意识的一种象征。

"士不可以不弘毅，任重而道远"，因为人类总体要存在，每个人都要为人类存在负责。稼轩在一定意义上已经超越了政治意识形态层面的功利性，到达了"仁以为己任"的宗教性选择,即面临家国危亡,挺身而出,为民族存续负责,知其不可而为之。所以他的怀古词往往是在洞悉悲剧真相后以强烈的自证意识瞬间建立价值。比如《汉宫春·会稽秋风亭怀古》[5]542:

> 亭上秋风,记去年袅袅,曾到吾庐。山河举目虽异,风景非殊。功成者去,觉团扇、便与人疏。吹不断,斜阳依旧,茫茫禹迹都无。
> 千古茂陵词在,甚风流章句,解拟相如。只今木落江冷,眇眇愁余。故人书报,莫因循、忘却莼鲈。谁念我,新凉灯火,一编太史公书。

秋士易感,在秋风亭怀古更显苍凉。上片将生命易逝、国家衰微、政治失意、历史短暂的悲剧全部融合铺展开来,词人似乎已无路可走。下片则由秋风联想到汉武帝《秋风辞》,兴起建构价值的冲动,并用自然之景逐渐淡化悲剧感。"莫因循,忘却莼鲈",既体现归隐之思,又表达无法忘记国家前途的宏愿。"谁念我,新凉灯火,一编太史公书",六十四岁高龄的稼轩,仍兴致勃勃地挑灯研读《史记》。英雄的苦闷并没有导向消沉,而是以泪洗涤凡庸,用形上价值的建立来超越现实的悲剧性。

稼轩的怀古词中充满了呼号般的呐喊,如"看试手,补天裂"[5]238(《贺新郎·同父见和,再用前韵》)、"夜半狂歌悲风起,听铮铮、阵马檐间铁"[5]240(《贺新郎·用前韵送杜叔高》)、"马革裹尸当自誓,蛾眉伐性休重说"[5]45(《满江红》)等等,都是自证意识的体现。张镃在和词中赞叹:"江南久无豪气,看规恢意概,当代谁如?"[5]544这种价值的毅然挺立,是辛词给人淋漓慷慨之感的重要原因。陈廷焯极力赞扬"辛稼轩,词中之龙也!"[3]20尽管辛弃疾的怀古词没有展现心灵的归宿,但无论他是否达到目标价值的终点,这种由精神家园的失落迸发出的自证意识就足以振奋人的精神,充实人的心灵。

苏、辛词是两宋词中审美超越悲剧精神的重要代表。范开在《稼轩词序》说:"器大者声必宏,志高者意必远……世言稼轩居士辛公之词似东坡,非有意于学坡也,自其发于所蓄者言之,则不能不坡若也。"[5]596"器大""志高"是苏、辛词相似的重要原因。苏、辛二人怀古词悲剧意识的兴起和超越方式各有侧重，但都反映了高尚的文化人格，也印证了中国文化的价值建构方式，即在人类总体意识的观照下，由人要"活着"的内在亲证出发进行价值建构。这是二人怀古词拥有永恒生命力的原因。

注　释

[1] 方回选评，李庆甲集评校点《瀛奎律髓汇评》，上海古籍出版社 1986 年版。

[2] 田同之《西圃词说》，唐圭璋编：《词话丛编》，中华书局 1986 年版。

[3] 陈廷焯著，杜维沫校点《白雨斋词话》，人民文学出版社 1959 年版。

[4] 苏轼著，邹同庆校注《苏轼词编年校注》，中华书局 2002 年版。

[5] 辛弃疾撰，邓广铭笺注《稼轩词编年笺注》，中华书局 1962 年版。

[6] 李泽厚《华夏美学·美学四讲》，生活·读书·新知三联书店 2008 年版。

[7] 李泽厚《美的历程》，生活·读书·新知三联书店 2009 年版。

[8] 冷成金《中国文学的历史与审美》，中国人民大学出版社 2012 年版。

[9]《介存斋论词杂著、复堂词话、蒿庵论词》，人民文学出版社 1959 年版。

[10] 李剑锋《元前陶渊明接受史》，齐鲁书社 2002 年版。

[11] 黎靖德编，王星贤点校《朱子语类》，中华书局 1986 年版。

[12] 参见袁行霈《陶渊明与辛弃疾》，《陶渊明研究》增订本，北京大学出版社 2009 年版。

[13] 沈文凡，王慷《怀古咏史词创作流变述论》，《阅江学刊》，2013 年第 3 期。

[14] 冷成金《苏轼对现实悲剧性的审美超越》，《河北学刊》，2016 年第 3 期。

[15]《蕙风词话、人间词话》，人民文学出版社 1960 年版。

[16] 冷成金《唐诗宋词研究》，人民大学出版社 2013 年版。

[17] 陶尔夫、刘敬圻《南宋词史》，北方文学出版社 2014 年版。

[18] 冷成金《论孔子的内在亲证价值建构思想》，《杭州师范大学学报》2016 年第 2 期。

悲剧情怀与苏轼形象的理想化

◇宋春光 *

历史人物形象往往具有先天复杂性,因其脱胎于第一历史,却又非第一历史的再现,而是随着时空的拓展不断生成的。苏轼形象在某个时代的生成,正是由这一时代众人之眼观苏轼而完成的,故而也是这一时代人们思想状态和心灵世界的展现。从这个意义上说,苏轼形象的历史生成所展现的正是我们民族的文化心理。在这一历史生成的过程中,苏轼形象有着明显的不断被理想化的趋势。本文仅从民族文化心理结构深处的悲剧情怀的角度,对苏轼形象历史生成中被理想化这一现象加以分析,以期借此管窥悲剧情怀在历史人物形象被理想化过程中的作用。

一、 洒脱旷达与诗酒生活

苏轼性格中,自有其洒脱豁达乃至超然脱俗的一面,并且,从相对意义上说,其豁达超然的程度不仅度越时辈,甚至可称千古一人——"却对酒杯疑是梦,试拈诗笔已如神"[1]1005 "九死南荒吾不恨,兹游奇绝冠平生"[1]2366 "心似已灰之木,身如不系之舟。问汝平生功业,黄州、惠州、儋州"[1]2641,凡此种种皆为明证,世人亦耳熟能详。但这并不意味着苏轼本人已达到了绝对意义的超然物外。然而,在后世的历史生成过程中,苏轼本人洒脱旷达的性格特点被不断强化、绝对化,乃至脸谱化,并最终成为苏轼形象最重要的性格标志,这也是在客观上促成苏轼形象理想化的重要因素。

---

* 作者简介:宋春光,中国人民大学文学院博士研究生。
项目基金:中国人民大学"中央高校建设世界一流大学(学科)和特色发展引导专项资金"支持,项目批准号(16XNL008)。

苏轼形象洒脱豁达性格特点的强化、绝对化、脸谱化，是与乌台诗案、黄州之贬、赤壁之游的经典化相辅相成的。在这一系列事件中，宋人笔下的苏轼并非绝对意义的旷达，更多展现的是其作为凡人临大难时的错愕与惊慌。《孔氏谈苑》记有乌台诗案中苏轼被捕的情形：

> 僕（按，皇甫僎）至之日，轼在告，祖无颇权州事。僕径入州厅，具靴袍秉笏立庭下，二台卒夹侍，白衣青巾，顾盼狞恶，人心汹汹不可测。轼恐，不敢出，谋之无颇，无颇云："事至此，无可奈何，须出见之。"轼议所以为服，自以当得罪，不可以朝服，无颇云："未知罪名，当以朝服见也。"轼亦具靴袍秉笏立庭下，无颇与职官皆小帻列轼后。二卒怀台牒挂其衣若匕首然，僕又久之不语，人心益疑。轼惧曰："轼自来激恼朝廷多，今日必是赐死，死固不辞，乞归与家人诀别。"僕始肯言曰："不至如此。"无颇乃前曰："大博必有被受文字。"僕问谁何，无颇曰："无颇是权州。"僕乃以台牒授之，及开视之，只是寻常追摄行遣耳。僕促轼行，二狱卒就执之，即时出城登舟，郡人送者雨泣。顷刻之间，拉一太守如驱犬鸡。[2]56

苏轼被捕时的仓皇无措在《萍州可谈》中也有记载：

> 东坡方视事，数吏直入上厅事，捽其袂曰："御史中丞召。"东坡错愕而起，即步出郡署门，家人号泣出随之。[3]53

在去往京师的途中，苏轼甚至想一死了之：[1]

> 子瞻自维仓卒被拉去，事不可测，必是下吏所连逮者多，如闭目身入水，顷刻间耳。既为此计，又复思曰："不欲辜负老弟。"言已有不幸，子由必不独生也。由是至京师，下御史狱。李定、舒亶、何王臣杂治之，侵之甚急，欲加以指斥之罪。子瞻忧在必死，常服青金丹，即收其余窖之土中，以备一旦当死，则并服以自杀。[2]57

被贬黄州，苏轼生活窘迫：

> 东坡谪齐安，日用不过百五十。每月朔，取钱四千五百，断为三十块，挂屋梁上。平旦用画叉挑取一块，即藏去。又以竹筒贮用不尽者，以待宾客。[2]71

不仅如此，苏轼还疾病缠身，"病赤眼，逾月不出，或疑有他疾，过客遂传以为死矣"[4]123，就连苏轼自己都说："疾病连年，人皆相传为已死；饥寒并日，臣亦自厌其余生"[5]656。诸如此类，不一一赘述。诚然，乌台诗案与黄州之贬中的狼狈并非苏轼在宋人笔下的唯一面相，以上宋人所记的真实性或亦有可堪置疑之处，但这些记载的存在本身便足以证明，苏轼在宋代尤其是北宋，其性格中洒脱豁达尚未被刻意强化。这种情况随着时间的推移被逐渐打破，苏轼形象在历史生成中不断被理想化，黄州、赤壁也随之成为展现苏轼洒脱旷达的经典场域。

明人陆树声所撰《清暑笔谈》记载："东坡偕子由齐安道中，就市食胡饼粝甚，东坡连尽数饼，顾子由曰：'尚须口耶？'"[6]7这种"饮酒但饮湿"式的随性洒脱在清人笔下得以进一步的诠释，清人褚人获在《坚瓠集》中写道：

> 《经锄杂志》：李太白诗"清风明月不用一钱买"，东坡《赤壁赋》云："惟江上之清风，与山间之明月，耳得之而成声，目遇之而成色，取之无禁，用之不竭，是造物者之无尽藏也。"东坡之意盖自太白诗句中来。夫风月不用钱买而取之无禁，太白、东坡之言信矣。然而能知清风明月之可乐者，世无几人。清风明月一岁之间亦无几日，即使人知此乐，或为俗物牵夺，或为病苦妨碍，虽欲赏之，有不能者。然则闲居无事，遇此清风明月，既不用钱买，又取之无禁，而不知以为乐，是自生障碍也。[7]430

此处搁置了《赤壁赋》的创作情境，现实中的悲辛苦疾被做以纯义理角度的分析。在这种分析中，赤壁成为苏轼感悟"清风明月"之"此乐"的经典场域，也因其能感悟"此乐"，故而，苏轼不"为俗物牵夺"、不"为病苦妨碍"的超然旷达的形象也得以更为昭然的彰显。此类文人随笔与文学创作又互为印证，如《金莲记》中写道："自家携朝云并过儿来到黄州，半载有余，一家无恙，幅巾小屐，偏宜出入烟霞，野老田夫，相与追随溪毂，近营小筑，自号东坡。今日公暇，曾约黄山谷与印禅师再游赤壁。"[8]69又如《赤壁记》中写道："待罪京邑。谪宦黄州。放浪山水。寓居临皋亭。就东坡筑雪堂一间。因绘雪于四壁。又自书东坡雪堂四大字。颜其额焉。堂前有细柳。有浚井。西有微泉。堂之下有桃花。有丛菊。有秔稌。有枣栗。有松，期可种麦以为奇事，作陂塘。植黄桑。皆足以供岁月。"[9]78此处所呈现的黄州俨然是恬静的世外桃源，这是后人眼中的黄州，亦是后人所理解的苏轼眼中的黄州。后人眼中的黄州，是后人纵观苏轼一生后，为苏轼设定的人生坐标，因此，黄州被后人视为苏轼由政治人格逐渐转换为文化人格的起点；后人所理解的苏轼眼中的黄州，是后人依据自身对苏轼文化人格的理解而设想的苏轼在黄州的应然状态，故而，乐观旷达如苏轼，其眼中的黄州全无愤懑不遇，更无悲凉艰辛，便是"想当然耳"。

与苏轼的贬谪生活相同，苏轼的仕宦生活也被逐渐理想化。作为一代名臣，苏轼有徐州抗洪的政绩，有元祐金莲烛送归的恩宠，但后人更为津津乐道的却是苏轼为政杭州时的诗酒生活。秦观曾戏语道："十里薰风菡苕初，我公所至有西湖。欲将公事湖中了，见说官闲事亦无。"[10]44这种"公事湖中了"的情景被后世一再提及，不断敷演，将苏轼的仕宦生活诗化，并最终以诗酒生活取代"案牍之劳形"，成为苏轼形象标志性的仕宦生活场景。《梁溪漫志》记载了南宋绍兴一老僧对苏轼的回忆：

> 东坡镇余杭，遇游西湖，多令旌旗导从出钱塘门，坡则自涌金门从一二老兵，泛舟绝湖而来。饭于普安院，徜徉灵隐、天竺间。以吏牍自随。至冷泉亭则据案剖决，落笔如风雨，分争辩讼，谈笑而办。已，乃与僚吏剧饮。薄晚则乘马以归。夹道灯火，纵观太守。有老僧，绍兴末年九十余，幼在院为苍头，能言之。[11]97

文字间可见老僧对昔年苏轼风神的无比神往，而费衮之所以能够采录这段回忆，在很大程度上正是因为这段回忆中所展现的场景深契南宋时人对苏轼仕宦生活的历史想象：泛舟绝湖而来，谈笑间，据案剖决，僚吏剧饮，乘马而归，众人瞻仰，惊为天人。这种将仕宦生活诗意化、将辩讼断案才情化的倾向，所展现的正是人们对苏轼政治生活的理解，这种理解在后世因接受主体而不断理想化。《桃源手听》记载：

> 东坡为钱塘时，民有诉扇肆负债二万者。逮至，则曰："天久雨且寒，有扇莫售，非不肯偿也。"公令以扇二十来就判。事笔随意作行草及枯木竹石以付之。才出门，人竞以千钱取一扇，所持立尽，遂悉偿所负。[2]173

《西湖游览志馀》记载：

> 苏子瞻佐郡日，与僧惠勤、惠思、清顺、可久、惟肃、义诠为方外之交，尝同泛西湖。有诗云："三吴雨连月，湖水日夜添，寻僧去无路，潋潋水拍檐。驾言徂北山，得与幽人兼，清风洗昏翳，晚景分浓纤。缥缈朱楼人，斜阳半疏帘，临风一挥手，怅焉起遐瞻。世人骛朝市，独向溪山廉，此乐得有命，轻传神所殲。"[12]268

凡此种种，不一而足，清代话本《六桥才迹》称，"东坡在杭州做官，不但诗酒流连，就政事也自风流"[13]36，直可代表时至清代，世人在诸多前理解的层累之下形成的对苏轼仕宦生活的认知。

二、苏、王对立与圆满结局

通过对宋代笔记的考察可见，苏轼与王安石的对立关系是被逐渐深化并趋于定型的。苏、王二人的对立关系在元修《宋史·苏轼传》已近模式化：苏轼因与王安石政见不同而受到王安石的排挤打压，两人处于对立关系；这种对立关系皆源于王安石私德有亏、党同伐异，而与苏轼无关；面对王安石的咄咄逼人，苏轼始终不肯"稍自韬戢"[14]10818，从未改其立身处世的凛凛大节[15]。这已将此前两宋笔记中苏、王文学层面的智、迂对立上升为政治层面的忠、奸对立。苏、王之间这种忠、奸对立的模式在诸多文学作品中被做以大写意式的敷演，且文学作品中的苏轼最终往往获得喜剧式的圆满结局。

现存的三部元代东坡剧——《苏子瞻醉写赤壁赋》《苏子瞻风雪贬黄州》

《花间四友东坡梦》中,均以王安石作为乌台诗案的实际发动者,以此构筑苏、王二人的对立。《苏子瞻醉写赤壁赋》中,题目为"王安石谗课满庭词",苏、王对立可见一斑。无独有偶,《苏子瞻风雪贬黄州》中,题目为"王安石执拗行新法,李御史举劾报私仇"、正名为"杨太守奸邪攻逐客,苏子瞻风雪贬黄州",不仅设置了苏、王二人的对立,也昭示了二人的忠奸。王安石开场念白便称:

> 近见西北二边用兵。财用匮乏。我有一策。要行青苗助役于民间。在朝诸官。多言不便。独翰林学士苏轼。十分与我不合。昨日上疏。说我奸邪。蠹政害民。我欲报复。况主上素重其才。难以轻去。且本官志大言浮。离经畔道。见新法之行。往往行诸吟咏。我已着御史李定等。劾他赋诗讪谤。必致主上震怒。置之死地。亦何难哉。[16]355

苏轼则称:

> 时相王安石。误国害民。创立新法。四海怨望。而御史李定……下官前日具疏。论王安石之奸。[16]356

当皇帝宣判苏轼贬谪黄州时,苏轼悲慨:

> 臣蒙知遇。欲竭愚忠。见王安石一心变乱成法。臣上万言书谏诤。今日反受谪贬。兀的不屈死忠臣义士呵。[16]357

而当马正卿得知苏轼被贬黄州后,则感叹道:

> 近闻学士苏子瞻。上书发王安石之奸。反被言官论劾。贬他来黄州安置。有人传说将次来到。今日下着这等大雪。途路难行。我想忠臣烈士。多遭奸回之手。况苏学士大名。远远钦慕。[16]368

苏轼被贬黄州后,王安石仍步步紧逼,要置苏轼于死地方休:

悲剧情怀与苏轼形象的理想化

巨耐苏轼毁我。已令台官弹劾。贬谪黄州安置。我心还未得遂。如今黄州杨太守。旧是我举用的。不如写一书与他。教他不要周济他。穷乡下邑。举眼无亲。不死那去。[16]361

当圣心转圜,召苏轼还朝,皇帝又当面问道:

卿在黄州。谁是恩人。谁是仇人。[16]366

以上所列,处处都充满着忠奸对立。"谁是恩人?谁是仇人?"作为一种提示,隐括了全剧忠奸二元对立的格局——李定、杨太守作为王安石意志的执行者,与王安石同属奸佞;张方平、马正卿于苏轼落难之际施以援手,与苏轼同属忠良。因此,苏、王对立的实质乃是忠奸对立。而这种以苏、王对立为模本的忠奸对立同样存在于《花间四友东坡梦》中。《花间四友东坡梦》开篇苏轼自表:

今有王安石在朝,当权乱政,特举青苗一事。我想这青苗一出,万民不胜其苦,为害无穷,小官屡次移书谏阻,因此王安石与俺为仇。[17]558

而后王安石又因此私怨设计陷害苏轼,以致其贬谪黄州:

今有王安石在朝,当权乱政,特举青苗一事。我想青苗一出,小民不胜其苦。一日王安石请俺家宴,出歌者数人。内有一女子擎怀良久,不见其手。俺佯言道:小娘子金钗坠也。那女子慌忙出其手,扣其誓。众官皆发一笑。安石令俺题咏其事,小官走笔赋〔满庭芳〕一阙。谁想安石将小官〔满庭芳〕奏与圣人,贬小官黄州歇马。[17]560

这种忠奸对立模式在《金莲记》中得到进一步发展。此前的忠、奸对立主要以苏、王二人对立为中心,《金莲记》中又将章惇、李定、舒亶等人置入

· 89 ·

王安石阵营。当王安石以青苗法何如相问，苏轼仗义执言："据愚见。窃谓不可"，"出纳之际。吏缘为奸。且方其饶余。虽良民不免妄用。及其输纳。虽富民不免蹬期。恐州县从此多事矣。"[8]22王安石恼羞成怒，贬谪苏轼于杭州。但忠义如苏轼，并未因此折节：

> 颇期整顿乾坤。誓欲洗清世界。奈奸臣久据。未拔眼前之丁。新法盛行。已剜心头之肉。昨与王介甫辈会议。片言不合。拂袖而归。吾想金马玉堂。虽然清贵。竹篱茆舍。亦自逍遥。何须屈膝低头。效彼逢迎妾妇。只合扬眉吐气。做个慷慨丈夫。[8]22

此后，章惇嫉贤妒能，构陷苏轼。苏轼、苏辙骨肉离散，苏辙悲叹：

> 吾兄之事。由王介甫余虐。以兆祸胎。嗣章子厚当权。遂张谗口。小弟正欲上书阊阖。解职救兄。还期借剑尚方。奋身诛佞。更鞭王介甫九原白骨。庶显苏子瞻一点丹心。[8]50

苏轼忠臣义士的形象与王安石、章惇奸邪的嘴脸跃然纸上。

在后世笔下，以苏轼为忠直典范而与奸佞对立的这种模式俯拾皆是，而尤为值得注意的是，在这类作品中，苏轼往往获得喜剧式的圆满结局。如上文所述《苏子瞻风雪贬黄州》中，皇帝最终幡然醒悟，召还苏轼，官复原职，而苏轼则对以"则愿做白发老参军。怎消得天子重儒臣。那里显骚客骚人俊。到不如农夫妇蠢。绕流水孤村。听罢渔樵论。闭草户柴门。做一个清闲自在人"[16]367，辞官归隐。又如，《花间四友东坡梦》以"从今后识破了人相我相众生相，生况死况别离况，永谢繁华，甘守凄凉。唱道是即色即空，无遮无障。笑杀东坡也。忏悔春心荡，枉自有盖世文章，还向我佛印禅师听一会讲"[17]565煞尾，苏轼被佛印点悟，潜心修道。再如，《苏子瞻醉写赤壁赋》中，苏轼"经一载受彻凄凉"后，官复原职，"享荣华依还旧职，掌三台位列都堂"[16]833。尤为值得一提的是，《金莲记》中不仅设置了苏轼本人的圆满结局，还为苏轼满门都设置了世俗意义上的完美结局。皇帝亲见苏轼，称赞其："忠肝义胆。揭日月于重光。绣口锦心。挽文章于一变。致使浮沉外职。抑且漂泊遐方。已明百折之忠。实是九重之过。"[8]115并颁圣旨：

悲剧情怀与苏轼形象的理想化

尔礼部尚书苏轼。文字凌云。忠诚贯日。金莲归院。先王叹赏奇才。彩管题词。国士顿遭谗口。栖迟狴狱。奔走鲸波。白叟黄童。尽知为枉。紫宸丹陛。洞察其冤。须进新衔。少偿旧德。特进太师兼资政殿大学士。[8]116

此外，父苏洵封太子太师，母程氏封成国太夫人，弟苏辙进太傅兼端明殿大学士，妻王氏封同安县君，子迈、过分别授驾部员外郎、颍昌府郾城县知县，友秦观进工部尚书，实不负"弓裘在望。雅称奕世忠良。袍笏相传。共羡一门荣贵"[8]116之誉。

三、 悲剧情怀对苏轼形象理想化的作用

中国文化中的悲剧情怀对苏轼形象理想化的作用至关重要。苏轼本人词作中便有"大江东去浪淘尽，千古风流人物"之语，这本身就在悲剧意识的净化下导向对于人生价值的追问与建构：被世俗视为风流人物的现世功业建立者也终将难逃被历史长河湮没的命运，那么现世功业的价值又何在？现世功业尚且没有价值，那么在现世未能建功立业的芸芸众生的价值又何在？这句词正昭示着，生命的有限性必然导致个体生命的悲剧性。但人性中的动物性使其在生本能的作用下不会选择集体自我毁灭，"人要'活着'的内在亲证是人要建立价值的永恒动力，在其驱动下，人通过不断地自证来积淀合理价值"[18]256，正是在这种理路下，个体生命有限性的问题有了被置而不论的可能性。这意味着，一方面，个体生命的有限性作为客观事实无法被改变，故而由此而产生的悲剧意识无法被彻底消除；另一方面，以人要"活着"的内在亲证为原初动力的价值建构，避开了生命的有限性问题，个体生命长度作为生命的外在形式被革除于人生价值讨论的范畴，生命的内容成为人生价值的判断依据，同时，由无法改变生命有限的客观事实而产生的悲剧意识又时刻观照并矫正着该生命内容的应有之义，进而成为价值建构的净化和保障机制。正是在这样的理路下，以悲剧意识为底色的理性思考并未走向对生命有限性的直接应对，而是以深情感慨的方式，在对悲剧真相的不断体认中，使心灵得以净化。悲剧意识每一次的兴起，都使得人们得以超越于凡俗的牵绊来思

考人生的价值,这种理性的思考在漫长的历史过程中,最终积淀成为一种情感认同,悲剧意识从而转化为人们的审美情感,亦即悲剧情怀,它不再是一种理性思考,而是一种感性的存在,是对现实悲剧性的审美超越。但在现实生活中,身处世俗的人们往往难以超脱现实生活的具体困境。所以,将历史人物理想化正是接受者对生命应然状态的理解与超越现实悲剧性的审美寄托,这并不难理解。问题是,为何是前文所提到的几个方面在苏轼形象理想化的过程中表现得最为突出?

苏轼洒脱旷达的性格特点在后世被接受者不断夸大以至脸谱化,其仕宦经历更是充斥着诗酒元素,甚至渐臻以诗酒生活取代政治生活之境。明人有作《十不足》:"逐日奔忙只为饥,才得有食思为衣。置下绫罗身上穿,抬头又嫌房屋低。盖下高楼并大厦,床前缺少美貌妻。娇妻美妾都娶下,又虑出门没马骑。将钱买下高头马,马前马后少跟随。家人招下十数个,有钱没势被人欺。一铨铨到知县位,又说官小势位卑。一攀攀到阁老位,每日思想要登基。一日南面坐天下,又想神仙下象棋。洞宾与他把棋下,又问哪是上天梯?上天梯子未做下,阎王发牌鬼来催。若非此人大限到,上到天下还嫌低。"语词粗浅却鞭辟入里,而人心不足的背后实是对外在事功的执念。然而,这种执念本就出于人为,人自身的不完美势必导致这个出于人为的"念"在初始阶段就不会是完美的,更重要的是,这个原本就并不完美的"念"在人们趋利避害的动物性本能的诱导下极易流于庸俗、繁缛、僵化。因而,在生命有限性的悲剧意识之下,这些外在事功就都显虚妄,外在于本真生命的一切执念,就都只是禁锢人好好"活着"的枷锁罢了。故而,对"得"本应无所执,无所执于"得"也就无所谓"失",从而对待一切是非成败就都应一笑置之,正所谓"孰知荧光火石,不足当高人之一笑也。一笑而富贵假,而骄吝忮求之路绝;一笑而功名假,而贪妒毁誉之路绝;一笑而道德假,而标榜猖狂之路绝;一笑而山河大地皆假,而背叛侵陵之路绝。"[19]这一笑,正是无所执的洒脱旷达的状态。但这种洒脱豁达终因生命的有限性而难逃悲剧意识的底色,而这种以悲剧意识为底色的洒脱豁达,必会将人导向对一切世俗浮华的否弃与对本真生活的追求。那么,何谓本真生活?当拨除一切浮华,渔樵、耕读、诗酒自是生命的本真,而诗酒生活最称审美之境。故而,后世接受者将苏轼的政治生活代以诗酒生活。概而言之,洒脱豁达与诗酒生活之所以在苏轼形象理想化的历史生成过程中被后世接受者突出表现,是因为这两者关乎因人要"活着"的内在亲证而引发的生存与价值焦虑——人只要活着，就不能"无所待"，且易被凡俗生活蒙蔽本心，难以在得失之间顺随自然，故而，接受者才将洒脱旷达作为苏轼形象性格中最鲜明的标签，进而将苏轼形象塑造为洒脱旷达的榜样。而以诗酒生活取代政治生活，并非要否定以"政治"为代表的现实功利本身，而是要否定因追求现实功利而造成的非本真的生命状态。两者实则都是接受者以其悲剧情怀对现实悲剧性的审美超越。

后世以苏轼为主人公的文学创作中，在总体上都存在这样一种形式架构：忠良被奸佞所害，历尽劫波，最终战胜奸佞。从狭义上说，忠、奸是封建意识形态下的价值判断。而从广义上说，忠、奸实为人类总体视域下的善、恶。因此，前文所述以苏轼为主角的文学作品的共同形式则为：善受阻，但善最终战胜恶。其中所隐含的是"举直错诸枉"的社会组织结构理想。从某种意义上说，善是人类总体意识在当下最合理、最具有开放性的状态，当善受阻，则必然激起悲剧意识。但我们民族的文化心理视域并非局限于一时、一地、一人的，而是观照整个人类总体的。故而，上述以苏轼为主角的文学作品中的这种共同形式实为一种"有意味的形式"，这种"意味"就是：对于个人及其有限的时空而言，善恶对峙的结果是难以预料的；但对于人类总体及其无限的时空而言，善必将战胜恶。也正是这种文化心理，使得我们民族的悲剧意识并不会走向颓废乃至毁灭，而是在人要"活着"的内在亲证的指引下，走向悲极而乐，这种悲极而乐也正是对现实中"悲"的审美超越。现实生活中的"悲"既包括上文所提及的因个体生命有限性而产生的悲剧意识终无以消除的客观现实，同时也包含个体生命因自身德福不能相配而产生的道德宿命意识及因此而产生的对生命应然状态的质疑，即善者若德福不能相配，失去现实世界中的主导地位，即便其自身可实现内在自足，但在现实世界中占据强势地位的恶者会指引社会走向何方？个体善者由此反观自身的价值信念难免产生置疑。从这个意义上说，文学作品中的苏轼不仅不再是历史上真实存在的苏轼，甚至也不应该是历史上真实存在的苏轼，因为在作品所展现的这个"有意味的形式"中，苏轼已不再是某个具体时空中的具体个人，而是人类总体无限时空中一个"善"的集合体，正因如此，作品中苏轼形象的命运也正代表着人类总体历史中"善"的命运。文学作品中对于苏轼形象喜剧式圆满结局的设置，是将历史应然化为文学作品中的实然。在文学作品中构筑忠奸对立，并以忠对奸的胜利设置苏轼形象完满的结局，则从人类总体的视角给予德福未必相配的有限个体生命以心灵慰藉，亦是以悲剧情怀实现对现实悲剧性的审美超越。

注 释

[1] 孔凡礼点校《苏轼诗集》，中华书局1982年版。

[2] 颜中其编注《苏东坡轶事汇编》，岳麓书社1984年版。

[3] （宋）朱彧撰，李伟国校点《萍州可谈》，上海古籍出版社2012年版。

[4] （宋）叶梦得撰，徐时仪校点《避暑录话》，上海古籍出版社2012年版。

[5] 孔凡礼点校《苏轼文集》，中华书局2013年版。

[6] （明）陆树声《清暑笔谈》，中华书局1985年版。

[7] （清）褚人获辑撰，李梦生校点《坚瓠集》，上海古籍出版社2012年版.

[8] （明）毛晋编《六十种曲·金莲记》，中华书局1958年版。

[9] （清）姜鸿儒撰《古本戏曲丛刊五集·赤壁记》，上海古籍出版社1986年版。

[10] （宋）罗大经撰，孙雪霄校点《鹤林玉露》，上海古籍出版社2012年版。

[11] （宋）费衮撰，金圆校点《梁溪漫志》，上海古籍出版社2012年版。

[12] （明）田汝成辑撰《西湖游览志馀》，上海古籍出版社1980年版。

[13] （清）古吴墨浪子搜辑《中国话本大系·六桥才迹》，江苏古籍出版社1993年版。

[14] （元）脱脱等撰《宋史》，中华书局1977年版。

[15] 参见拙文《〈宋史·苏轼传〉与宋人笔记对苏轼的塑造及其文化机制——以苏轼与王安石关系为中心》，《中国苏轼研究》第五辑。

[16] 隋树森编《元曲选外编》，中华书局1959年版。

[17] （明）臧懋循编《元曲选》，浙江古籍出版社1998年版。

[18] 冷成金《论语的精神》，上海古籍出版社2016年版。

[19] （明）冯梦龙编著，栾保群点校《古今谭概》，中华书局2015年版，《自序》。

浅析苏轼挽诗中的悲剧意识

◇王博施 *

　　人生是有限的、单向的，这表现在人不能永远活着，不能重温或改变历史，而只能把握当下上。人要"活着"的无限追求与有限人生之间的强烈落差，构成了悲剧意识的来源。人生的单向性则表现在：一方面消逝的历史不能重温或改变，这促使我们必须严肃认真地思考来把握、对待当下；另一方面所有人的终点都是死亡，我们无时无刻不是在向它靠近，这加强了悲剧意识的紧迫感。这种源自生命感知的悲剧意识是每个人生来都能感受的，中国主流文化将这种悲剧意识纳入其文化机制当中，成为价值建构机制中的重要环节，使这种价值建构不会因缺乏反思维度而滑落[1]，所以优秀的古典诗词中大都富含着悲剧意识。虽然这种悲剧意识随时伴随着我们，但是在外会因为生活上的各种琐事而无暇对此做出思考，在内承认人生有限所带来的悲剧感受会使我们有意无意地回避这种思考。而熟悉的人的逝世有时就会成为正视这种悲剧意识的契机，重新唤起对人生价值思考与建构的紧迫感。挽诗的创作通过对逝者的人生的审视，促使我们在倾诉生命有限、时光不再的哀伤的同时，最终要落脚在价值建构上。但是有时价值无法建构，或者已经建构起来的价值因无法抹平现实的悲伤而受到怀疑，又形成新一轮的悲剧意识的兴起与消解。苏轼以挽词、哀辞、挽诗为题的诗作共28篇，遍布他人生的各个阶段，反映了他在不同人生阶段的交往状况和思想情态，共同呈现出对生死和人生价值问题的长久思索，体现出强烈的悲剧意识。

---

　　* 作者简介：王博施，中国人民大学文学院博士研究生。
　　项目基金：中国人民大学"中央高校建设世界一流大学（学科）和特色发展引导专项资金"支持，项目批准号（16XNL008）。

一、生命悲剧意识

挽诗因为题材就是面向死亡而发的,所以必定包涵浓郁的生命悲剧意识。通观苏轼的所有挽诗作品,可以推衍出生命悲剧意识的兴起过程:首先因为猝然接到友人去世的消息,感到死亡的真实与迫切,继而回忆逝者的音容笑貌、与逝者的交往细节,而这些随着逝者之死都变得再不可把握。同时一方面逝者留下的遗迹并没有消失,而物是人非,有限的生命与永恒之间的对比,让人兴起生命短暂、无常的悲剧之感;而另一方面在对逝者回忆过程中,体察到世事的变迁、交游的零落,最终惊悟到自己身上,年华老去、生命不永,对他人生命终结的哀伤与对自身生命终结的焦虑融为一体,形成强烈的悲剧意识。这种悲剧意识的兴起一方面导向价值的追寻与建构当中,另一方面却是感到人生的空没感,时间空间在内心感受上的交错形成一种对现实的不真实感,兴起人生如梦的感慨。但无论是哪一种,最终还是被现实中对死亡本身的悲剧感所压倒,不能自遣,需要在往后漫长的生命旅途中不断寻找答案,这一段对生命的悲感与思考则积淀为其日后人生境界提升的养料。挽诗在经过锻炼与精心布局后,在有限篇幅中往往不会完整表现这一段思想历程,而是有侧重的,呈现为片段式的、交错式的,只有这样才能形成最隽永精致的艺术效果,而只有在通观其挽诗后才能还原这段思想历程,下面逐一详细分析每一过程。

死亡往往是突然到来的,所以才称为无常,苏轼挽诗中经常流露出对死亡到来之速的感慨,如:"岂意日斜庚子后,忽惊岁在巳辰年。"[2]639(《孔长源挽词二首(其二)》)贾谊为长沙王傅,见鵩鸟入户,以为寿不得长,作《鵩鸟赋》有"庚子日斜兮,鵩集予舍"[3]2226句。郑玄在死前曾梦到孔子对他说:"起,起,今年岁在辰,来年岁在巳。"[4]1211苏轼用这两则轶事来代指死亡,"岂意""忽惊"将死亡的现实性忽然直接抛到目前。贾谊、郑玄早已作古,所以他们的死亡轶事对苏轼来说本是一种书本上的知识而缺乏现实的感受,正如死亡对于还活着的苏轼而言只是一个模糊的概念一样;而孔长源的突然离世让他觉悟到死是如此现实的,贾谊、郑玄生时正如孔长源生时一样,如今孔长源死了,也就同贾谊、郑玄成为古人一样,原来古今同理,只有死亡是永恒的,苏轼在惊愕中感受到死亡的必然。再如:"大任先去冢未干,小任相继呼不还。"[2]1085（《任师中挽词》）大任指任遵圣，卒于熙宁十年，苏轼曾作《京师哭任遵圣》以祭；小任即任师中，于元丰四年去世。二任都是眉山人，与苏轼是同乡，又是其父苏洵的好友，而两人在几年间相继谢世，让苏轼感到死亡的到来永不停歇，并不会因为"冢未干"、你的主观感情不愿不舍而停留。又如："云何抱沉疾，俯仰便一世。"[2]1169（《孔毅父妻挽词》）从生病到死亡之间的迅速令人猝不及防，情感根本来不及做出准备。苏轼挽诗中时时透露出对死亡到来的必然与突然的震撼，生命的真相忽然揭示于目前，情感的落差造成心灵短暂的错愕与茫然，而余留下的空白，为更大一波生命情感的涌起留下了余地。

接着由死亡的空没唤起的是对生命鲜活的印象。死是什么？我们无法把握，但我们能感受到生是什么。苏轼挽诗中的"尘埃辇寺三年别，樽俎岐阳一梦新"[2]272（《陆龙图诜挽词》）、"小堰门头柳系船，吴山堂上月侵筵。潮声半夜千岩响，诗句明朝万口传"[2]639（《孔长源挽词二首（其二）》）、"杯盘惯作陶家客，弦诵常叨孟母邻"[2]1475（《潘推官母李氏挽词》）、"西第开东阁，初筵点后尘。笙歌邀白发，灯火乐青春"[2]1574（《韩康公挽词三首（其三）》）这些诗句都是一幕幕鲜活的生命印象，伴随着浓烈的生命情感与生命体验，都曾是真实存在过的。通过这些感知和记忆，苏轼才能确认这些逝者的生命存在，同时试图通过回忆来重新体验这段历程进而挽回消逝的生命，但这是不可能实现的。回忆是主观的、模糊的，并没有可以依托的实体供人把握，越是回忆，只能越感受到死亡的真实，"佳城一闭无穷事"[2]639的现实，反倒是更加令人怀疑生命存在的真实性。但另一方面回忆是充满着强烈的情感的，过往的情景虽不能追回，但积淀下的情感构成生命感受的一部分，通过回忆的行为被重新召唤出来，最终指向对生命本身的强烈欲望与执着。通过对逝者的追忆，一方面再一次痛切感受到生命有限的现实，一方面与之相对唤起了更加强烈的要"活着"的生命情感，二者之间的矛盾构成了生命悲剧意识的兴起，并逐渐明晰化，促使苏轼陷入更加深入的思考。

这种渐趋明晰化的生命悲剧意识是在对比中进一步展开深化的，苏轼通过逝者的生命终结来正视死亡这一现实，生命的有限性在它的完结与自然的永恒延续的对比中被提示出来。"一舸南游遂不归，清江赤壁照人悲。……雪后独来栽柳处，竹间行复采茶时。"[2]1182（《徐君猷挽词》）人事终有代谢，而赤壁江水的不断流动，更加映照出人事的短暂；人去世不能再归，而江水滔滔不绝,送走多少行人。悲从中来,生命的有限在这一刻被无限放大。栽柳、采茶的事会随着当事人的死亡而消失在历史,但栽柳处、采茶时不会消失,岁岁年年地存在与轮回,苏轼在独来、行复中再次感受到在永恒面前有限人生的不可长驻。

更加令苏轼震撼的是在身边人的日渐稀落中看到自己的生命的衰逝,如"耆旧如今几人在"[2]637(《孔长源挽词二首(其一)》)、"出处升沉十年后,死生契阔几人存"[2]690(《同年王中甫挽词》)、"相看半作晨星没,可怜太白与残月"[2]1085(《任师中挽词》)、"嗟我去公久,江湖生白髭。归来耆旧尽,零落存者谁"[2]1530(《故李诚之待制六丈挽词》)、"京兆同僚几人在,犹思对案笔生风"[2]1638(《王郑州挽词(克臣)》)。耆旧凋零殆尽的潜台词就是:我的大限也不远了吧! 有限的生命就如同晨星一样,希微暗淡随时可能泯灭,而有限的人生又是在"出处升沉"中消耗。抚今追昔,白髭横生,老之将至,命将不永。"回首悲凉便陈迹"[2]274(《胡完夫母周夫人挽词》),随着结交们在"死生契阔"中逐渐减少,越难找到能够跟他共享生命体验、痕迹的人,再也唤不起对生命存在过的热望。青春年华成为陈迹,对死亡的焦虑、对青春不可挽回的悲哀,令苏轼在理性对比中兴起追询生命意义的诉求。

这种诉求的结果并不是简单的有或没有,而是反复在有与没有之间纠缠,如果人生来是有价值的,那么为什么"贵贱贤愚同尽耳……人间得丧了无凭"[2]1086(《任师中挽词》)? 如果人生来是没有价值的,那么为什么"百年纵得满,此路行亦逝。那将有限身,长泻无益涕"[2]1169(《孔毅父妻挽词》),明明知道寿夭长短,都会终期于尽,却又有着强烈的不能浪费生命的愿望呢? 正是因为生来是没有价值的,所以要在有限的生命中建构价值,这是由人要"活着"的内在亲证所决定的。而正是因为建构起的所有价值都会被死亡淘尽,才要不断去反思所建构的价值是否真的有价值。这两种思想是同时并存的,作为一种机制的平衡,也只有并存才能实现,所以虽然看似互相矛盾,其意义也就在这里。正面建构价值的部分在下节会详细论述,这里重点看否定人生价值的方式。苏轼在挽诗里用一系列如"至今如梦寐,未信有存亡"[2]219(《亡伯提刑郎中挽诗二首,甲辰十二月八日凤翔官舍书》)、"七年一别真如梦,犹记萧然瘦鹤姿"[2]329(《姚屯田挽诗》)、"不烦拥箨强垂鱼,我视去来皆梦尔"[2]1279(《苏子容母陈夫人挽词》)、"扶路三更罢,回头一梦新"[2]1574(《韩康公挽词三首(其三)》),把人生、生死都看作一场梦。既然是梦就没有价值,也就不需要难过,以此来制衡这些功名成败、生死聚合,消解这种生命悲剧意识。

但是,这种生命悲剧意识真的会因为建构起某种价值或将人生看作梦一样虚无而彻底消解吗?答案是并不会如此,因为这种生命悲剧意识来自人的生命根底处,现实情感会不断冲击这些建构起来的价值,对人生的虚无做出怀疑,再一次兴起新一轮生命悲剧意识的产生与消解。与之对应的是苏轼的挽诗结尾在一番忆往追昔、评价赞扬之后最终留下的却是无数充满情感、发自生命根底处的泪水:"他日思贤见遗像,不论宿草更沾巾。"[2]272(《陆龙图诜挽词》)"作诗相楚挽,感动泪再滴。"[2]1177(《邓忠臣母周氏挽词》)"回头杂歌哭,挽语不成讴。"[2]1722(《滕达道挽词二首(其二)》)和浮华的挽词推崇相比,原来生命才是最真实的,却又是有限的、单向的。《礼记·檀弓上》:"朋友之墓,有宿草而不哭焉。"[5]80而人的情感对"礼"——即人们建立起的价值规范提出了怀疑,生命情感得到再一次的洗礼与升华。至此,苏轼完成一次由悲剧意识兴起—消解—再兴起的过程,留下了更多的思考余韵。生命悲剧意识并不以挽诗的完结而终结,而只是以此为契机,得以集中思考。而这种生命悲剧意识的感受与思考将伴随苏轼一生,直到其生命的完结也不会存在一个终极的答案。

二、价值悲剧意识

挽诗的创作可以归为一种社会交际行为,从所挽的对象可以看出苏轼的交游范围,从这个交游范围中又可以看出苏轼的志趣所向和人生不同阶段的经历、所接受的影响。如二任是其同乡的父执长辈,苏轼少年在家乡时受过他们不少教益;王中甫是当年和他一起在仁宗朝举贤良的同年;徐君猷则是当年他贬谪黄州时的太守,对他有济助之德;更不用说他写给三位帝后的挽诗,都是作于其人生大变故之前的。苏轼最主要的社会身份就是官员,所挽的对象最主要的是与他在政治上有所交际的人(苏轼挽诗对象中存在众多女性,为这些女性撰写挽诗正是基于她们的夫、子与苏轼在政治上的交往),因此对这些人在挽诗中"令终定谥",必然对他们一生进行回顾评定。他们一生的价值所在往往就在于政治上的际遇离合,所以分析苏轼挽诗中的价值悲剧意识就要从政治悲剧意识开始。

由于生命悲剧意识必然要导向价值的建构，那么有限的生命是否虚度？是否建立起价值？所建立起的价值是否真的有价值？苏轼在这里给出的答案是："挺然直节庇峨岷，谋道从来不计身。属纩家无十金产，过车巷哭六州民。"[2]272（《陆龙图诜挽词》）"济南名士新凋丧，剑外生祠已洁除。"[2]644（《张文裕挽词》）"请看行路无从涕，尽是当年不忍欺。"[2]1182（《徐君猷挽词》）"岂惟家室宜寿母，实与朝廷生异人。忘躯殉国乃吾子，三仕何曾知愠喜。"[2]1279（《苏子容母陈夫人挽词》）"再世忠清德，三朝翊赞勋。功成不归国，就访故忘君。"[2]1573（《韩康公挽词三首（其二）》）官员的价值实现并不在于一生做到多大官的功利层面，而在于是否为国家社稷、黎民生计做出贡献，价值实现的途径就是"庇峨岷"、对百姓"不忍欺"、教养出"忘躯殉国"的子女。这种价值是能够经受住社会与历史考验的，证据就是痛哭的六州之民、行路旁的百姓之涕、时常洁净的剑外生祠。他们的人生价值已超脱有限的生命，与人类总体正向选择合流，达到了永恒，生命在价值层面上得到延续。然而世事总会有消歇，那些被他们庇护过的百姓总会死尽，洁净的生祠也不能永葆，就连其所尽忠的宋朝也会因改朝换代而消亡，但他们所作所为所体现的理念在任何时代下都会有正面意义。苏轼正是看到这点，试图通过建立这种价值来消解逝者死亡带来的悲剧感，同时通过对死者价值的塑造，从中得到激励，效法先贤，在有限的人生中做出一番成绩，来消解自身的悲剧意识。

上面说的只是一种理想状态，现实往往并不能为价值建构提供足够的条件，上述成功范例中已经隐隐透露出这点："谋道从来不计身"，原来谋道与计身之间是有矛盾的；"三仕何曾知愠喜"，就算能够忘躯殉国，但还免不了三仕三已。何况更多的情况是空有高才却不得用，有限的生命试图建构价值，但现实的政治生活阻碍了其建构，最终有限的生命被虚耗，失落了价值，兴起更加强烈的政治悲剧意识。考察苏轼的一生可知，这种政治悲剧感萦绕了他一生，他在逝者一生的政治悲剧里看到了自己的未来，在他的挽诗中这种政治悲剧意识随处可见："才贤世有几，廊庙忍轻遗。公在不早用，人今方见思。"[2]218"谁能悲楚相，抵掌悟君王。"[2]219（《亡伯提刑郎中挽诗二首，甲辰十二月八日凤翔官舍书》）"才大古难用，老死亦其宜。丈夫恐不免，岂患莫己知。公如松与骥，少小称伟奇。俯仰自廊庙，笑谈无羌夷。清朝竟不用，白首仍忧时。"[2]1530（《故李诚之待制六丈挽词》）"材大虽难用，时来亦少信。"[2]1721（《滕达道挽词二首（其一）》）这些诗句中充满了对不能使有才者施展抱负的政治现实的疑问和对空怀壮志奇才而虚度终身的逝者的遗憾。为什么这世上难得的贤才，朝廷竟然"忍轻遗"？人生稍纵即逝，追悔莫及，为什么"不早用"？谁能像优孟一样，让君王明白应该重视贤才？其反面正是揭示出发生在良臣贤相身上的德福不相配的不合理现实。通过一连串的反诘，从应然与实然的矛盾出发，产生一股无法消解的怨情，个人的价值无法在政治领域实现，留下的只有"清朝竟不用，白首仍忧时"的无奈。坐视生命的消逝，万分痛苦，而要消解这种痛苦，在现实领域已经无路可走，只有归于内心的安息，或者走向对价值的否定，做出人生如寄、如梦的感慨；或者是建立强大的心理本体，来涵容超越现实的不合理，真正做到心灵的自由高蹈、所向无前。这两种途径在交织中共进，在苏轼人生不同阶段各有不同发展。

当苏轼发出"才大古难用，老死亦其宜"的感慨后，政治悲剧意识也上升到顶点。一方面走向对生命价值的全盘否定，既然人生没有办法实现价值，那么人生活着也就毫无意义；另一方面从才大不见用的个人偶然的遭遇，上升到历史规律层面，兴起历史悲剧意识。中国主流文化——儒家文化的最高理想就是在明君贤臣治理下的仁治，但其在历史中的体现微乎其微，苏轼上溯古人，发现才高难用的现实自古已然："玄晏一生都卧病，子云三世不迁官。幽兰空觉香风在，宿草何曾泪叶干。"[2]1898（《王文玉挽词》）玄晏指著名学者皇甫谧，曾一生称疾辞位，究其原因是身处魏晋动乱之际不得已托病自保。王文玉则身处清明之世，一样不能有所建树，以皇甫谧卧病为托词，更见悲凉。扬雄身负高才却历经三世不能迁官，正和王文玉的经历相似。古今比较后，不禁发出美好的才能只能"空觉"而对这种历史现实的遗憾之情"何曾"干的慨叹，才高之人在乱世只能称疾自保，在治世又不得迁官，那么什么时候才有发挥才能的机遇呢？苏轼对此不禁陷入一种历史的虚无，而历史的归结点就是现实，从对逝者的不幸政治遭遇上升到历史高度，最终又回到对自己政治命运的担忧，预料到自己人生价值无法实现，导向的是强烈的价值悲剧意识。

既然在政治现实中价值无法实现，而人要"活着"的内在亲证又决定了人不能真的就"老死亦其宜"，那么就需要寻求新的价值建构途径，就是"贫病只知为善乐，逍遥却恨弃官迟"[2]329（《姚屯田挽诗》）、"妙龄驰誉百夫雄，晚节忘怀大隐中"[2]696（《苏潜圣挽词》）的弃官归隐的生活。通过对逝者的这种生活选择的肯定,否定了浮华功利的宦游生活,以此作为生命价值的体现,来消解悲剧意识。事实上苏轼虽然肯定了这种生活方式,但终其一生也没能做到归隐。"云梦连江雨,樊山落木秋。公方占贾鹏,我正买龚牛。共有江湖乐,俱怀畎亩忧。荆溪欲归老,浮玉偶同游。肮脏仪刑在,惊呼岁月遒。"[2]1722(《滕达道挽词二首(其二)》)可见苏轼不仅向往这种生活,也曾召集同道,试图做出努力,但时光荏苒,故人已逝,苏轼还在官场浮沉,只能慨叹岁月之速。究其原因正在于这种生活虽然达到了个人的完满,但是苍生历历在目,苏轼知道自己有能力改善他们的生活,为国家社会做出贡献。虽然这会让他在政治际遇中感到不公与羁旅之悲,但他终不忍、不能无愧自放于田园生活中,所以他又怀疑这种生活的价值,迟迟不能真正践行这种生活。一方面他通过对田园本真生活的向往与建构来消解政治悲剧意识,另一方面有限的生命又让他不断怀疑这种生活的意义,成为其更高价值追求的动力,两者相互制衡,使苏轼一生都处在价值悲剧意识不断兴起—消解的循环中前进提升。

生命悲剧意识与价值悲剧意识并不能截然分开,前者为起点,后者为方向,前者更注重人的自然性,后者指向人的社会性。苏轼的作品中一向包蕴了最广泛深刻的悲剧意识,而挽诗作为一种题材,一方面要直面死亡,正视人生有限的悲剧现实,另一方面其"令终定谥"的性质,要求对逝者一生功过价值做出评定,必然导向对价值标准的建构与思考,所以这两方面悲剧意识都能得到直接体现。通过对苏轼挽诗的分析,可以从一个侧面发现苏轼的悲剧意识的兴起流转过程,进而走入苏轼真实的内心世界。

注 释

[1] 冷成金《苏轼词对现实悲剧性的审美超越》,《河北学刊》2016 年第 3 期。
[2] 王文诰辑注,孔凡礼点校《苏轼诗集》,中华书局 1982 年版。
[3] 班固《汉书》,中华书局 1962 年版。
[4] 范晔《后汉书》,中华书局 1965 年版。
[5] 朱彬《礼记训纂》,中华书局 1996 年版。

再论苏轼"心理本体"的情理结构

◇宋 颖[*]

前文《苏轼心理本体的情理结构》(《中国苏轼研究》第七辑)论述了苏轼心理本体的基础和生成,本文在此基础上进一步详论心理本体的本质和机制。

传统文化前期,士人的价值归宿基本可以概括为"天道本体";而苏轼承继了传统文化核心精神中最富有合理性的部分,将天道本体进一步发展为"心理本体",基于文化情理结构生成了新的士人人格境界,并深度弥合了传统文化中情理、出处、家国等价值的矛盾分裂。这一新的价值建构是中唐到北宋文化价值嬗变期的最有意义的文化成果之一,它开辟了和理学完全不同的价值建构和价值取向,对后世士人的文化人格模式产生了极其重要的实质性影响,并在后世的文学作品中广泛体现出来。只有深入剖析苏轼心理本体的情理结构,才能真正认识到"心理本体"对后世士人影响的深度和广度,也才能更全面客观地估量苏轼文化人格的价值和意义。

何谓"天道本体"?它是指先秦到两汉逐渐形成的、传统社会前期士人的价值归宿。"天道"常与"人道"对举,在原始儒家处,"弘道"是基本命题。从根源处探究,它是由人要"活着"的内在亲证决定的,人作为一个类要"活着"并更好、更长久地活着,就必须根据人类总体原则建构价值、做出奉献。这就要求人根据具体的历史情境选择具有正面价值意义的思想观念来不断构建"道"、弘扬"道","道"就成为"历史合理性的稳定乃至固化形态"[1]1。而弘道的方式,就是从发端于血缘伦理亲情的"仁"开始,推己

---

[*] 作者简介:宋颖,中国人民大学文学博士,北京交通大学马克思主义学院文化教育中心讲师。
本论文为中央高校基本科研业务费"魏晋士人的悲剧意识与诗化人生境界"课题成果,项目编码:L12JB00040。

及人,不断将符合历史合理性的"理"积淀入情感之中,发展人性心理,达成道德境界的情理结构;同时通过不断在外在世界做出贡献、建功立业的方式将内在的道德境界体现出来,最终完成"内圣外王"的理想人生。这就是"人道"的主要内容,它包括内在的境界价值和外在功业价值两个向度。

而"天道"的观念则比较复杂。孔子说:"天何言哉?四时行焉,百物生焉,天何言哉?"(《论语·阳货》)[2]此处的"天"还主要是指外在于人的自然界,孔子以天的自然性和必然性来况喻行道的自然性和必然性。随着从先秦到两汉的发展,儒家逐渐以人类的道德准则为自然立法,在自然观上倡导"皇天无亲,唯德是辅",赋予"天"以亲切温暖的情感和道德属性,将历史合理性寄托在自然之中;又以道德准则去观照历史,形成"道德的历史化和历史的道德化"[3][343]的道德史观,把历史总体也纳入"天"的概念之中;道家又指出人类的局限性,提倡人向自然复归,把自然作为人的标准和最终归宿,这一思想与儒家将自然"比德"的思想有相通之处,逐渐与儒家的"天道"相融合,给儒家"独善其身"提供了一个自然的归属地,也再次强调了"天"不受人干预的自然属性。"天道"逐渐变成了包含外在自然和历史总体在内的历史合理性的象征,并通过"天"的永恒性鲜明地喻示着"道"的必然性:总体上讲,人类应该也必然是能够弘道的,否则人类就早已不再存在。可以说,"天道"是"人道"合理性和必然性的提炼和凝聚,因此,"天道"逐渐成为价值本体。在传统社会前期,士人形成了以开放的情理结构构建"道",并通过践行社会责任的"人道"来实现向代表历史合理性和必然性的"天道本体"依归的价值践履方式。

虽然从总体的角度看,人类必须并且必然能实现"弘道"的价值使命,否则人类早已消亡;但从个体的角度看,能否实现"弘道",尤其是外向度的建功立业,却要依赖现实条件和政治环境:外在价值的实现是"有待"的,有限的人在现实中只能获得相对自由,而非绝对自由,这就是人的现实悲剧性。当个体迫于现实条件无法实现外在价值、发现"内圣"应然的"外王"却并非现实的必然时(具体体现为出处、家国等矛盾),情和理就分裂而无法圆融,道德境界的存在意义也就受到拷问,人无法在现实中通过践行"人道"实现向"天道"的归依,就必然产生强烈的悲剧意识。悲剧意识促使人从反面思考人生价值,最终还向"天道本体"寻求价值根据和支撑。象征天道本体的自然是永恒的,因此,士人往往也能在对自然和历史的追询和体验中,再次从情感上体验到人道的应然,确认价值的归属,获得一种永恒感的支撑,重新感受到道德人格境界的意义,从而肯定这一人性心理的正当和价值,经历道德境界情理结构的再次生成,并弥合现实悲剧意识。可以说,这是一种情感上的慰藉。每经历一次这样的失落、质疑、追询、体验、建构的过程,就是一次人性心理的积淀过程,也是通过情理结构的再度平衡达到内在道德境界提升的过程。这是传统社会前期,知识分子的典型价值建构机制。这一机制,有效地保证了不论成败,都不妨碍士人人性心理培养和人格修养的自觉。在传统社会前期,"天道"与"人道"始终不断在亲和与疏离中磨啮,这一流程在唐诗中表现得极其明显。

但是,天道本体的情感慰藉毕竟只能起暂时的作用,却无法给失落的外在价值提供替代价值。在社会现实环境极度恶劣并持续时长达到一定程度的时候,天道本体的慰藉失效,士人道德境界的情理结构不得不分裂,在历史的进程中,纵情和崇理的倾向都是这一价值结构无法圆融的体现。在文化嬗变期的宋代,对情感的耽溺和对"天理"的过度标举也交替出现,苏轼的"心理本体"在此时应运而生,它发展了"天道本体"内在亲证的价值自证,并形成新的心理本体,使得价值建构的情理结构在彻底意义上实现了圆融。

"心理本体"是传统文化精神的承继和蜕变。传统文化前期,士人以内在亲证的情理结构为价值建构的逻辑起点以及其自证的价值建构方式,其本质特征都是不依赖于外在事物的人的内在亲切的感知性。苏轼正是深得其中精要,在时代精神转变的大文化环境下,创造性地把价值本体从外在转变成内在,充分发展了传统中最具有合理性的精神,创造出"心理本体",其情理结构在根本意义上达成了圆融无碍,形成了真正"无待"的新式主体文化人格,使得传统士人人格心理模式和价值模式有了一次脱胎换骨的飞跃,在真正意义上解决了传统文化中情理分裂的问题,消弭了悲剧意识,并使传统的价值体系从内在逻辑上彻底统一。

"心理本体"的特征如下:个体的价值生发、依据与精神归宿均诉诸内心,在价值上获得"此心安处是吾乡"的宗教式归宿;它的本质是"性命自得",以人类总体观念为依据,通过内在亲证的情理结构进行价值自证,是一个开放的、动态的、不断生成的过程,因此与西方黑格尔先验的"理念"或宋代理学家标榜的恒定不变的"理"截然相反,也不同于心性论或唯心主义;它的价值确证和检验也是"自得"式的,将人类总体观念内化为个人的情感需要，不受制于外在的具体的驱动力和评判标准，"胸中有佳处，海瘴不能腓"（《和陶王抚军座送客再送张中》）[4]，脱略外在的得失成败；它有鲜明的主体性和实践性，区别于空想式的自我欺骗和无所作为的虚无主义，和佛老思想不同。总之，它是一个从价值生发到价值确证都完全无待于外部条件的自足的价值建构，通过"理"向情的不断积淀来"无私""去习"，最终达到以本真自然的心灵和行为去积极实践和生活的目的。

一、心理本体的本质："性命自得"

朱熹曾说："苏氏之学，上谈性命，下述政理，其所言者，非特屈、宋、唐、景而已。"[5]对于苏轼思想不仅局限于文学，而是对根本的价值问题有深入探讨非常肯定。秦观更明确地说："苏轼之道，最深于性命自得之际。"[6]981"性命自得"四个字恰如其分地概括了苏轼心理本体的本质：基于人性情理结构的必然而进行价值自证，价值的成立和确证都依赖于内在亲证的"自得"，心理本体的情理结构以历史合理性为依据反复交融提升，最终不断趋向彻底无待于外部条件和环境的圆满。

"性""命"都是中国哲学中最根本的命题，对这一根本问题的不同理解产生不同的价值导向。郭店楚简中的14篇儒家著作被视为孔、孟儒学之间的"纽带"，其中《性自命出》篇"提出'道始于情'的思想和天—命—性—情—道—教的理路，这非常符合中国哲学文化的基本事实"[1]5，而苏轼对性、命、道、情及它们关系的看法，特别是对性和情关系的看法是以情为核心[7]92—111，基本上是对从孔子到《性自命出》篇的合理思想的继承和发展，与孟子至朱熹的发展理路不同。此处重点分析苏轼比较集中探讨性、命、道、情关系的《扬雄论》《东坡易传》《中庸论》的相关部分。

首先，苏轼的人性论建立在对传统人性论辨析批判的基础上。在《扬雄论》中，苏轼对孟子的性善论、荀子的性恶论、扬雄的性善恶相混论和韩愈的性三品论都予以了反驳和辨析。他认为"始孟子以为善，而荀子以为恶，扬子以为善恶混。而韩愈者又取夫三子之说，而折之以孔子之论，离性以为三品，曰：'中人可以上下，而上智与下愚不移'"，这三种关于人性的观点的问题都在于把"才"和"性"杂糅混淆在一起了："是未知乎所谓性者，而以夫才者言之"；接着苏轼以树木为例，认为树木有的坚硬有的柔软，用途不

再论苏轼"心理本体"的情理结构

同,成就不同,这都属于才的范畴,不属于"性"的范畴;对于树木来说,有土才能活,有雨露风气才能生长,这些共同的本质才是性。而人也同样如此,有的人善,有的人恶,就充分说明这不是共同的人性。

在《东坡易传》中他又特别批判了孟子的性善论:认为"孟子以善为性"是错误的,"夫善,性之效也","性之于善,犹火之能熟物也。吾未尝见火,而指天下之熟物以为火,可乎?夫熟物则火之效也"(《东坡易传》卷七)。善是性的作用效果,好比火能烤熟东西一样,而能效并非物体本身。人性能善,并不代表着人性就是善,所以孟子以善为性的论断是错误的。

在《扬雄论》中,他还一针见血地指出善恶本身就是后起的观念:"夫太古之初,本非有善恶之论,唯天下之所同安者,圣人指以为善,而一人之所独乐者,则名以为恶。"圣人把大多数人的合理欲望要求定为善,把个人违背大众利益的私欲称为恶。这样,善恶观念的历史性、它必然随着时代和大众要求变化的特点就不言自明了,这样开放的历史的变化的概念,无论如何也不能跟人的本性混为一谈,人的本性应该一开始就人所共有、具有恒定性。

在这些论述中,苏轼没有明确指出性是什么,但明确说明了性不是什么。这其实是继承了文化传统中的合理性,对继起的错误倾向进行反拨。

苏轼特别注意到了孔子讨论人性的审慎态度,并以此来批判孟子,也说明了这一点:"孔子所谓中人可以上下,而上智与下愚不移者,是论其才也。而至于言性,则未尝断其善恶,曰'性相近也,习相远也'而已。"(《东坡易传·卷七》)他清楚地指出,孔子从来没有断言人性的善恶,关于人性,孔子只说过:"性相近也,习相远也"这句很有意味的话。孔子所谓的"中人可以上下,而上智与下愚不移",说的也不是性,而是才。

苏轼这一看法与写于孔子之后、孟子之前的儒家文献《性自命出》一篇的观点也相一致:"凡人虽有性,心无定志,待物而后作,待悦而后行,待习而后定。""性"是不确定的,没有先天的善恶之分,要"待物""待悦""待习"之后才能兴发、施行、确定。

对这一点的确定极其重要,这涉及人的主体性。把人性规定为"善",人就成为这一观念的附庸,"善"这一观念也将失去开放性和历史性,被异化成永恒不变的先验规定。人就不再是"弘道"的主体,而变成"道弘人";而把人性的本质和善恶观念区分开,明确指出善恶是人性的效用,不是人性本身,就避免把人性当成某种观念的附庸或工具,将人性从某种观念中解放出来，还人性以本来面目。为其"性命自得"的心理本体打下坚实基础。这意味着苏轼价值建构的发端就同理学截然相反,这也使得他与朱熹彻底区别开来。

那么"性"到底是什么?"性"与"命""道""情"的关系又怎样?苏轼在《东坡易传》卷一中对此有比较集中的讨论:

> "贞",正也。方其变化各之,于情无所不至。反而循之,各直其性以至于命,此所以为"贞"也。

所谓的"贞"就是"正"。"正"的含义是:从现象上看,是"变化各之"、"于情无所不至",但这样纷繁复杂的现象背后,是"各直其性以至于命",一切都按着本性而来,达到"命"——也即人类总体的必然,这就是"贞",也就是"正"的内涵。也就是说,情和性本质为一,通向必然之命。这句可以说是下面论述的总纲。随后,苏轼用逆推的方法指出人所去除不掉的、不受社会观念影响的、不可移易的部分才能称之为"性":

> ……君子日修其善以消其不善;不善者日消,有不可得而消者焉。小人日修其不善以消其善;善者日消,亦有不可得而消者焉。夫不可得而消者,尧舜不能加焉,桀纣不能亡焉,是岂非性也哉!

这是"圣人与小人共之,而皆不能逃"(《扬雄论》)的共同本质,也就是《扬雄论》中所说的"人生而莫不有"的"饥寒之患,牝牡之欲"。"饥而食,渴而饮,男女之欲",都是"出于人之性"的,这也是圣人成圣、小人为恶的基础。"圣人以其喜怒哀惧爱恶欲七者御之,而之乎善;小人以是七者御之,而之乎恶。"因此,善恶是"性之所能之",人的主体性和主动性的结果,"而非性之所能有"。

这一观点与《性自命出》篇也一脉相承:"喜怒哀悲之气,性也。及其见于外,则物取之也","所善所不善,势也",人所共有的自然性,根据外物的"势"的情况,才产生"所善所不善"的结果。

《东坡易传》卷七随后强调,"君子"能够"用是",尊重这个本"性",就"去圣不远矣";而如果能真正"至是",则摆脱了"用是"的"犹器之用于手"的与道为二，达到"手之自用"的得心应手。这才是真正的"莫知其所以然而然"的"道"，也可以称为"命"，也就是达到了必然性：

> 性至于是，则谓之命；命，令也。君之令曰命，天之令曰命，性之至者亦曰命。性之至者非命也，无以名之而寄之命也。死生祸福，莫非命者，虽有圣者，莫知其所以然而然。君子之于道，至于一而不二，如手之自用，则亦莫知其所以然而然矣，此所以寄之命也。

"性"推至于这个不可得而消的极处，就可以称之为"命"。所谓"命"就类似于君主、上天的命令，或者死生祸福一样，强调的是它的不可违背和必然性。此处谈论的不是某个个体，而是人类总体，所以"命"就是指人类总体的必然性。

显然，此处实际说的是"性""道""命"的统一，也可以理解为遵循不可违背的"性"，才能得所循之路"道"，也就与必然性的"命"获得了统一。也就是说：剥落一切外在社会性的强加赋予和干预影响，还原人"性"的本来面目，从尊重其不可改变的核心内容出发，也就可以行人性所生发之"道"，即达人类总体必然之命。

苏轼强调尊重人性本质以达人类总体，而《性自命出》篇说"性自命出，命自天降"，强调性从人类总体必然而出，实际上都是从不同方面强调"性"与"命"二者的必然联系和内在统一。

而在性、命、道、情之间，情是核心：

> 情者，性之动也，溯而上，至于命；沿而下，至于情，无非性者。性之与情，非有善恶之别也，方其散而有为，则谓之情耳。命之与性，非有天人之辨也，至其一而无我，则谓之命耳。

"情""性""命"三者实际是一回事，只是层面不同。"情"是"性"在现实中的感性呈现。"性"往上追溯，就达到"命"的必然；而具体的发用，就是"情"的各种呈现，其实无非都是"性"。"性"和"情"并没有什么善恶之别，只不过"性"是抽象，"情"是具象而已，二者不是体用关系，而本来是一回事;"命"和"性"也没有天人之辨,去除社会观念对"性"的遮蔽,就能通过"无我"达到"至其一"的人类总体的必然,称之为"命"。没有现实表现出的情,就没有性和命之说。苏轼探讨性和命,实际都是为了现实中的"情"来服务,尊重人性的必然以达道,实际就是尊重情以达道。可以说,苏轼的性命论实际就是《性自命出》中"道始于情"思想的继承,人类总体必然的实现依赖的是对"性",也就是现实中的"情"的尊重:

> "乾道变化,各正性命,保合太和,乃利贞",以各正性命为贞,则情之为利也亦明矣。又曰:"利贞者,性情也",言其变而之乎情,反而直其性也。

它的各种形式是"为利"的情,实质是"反而直其性",尊重情才是"正性命"。这就是苏轼"性命"论中,情—性—道—命的关系。以"情"为核心,既是人主动弘道的前提和出发点,也是性命"自得"的基础。

必须说明的是,这里的"情"其实不是通常意义上的原初感性或世俗人情。它实际指的是"性"的原初情理结构。如上所说,"情"其实也就是"性"。"性"是"尧舜不能加,桀纣不能亡"的,其具体内容其实包含两个部分。"神而明之存乎其人。性者,其所以为人者也,非是无以成道矣。"(《东坡易传·卷七》)苏轼这句话清楚地说明,人性里不仅有"饥而食,渴而饮,男女之欲"的动物性,还有基于动物性本能而指向的"神而明之"的社会性,这是人成为人的根据。人性中的社会性决定了人必须"好德""弘道"的价值取向,人性中如果没有社会性,人也就不具备"成道"的可能性,当然也就没有"成为"人的可能性了。所以,"性"中毫无疑问还有"其所以为人"的社会性。因此,这里的"情",实际上是一个包含了本能动物性和社会性指向在内的人的原初情理结构。

有了这个原初情理结构,才能从情感的"诚"到德性之"明",这是一个由乐而知、由情到理的自然而然的生命过程,最符合人性,也就是真正的能达到人类总体之命的"道"。因此,在《中庸论上》里,苏轼特别强调了要尊重这个价值建构起点的情理结构,"君子之为学,慎乎其始",并详细阐释了"自诚明谓之性":

再论苏轼"心理本体"的情理结构

《礼记》曰:'自诚明谓之性,自明诚谓之教。诚则明矣,明则诚矣'夫诚者,何也?乐之之谓也。乐之则自信,故曰诚。夫明者,何也?知之之谓也。夫惟圣人,知之者未至,而乐之者先入,先入者为主,而待其余,则是乐之者为主也。若夫贤人,乐之者未至,而知之者先入,先入者为主,而待其余,则是知之者为主也。

圣人的价值修养,就是从心悦诚服的"乐之",到自然而然的"知之",这样只要知道的就能"无所不行";而贤人如果以知为主而不乐,那就未必能行。因为圣人是一个通过尊重人性而合道、达到人类总体必然的过程,这也就是苏轼的"性命自得":从自然情感的"乐"来获得理性的"知",从尊重"性"来实现人类总体的"命",这样的情理结构是苏轼心理本体价值建构的逻辑起点,只有遵从这个内在于人的、最亲切的真实的生命体验去建构价值,价值才能植根于人的生命之中,人才真能具备向"圣"发展的可能,这就是是不依赖任何外在条件的"内在亲证"。这里的"乐",是在原初情理结构基础上的"乐"。

当然,从价值建构的起点上,苏轼强调要从乐之到知之以"慎始",因为从乐之到知之和从知之到乐之是完全不同的价值建构方式,前者尊重人性可达必然;后者却不符合人性的自然。但在"性命自得"的价值自证过程中,二者又是交互作用的,情理结构又分为若干个层次。由情生理,以"乐之"先入,随之以"知之";再将"知之"通过审美的乐感积淀入情之中达到"乐之",形成更高层次的情理结构;再将理积淀入更高层级的情之中,不断在现实实践中重复这一即感性而超感性的过程,向着"好善如好色""恶恶如恶臭"的人性心理充分发展的情理结构——"圣人"之"诚"迈进。从始至终,价值的建构不需要依赖任何外部因素,无待于鬼神和他人,这就是心理本体的本质:"性命自得"的内在亲证与价值自证。

事实上,在现实的人身上,并没有绝对纯粹的"情"或纯粹的"理",只有理性较少的原初情感,或者说原初情理结构,和充分情感化了的理(高层次的情),以及未充分被情感化的理(理)[1]6。强调以情理结构中的情为出发点和每一个修养阶段的核心,目的是为了尊重人性的必然。

· 111 ·

二、心理本体的机制:"理"的情感化

长期以来,苏轼作品中富于"理"的特征是学界共识。苏门四学士之一的黄庭坚说苏轼"深造理窟",当代学者也普遍认为苏轼诗"富于理趣",清代性灵派的袁枚甚至说"永叔长于言情,子瞻不能"(《随园诗话》)。的确,苏轼诗词中,尤其在代表感性的"词"的文学体裁中,极少看到典型词人式敏锐的感性体验和刻骨悲欢,更多的是清空旷达之境。但苏轼本人却非寡情或少情之人,又是公认的至性至情。究其根本,是苏轼不断将"理"向"情"积淀,将原初情感提升为文化情感,形成了对"理"的审美乐感超越本能情感的文化人格,从更高阶的情理结构出发来感受和思考世事人生的结果。苏轼诗中的"理趣"也正是苏轼高层次情理结构在诗中的自然流露:未化为情的理是枯燥的"理",化为情的理则使人"乐之",便成为"趣"。

情理的交互作用和提升,是苏轼心理本体价值自证的主要机制。它以感性对理性的接纳和涵容为中心,以长期历史实践中各种因素博弈形成的合理性、也就是人类总体原则为依据,围绕这一点,不断将理性向感性积淀、将感性提升为超感性的情理结构;再以这样的高阶情理结构为起点,继续将"理"情感化;在具体生活实践中不断重复这一过程,进行开放式的再次生成。价值自证在这一过程中完成,人生境界在这一过程中开启,人性心理在这一过程中发展提升。这一过程保证了价值建构的开放性和活力,具有极大的历史合理性。这也体现了心理本体的特点:开放、动态、以历史实践为准则,具有鲜明的主体性。

"循理无私"是苏轼提出的这一机制的总的原则,苏轼在不同的作品中再三提及:

> 君子之顺,岂有他哉!循理无私而已。……夫顺生直,直生方,方生大,君子非有意为之也,循理无私,而三者自生焉。故曰:"不习,无不利。"夫有所习而利,则利止于所习者矣。(《东坡易传》卷一)
>
> 凡学之难者,难于无私;无私之难者,难于通万物之理。故不通乎万物之理,虽欲无私,不可得也。已好则好之,已恶则恶之,

再论苏轼"心理本体"的情理结构

> 以是自信则惑也。是故幽居默处而观万物之变，尽其自然之理而断之于中。其所不然者，虽古之所谓贤人之说，亦有所不取。(《上曾丞相书》)

"循理"和"无私"相辅相成，能够做到"无私"，才能真正意义上"循理"；能够处处"循理"，自然也就"无私"。这里的"循理"，指的是尊重万物自然的本性和规律，包括上文中的人性之理，还有事物之理、自然之理等，苏轼一再强调"物一理也，通其意，则无适而不可"(《跋君谟飞白》)，"天地与人，一理也"(《东坡易传》卷七)，当然也包括人事之理，即以人类总体为原则，具体历史实践中各种因素博弈后的合理性。能够做到"循理"，就能够处处恰到好处：

> 循万物之理，无往而不自得，谓之顺。考之人事而人事契，循乎天理而行，无往而不相值也。(《东坡易传》卷九)

"无适而不可""无往而不自得""无往而不相值"，都是指恰到好处。这种恰到好处、游刃有余的自由自得状态，与孔子的"七十而从心所欲不逾矩"类似。"从心所欲"并非罔顾规则的绝对自由，而是经过长期不间断的自觉修养，最终将"矩"所代表的"理"审美化为以之为乐的"情"的结果。"矩"内化为自我的一部分，举手投足无不中矩，甚至无不立矩。这一举一动的行为的恰好好处、无往而不自得，必须是在"极高明"的人生境界笼罩下才能达到。这一境界的实现实际就是一个通过"无私"来不断达到"循理"之乐的修养过程。

这里的"私"不仅仅指私欲，还指偏见和成见，因此苏轼特地强调了"去习"：既有的知识、思想、观念都会带给人一些既定的思维和行为习惯，如果不以历史合理性为标准，而只是罔顾具体历史情境一味遵循既有的习惯或思想，就会在某种程度上成为成见和偏见，自以为合乎道理，其实却妨碍真正的"循理"。具体到现实生活中，对任何事物过度的追求重视和偏执，都能成为一种"习"和"私"。例如功名利禄、嗜欲爱好，甚至于功业成就、思想和情感，都可能使人偏离"理"，成为"习"和"私"：

> 世人之所共嗜者，美饮食，华衣服，好声色而已。有人焉，自以为高而笑之，弹琴弈棋，蓄古法书图画……则又有笑之者曰：古之人所以自表见于后世者，以有言语文章也，是恶足好？而豪杰之士，又相与笑之。以为士当以功名闻于世，若乃施之空言，而不见于行事，此不得已者之所为也。……而或者犹未免乎笑，曰：是区区者曾何足言，而许由辞之以为难，孔丘知之以为博。由此言之，世之相笑，岂有既乎？
> 士方志于其所欲得，虽小物，有弃躯忘亲而驰之者。故有好书而不得其法，则拊心呕血几死而仅存，至于剖冢斫棺而求之。是岂有声色臭味足以移人哉。（《墨宝堂记》）

美食华服声色是人的共同爱好，过分嗜求无疑会成为"私"；还有人以为弹琴弈棋、书法绘画更高一个层次，却被重视言语文章者所嘲笑；豪杰之士认为功名建树更重要，又被标举独善的隐者所不齿。其实这些都未免有五十步笑百步之嫌，因为一旦"士方志于其所欲得"，即便是"小物"，都能"移人"，使人"弃躯忘亲而驰之"，美食华服、书画文章、功名利禄、功业建树，一旦陷于其中，都能成为"私"和"习"。真正的循理无私者，会有"去而人思"的遗爱，却不一定有赫赫之名："何武所至，无赫赫名，去而人思之，此之谓遗爱。夫君子循理而动，理穷而止，应物而作，物去而复，夫何赫赫名之有哉！"（《遗爱亭记》）因为真正循理者不会对功名利禄"有习"。

一旦过于刻意追求，连拘执某种思想或思考本身，都能成为妨碍人循理的"习"：

> 建安章质夫，筑室于公堂之西，名之曰思。曰："吾将朝夕于是，凡吾之所为，必思而后行，子为我记之。"……君子之于善也，如好好色；其于不善也，如恶恶臭。岂复临事而后思，计议其美恶，而避就之哉！是故临义而思利，则义必不果；临战而思生，则战必不力。若夫穷达得丧，死生祸福，则吾有命矣。少时遇隐者曰："孺子近道，少思寡欲。"曰："思与欲，若是均乎？"曰："甚于欲。"……思虑之贼人也，微而无间。……且夫不思之乐，不可名也。虚而明，一而通，安而不懈，不处而静，不饮酒而醉，不闭目而睡……《易》

曰："无思也，无为也。"我愿学焉。《诗》曰思无邪。质夫以之。（《思堂记》）

《思堂记》的根本观点是劝谏朋友不要过度执着于思。执着自我，思虑成习，"临义而思利，则义必不果；临战而思生，则战必不力。"对于思虑给人带来的"微而无间"的影响要警惕，与其过思，不如自然顺应"穷达得丧，死生祸福"的必然性。苏轼多次提出"有思皆邪"（《虔州崇庆禅院新经藏记》）、"无思则土木"（《续养生论》），并不断思考怎样摆脱围绕主体之私的"邪"的"思虑"，趋向"思无邪"，也就是发之自然之性，遵循自然之理，达到不刻意思的"无思之思"。

不但过度的"思"可以导致"私"和"习"，连过于执着的"情"也一样可以成为"习"。但人的思想和情感都是不能去除的，否则人就丧失了主体性，"无思"使人变成了"土木"，"无情"就使人变成了"有其具而无其人，则形存而神亡"（《东坡易传》卷七）的行尸走肉。然而，生命有限、能力有限的悲剧性决定了人的情感并不一定能得到满足：

贵、贱、寿、夭，天也。贤者必贵，仁者必寿，人之所欲也。人之所欲，适与天相值实难，譬如匠庆之山而得成虞，岂可常也哉。因其适相值，而责之以常然，此人之所以多怨而不通也。至于文人，其穷也固宜。劳心以耗神，盛气以忤物，未老而衰病，无恶而得罪，鲜不以文者。天人之相值既难，而人又自贼如此，虽欲不困，得乎？（《邵茂诚诗集叙》）

本来，人的情感应然并不意味着世界的常然，人还偏偏无法接受，还要执着于自己的所求，就更是一种"自贼"了。最好的解决方法，不是像佛老那样取消主体意识和主体情感，做人的自我取消和自我戕害，也不是无限放大并强调情感的作用，而是认识并接受这一自然之理，用"理"的澄明境界和大视角大情怀，将"私"的情感提升为生命的深情，并采用"寓"和"游"的方式把审美泛化，将这生命的深情寄托在万事万物之中：

君子可以寓意于物，而不可以留意于物。寓意于物，虽微物足以为乐,虽尤物不足以为病。留意于物,虽微物足以为病,虽尤物不足以为乐。老子曰:"五色令人目盲,五音令人耳聋,五味令人口爽,驰骋田猎令人心发狂。"然圣人未尝废此四者,亦聊以寓意焉耳。

……然至其留意而不释,则其祸有不可胜言者。钟繇至以此呕血发冢,宋孝武、王僧虔至以此相忌,桓玄之走舸,王涯之复壁,皆以儿戏害其国,凶其身。此留意之祸也。

始吾少时,尝好此二者……自是不复好。见可喜者虽时复蓄之,然为人取去,亦不复惜也。譬之烟云之过眼,百鸟之感耳,岂不欣然接之,然去而不复念也。于是乎二物者常为吾乐而不能为吾病。(《宝绘堂记》)

苏轼用"烟云过眼""百鸟感耳"这两个非常富于美感的情况来况喻所有为人带来美好情感和感受的东西,因为"万变岂有竭"(《和陶影答形》),因此所有美好也就像这两种日常情形一样终将过去,"过眼荣枯电与风,久长那得似花红"(《吉祥寺僧求阁名》),对待它的最佳态度,就是当其所遇,"欣然接之";当其"去",就"不复念"。透彻了解连"吾生"都如"寄",何况生命中的一切。因此,情感的"寄寓"是最智慧的方式,而不是苦苦"留意",这样,自然和人性之理两不相失,"但应此心无所住,造物虽驶如吾何"(《百步洪》)。

"平生寓物不留物,在家学得忘家禅"(《寄吴德仁兼简陈季常》),情感是"寓",具体行为方式是"游":

彼游于物之内,而不游于物之外。物非有大小也,自其内而观之,未有不高且大者也。彼挟其高大以临我,则我常眩乱反复,如隙中之观斗,又焉知胜负之所在。是以美恶横生,而忧乐出焉,可不大哀乎!(《超然台记》)

在物之内,就容易被得失所眩乱。因此不要陷于物之内,而要游于物之外。通过与物相游的方式将生活中的一切艰难挫折都转化为人生经历,把人生的过程当成目的。

做到"寓"和"游",将具体的执着之情提升为更具理性澄明的生命深

情,就形成了无往而不乐的精神境界:

> 凡物皆有可观。苟有可观,皆有可乐,非必怪奇伟丽者也。哺糟啜醨皆可以醉;果蔬草木,皆可以饱。推此类也,吾安往而不乐?(《超然台记》)

显然,这一境界的形成已经完全脱略了外在因素和条件的影响,完全是心理本体的自发自足,在这样一个心理本体中,人以人类总体为原则,对社会责任全力以赴,通过审美泛化的方式将深情寄寓在万事万物中,不再执着于任何具体,过程即是意义,生命在不断体验中达到完满,于是,天然的感性之乐就跃升为理性阶层的超感性之乐,生命不永、外在价值不得、情感易变的悲剧意识都在高阶的情理结构下得到了真正意义的弥合。"此心安处是吾乡"(《定风波·常羡人间琢玉郎》),心理本体真正成为价值的终极归宿。

当然,理性的了解并不能马上为感性所接受,所以这一过程在生活中必须反复体验、积淀,这是一个基于鲜明的主体意识的自觉主动修养的过程,这种理悟向情感的积淀因为是苏轼的生活常态,因此在其作品中也随处可见:"后来视今犹视昔,过眼百世如风灯"(《孙莘老求墨妙亭诗》),"雕栏能得几时好,不独凭栏人易老。百年兴废更堪哀,悬知草莽化池台"(《法惠寺横翠阁》),是万物不永、青春不驻;"饥寒富贵两安在,空有遗像留人间。此身长拟同外物,浮云变化无踪迹"(《赠写真何充秀才》),"人生百年寄鬓须,富贵何啻菔中荠"(《将往终南和子由见寄》),是人生如寄,功名利禄终归尘土的价值空无;"愿言竟不遂,人事多乖隔"(《九日湖上寻周李二君不见君亦见寻于湖上以诗见寄明日乃次其韵》),"人间歧路知多少,试向桑田问耦耕"(《新城道中二首》),是人生无常,愿言难遂;"亦知人生要有别,但恐岁月去飘忽"(《辛丑十一月十九日既与子由别于郑州西门之外马上赋诗一篇寄之》),是透彻看到离别和结束是常态,一切最终皆非我有……

既然这是自然之理,那就要顺应此理,去除负面情感,不必忧愁痛苦:"盛衰哀乐两须臾,何用多忧心郁纡"(《游灵隐寺得来诗复用前韵》),"悬知冬夜长,不恨晨光迟"(《和王抚军座送客再送张中》),用理悟来化解情执,获得一种情感上的释累和开解:"汝去莫相怜,我生本无依。相从大块中,几合几分违。莫作往来相,而生爱见悲。"(《和王抚军座送客再送张中》)

多次重复某一心理经验,理就逐渐积淀人情之中,化为一种情之必然。在体会生活的时候,也就不再从本能情感出发,而是从一定层次的文化情理结构出发了:

> 至人无心何厚薄,我自怀私欣所便。耕田欲雨刈欲晴,去得顺风来者怨。若使人人祷辄遂,造物应须日千变。我今身世两悠悠,去无所逐来无恋。(《泗州僧伽塔》)

诗人词人多从自我得失感受抒写刻骨的情感体验,而苏轼诗词的常态却是从更高视角出发来观照人生。在此诗中苏轼说:每个人都从自我的私欲出发,以所便为欣,耕田想要雨,收耕期望晴;可造物无法满足所有人的需求,去的时候是顺风,来的人难免就是逆风。想要应所有人之请,造物一日千变也不够。如果跳出个人私欲的范畴,就会了解造物对人一律平等,没有厚薄。由此理悟而达到了"我今身世两悠悠,去无所逐来无恋"的乐感境界。

在这一时时处处理悟的境界下,每当在生活中遇到挫折、适意,首要的反应不是"怨天尤人",而是自动形成善于转化、替代的心理机制:

> 卧看落月横千丈,起唤清风得半帆。
> 且并水村欹侧过,人间何处不巉岩。(《慈湖夹阻风五首》其四)

千丈落月、半帆清风,虽然人间有欹侧艰险,但末句何处不巉岩的领悟,恰恰带来了豁然开朗的境界。

> 总角黎家三小童,口吹葱叶送迎翁。
> 莫作天涯万里意,溪边自有舞雩风。(《被酒独行彼岸之姿运维会先觉四黎之舍三首》其二)

离别本令人伤感,可溪边小童送迎有礼,自有"舞雩"的风范,也足以快慰人生。

> 雨洗东坡月色清,市人行尽野人行。

再论苏轼"心理本体"的情理结构

莫嫌荦确坡头路,自爱铿然曳杖声。(《东坡》)

坡头之路坑洼不平,可曳杖之声铿然,居然弥足可乐。从此转彼,皆有可乐,无不可以转化替代。这正是"寓意"和"游"以达致"安往而不乐"的情理结构的现实体现。

通过审美泛化,苏轼的生命深情弥漫天地,从原初的感情,上升为大视角和大情怀:

多情多感仍多病。多景楼中,尊酒相逢,乐事回头一笑空。
停杯且听琵琶语。细捻轻拢,醉脸春融,斜照江天一抹红。
(《采桑子》)

"斜照江天一抹红",以一片弥漫天地的深情将人情化为价值,情至于此,再也不是宋初词人对感性情感的一味玩味和耽溺,而是将词人从因无法解决价值空无问题而深度感伤、越感伤越向世俗情感沉溺、越沉溺越加倍感伤敏锐和迷惘的泥淖中超拔出来,指向了"杜宇一声春晓"(《西江月·顷在黄州》)的境界开启。苏轼在"道始于情"的文化传统中发展出了"性命自得"的心理本体,形成了高阶的文化情理结构,使得词开始从内在走上"雅化":"及眉山苏氏,一洗绮罗香泽之态,摆脱绸缪宛转之度,使人登高望远,举首高歌,而逸怀浩气,超然乎尘垢之外。"(胡寅《酒边词序》)

"循理去私"不但体现在苏轼作品的情感形态之中,也体现在审美对象上。例如传统的山水,在苏轼的笔下还原了独立、静谧、永久、平淡的真实面貌,它不再是人的情感或思想的寄托对象,也不是人格成立的附庸,而是真实、自然的存在。"湖中月,江边柳,陇头雪"(《行香子》)就是湖中月、江边柳、陇头雪,"未有一江明月碧琉璃"(《虞美人》),"远山长,云山乱,晓山青"(《行香子》)……一切都独立、恒定、永久、清醒。只有人的心灵剥除了"习"和"私"的负累,不强求功利,甚至不强求意义,才能看到这样本真的自然。这正是真正的"物我两相适",也是苏轼一再强调的"禽鱼岂知道,我适物自闲"(《和陶归园田居六首》其一),"我行无南北,适意乃所祈"的"适"的境界。

循理去私的情理结构,还从深层上影响了苏轼的审美标准,他在审美标准中非常推崇"清",使其整个诗境呈现出清旷的特点。"清"和"明"作为高频词汇,在苏轼作品中多次出现:"水天清,影湛波平"(《行香子·过七里滩》),"幸对清风皓月"(《满庭芳》),"与谁同坐,明月清风我"(《点绛唇》),"水风清,晚霞明"(《江城子》),"人间有味是清欢"(《浣溪沙》),"闲暇自得,清美可口"(《答毛滂书》),"清夜无尘,月色如银"(《行香子·述怀》)……真正夜色无滓秽,胸中无尘土。清的实质,就是去除人的厚欲和心中的渣滓,去除一切妨碍人的本真的负累:

> 尧、舜之所不能加,桀、纣之所不能亡,是谓"诚"。凡可以闲而去者,无非"邪"也。邪者尽去,则其不可去者自存矣。是谓"闲邪存其诚"。(《东坡易传》卷一)

这一审美特色,也是生命之"诚"的体现。

必须再次强调的是,这个理化入情的机制,是为着价值建构服务的,它的指向并非价值的消解,而是价值的挺立,既极富有指导现实的实践意义,又极大地凸显了人的主体性。这可以见之苏轼一生的实践,苏轼一生虽然坎坷,但每到一处都留下有利于人民的功绩,他始终以极大的热情投入生活,对世俗生活也毫不排斥,上至天子下到渔民,苏轼都乐于与之结交,丝毫不存偏见,一生充满着健康的生命力和勃发的创作力;这一主体性的彰显也随处可以见之苏轼的诗文:"门前万事不挂眼,头虽长低气不屈。"(《戏子由》)"才多事少厌闲寂,卧看云烟变风雨。"(《越州张中舍寿乐堂》)心理本体是为现实生活服务的,而不是佛老的寂灭清净之心;万事不挂眼是对外在因素的脱略,却不妨碍"气不屈"的主体人格。循理无私,都是为了建立情理圆融的人格境界,更好地"尽人事",达成内外的统一:

> 凡有物必归于尽,而恃形以为固者,尤不可长。虽金石之坚,俄而变坏,至于功名文章,其传世垂后,犹为差久。……余以为知命者,必尽人事,然后理足而无憾。物之有成必有坏,譬如人之有生必有死,而国之有兴必有亡也。虽知其然,而君子之养身也,凡可以久生而缓死者无不用,其治国也,凡可以存存而救亡者无不为,至于不可奈何而后已。此之谓知命。(《墨妙亭记》)

虽然存在必有消亡，生命不永、功业不久，但这些理悟只是为了人能达到更高的情感境界以更好地指导现实生活，而不是放弃现实的生活，因此，活着要努力活得更好；治国要尽量存存救亡，直到没有办法了才停止，这才是真正意义的"知命者"，以人类总体为标准尽责，实现了"性命自得"的价值自证，在过程中体验到尽责的乐感，获得了圆融的情理结构，不再需要外在的成败来证明和肯定，也就不会被外在成败所左右。

"参横斗转欲三更，苦雨终风也解晴。云散月明谁点缀？天容海色本澄清。"（《六月二十日夜渡海》）人心本来应是"天容海色本澄清"，只是因为有私，才有苦雨终风。去除外物干扰，回归本真性情，按照历史合理性建构并实践价值，心理本体呈现出来，人生境界随之开启。

长期以来，学者们都肯定苏轼思想中固然有儒释道三家思想，但"最优秀的作品的深层意味难以被'儒、道、释'所概括"，并认为"这种难以概括的内容，是苏轼研究中至今也没有很好地说清楚的内容，也是最值得去研究的'独立之内容'"。[8]8—17实际上，这一"独立之内容"，可以用"心理本体"来概括，这并非儒释道思想杂糅或简单的融会贯通，而是继承了传统文化价值建构的逻辑起点和方式：从以情理结构为基础的内在亲证出发，通过"价值自证"所构建的新的价值建构和人生境界，它既是儒释道等文化资源中最具有合理性的精神的承继，也是在更高层次情理结构上价值的逻辑展开和全新创造。它是中唐到北宋文化精神嬗变的典型代表，为唐宋以后的士人提供新的价值归宿。

注 释

[1] 冷成金《论语的精神》，上海古籍出版社2016年版。
[2] 程树德《论语集释》，中华书局1990年版。
[3] 冷成金《中国文学的历史与审美》，中国人民大学出版社2012年版。
[4] 张志烈等主编《苏轼全集校注》，河北人民出版社2012年版。
[5] （宋）朱熹《晦庵先生朱文公文集·卷七十二《〈杂学辨〉》，四库全书本。
[6] （宋）秦观撰，徐培军笺注《淮海集笺注》卷三十，上海古籍出版社1994年版。
[7] 冷成金《苏轼的哲学观与文艺观》，学苑出版社2003年版。本节较多参考了该书。
[8] 吴炫《论苏轼的"中国式独立品格"》，《文艺理论研究》2008年第4期。

苏轼词情理结构探析

◇马 蓉[*]

"情"是中国传统文化的基本命题,梁漱溟即言:"周孔教化自亦不出于理知,而以情感为其根本。"[1]119 钱穆亦云:"知情意三者之间,实以情为主。"2[31] 这种"情"并非单纯的自然本能或动物性欲望,儒家讲"礼者,因人之情而为之节文"(《礼记·坊记》)、"始者近情,终者近义"(郭店楚简《性自命出》),强调理性社会规则对情感的节制,因此中国传统文化中所表现的情实际是涵容了社会理性在内的情理复合物,是一种理知与情感交互渗透、贯通统一的个体心理结构,亦即情理结构。情理结构不是一种抽象的理论,而是"某种实践的现实存在"[3],在文学中表现得尤为突出。词作为缘情之物,相对"言志"与"载道"的诗文而言,更贴合人的生命情感,而苏轼"以诗为词",在词中注入对人生价值思考与探寻的理性精神,其词中的情理结构表现得尤为鲜明。

一、苏轼词的情感本体化

晚唐五代以来,现实政治的颓靡使士人外向的事功精神逐渐消弭,重视人感性欲求的思潮兴起。直至宋代,城市经济的繁荣更刺激了士人感性生命的进一步觉醒,物质生活的优渥使宋人更加重视感性的满足,丝竹笙箫、风花雪月成为有宋文人生活的常态,而词"曲尽人情"(胡寅《题酒边词》)的特质正承这一时代精神。突破传统诗教,以文学的形式对人情人性进行肯定,词作为一种更加自由与开放的形式与人的感性情感亲和,更能揭示出宋人对

---

[*] 作者简介:马蓉,中国人民大学文学院博士研究生。
项目基金:本文系国家社科基金项目"唐诗宋词审美类型研究"(15BZW095)阶段性成果。

时代精神的思考与探寻。然而词主要通过对酒筵歌舞、男女艳情等场面的反复描摹来强调对感性情感的重视,词人虽"率然抒一时情致",却终流为"淫艳猥亵不可闻之语"(鲖阳居士《复雅歌词续》)。这种感性追求虽可以满足士人感官上的享受,却缺乏对人生价值的追问与思考,难以提供形上的精神归宿,不免流于价值的虚无。中国传统文化以"情"为本体,但这种"情"是含容历史实践的合理性在内的本真之情,如果词单纯停留在感性欲求的层面,而忽略对理性精神的积淀,必然只会流于"小道"。要使词具有能够承载时代精神的文化品格,首先需要对词进行变革。

"词体之尊,自东坡始"(陈洵《海绡说词》),苏轼论词的文字不多,散见于一些序引、题跋、书简及宋人的一些诗话、词话与笔记中,这些词论鲜明地表现了他的词学观念,可见出其对词体的变革的自觉要求。

> 近却颇作小词,虽无柳七郎风味,亦自是一家,呵呵。数日前,猎于郊外,所获颇多,作得一阕。令东州壮士抵掌顿足而歌之,吹笛击鼓以为节,颇壮观也。(《与鲜于子骏书》)[4]1560
>
> 又惠新词,句句警拔,诗人之雄,非小词也。(《与陈季常书》)[4]1569
>
> 清诗绝俗,甚典而丽。搜研物情,刮发幽翳。微词婉转,盖诗之裔。(《祭张子野文》)[4]1943

这几则材料可以概括苏轼的词学观:第一,词不应局限于风月艳情,而应同于诗的即事抒怀。第二,词应具有与诗相同的阔大之境。苏轼推崇陈季常之词的"警拔",认为其有"诗人之雄",是在风格上将诗与词等量齐观。第三,词乃诗之苗裔,二者在本质上是一致的,都在于"搜研物情,刮发幽翳",抒发主体情志。从这些材料中不难看出苏轼对词体的重视及其变体、尊体的自觉要求。

苏轼对词的尊体主要通过"以诗为词"(陈师道《后山诗话》)来完成,《王直方诗话》载"先生小词似诗",刘熙载亦云"东坡词近似老杜诗,以其无意不可入,无事不可言也"(《艺概·词概》)。"以诗为词"不仅包括题材手法、语言风格上对诗的学习,更重要的是要求词具有与诗文相同的文化品格。王灼《碧鸡漫志》言:"东坡先生非醉心于音律者,偶尔作歌,指出向上一路,新天下耳目,弄笔者始知自振。"苏轼将词学观与创作实践相结合,在词中注入对天人关系与人生价值的理性思考,变缘情之语为立命之言,使词与其臻至天地人格的生命境界相通,如其词《哨遍》中:"神仙知在何处?富贵非吾志。但知临水登山啸咏,自引壶觞自醉。"[5]389根据人类历史文化实践中的合理性因素否弃"神仙""富贵",在"临水登山""自醉"中挺立起价值。再如《沁园春》:"用舍由时,行藏在我,袖手何妨闲处看。身长健,但优游卒岁,且斗尊前。"[5]134否定外在价值评判体系,不为人生设定具体的目标,强调生命的意义在于"优游"的过程,在"斗尊前"的当下心理感受,自我的价值也在这种心灵体验中得到建构。苏轼用词的形式表现理性的价值追寻,推动了宋词在精神品格与文化地位上的转型,使词达到"一代之文学"的高度。

苏轼虽然强调理性精神对词的拔高,但并不否定词异于诗文的情感特质,相反,苏轼非常注重词中情感的表达。吴熊和先生云:"苏轼既'以诗入词',正其本源,又'以词还词',完其本色。"[6]202词之本色不仅在其音律与句式,更在其缘情的本质特性,郑文焯即评苏词"从至情流出,不假熨帖之功"(《手批东坡乐府》),沈际飞亦言苏诗以"参差不齐之句,写郁勃难状之情,则尤至也"(《草堂诗余序》)。而经过对词的尊体,苏词之"情"又有迥异于前的特点,突破对风月之情的单一指向,扩大了词的情感书写范围,人伦之情、宦游之悲、归隐之思、家国之念等无情不可入词,"中年亲友难别,丝竹缓离愁"(《水调歌头》)是与至亲不能长聚的惆怅,"苍颜华发,故山归计何时绝"(《醉落魄》)是对故乡的深切思念,"世路无穷,劳生有限,似此曲曲长鲜欢"(《沁园春》)是对官宦生涯的厌倦,"不如归去,二顷良田无觅处"(《减字木兰花》)是思归隐而不得的惆怅。从这些词可见,苏轼超越了艳情词对个体感官享乐的关注,更强调人情之本身,专注于即事而发的当下心灵体验与情感感受,将情上升到本体的高度。

二、苏轼词情理结构的基本表现形式

在词的创作中,苏轼将历史文化发展的必然与个体本真情感的应然统一起来,在执着现实人情的基础上,糅合对个体价值思考与追寻的理性精神,并积淀入宋人以本真的生命意识为基点观照世界人生的时代风气,形成了极富张力的情理结构。苏轼词中的情理结构大致有如下几种形式：

第一，以情生理，化理为情，情绪流程呈现为情—理—情[7]的内在理路，这是苏轼词中最常见的情理结构。《永遇乐》（徐州梦觉，北登燕子楼作）写道：

> 明月如霜，好风如水，清景无限。曲港跳鱼，圆荷泻露，寂寞无人见。䋶如三鼓，铿然一叶，黯黯梦云惊断。夜茫茫，重寻无处，觉来小园行遍。
>
> 天涯倦客，山中归路，望断故园心眼。燕子楼空，佳人何在，空锁楼中燕。古今如梦，何曾梦觉，但有旧欢新怨。异时对，黄楼夜景，为余浩叹。[5]247

上片叙登燕子楼所见，极言燕子楼风光之清美，而此情景描绘正是其对自然山水天然亲和的本真之情。"天涯倦客，山中归路，望断故园心眼"一句在归乡之思中兴起对人生价值与归宿的思考，由情感的兴发导向理性的追索，而"燕子楼空，佳人何在"则彻底揭露了人生的有限性。面对有限人生，如何才能建构起合理的价值？《庄子·大宗师》云："孟孙氏不知所以生，不知所以死；不知就先，不知就后；若化为物，以待其所不知之化已乎……吾特与汝，其梦未始觉者邪！"孟孙氏不去探寻生死的问题，而是"化为物"，顺应自然的变化趋势，专注于当下应然之事，这就超越了生死的局限，达到"梦觉"的人生状态。苏轼"古今如梦"句对这一典故的运用，正是对"旧欢新怨"的现实是非的否弃，这就达到了自然而然的"梦觉"状态，是符合人类本真情感的理性价值的确立。而末句"异时对，黄楼夜景，为余浩叹"则置换主体，描述后人观燕子楼之景的情绪感受，以开放的心理结构将理转化为情，完成了以情生理，由理化情的理路。再如《临江仙》（夜归临皋）："夜饮东坡醒复醉，归来仿佛三更。家童鼻息已雷鸣。敲门都不应，倚杖听江声。非我有，何时忘却营营。夜阑风静縠纹平。小舟从此逝，江海寄余生。"[5]467在"醒复醉""倚杖听江声"的开放情感状态中导向理性思考，否弃"营营"的不合理状态，在对"夜阑风静縠纹平"的情感体验中，将被现实功利拘囿的"此身非我有"转化为"江海寄余生"的心灵自由。

在这种情—理—情的结构中，前后两个"情"具有不同的意义，前者是一般性的情感，后者则经过了理性的追询与价值思考，涵容了历史实践中的合理性因素，如《行香子》（过七里滩）：

> 一叶舟轻，双桨鸿惊。水天清、影湛波平。鱼翻藻鉴，鹭点烟汀。过沙溪急，霜溪冷，月溪明。
> 重重似画，曲曲如屏。算当年、虚老严陵。君臣一梦，今古虚名。但远山长，云山乱，晓山青。[5]24

上阕对自然情景的描绘正折射其对生活的深情，在这个过程中，对生活的深情转化为对个体价值寻觅的应然之理。"君臣一梦，今古虚名"则以"虚"来质疑世俗功名于价值建构的合理性，导向对外在事功的否定，这里的理就表现为对趋于僵化的功利社会规则的否认。最后视角又转向了自然山水，这里的"远山长，云山乱，晓山青"不仅是客观自然之景，更是一种审美化的心灵境界，进一步否定世俗功名的虚幻性，强调人生的意义在于山远山青的自然图景，在优游山水的当下情感体验，突出主体的价值选择。这样，词在最后又转向了情，经过理性的价值选择后剥除了僵化社会规则的束缚，这里的情便不是普通意义上对自然山水的欣赏之情，而是超越具体功利与现实局促，折射着审美主体与物俯仰而自性自适的审美人格境界。

第二，情与理不断生成转化的结构。如《满庭芳》一词：

> 蜗角虚名，蝇头微利，算来著甚干忙？事皆前定，谁弱又谁强。且趁闲身未老，尽放我、些子疏狂。百年里，浑教是醉，三万六千场。
> 思量。能几许，忧愁风雨，一半相妨。又何须，抵死说短论长。幸对清风皓月，苔茵展、云幕高张。江南好，千钟美酒，一曲满庭芳。[5]458

苏轼以"蜗角""蝇头"论功名利禄，否定汲汲营营于虚名薄利的人生状态。"事皆前定"并非宿命论，而是将现实中的穷达荣辱、沉浮毁誉都排除出主体的思维系统之外，指向对人生价值的理性思考。"且趁闲身未老，尽放我、些子疏狂"则是理性思考后的价值选择，以"疏狂"的心理状态否定机用之心、利禄之欲。"百年里,浑教是醉,三万六千场"则将这种选择情感化,在终日酒醉的疏狂生活中涤除世俗的繁杂。下阕在对人生的反思中了悟何须"说短论长",否定世俗机务,强调按照生活本然的样子自然而然的生活,而生活的本然就在于"清风皓月""千钟美酒",这种对本真生活的追求不仅消解了世俗功名的价值意义,主体也在情与理的不断生成转化中冲破庸俗的社会评价体系,由生活的本真达至心灵的本真,获得不黏滞于外物的精神自由。

再如《哨遍》:

> 为米折腰,因酒弃家,口体交相累。归去来,谁不遣君归。觉从前皆非今是。露未晞,征夫指予归路,门前笑语喧童稚。嗟旧菊都荒,新松暗老,吾年今已如此。但小窗容膝闭柴扉。策杖看孤云暮鸿飞。云出无心,鸟倦知还,本非有意。
>
> 噫!归去来兮,我今忘我兼忘世。亲戚无浪语,琴书中有真味。步翠麓崎岖,泛溪窈窕,涓涓暗谷流春水。观草木欣荣,幽人自感,吾生行且休矣。念寓形宇内复几时,不自觉皇皇欲何之?委吾心,去留谁计。神仙知在何处?富贵非吾愿。但知临水登山啸咏,自引壶觞自醉。此生天命更何疑,且乘流,遇坎还止。[5]389

苏轼认识到官场生活"口体交相累","觉从前皆非"而生起"归去"之思,这是一个理性的价值选择过程,"但小窗容膝闭柴扉,策杖看孤云暮鸿飞"则将这种理性选择化为感性的生活状态。而"云出无心,鸟倦知还,本非有意"折射着其对出仕与归隐的理性态度,苏轼《灵璧张氏园亭记》言:"古之君子,不必仕,不必不仕。必仕则忘其身,必不仕则忘其君。譬之饮食,适于饥饱而已。"[4]368仕或隐都应当以内心之"适"为最高原则,隐逸的最终依据落在自我的心灵境界上来。"本非有意"便是对这种观念的践行,出与归皆非刻意,只是一种自然而然的生命选择。在这种观念的指导下,"归去"便绝非弃世,正如其《雪堂记》所言"吾非逃世之事,而逃世之机"[4]410,"忘我"与"忘世"正是要"逃世之机",转而逍遥琴书、放逸山水,将理性认知化为情感上的自然而然。"念寓形宇内复几时,不自觉皇皇欲何之"则是对有限人生的理性思考,否定"富贵""神仙"的不合理因素,将人生价值建立在"临水登山啸咏,自引壶觞自醉"的基础上。这指向的并非归隐,仍是以"适"为原则,以心灵的自主与精神的自由为人生价值的根本依据。苏轼以这种原则指导生活,即"且乘流,遇坎还止",在生命实践中将主体心灵的自由自主提升到本体的地位。在情与理不断生成转化的过程中,也就超越了初时"口体交相累"的状态,在逍遥泉石的本真生活方式中达到圆融自适的审美人格境界。

通过上面两首词的分析可见,情与理的转化并非在平面上完成,情能不断吸收实践中形成的合理性因素,并将这种理性精神积淀入人的感性心理,情与理成为不断交融生成的开放性结构,永远处于螺旋上升的状态,主体也在这个过程中达至更高的人格境界。如《沁园春》(赴密州早行马上寄子由):

> 孤馆灯青,野店鸡号,旅枕梦残。渐月华收练,晨霜耿耿;云山摛锦,朝露漙漙。世路无穷,劳生有限,似此区区长鲜欢。微吟罢,凭征鞍无语,往事千端。
>
> 当时共客长安。似二陆、初来俱少年。有笔头千字,胸中万卷,致君尧舜,此事何难。用舍由时,行藏在我,袖手何妨闲处看。身长健,但优游卒岁,且斗尊前。[5]134

此词作于熙宁七年由海州赴密州途中。上阕对旅途景貌的描绘正是情感的兴发,虽没有明确的价值指向,却导向对人生意义的理性思考。世路无穷而人生光景有限,似此奔劳于仕途着实"鲜欢",应否定外在于人生命情感的功名利禄。理性的价值思考之后,"凭征鞍无语,往事千端",又开始了新的情感流程。下阕追忆自己与子由少年时共客长安的情景,思及以往将"致君尧舜"作为人生目标,而经过上阕的理性思考,苏轼已经否定了对外在功名的追求,开始新的价值追寻。"用舍由时,行藏在我",这与"致君尧舜"是两个不同的人生境界。"致君尧舜"是具体的外在目标,尚拘泥于现实,而"用舍由时,行藏在我"就取消了一切外在标准。"用"与"舍"只是外在于人的社会评价,"由时"便强调顺时顺势的自然而然,不再对人生作具体目标的设定。而"行"与"藏"也只是主体的一种价值选择,并非人生的终极目的,"在我"便超越了现实的羁绊,在"闲处看"的审美感受中建立了富有历史合理性的价值。"身长健,但优游卒岁,且斗尊前"句则将这种理性价值选择情感化,使其化入生命过程。由"区区长鲜欢"而"优游卒岁",诗人自适自主、无所依执的人格境界便在情理的不断生成转化过程中崛立起来。

第三,苏词中还有另一类特殊的情理结构形式,即没有明显的情理之间的生成转化,而直接表现为情与理的浑融合一。如《定风波》:

> 莫听穿林打叶声,何妨吟啸且徐行。竹杖芒鞋轻胜马,谁怕,一蓑烟雨任平生。
> 料峭春风吹酒醒,微冷,山头斜照却相迎。回首向来萧洒处,归去,也无风雨也无晴。[5]356

词前小序写道:"三月七日,沙湖道中遇雨,雨具先去,同行皆狼狈。余独不觉,已而遂晴,故作此词。"在"雨具先去"的境遇下,苏轼不同于"同行皆狼狈"的状态,而是吟啸徐行,以随性的眼光看待外界环境的变化。这里没有生硬的理性思考,只有对内心的审美感受的自然描述,这种描述又并非单纯的情绪活动,而是涵容了价值建构的情感表达。"穿林打叶""山头斜照"都是人生的外相,无须挂碍。"也无风雨也无晴"才是生命的真实状态,此"无"并非一无所有,而是不以风雨或晴影响内心的圆融安适。这样,苏轼就破除了对现实具象的执着,将生活化为审美化的生命过程,率性而为,任性自适,达到"随心所欲不逾矩"的审美人格境界。

再如《浣溪沙·渔父》一词:

> 西塞山边白鹭飞。散花洲外片帆微。桃花流水鳜鱼肥。
> 自庇一身青箬笠,相随到处绿蓑衣。斜风细雨不须归。[5]370

苏轼檃栝张志和《渔歌子》,添以"自庇一身""相随到处"之语。上阕是对西塞山前景色的描绘,而下阕"自庇一身青箬笠,相随到处绿蓑衣"一句,人便跃然于山水之境上,由山水境界导向自我的心灵境界,呈现出审美主体随物俯仰、无求无欲的人格精神。"斜风细雨不须归"进一步变为无思无待、自适自足。上阕的山光水色就不是外界的具象,主体沉浸在山水中而风雨不归也并非以此景可乐,而是一切皆能从此无思无待之心中找到意义。在这种模式中,没有对价值追寻的理性话语表达,而是将其融入情感活动中,情与理二者浑然合一,密不可分,成为情理结构的一种特殊形式。

三、苏轼词情理结构的特质与成因

苏轼词中的情理结构类型丰富而深刻,以上只是几种较具代表性的类型和词作,从这些词作可以看出,其情理结构具有一个共通的特点:经过情与理的生成转化后,最后指向的仍是情。即使是一些以理为落脚点的词作,理中仍然蕴含着情的因子。如《渔家傲》:"临水纵横回晚鞚。归来转觉情怀动。梅笛烟中闻几弄。秋阴重。西山雪淡云凝冻。美酒一杯谁与共?尊前舞雪狂歌送。腰跨金鱼旌旆拥。将何用。只堪妆点浮生梦。"[5]410 金鱼,是官服的代称,苏轼对其产生"将何用"的质疑,是对庸俗而僵化的社会评价体系的否定。词尾仿佛只停留在理性价值思考的层面,然而此"理"实际蕴含着对词首优游山水、纵情歌酒式的生活的深情,导向的是对当下应然的执着,苏轼通过理性的价值思考将感性生活提升到本体的层面,并在此基础上建构起了价值。

具体而论,这种情又有不同的表现形式,可以是营造某种情景,如上引《行香子·过七里滩》一词中,在以"君臣一梦,今古虚名"否定世俗功名之后,"但远山长,云山乱,晓山青",将视角转向自然山水,看似是对客体自然物的摹画,实际折射着审美主体超越僵化社会规则后与物俯仰、自性自适的审美化心灵境界,主体的心情意绪与外在之景完全合而为一;又或者归于一种美好的愿望,在对美好事物的祈望中破除心灵追寻的外在束缚,如《水调歌头》(明月几时有)一词,在认识到"人有悲欢离合,月有阴晴圆缺,此事古难全"的世事之理后,"但愿人长久,千里共婵娟"[5]173,归结于对人间挚情的美好祝愿。再如《行香子·述怀》,"浮名浮利,虚苦劳神",理性地否定外在于人的利禄功名,随即"几时归去,作个闲人。对一张琴、一壶酒、一溪云"[5]725,表现了对任闲自适生活的渴慕向往;或者表现为一个追询的过程,如《哨遍·春词》,先写春景之美,"初雨歇,洗出碧罗天,正溶溶养花天气",触春游之思,次写春游之事,"便乘兴携将佳丽,深入芳菲里。拨胡琴语,轻拢慢捻总伶俐",至夕欢意不尽,在对现实感性生活的描绘中,转向对人生价值的理性思考,"君看今古悠悠,浮宦人间世。这些百岁,光阴几日,三万六千而已",用"浮"对富贵优游之事进行质疑与否定,指出百年光景也不过三万六千日而已,"醉乡路稳不妨行,但人生、要适情耳"[5]591,人生之要在"行"的当下体验,在"适情",这就将人生的意义化于"适情"的审美化生命过程中。这些形式其实都是自我心灵境界的展开与外化,无疑会导向情,最后归于的是鲜活的人性心理。

苏轼情理结构的这种特质,其成因也极为复杂深刻。

首先,这与中国哲学的内在理路有关。人要活着的内在亲证是中国哲学的起点[8]24,人为了满足"活着"这一最基本的动物性欲求,必然要建立有利于人类总体发展的社会规范与价值准则,所以孔子讲"己欲立而立人,己欲达而达人"(《论语·雍也》),要求人在人类总体意识的观照下,遵守在漫长历史实践中形成的理性社会规则。因此,在中国古代哲学中,"理"不是先验或超验的理念,而是从情中生发。同时,情也要接受理的规范节制,正如《性自命出》所言:"道始于情,情生于性,始者近情,终者近义。"而如果单纯停留在"理"的层面,"理"必然会走向僵化。子曰"志于道,据于德,依于仁,游于艺"(《论语·述而》),君子在"志道""据德""依仁"之外还要"游于艺"。"游于艺"强调的不只是对物质技能的熟练掌握,更强调的是"游"的心理状态。"游于艺"放在最后,不仅是对前者的补充,更是前者的完成状态,是在对外在社会规则与客观规律全面掌握的基础上,将其化为内心的生命情感,这才能达到"从心所欲不逾矩"(《论语·泰伯》)的审美人格境界。

其次,与唐宋转型期的历史文化语境有关。陈寅恪指出:"唐代之史可分为前后两期,前期结束南北朝相承之旧局面,后期开启赵宋以降之新局面,关于政治社会经济者如此,关于文化学术者亦莫不如此。"(《论韩愈》)[9]332先秦至中唐前后是政治本体化的时代,士人自我价值的实现基本都要依附于现实政治秩序。中唐以后,现实政治衰敝,儒家千年以来"治国平天下"的政治理想受到质疑,维系士人价值建构的现实政治秩序日渐崩塌,士人的心灵被裸露出来,呈现出虚空无依的状态。北宋以来,传统王道政治的雅文化虽然力图调整以自我拯救,却一再步入困境,现实的功业已无法再为人提供精神能量,外在的事功与仕宦皆不能成为个体价值建立的依据,人的情感开始内向收缩,视角由"天道"向"人道"过渡。自中唐以来兴起的追求世俗享乐、重视感性生命欲求的思潮,在城市经济空前繁荣的宋代成为士人的主流选择，士人开始专注当下，着意世俗感性，解构功业声名对于个体价值建构的唯一意义。但宋人对世俗感性的强调并非只有满足感官欲求的意义，更重要的是破除了汉唐政治哲学对人情感的束缚，开拓出基于个体感性生命上的本真情感，他们常常"在当下的享受中远骛出俗世俗情而与自己的精神境界相亲近"[10]42，将物质层面的游冶行乐化为情感上的婉转蕴藉与精神上的自性自足。宋人将人生价值"落实到生命现实与生活现实的感觉经验之中，精神的绝对超越被同时赋予与现实同构的存在形态"[11]191，在这种文化语境中，苏词情理结构必然会导向情。

最后，这与苏轼以情为本的哲学观有关。苏轼的哲学观完整体现在《东坡易传》中，以情为本是其哲学思想的一个基本点。在中国古代哲学中，"性"作为人的本质规定性屡被讨论，孟子秉持"性善论"，将仁义道德规定为人的本质属性，而仁义道德本身是一个固定化的概念，在现实实践中易僵化，与政治意识形态结合更易导向其反面而压制人的个性。而苏轼则明确反对这种观念："夫所以食者，为饥也，所以饮者，为渴也，岂自外入哉！人之于饮食，不待学而能者，其所以然者明也。盍徐而察之？饥渴之所从出，岂不有未尝饥渴者存乎，于是性可得而见也。有性者，有见者，孰能一是二者，则至于命矣。"（《说卦传》）饥而食、渴而饮，苏轼将人自然而然的本能视为"性"，这种本能源自人的内在生命感觉，因此具有天然的合理性。但他"不是将人的动物性的感官欲求当作人性的本质，而是将这种欲求的自然而然的特点提到了本体的高度，进而将其规定为人性的本质"[12]96 苏轼又将人的自然本性化为人情："情者，性之动也。溯而上，至于命，沿而下，至于情，无非性者。"（《乾卦》）情就被置于与性、命相同的层面上，被提升到本体的高度。"情"并不是单纯的动物性的情感欲望，而是涵容了历史实践中的合理性因素，积淀了传统文化的精髓，以此为人的本质规定性就不会出现偏差。在苏轼"情本体"哲学观的指导下，其情理结构必然会导向情，而此"情"又以鲜活的人情为基础，因此其情理结构不会僵化，而是一个开放性的价值生成结构，具有强大的生命力。这也正是苏词独特审美面貌和永恒艺术魅力的根本所在。

注　释

[1] 梁漱溟《中国文化要义》，学林出版社 1987 年版。

[2] 钱穆《论语要略》，商务印书馆 1925 年版。

[3] 李泽厚《初拟儒学深层结构说》,《华文文学》2010 年第 5 期。

[4] 孔凡礼点校《苏诗文集》,中华书局 1986 年版。

[5] 吴熊和《唐宋词通论》,浙江古籍出版社 1989 年版。

[6] 邹同庆、王宗堂校注《苏轼词编年校注》,中华书局 2002 年版。

[7] 引自冷成金老师"唐宋文学专题"课堂讲义。

[8] 冷成金《论孔子的内在亲证价值建构思想》,《杭州师范大学学报》(社会科学版) 2016 年第 2 期。

[9] 陈寅恪《金明馆丛稿初编》,生活·读书·新知三联书店 2001 年版。

[10] 孙虹《北宋词风嬗变与文学思潮》,上海古籍出版社 2009 年版。

[11] 韩经太《宋人美学观念的结构分析》,《诗学美论与诗词美境》,北京语言大学出版社 2000 年版。

[12] 冷成金《苏轼的哲学观与文艺观》,学苑出版社 2003 年版。

苏轼隐逸词的情理结构

◇吴宇轩[*]

仕与隐的关系一直是我国古代士大夫普遍思考的问题，也是文学作品中的重要主题。中国的隐逸文化传统按其发展顺序大致可分为道隐、心隐、朝隐、林泉之隐、中隐、酒隐、壶天之隐七个阶段，其源头可以追溯到孔子。[1]苏轼作为士大夫人格的典范，一生仕途坎坷，三次被贬，宦游十余年，对仕隐关系有独到的思考与理解，这种探索与思考于其词中随处可见，而且大多流露出隐逸情怀，可以称之为"隐逸词"。本文拟以苏轼的隐逸词为研究对象，以苏轼对仕隐关系的思考为切入点，通过分析其中的情理结构，探究苏轼对仕隐关系的处理方式及从中体现的人格境界，以期探究苏轼对仕隐关系的理解在中国古代文化中的独特性。

一、中国文化语境中的隐逸与情理结构

干仕与隐逸一直是我国古代社会极为重要的两个概念，隐逸文化是中国传统文化的重要组成部分。《论语·泰伯》有云："子曰：'笃信好学，守死善道，危邦不入，乱邦不居。天下有道则现，无道则隐。邦有道，贫且贱焉，耻也；邦无道，富且贵焉，耻也。'"这是孔子对隐逸的看法，孔子也因为这类话而成为隐逸文化的理论先导。孔子是依据"正义原则"[2]而提出"天下有道则现，无道则隐"，这实际上是规定了一个客观标准。这一理论的提出富于现实实践性，具有普遍的指导意义。究其实质，孔门仁学依然是教人积极入世的，孔子提出的隐逸"并非要人避世，而是要人避开无道的政治，以保

---

[*] 作者简介：吴宇轩，中国人民大学文学院硕士研究生。
项目基金：本文系国家社科基金项目"唐诗宋词审美类型研究"（15BZW095）阶段性成果。

持人格的完善"。[3]227 "道"的存在与否是人是否隐逸的决定性标准。中国隐逸文化还有另一种类型,这就是以庄子为理论先导而创立起来的依据"自由原则"[2]的隐逸模式。庄子的隐逸理论主要是教人保持精神的独立与人格的自由,对人的"异化"进行反拨,其实质在于远离世事以保持心灵的不受侵扰。

仕隐关系是困扰古代士大夫的一个关键性问题。他们一方面无法否弃官场生活带来的功业和名利,另一方面深感仕宦生活对精神的束缚,因而常处在仕与隐的矛盾冲突中。汉唐时代的政治本体赋予士人极高的政治自信,他们充分相信政治本体,并对此有着深情的希望和强烈的乐感,渴望建功立业并且把外在的功业视作实现自己人生价值的最高目标。盛唐时期诗歌积极向上、昂扬奋发的基调就是这种时代精神的充分体现。这在李白的诗中尤为典型,即便是面对"欲渡黄河冰塞川,将登太行雪满山"(《行路难》)的英雄无用武之地的坎坷现实,李白也依旧相信"长风破浪会有时,直挂云帆济沧海"。

苏轼一生仕途坎坷,对仕隐关系有独到的思考与理解。苏轼的许多词中都表现出他对官场生活和身外之物等外在价值评判系统的否定及对本真生活的向往,流露出隐逸情怀。而仔细分析这些词的情理结构不难发现,其词中的"理"往往能够被充分情感化,因而成为建构价值的方式。

情与理是中国传统文化,尤其是儒家文化的一对基本概念,二者并非对立的关系。"情"是以人要"活着"的内在亲证为基础而产生的最为原初意义上的情感,而"理"则是经过相当长一段历史实践后建立起来的富于合理性的价值观念。既然是富于合理性的价值观念,必然会经过绝大多数人的情感认同;一个被绝大多数人反对,且不能对人类总体存在与发展带来正面价值的观念则不能被称为"理"。在中国主流文化中,"理"本身即蕴含着情感的因素,而"在中国文化语境中,人活着的唯一目的就是化应然之理为生命情感"。[4]也只有在理性选择和情感体认两个维度上建立起来的价值观念才更为开放、有活力,而不会走向僵化。儒家文化提供的提高道德修养和人格境界的方式不是生硬地告诉人们几条具有正面价值的"理",而是通过"化理为情"的方式让人对"理"进行充分的情感认同,从而内化为内在于人的生命情感。也只有这样,人所做出的每一个选择都是基于自己内心真实的情感,而并非是不得不做出的理性选择。《论语》中即有这样的例子:"兴于诗,立于礼,成于乐。"(《泰伯篇》)人会因《诗》而兴起美好的情感,这是一种原初的情感；《礼》则是对人性心理的规范，是一种理性选择；如果人对其进行充分的情感体认并按照这种价值观念行事，就会达至审美人格，"成于乐"就是这种审美化的人格境界。与孔子思想一脉相承的王阳明提出的"知行合一"究其实质也是"化理为情"。"知"是一种理性选择，而"行"则是通过对"知"的充分体认后将心理行动转化为实际行动的过程，"王氏'知行合一'说的实质是要求提高人格境界，将人的理性与情感合为一体，把心理活动的行与社会实践的行合为一体"[3]13。

古典诗词中的很多作品都体现了情理结构，已经成为审美类型之一。情理结构主要有两种表现形式：一是"情"未能对"理"进行充分体认而表现出的情与理之间的张力，如王维《送元二使安西》"渭城朝雨浥轻尘，客舍青青柳色新。劝君更尽一杯酒，西出阳关无故人"，对人情的珍惜与热爱是为人所充分认同的"理"，而建功立业、保家卫国则并不是所有人都能充分情感化的"理"，此诗在情与理之间的张力中表现出独有的艺术魅力。二是"情"对"理"进行了充分的体认并将其情感化，化为内在于人的情感状态，并据此建构价值。苏轼的绝大多数词都具有这个特点。

二、苏轼隐逸词情理结构的类型

苏轼对仕隐关系的思考贯穿生命始终，于隐逸词中多有体现。苏轼隐逸词的情理结构主要可以归纳为以下两种类型："乌台诗案"前，主要体现为自由人格的彰显；而被贬黄州期间及后期，对仕隐关系的思考更加深入，体现为归于心理本体并建构起精神家园。其隐逸情怀是经过对仕隐关系的理性思考后，本真心灵和生命情感对隐逸之理充分体认和情感化的产物。

（一）"用舍由时，行藏在我"，自由人格的彰显

"乌台诗案"前，苏轼基本上还是"奋厉有当世志"的传统儒家士大夫的性格。然而，由于反对王安石变法外放杭州后，苏轼逐渐在词作中表露出自己对于仕隐关系的思考，试看：

> 一叶舟轻。双桨鸿惊。水天清、影湛波平。鱼翻藻鉴，鹭点烟汀。过沙溪急，霜溪冷，月溪明。

苏轼隐逸词的情理结构

> 重重似画，曲曲如屏。算当年、虚老严陵。君臣一梦，今古虚名。但远山长，云山乱，晓山青。[5]24（《行香子·过七里滩》）

此词作于熙宁六年杭州任上。上片和过片通过细腻的笔触写出七里滩的美丽景色，虽是目之所及的真实情景，却能见出苏轼有一颗"民胞物与"、对自然深情体认的美好心灵，否则不会如此细腻地刻画七里滩的细节，因此这既是景，也是苏轼对自然、对生命的深情。之后笔锋一转，写道"算当年、虚老严陵。君臣一梦，今古虚名"。这是经过对个体生命意义的理性思考后对功名利禄的否定。汉光武帝与严子陵抵足而眠的故事足以见出君臣之间的深情，然而即使是这样可贵的人情，最终也只落得"君臣一梦，今古虚名"，这就产生了浓厚的历史悲剧意识和价值悲剧意识。君臣关系、功名利禄、荣华富贵，这些外在于人的东西是没有任何意义的。词的最后又回归到景的描写，但这已经不是一般意义上的景。经过这样一番对人生的理性思考后，这种理性逐渐向人的情感积淀，情感不断对这一"理"进行充分体认，因此才能达到"但远山长，云山乱，晓山青"的境界，这既是景，也是情，同时更是一种人格境界。

又如：

> 四大从来都遍满，此间风水何疑。故应为我发新诗。幽花香涧谷，寒藻舞沦漪。
> 借与玉川生两腋，天仙未必相思。还凭流水送人归。层巅余落日，草露已沾衣。[5]40（《临江仙·风水洞作》）

此词为苏轼杭州任上游风水洞有感而作，看似全词描写风水洞的美好风光，仔细读来却发现其中也暗含着思考仕隐的"情—理—情"内在理路。上片写景，让人读来仿佛置身仙境一般，美好的景色让苏轼流连忘返，因此面对"还凭流水送人归"的不得不离去的时刻，按照正常的思路应该会心生不舍之情。然而，苏轼之所以成其为苏轼，就是他总能以超旷洒脱的态度对待世事，而这种情感不是平白无故产生的，是不断在理性思考人生意义的过程中理性向感情积淀，因而产生的一种更富于历史合理性的情感。因而苏轼面对不得不离去的美景，并未作伤心之态，而是说"层巅余落日，草露已沾衣"，与其说这是离开风水洞后看到了斜晖落日，感受到了草露沾衣，不如理解为更希望流水能够将他送到这样一个宁静平和、使人心旷神怡的情境中去。此时的情境如何已不重要，重要的是苏轼的心境。"层巅余落日，草露已沾衣"这两句化用自杜甫"层巅余落日，草蔓已多露"（《西枝村寻置草堂地，夜宿赞公土室二首》），所营造的情境却更容易让我们想到陶渊明诗中的很多场景，如"道狭草木长，夕露沾我衣"（《归园田居》）、"山气日夕佳，飞鸟相与还"（《饮酒》）。这是陶渊明对自己隐逸生活的描写，苏轼之所以能够产生这种心灵诉求，正是因为其情感已经对隐逸之理进行了充分的情感体认，因此才会自然而然地流露出这种心境，苏轼笔下的情境正是他心境的最好反映。

最能体现苏轼对仕隐关系思考的是下面这首著名的词，其中"情—理—情"的内在理路也经历了两个完整的流程，具有典型性：

> 孤馆灯青，野店鸡号，旅枕梦残。渐月华收练，晨霜耿耿；云山摛锦，朝露漙漙。世路无穷，劳生有限，似此区区长鲜欢。微吟罢，凭征鞍无语，往事千端。
> 当时共客长安。似二陆、初来俱少年。有笔头千字，胸中万卷，致君尧舜，此事何难。用舍由时，行藏在我，袖手何妨闲处看。身长健，但优游卒岁，且斗尊前。[5]134—135（《沁园春·赴密州早行马上寄子由》）

上片从"孤馆灯青"一直到"朝露漙漙"都是描写在前往密州的清晨所见之景，"世路无穷，劳生有限，似此区区长鲜欢"则转入对人生的思考：人生在世，起落、悲欢、离合数不胜数，而如果将有限的个体生命执着于这些外物，像今日这样奔波在仕途，那么人生就充满了不如意，因此苏轼否定了外在的事功。随后追忆往昔，开启了新一轮的情感生发与理性思考的流程。自己和弟弟苏辙初入仕途时的情景历历在目，而当时的自己对建功立业的渴望十分强烈，并且充满自信，认为"致君尧舜，此事何难"。但经过之前理性思考的苏轼已不再把外在事功当作人生的目标，而是提出"用舍由时，行藏在我"的全新的价值建构方式，这就与"致君尧舜，此事何难"是完全不同的两种人格境界。"致君尧舜"实际上是对历史合理性的直接体认，这种思想依旧是承接汉唐时代对政治本体的巨大乐感和自信而来,是将人生的价值建立在外在事功上。而"用舍由时,行藏在我"则是自由人格的彰显,它建立在心灵的自然而然、人格的自由上。这不同于孔子提出的"邦有道则现,邦无道则隐",亦非庄子提出的"逍遥游"。孔子的选择是基于社会现实的有道与否,而庄子的选择是以达到"独与天地精神往来"的"逍遥游"作为最终目标。但苏轼的选择则是不给人生设定客观、具体的目标,是归于心理本体的自然而然。仕与隐都不再是根据客观现实而决定,正如苏轼在《灵璧张氏园亭记》中所说:"古之君子,不必仕,不必不仕。必仕则忘其身,必不仕则忘其君。"[6]369 仕或隐,何时该仕,何时该隐,都是以自己的本真心灵作为评判标准。这样一来,这种全新的价值建构方式就不再是将人生价值建立在外在事物上,也不再是取决于客观现实,而是回归了内心,通过"袖手何妨闲处看。身长健,但优游卒岁,且斗尊前"的最符合本真心灵、最自然而然的生活方式建立了价值。而于"闲处"过"优游卒岁,且斗尊前"的生活也绝非"酒宴歌席莫辞频"(晏殊《浣溪沙·一向年光有限身》)的带有及时行乐思想的生活。在苏轼的世界里,生活的具体内容已不重要,他所真正热爱的是生活自身。而此词中的"情—理—情"经历了两次完整的流动过程,呈现出一种螺旋式上升,苏轼的人格境界也就在情对理的不断体认中得以提高。

(二) 归于心理本体,建构精神家园

苏轼黄州时期的词作不仅在数量上达到了巅峰,而且对人生诸多问题都有较为深入的思考,其中对仕隐关系的思考不在少数。如:

> 夜饮东坡醒复醉,归来仿佛三更。家童鼻息已雷鸣。敲门都不应,倚杖听江声。
> 长恨此身非我有,何时忘却营营。夜阑风静縠纹平。小舟从此逝,江海寄馀生。[5]467 (《临江仙·夜归临皋》)

上片通过描写夜饮醉后,因家童睡下而无法归家的情景,开启了价值追询的过程。夜阑人静,苏轼一个人面对滔滔江水发出"长恨此身非我有,何时忘却营营"的人生感慨。老子曾说"吾所以有大患者,为吾有身"(《老子》第十三章),而苏轼则感慨"此身非我有"。人处在各种束缚之中,身不

由己，何时才能忘却纷扰的世事，过最本真、最自然而然的生活呢？经过这样一番思考后，苏轼看到的情景就是"夜阑风静縠纹平"，这不仅可以理解为真实的场景，更为重要的还是苏轼的内心世界，正是对外在价值评判体系的否弃让苏轼找到了失落的主体。"休把闲心随物态"[5]462（苏轼《定风波·咏红梅》），如果外物给心灵套上枷锁，那么人就会因为对外物的执着而丧失本真的心灵和自由的人格，苏轼否定了这种负面的生活。剥除外物的束缚，一颗本真的心灵便袒露出来，以这样一颗了无挂碍、自然而然的本真心灵面对这个世界，自然就会体会到"夜阑风静縠纹平"的情景。而"小舟从此逝，江海寄馀生"则是这种本真生活方式的最好注脚。苏轼并非要乘一叶扁舟远离世事，而是要破除心灵栅栏，按照积淀了最多历史合理性的本真状态生活。苏轼自己曾在《雪堂记》中明确表示"吾非逃世之事，而逃世之机"[6]412。他并非要远离世事，而是要远离羁绊"本心"的"机心"，不为世间的沉浮荣辱、世俗机务所累。这不仅是否定外在价值评判体系，甚至是否定生活的具体内容，一切以内心的适足快意作为唯一出发点和最终依据，这是从生活的自然而然达到了心灵的自然而然。只要"心闲"，那么"性之便，意之适，不在于他"（《雪堂记》）、"美恶在我，何与于物"[6]1671（《答毕仲举二首》）。在苏轼看来，形式上归隐与否已经不再重要，只要拥有一颗纯粹本真的心灵，哪里都可以成为精神家园。因此，当郡守徐君猷听闻苏轼作此词，恐"州失罪人"而特意到苏轼家中查看时，看到的必然会是"子瞻鼻鼾如雷，犹未醒也"（叶梦得《避暑录话》）的场景。

苏轼虽然在词中多次表达归隐之愿，如"无可奈何新白发，不如归去旧青山"[5]15（《浣溪沙·感旧》）、"何日功成名遂了，还乡。醉笑陪公三万场"[5]90（《南乡子·和杨元素，时移守密州》）、"不如归去"[5]149（《减字木兰花·送东武令赵晦之》）、"读尽床头几卷书。搔首赋归欤。自觉功名懒更疏"[5]243（《南乡子·自述》）、"独棹小舟归去，任烟波飘兀"[5]633（《好事近·湖上》），等等，然而"终老未践"，这是因为苏轼并非归于山林与世隔绝，而是归于心理，在本真的生活方式中找到归宿。苏轼词中经常提到"闲"字，如《行香子·述怀》："清夜无尘。月色如银。酒斟时、须满十分。浮名浮利，虚苦劳神。叹隙中驹，石中火，梦中身。虽抱文章，开口谁亲。且陶陶、乐尽天真。几时归去，作个闲人。对一张琴，一壶酒，一溪云。"[5]725开头几句先描写夜朗风清、月下独酌的情景，进而展开对人生意义的理性思考，

苏轼隐逸词的情理结构

通过对功名利禄的否弃，提出本真的生活方式应该是"几时归去，作个闲人。对一张琴，一壶酒，一溪云"。又如《蝶恋花·述怀》："云水萦回溪上路。叠叠青山，环绕溪东注。月白沙汀翘宿鹭。更无一点尘来处。　　溪叟相看私自语。底事区区，苦要为官去。尊酒不空田百亩。归来分得闲中趣。"[5]572 上片描写荆溪的美景，青山环绕、溪水东流，月照鹭洲、上下一白，这样的景色让置身其中的苏轼怡然自得，而在一派不染纤尘、宛如仙境的情景中，对自然山水的细腻感知与亲切体认便导向了理性思考与价值追询，"底事区区，苦要为官去"就是对追求世俗功名的不合理生活状态的否定。苏轼真正向往的是归隐田园、有酒盈樽、闲中有趣的本真生活。此词亦呈现出"情—理—情"的内在理路。又如《满庭芳》（归去来兮）下片："云何。当此去，人生底事，来往如梭。待闲看，秋风洛水清波。好在堂前细柳，应念我、莫翦柔柯。仍传语，江南父老，时与晒渔蓑。"[5]506 既然"人生底事，来往如梭"，荣辱穷达、起落沉浮都会随着时间流逝而烟消云散，那么又何苦汲汲营营呢？不如用一颗闲适之心按照心灵和生命的应然状态行事。正如苏轼自己所说"我是世间闲客、此闲行"[5]364（《南歌子》），苏轼的"闲"绝非无所事事，也并非刻意远离世事的"身闲"，而是"心闲"，也即否弃功名利禄、荣华富贵等世俗的评判标准和价值观念，冲破外物对人心灵与精神的束缚，用一颗本真的心灵行自然而然之事，达至人生的审美境界。

情理结构只是诗词创作的一种内在理路，并非一定要遵循"情—理—情"的固定的写作模式，如：

> 梦中了了醉中醒。只渊明。是前生。走遍人间，依旧却躬耕。昨夜东坡春雨足，乌鹊喜，报新晴。
> 雪堂西畔暗泉鸣。北山倾。小溪横。南望亭丘、孤秀耸曾城。都是斜川当日境，吾老矣，寄馀龄。[5]353 （《江城子》）

此词不能准确区分出哪部分是情，哪部分是理，而是情感对应然之理充分体认之后浑融一体。正是有了对田园生活的充分认同和对归隐之理的充分体认，苏轼在谪居黄州期间才能做到怡然自适。词中虽然没有出现价值建构的理性话语，但苏轼渔樵耕读的本真生活以及此词中对田园生活的内心适意都是建立在对人生意义的理性思考的基础上。外在的功名利禄、事业功勋对自我价值的建构毫无用处,甚至反而成为一种牵绊和阻碍。苏轼否定官场蝇营狗苟、争名夺利的不合理的生活方式,充分认同并且一直追询不为外物所累的本真生活方式。词中的情景描写与情感流动都有理性思考蕴含其中,是涵容了价值建构的情感表达。这种表达方式在苏轼词中很常见,如黄州时期所作的一组《渔父词》:

> 渔父饮,谁家去。鱼蟹一时分付。酒无多少醉为期,彼此不论钱数。
> 渔父醉,蓑衣舞。醉里却寻归路。轻舟短棹任斜横,醒后不知何处。
> 渔父醒,春江午。梦断落花飞絮。酒醒还醉醉还醒,一笑人间今古。
> 渔父笑,轻鸥举。漠漠一江风雨。江边骑马是官人,借我孤舟南渡。[5]376—379

苏轼通过对渔父饮、醉、醒、笑四种有代表性的生活方式的描写,勾勒了一幅渔父生活的图景。渔父之饮,不计多少,以醉为期,交付给酒家的鱼蟹和酒家提供的酒都不计较钱数的多少,哪里像官场之人,"蜗角虚名,蝇头微利"都要斤斤计较。渔父之醉,醉卧小舟,任其飘荡,万事不挂碍于心。渔父之醒,不仅是酒醒,更是对人事的清醒,世俗之人被名缰利锁束缚,执迷不醒,何其可笑。渔父之笑,笑江边骑马的官场中人,为功名利禄疲劳奔波,为声名富贵丧失自由,不如我乘一叶扁舟无求于人,悠然自得。渔父以心灵的自适与纯粹作为行事的唯一依据,不被外物牵累,也无求于人,永远都过着逍遥自适的生活。苏轼对渔父生活状态的描写并非单纯的情景描写,其中蕴含着对渔父纯然无机的心灵和潇洒快意的生活方式的充分情感体认。这不仅仅是苏轼眼见之景,更是苏轼内心中真正向往的生活。没有理性话语表达,纯任情感意绪流动,沉浸在当下情景中,情感体验化为审美化的生命感受,具有了本体性意味,情与理在这一过程中融为一体,密不可分。

三、苏轼隐逸词的情理结构与精神家园

情理结构不仅是价值建构的方式,深刻、典型的情理结构更能为人提供心灵归宿和精神家园。[7]中国人在没有外在超越的情况下,唯一能做的就是通过不断提升自己的道德修养和人格境界来实现内向超越,而这终将归向人性心理,因此情理结构本质上是一种心理结构。

苏轼于嘉祐四年出川,之后再也没有回到过家乡,其词中多有体现。如:"此生飘荡何时歇?家在西南,长作东南别。"[5]58(《醉落魄·离京口作》)"苍颜华发。故山归计何时决。"[5]114(《醉落魄·苏州阊门留别》)"故山犹负平生约。西望峨嵋,长羡归飞鹤。"[5]123(《醉落魄·席上呈元素》)"此身如传舍,何处是吾乡。"[5]221(《临江仙·送王缄》)这不仅是漂泊无定的感慨,更是心灵找不到归宿的哀伤。然而这种基于生命原初情感的悲剧感在对人生的理性思考和价值追索中实现了审美超越,最终实现了"此心安处是吾乡"[5]579(《定风波》)的以心理本体作为精神家园的审美化境界,而不再执着于外在形式上的家乡。如《临江仙》上片:"我劝髯张归去好,从来自己忘情。尘心消尽道心平。江南与塞北,何处不堪行。"[5]683当世俗之心消尽,悟道之心不为外物扰乱之时,便会觉得"江南与塞北,何处不堪行"。正是因为专注于内心,家乡就成了外在形式。

苏轼对仕隐关系的思考同样可以纳入对精神家园的追索中来,正是因为"心隐""心闲",因此不必拘牵于外在形式。苏轼一生并未真正归隐,但由于对隐逸之理和本真生活的充分情感化,已经将其化为内在的生命情感,因此在朝为官也好、宦游各地也罢,都能用审美的态度观照生活。归于心理本体,生活也就成为纯粹的审美体验和情感状态。

在找寻精神家园方面,孟浩然的诗十分典型。然而孟浩然与苏轼不同,他一生都处在仕与隐的矛盾冲突中,有些诗表达强烈的用世之心,如"欲济无舟楫,端居耻圣明。坐观垂钓者,徒有羡鱼情"(《临洞庭湖赠张丞相》),"魏阙心恒在,金门诏不忘"(《自浔阳泛舟经明海》);有的诗又于明山丽水、清风明月中找寻心灵归宿与精神家园,典型的如"之子期宿来,孤琴候萝径"(《宿业师山房,期丁大不至》)、"暝还归骑下,萝月映深溪"(《登望楚山最高顶》)都是以具体的地点或处所象征心灵的归宿。[7]但每每读孟浩然的山水

诗，总感觉到背后还站着一位将人生意义寄托于外在功业的诗人，因此诗中的山水景物虽美，其情感却总让人感觉"隔了一层"，正是因为他未能完全摆脱外在评判体系的束缚。汉唐时期是政治本体时期，士人对仕途充满自信，认为外在事功是评判自己是否成功的标准。盛唐这一特殊的历史时期给了孟浩然过高的期许，所以他始终执着于建功立业。苏轼则不同。首先宋代已全然不同于盛唐，政治本体自中晚唐逐渐瓦解后，外在功业就不再是士人的精神归宿；文化本体逐渐建立，士人把目光从现实政治转向世事人生，越来越注重个体的感性生活，追询个体生命全新的意义。而且苏轼是一位洞悉世事人生的智者，他选择了本真的生活，不但超越了功名利禄等外在标准对心灵与精神的束缚，更是不为生活设定目标，对生活进行审美化体验，达到了生命的意义在于过程的生命审美化的最高境界。

苏轼词中的情理结构往往表现为"情"对"理"充分体认后的浑融一体，而孟浩然诗中的情理结构则表现为"情"未能对"理"充分情感化而产生二者间的张力。孟浩然虽然试图投身于自然山水中以寻求精神家园和心理归宿，却是一直在追询，而并未真正找到归宿。山水之于苏轼和孟浩然的意义也是全然不同的。苏轼是用一种"民胞物与"的态度观照自然，人与自然是平等的关系，他在自然中关注的是审美主体内心的适足快意，人生的意义都在当下的生命活动和情感体验中，无须再追求身外之物，更不必为人生设立目标。但自然对孟浩然来说更像是暂时消解悲剧意识的场所，当他因仕途不得意而产生悲剧意识时，会选择投身自然，但自然并不能帮助他超越悲剧意识，因此诗句背后站着那个内心仍然执着功业的诗人。

怀着对政治本体的强烈自信和乐感，盛唐诗人几乎很难真正做到像苏轼一样以当下最鲜活的生命状态和情感体验作为衡量一切价值的准绳，就连李白这样终身不愿参加科举考试的浪漫洒脱的性格其实仍然是以用世之心为底色。因此，他们虽然在诗中以自然、酒、仙境等方式暂时消解了因理想与现实的巨大差距而产生的悲剧意识，却终究未能真正对其进行超越。盛唐给予他们巨大的乐感和自信，同时更决定了他们一生都会将生命的意义建立在功名利禄等外在评判标准上而无法真正获得心灵解放与精神自由。而生活在文化本体时代的苏轼对仕隐关系的思考是中国古代文化中的重要一环，他通过生命实践将心灵视为评判与衡量事物的标准，对事物不作功利性考量，而进行审美化观照。这样一来，仕与隐都成为发自内心的自然而然的选择。正如他在《书李简夫诗集后》所说:"陶渊明欲仕则仕,不以求之为嫌,欲隐则隐,不以去之为高,饥则扣门而乞食,饱则鸡黍以延客,古今贤之,贵其真也。"[6]2148 不必为功名利禄而仕进,也不必为孤高自标而隐退,该做官则做官,该归田即归田,一切都是以内心作为标准,归于心理本体,生活就完全成了纯粹的审美活动。苏轼彻底解决了困扰士大夫的仕隐矛盾,达到了审美人生这一最高境界,在中国古代文化中具有典范意义。

注 释

[1] 参见冷成金《隐士与解脱》,作家出版社1997年版。

[2] 参见刘方《宋型文化与宋代美学精神》,巴蜀书社2004年版,第八章《隐逸的两种类型》。

[3] 冷成金《论语的精神》,上海古籍出版社2016年版。

[4] 引自冷成金先生课堂讲义。

[5] 王宗堂、邹同庆《苏轼词编年校注》,中华书局2002年版。

[6] 孔凡礼点校《苏轼文集》,中华书局1986年版。

[7] 参看爱课程网—冷成金《唐诗宋词的审美类型》—第四讲《情理结构与精神家园》。

秦观词情理结构特点
——兼与苏轼词比较
◇蔡明月*

王国维《人间词话》中评论"少游词境最凄婉",切中肯綮,但秦词意蕴不止于凄婉。秦词现存八十多首,观其全貌,约为情、愁。元祐以后作品数量不及此前,但"个人情绪"之词占比最大,而且其最富盛誉的名篇多花开此苑。这些词中,多有以个体存在之"我"为主的词作,即个人情绪达到了观照个体存在和价值询唤的高度。情理结构是冷成金先生提出的唐诗宋词审美类型理论的重要内容,简言之,"情""理"分别是从人类总体出发来进行理性追问形成的理和对这种理的体认,理未必能为个人情感所接受,二者往往不统一,但最终是希望完成情对理的认同,情和理形成了张力,而这种张力往往是诗词艺术魅力的来源[1]。笔者将主要以情理结构这一审美类型进入秦词,希图透视其精神世界之景深,并与苏词比较。

一、情理难并山重水

首先是情理结构中情、理未能和解或统一,而在巨大的张力中沉入悲怨、恨愤,典型的是下面两首。

> 雾失楼台,月迷津渡。桃源望断无寻处。可堪孤馆闭春寒,杜鹃声里斜阳暮。
> 驿寄梅花,鱼传尺素。砌成此恨无重数。郴江幸自绕郴山,为谁流下潇湘去。(《踏莎行》)

---

* 作者简介:蔡明月,中国人民大学文学院硕士研究生。
项目基金:本文系国家社科基金项目"唐诗宋词审美类型研究"(15BZW095)阶段性成果。

起首即将人抛入茫茫迷雾，暗示词人价值无解、归宿无着的心境。得不到解答，只得退回孤馆内，春寒包围的孤馆象征作者孤寂、落寞、闭锁的心理空间。无论"楼台""津渡"是否实景，"望断"是否实际行为，总之外界中一切原本看似蕴含着希望的美好事物都了无影踪，不能提供精神寄托。而独坐驿馆只听得杜鹃的啼血哀鸣，外界环境的凄衰又将心灵渲染得更加黯淡。王国维《人间词话》评："少游词境最为凄婉，至'可堪孤馆闭春寒，杜鹃声里斜阳暮'则变而为凄厉矣。"词人想要通过寄梅传书来排遣思乡怀人之苦，反却复堆此恨。词至此处，从外界无望到哀鸣凄厉到书之愈苦，恨已一唱三叠。"砌成此恨无重数"是对上文的极好概括。恨已至此，投射到自然上就是嗔怪郴江，与客观事物和自然规律相抗拒，不愿意也无法走出愁怨的个我世界。这种不顺意、不平气本质上是词人极其执着于现实，而又不愿意体认现实之实然常情而形成的情理矛盾。

这与苏轼《南歌子》（雨暗初疑夜）形成了鲜明对比。该词上阕描绘晨酒未醒，轻快骑行所见的犹如仙境的奇丽景象；经行蓝桥而历此景，自然联想到裴航遇云英的传奇，恍惚如梦。但苏轼明白仙女终是不能遇逢的，仙村也不存在于现实，经过这一番理性的追询与选择，再看自然——"只有多情流水、伴人行"，情感上就更加体认自然与现实的温暖（"淡云斜照著山明，细草软沙溪路马蹄轻"）。这是在经历了情—理—情的价值建构之后，人格与心怀的新的提升。同样是看流水，秦少游与之相抗拒，苏轼视为多情伴侣，根本系于二人的情理结构之不同。但是秦词情与理的巨大张力已达到集中化典型化程度，所以能够穿越千年与人心相通，这也是其魅力所在。

> 高城望断尘如雾。不见联骖处。夕阳村外小湾头。只有柳花无
> 数，送归舟。
> 琼枝玉树频相见。只恨离人远。欲将幽事寄青楼。争奈无情江
> 水、不西流。（《虞美人》）

这首词较特别，是典型的秦观特色——悲剧意识循环往复，与自己与天地过不去。上片登高恋往而昔时无迹可寻，悲情意识若隐若现，这在柳花伴人归的情景中得到弥合。但随即又上心头，生出分别之恨。想要在欢场快乐

中消解悲愁，可是"无情江水、不西流"。上阕结句可以感知自然之温情，作者有融入其中的倾向而弥合了悲情意识；但是这次否定了自然，实际上是一种不得解的绝望——沉湎于昨日不复重现的悲凉心绪之中。结句不同于"只有多情流水、伴人行"，较之苏轼《浣溪沙》（山下兰芽短浸溪）中的"门前流水尚能西"，"心境之差距昭然可见"[2]75，盖苏轼在价值追询后获得心境的打开和人格的提升，少游却必欲使自然规律顺己意运行，即此情无法认同此理，找不到精神家园。

　　苏轼总是"此心安处是吾乡"，化故乡为天下，与自然融为一体。值得注意的是这首《浣溪沙》上阕"潇潇暮雨子规啼"，是季春更兼暮雨又闻子规啼晚的伤愁之景，苏轼却能于此般氛围里瞩目于"西流"之罕景，又从这种自然景象出发，生出"谁道人生无再少""休将白发唱黄鸡"的高亢强音。这不仅"是个秉性难改的乐天派"（林语堂《苏东坡传》）这么简单，更显露了永远葆有对青春毫不掩饰的热爱与渴望，这是符合人类总体意识的年轻向上的审美人格，也在一定意义上解释了苏轼何以能屹立千年，以强大的人格磁场吸引"后之览者"。这种审美化的人格就是情理浑融的结构和境界。

二、深慨长叹归于心

　　秦观词情理结构的另一种导向是归于心理本体，即目下心境及其外化的情景。心理本体就是归于心理，实质上是归于人格境界；中国人没有西方宗教文化传统对于外在与超验的信奉，而是相信一种人格、一种境界以及追求人格境界的过程，如此诸种全在个我（之心），是谓心理本体。表现于诗词就是归于情、归于心。如：

　　　　山抹微云，天连衰草，画角声断谯门。暂停征棹，聊共引离樽。多少蓬莱旧事，空回首、烟霭纷纷。斜阳外，寒鸦万点，流水绕孤村。
　　　　销魂。当此际，香囊暗解，罗带轻分。谩赢得，青楼薄幸名存。此去何时见也，襟袖上、空惹啼痕。伤情处，高城望断，灯火已黄昏。（《满庭芳》）

上下两片文路相同，都是先写离别之景和离别之情，后均以景结情。上阕最后三句闲淡宁静的情景因为上文惜别怀人而成为心理归宿。在秋山衰草的萧瑟中与情人伤别，而这在词人的回忆中又如烟漫漶，更添伤感；离别本是人生之常理，却是人力无奈的，所以作者只有体味这种伤情，"斜阳外，寒鸦万点，流水绕孤村"正是伤别中归向内心，斜阳、寒鸦、流水、孤村营造的秋晚之景衬托了词人幽微深远平淡的心境。下阕最后三句亦是营造情景，因为"高城望断，灯火已黄昏"就让人体会到黯然神伤的感觉，同时让心情意绪有了归宿[1]。灯火是家的象征，黄昏是归家的时刻，而作者却不可归，亦无家可归，于是最后这个情景引人沉入其中，不断体会上面营造的情理结构——不愿分别却对这种现实无可奈何，于是"伤情"化作对人生的深情感慨，即"高城望断，灯火已黄昏"，这是"向心理本体淡淡的沉入"[3]263。

> 晓色云开，春随人意，骤雨才过还晴。古台芳榭，飞燕蹴红英。舞困榆钱自落，秋千外、绿水桥平。东风里，朱门映柳，低按小秦筝。
> 多情。行乐处，珠钿翠盖，玉辔红缨。渐酒空金榼，花困蓬瀛。豆蔻梢头旧恨，十年梦、屈指堪惊。凭阑久，疏烟淡日，寂寞下芜城。（《满庭芳》）

此词和上一首内部结构近似，都是先写景或忆昔，而后以情景作结。往昔春日与恋人寻欢的美好生活一去不返，弹指惊过十年，作者因此产生了淡淡的愁情，"凭阑久，疏烟淡日，寂寞下芜城"正是这种心境的审美表达和向心理本体的沉入。

> 梅英疏淡，冰澌溶泄，东风暗换年华。金谷俊游，铜驼巷陌，新晴细履平沙。长记误随车。正絮翻蝶舞，芳思交加。柳下桃蹊，乱分春色到人家。
> 西园夜饮鸣笳。有华灯碍月，飞盖妨花。兰苑未空，行人渐老，重来是事堪嗟。烟暝酒旗斜。但倚楼极目，时见栖鸦。无奈归心，暗随流水到天涯。（《望海潮》）

初春俊游，春色喜人；雅集欢饮，回首已老。追恋美好往事却难以复现，词人的情思在嗟叹中归于"倚楼极目，时见栖鸦"的情景之中，心境亦趋于平和淡定。最后"无奈归心，暗随流水到天涯"就是对人生现实的深情感慨，虽然无奈不愿，但终究面对现实，所以情理结构中蕴含着精神家园。

  西城杨柳弄春柔。动离忧。泪难收。犹记多情，曾为系归舟。碧野朱桥当日事，人不见，水空流。
  韶华不为少年留。恨悠悠。几时休。飞絮落花时候、一登楼。便做春江都是泪，流不尽，许多愁。（《江城子》）

这首词的思路仍然是写景、追忆而后抒情，且仍然是留恋昔日美好岁月，但更多的是沉湎于昨日，所以最后就沉入深深愁绪之中，"便做春江都是泪，流不尽，许多愁"即归于当下的心境，包含着深刻的凄凉甚至绝望——人事不可见，自然不可托，这是心灵无可依傍的空与伤。这种心灵无可依傍的状态并不会导向空虚，而实质上是以心理为本体，向内寻求、建立价值，可以说是家园在内心、依傍在自我的文化本体渐趋形成的预示，使读者感受到另一种层次的正面向上的艺术力量。

  东风吹碧草，年华换、行客老沧洲。见梅吐旧英，柳摇新绿，恼人春色，还上枝头，寸心乱，北随云黯黯，东逐水悠悠。斜日半山，暝烟两岸，数声横笛，一叶扁舟。
  青门同携手，前欢记、浑似梦里扬州。谁念断肠南陌，回首西楼。算天长地久，有时有尽，奈何绵绵，此恨难休。拟待倩人说与，生怕人愁。（《风流子》）

上片写春色恼人，是触景生情，后归于斜阳烟静、舟中听笛的情景，最是容易逗出深情沉思，果然进一步引起了往日交游欢会的回忆，且难以忘怀。岁月本该天长地久却如梦难永，人生本该携手长久却客老沧洲，正是这种情感理想与客观现实的冲突，即情与理的张力导致了绵绵难休之恨。最后两句不仅是直抒胸臆，作者看似消愁有心无计，实则是心理本体之下不愿为外人道而宁愿浸淫其中，细细体味这种悲情意识。这既是一种心理归宿，也是一种消解方式,"所积累的丰富的情感终究会成为追询新的价值的动力"[3]263。

> 水边沙外。城郭春寒退。花影乱,莺声碎。飘零疏酒盏,离别宽衣带。人不见,碧云暮合空相对。
> 忆昔西池会。鹓鹭同飞盖。携手处,今谁在。日边清梦断,镜里朱颜改。春去也,飞红万点愁如海。(《千秋岁》)

秦观这些词大都有一个共同之处,即上下两片先写景或追昔,其次有的词时或兼抚今,而后以情景之句作结(偶尔直抒胸臆,如"怕与人愁");而这首词同上面《江城子》、《虞美人》、《满庭芳》(山抹微云)结构最接近,这是观之显见的。本词"回忆苏轼及其门人往日相聚的情景,而今日天涯流落,未来也不可测度"[3]264。"春去也,飞红万点愁如海",无法体认自己所处的现实又难以超越,于是只得浸淫在这种情绪之中,不得自拔之法。

苏轼在文化本体时代进行价值追询,建立起情本体的情理结构,这在《水调歌头》(明月几时有)中得到了最集中的证明。"该词以'明月几时有,把酒问青天'起句,超越了现实的功利的局限,以一颗自由的心灵来询问宇宙和自然。"[3]255具体说来,关问明月的诞生和宇宙的年岁,根本上是源于相形于自然之恒久,生命有限的人类对青春永在、生命长久的本能期愿。这种价值问询和"人生有限情无限"的悲剧意识的兴起本身就体现了最原初的情。在经历"乘风归去"和"高处不胜寒"的理性追索后,最终的答案是选择现实的温暖——"起舞弄清影",以下的"转朱阁,低绮户,照无眠"就是这个具体的温暖的人间,总之这个过程就是对应然之理的选择。最后,虽然"人有悲欢离合,月有阴晴圆缺",但作者并没有障目于悲欢离合、阴晴圆缺这些人事和月态的具体内容,而是祝祷"但愿人长久,千里共婵娟"的永驻长存的形式。所以"人有悲欢离合,月有阴晴圆缺"既是对现实常态的深刻体认,也是对生命的深情感慨;而"但愿人长久,千里共婵娟"既是深情感慨,也是对现实的审美超越(经由现实而超越现实从而建立起具有历史合理性的人类总体价值)。这种祝祷是从人的自然感性欲求(即最开始的情),经过理性追询后抽绎出的普遍人情,是典型的情—理—情的价值建构理路,源于情而归于情,一般的心理本体就升华为"情感本体化"的情理结构。但像苏轼这样毕竟是少数,秦观才是"文化本体时代的神伤,是价值追索失败后的绝望"[3]264的普遍表现，这也是为什么秦观的很多词虽然充斥悲愁甚至常以绝望收场，却仍然不乏其价值，因为它能表现一个时代的情感与心态。

> 碧水惊秋，黄云凝暮，败叶零乱空阶。洞房人静，斜月照徘徊。又是重阳近也，几处处，砧杵声催。西窗下，风摇翠竹，疑是故人来。
> 伤怀。增怅望，新欢易失，往事难猜。问篱边黄菊，知为谁开。谩道愁须殢酒，酒未醒、愁已先回。凭阑久，金波渐转，白露点苍苔。（《满庭芳》）

本词上阕与《踏莎行》（雾失楼台）几近同一结构，仍然是先写凄凉之景，后托出幽独深居的主人公形象，虽然都营造了寂寂封闭的氛围，但两首词中的主人公都在探听外界的动静。砧杵声和风敲竹的响动衬映出作者敏感幽微的内心。过片新欢亦会成为故人，进而成为难猜之往事，只会复添怅惘与怀伤。作者希图通过人世人情来排解悲情意识，却再一次失败；只得投向自然之怀，可是试"问篱边黄菊"，也是无用的；希望借酒消愁，结果是"愁已先回"，"谩道"一词便透露出作者再次失败的怨气。一而再、再而三的消解悲愁的努力受挫后，词人的情绪下行已至谷底，到了绝望境地，却也由此出现了触底反弹的契机。结尾三句呼出的是秋波依旧缓慢旋转，点点白露下苍苔的娴静自若的情景，可以说词人在一次次情理的交锋后归于心理本体。按照王国维的意境论，如果"可堪孤馆闭春寒，杜鹃声里斜阳暮"为"有我之境"，那么"凭阑久，金波渐转，白露点苍苔"可谓"无我之境"。这种"无我"从另一个角度言，反而是不愿面对与体认人生离别和个体孤独的应然实然状态，对那个"此刻"之心境最深细的体味，其实蕴含着对生命真相的深情感慨，而这种感慨之中满含词人的证悟——自然而然地生活，此即精神家园和心灵归宿。

> 锦帐重重卷暮霞。屏风曲曲斗红牙。恨人何事苦离家。
> 枕上梦魂飞不去，觉来红日又西斜。满庭芳草衬残花。（《浣溪沙》）

这首词的具体内容并无定解。清代苏黄《蓼园词选》评价此词"写闺情至深，意致浓浓，大雅不俗"，以之为闺怨思妇之语。而杨世明《淮海词笺注》曰："写客中与宴…自称恨人。"[4]86 石海光编著《秦观词全集》题解："由酒宴歌席之会一转而至思乡之愁。"[2]18 笔者亦以为是即宴事作。华宴之上，歌姬拍红牙歌唱，耳目之乐并没有浇灭词人的离家客愁，可谓乐极生悲。"恨人"可为己称，更可将"恨"理解为动词，"人"不必具指，乃可为所有人而发问。就像"但愿人长久，千里共婵娟"，苏轼不仅是希望自己和弟弟长久安好，而且上升到对全人类的祝愿。此亦然，一人之问，千万人之惑，其实是对人类的整体关切。如此悲剧意识也因为具有普遍意义而更加深沉。离家之恨的悲剧意识在此兴起，欲消而难消，即使梦归亦不可得。离家客居本是人之常情和现实常态，"恨"字却表现出作者执着于常聚长圆的理想状态而不愿意体认这种现实和常情，正是内心之情不肯接受现实之理的剧烈冲突的掷地有声的集中迸溅。最后"满庭芳草衬残花"，满目的草盛花残的生活情景让人兴起新的更加深浓的悲剧感，而作者此刻就归于这种情景之中。

这第二类情形的几首词中，《浣溪沙》（锦帐重重卷暮霞）、《江城子》（西城杨柳弄春柔）、《虞美人》（高城望断尘如雾）、《千秋岁》（水边沙外）几首是最终沉入悲凉和绝望心绪的，这是"试图解决生命的有限性和情感的无限性之间的矛盾，本质上就是情与理的冲突，最终没有找到答案，因而表现出绝望的价值悲剧意识"[3]270。

与第一种情况情理无法和解不同的是，虽然也是对悲凉心境的体味，但仍然指向了心理归宿，哪怕沉溺的是悲凉（但并不会把人引向颓废和毁灭，如上文每一首具体分析所指出的，或蕴含着对生命深情感慨，或积蓄着继续前行和新的价值追询的力量）。但《踏莎行》（雾失楼台）和《虞美人》（高城望断尘如雾）是情始终不愿体认理，内心始终不能与自我和解，投射到外物和自然就是暗暗抗拒，真正的"怨"天"尤"人，这是反复的价值追询失败后的积郁和不平，不甘心不愿意就此体认这样的现实和自然。但这仍然不会导向虚无主义和自我毁灭，因为这些词本身就表明了这一点，比如其所构筑的循环往复之悲剧意识实质就是不断尝试建立价值，而一首词的有尽的时空并不是这种努力的终截；再如当抖落了一切世俗、外在、惯常的价值，也就是彻底悲剧意识净化心灵而结出心理本体新果实的契机，这个果实就是文化本体时代归于心灵的精神家园和价值归宿。

三、理化入情无参商

最后一类是完成了情对理的认同,一般内含情—理—情的结构,大致就是以下几首:

千里潇湘挼蓝浦,兰桡昔日曾经。月高风定露华清。微波澄不动,冷浸一天星。
独倚危樯情悄悄,遥闻妃瑟泠泠。新声含尽古今情。曲终人不见,江上数峰青。(《临江仙》)

作者联想到昔时湘妃、屈原亦经行此处,发思古之幽情,内蕴淡淡的历史悲剧意识,必然唤出价值追询的欲求。而风、露、月、波、星构成幽眇深邃的世界,又构成净化心灵和自证的最佳契机。此刻词人独倚危樯,远远地听见清越的琴声。古今人同此心,声同此情,尽含于新声。作者将一己之生活和情思上升到古今普遍的高度,实质上也是对生命的深情感慨——历史皆然,人生同是!经历这一番洗礼,词人终于达到对悲剧意识的审美超越——"曲终人不见,江上数峰青",在情—理—情的结构上则是归于宇宙情怀。

这近于苏轼《行香子》(过七里滩)的"但远山长,云山乱,晓山青"。上阕轻舟过七里濑,水天清湛、鱼鹭自在、霜月溪明,是对自然景物的单纯美好的自然感受;而下阕中"重重似画,曲曲如屏。算当年、虚老严陵。君臣一梦,今古空名"是经过理性思考,发现功名得失、成败胜负都是一场空,正面、负面的价值都被消解。但随即"但远山长,云山乱,晓山青",苏轼从自然而然的自然中悟道,这是对宇宙情怀的深情拥抱,在自然中对自然之道进行充分体认而化理为情。所以,与秦观这首词都是情—理—情的情理结构,最终"看山还是山,看水还是水"。钱起的名句在这里被赋予新的意义——营造了渺远空明的境界,成为生命境界打开的诗性化表达。

秦峰苍翠,耶溪潇洒,千岩万壑争流。鸳瓦雉城,谯门画戟,蓬莱燕阁三休。天际识归舟。泛五湖烟月,西子同游。茂草台荒,苎萝村冷起闲愁。

何人览古凝眸。怅朱颜易失，翠被难留。梅市旧书，兰亭古墨，依稀风韵生秋。狂客鉴湖头。有百年台沼，终日夷犹。最好金龟换酒，相与醉沧洲。（《望海潮》）

上片先绘写会稽一带自然胜景，下片先追述历史风流。但佳山丽水之间，作者"冷起闲愁"，兴起历史悲剧意识，具体表现在下片览古而生幽思，因为与绍兴山水相关的历史人物和风云际会已然消失，徒留后来游人在荒台茂草之间终日流连；可是秦峰依旧苍翠，耶溪依旧潇洒，而千古风流人物及其丰功伟业、历史佳话这一切浮华历史似乎都不值得追求，不如归隐沧洲醉乡。最初对自然的体认之情在经过历史悲剧意识洗礼后，情感与人格进入新的境界，这就是"最好金龟换酒，相与醉沧洲"。最后看似以隐居、酒和自然作为精神寄托，其实是找到价值归所的新的人格境界的打开，所以也是情—理—情的心路。

苏轼词集中常见情—理—情的心理净化机制，但《望江南·超然台上作》或许与本词更加形似。上阕作者于细风烟雨中登台眺望，所见乃"半壕春水一城花"的初春美景，对现实对自然都给予充分体认。古人凭栏登高必怀远感喟，苏轼"酒醒"而"咨嗟"，从后一句"休对故人思故国"可知是因思念故国与故人，但他直接出以"休对"之句，说明悲情意识的产生与持续过程十分短暂，随即直达理性自我，而且在情感上诗意地展现为"且将新火试新茶。诗酒趁年华"，透显出情理情的心理本体已相当稳定，情早就达到了与理的深然合一。唯其如此，苏轼的价值建构理路才成其为"情感本体化"。虽然感性人情的悲情意识的兴起转瞬即逝，但和秦观此词最终都是归于诗酒快意的文人本真生活（而这已理化为情），情理结构是相同的。

红蓼花繁，黄芦叶乱，夜深玉露初零。霁天空阔，云淡梦江清。独桹孤蓬小艇，悠悠过、烟渚沙汀。金钩细，丝纶慢卷，牵动一潭星。

时时，横短笛，清风皓月，相与忘形。任人笑生涯，泛梗飘萍。饮罢不妨醉卧，尘劳事、有耳谁听。江风静，日高未起，枕上酒微醒。（《满庭芳》）

这首词是对情理结构进行整体体认。秋夜却有花叶之红黄绚烂，初上露珠，在天阔云淡的明霁夜色下，词人的一叶孤舟悠然漂泊在清江烟水上，独拥这月如钩和一潭星。上阕把自然描绘得明丽、亲切、可爱，整个清空的世界都向词人敞开；当一个人独自面对透明澄澈的宇宙，是观照自我存在的最佳契机，最容易唤起价值追询的理性思考。此刻孑然孤蓬的词人也疏空了心灵，仿佛下片那清风皓月吹送的短笛乐音隐喻着心灵的洗礼，在吹尽心灵的浮尘之后留下的就是本真心灵，所谓"相与忘形"。上阕是作者对宇宙自然的充分体认和完全融入，返归本真心灵后的"任人笑生涯，泛梗飘萍"则是这种宇宙情怀的结果；"饮罢不妨醉卧，尘劳事、有耳谁听。江风静，日高未起，枕上酒微醒"是忘形而归真之后的应然状态的诗性表现，即词人内心此情对此理的高度认同。是以整首词起于宇宙情怀，在宇宙情怀的荡涤下，勘破"尘劳事"的"飘萍""生涯"，心灵冲刷掉世俗价值，留下的是无所挂怀的洒脱本真的生活状态，是对琐屑浮生的审美超越。最后"日高未起，枕上酒微醒"，营造的率性洒脱的情景简直和苏轼的"相与枕藉乎舟中，不知东方之既白"如出一辙。

所以说这首词每一句都在体认宇宙自然和本真生活。与唐人不同的是，没有"何处春江无月明"式的高亢的赞美和兴奋，经过杜牧"深秋帘幕千家雨，落日楼台一笛风"的与自然了无间隔的融合，到宋世的秦观这里已经可以淡定悠闲地观审自然之美好，以享用的姿态安放自己的灵魂。而宇宙自然亦在作者的参与中变得明媚动人、温暖可亲，人和宇宙自然相互促生、相互成就。作者已在内心找到精神家园而变得从容自得，所以才有底气说"任人笑生涯，泛梗飘萍"，有耳不听，有心无惧。小结起来，作者的情理走向是宇宙情怀—否弃世俗价值—对本真生活的情感体认，体现出的心理净化机制是情—理—情的理路。

同样是对情理结构进行整体体认，苏轼的《定风波》与之不同。一上来就是"莫听穿林打叶声，何妨吟啸且徐行"，面对"雨具先去""穿林打叶"的现实，相比"同行皆狼狈"，作者的"莫听"是一种自我提醒和宽慰。苏轼在这种悲剧意识即将兴起之初即开始理性思索，甚至可以说未兴之时理性就已上道，而探索的出路就是"何妨吟啸且徐行"，"一蓑烟雨任平生"。因此这首词所表现出来的悲剧意识的兴起过程更短于《望江南·超然台上作》，而近于无。但心灵净化与人格升华的进展尚未止步，苏轼在雨过天晴的良机中得到了妙悟——本无晴雨，焉有"何妨"？因为"莫听"实质正是源于对现实的执着和困扰，而"也无"则表明词人已不需要对人生的"晴""雨"进行理性的选择和过滤了，直接跃升到纯任情感的臻于"思我无所思"的"天地境界"，即"将天地运行的自然而然化为人生的自然而然的境界"[5]。这种情感沛然莫御，就像孟子的浩然之气"至大至刚""塞于天地之间"，消融了生活的具体的幸难喜哀，直接与自然冥然合一，以自然而然的生活态度处之，生命也就无悲无喜，而达到情感本体化的高度。

  过秦淮旷望，迥萧洒、绝纤尘。爱清景风蛩，吟鞭醉帽，时度疏林。秋来政情味淡，更一重烟水一重云。千古行人旧恨，尽应分付今人。
  渔村。望断衡门。芦荻浦、雁先闻。对触目凄凉，红凋岸蓼，翠减汀苹。凭高正千嶂黯，便无情到此也销魂。江月知人念远，上楼来照黄昏。(《木兰花慢》)

  少游词多述凭高登楼，此词亦是。上阕词人骑马游目，面对疏阔清淡的秦淮秋色，"吟鞭醉帽"，享受着自然的静好，好不潇洒惬意，宇宙情怀透出纸外。结句却翻出"千古行人旧恨，尽应分付今人"，情绪下转——于空旷的空间思接千载，由个人行吏之悲联想到千古行人之共恨，与"古人今人若流水，共看明月皆如此"同是对全人类的一种观照。在这种共情的悲剧意识的观照下，下片词人登高望远，所见秋景皆着了凄清之色，又因凄凉之景而更加黯然销魂，悲剧感更加深沉，情绪最终归入"江月知人念远，上楼来照黄昏"的情景；这一轮光照今古的明月并不无情，这是自然与人的亲和。所以在全词最后，词人既归于心理本体，也在自然与人情的统一中找到精神归宿。词人由清秋旷野之潇洒惬意到行客凄伤伤千古的情绪，到在凄凉的自然风景中洗礼而达到人与宇宙的新的亲和，也就是由体认自然之情感到理性思索与选择，而完成新的情感体认的审美超越，亦是情—理—情的理路。

  南来飞燕北归鸿。偶相逢。惨愁容。绿鬓朱颜，重见两衰翁。别后悠悠君莫问，无限事，不言中。
  小槽春酒滴珠红。莫匆匆。满金钟。饮散落花流水、各西东。

后会不知何处是，烟浪远，暮云重。(《江城子》)

元符三年，徽宗即位，苏轼、秦观等谪臣予以赦还，苏轼自海南北上与秦观相会于雷州，此即为宴别之作。秦观时年五十二岁，可以说此时已阅尽沧桑，遍历人生之升沉起伏，正是勘透人生、臻于平和淡定之际，故言别后之悠悠，不足言道——这正像苏轼的"忧愁风雨，一半相妨，又何须，抵死说短论长"——只需珍惜此刻之重聚，畅饮痛醉，因为醉后又将各分散，可见词人已体认"人生何处不离群"的现实，而不似不甘不平的积郁之前情，也不再与宇宙自然相抗拒。"饮散落花流水、各西东"至结尾都是作者勘破生命的深情感慨，如同刘长卿的"明发遥相望，云山不可知"和王维的"但去莫复问，白云无尽时"皆系同质之情理结构，孕育着顺其自然而"不喜亦不惧"，活在当下而继续前行的力量。

根据苏轼的《书秦少游挽词后》可知，词中宴别发生在元符三年六月二十五日，距少游八月十二日卒于滕州光化亭上，日可指数。可以说这首词是秦太虚整个人生这一最大的情理情结构的审美总结，虽然很大程度上是生命过程的磨炼所致，而不似苏轼之能动清明，但晚年词人终于在词中所蕴含的深情感慨中完成了对人生对现实对自然的情理认同，这从晚年其他为数不多的作品如《醉乡春》(唤起一声人悄)等亦可看出。

四、小结

以情理结构的审美类型挖掘秦观词意蕴和词人之心，得窥更加具体深细的景观：除了少数情理冲突十分强烈，情始终不愿意体认理而沉入深度的怨悱不甘（但蕴含着后续的价值崛立和家园感询唤的空间与希望）；大多数词作即归于一种情景和心境，向心理本体沉入；少数篇什甚至体现出情—理—情的结构而实现了对悲剧意识和悲情意识的审美超越，实现了人格境界的提升（虽然不如苏轼那么典型和普遍）。总体来说，秦观词情胜于理，在情理结构上多表现为在当下情景中细味此刻的心情，其实这正是因为还没有完成情对理的体认，有家园感的倾向却不充分。

在这一点上，最大的原因可能就是秦观在心理本体的筑就上更多地拘牵于情理矛盾上，以至于情理结构的链条不够彻底和完善，即在情理交锋后往往要么陷入抑郁不平乃至绝望,要么沉入当下情境和此刻心境,缺少苏轼那样多见的理化之情的审美外化和诗意表达。苏轼在心理成本体的道路上走得更远,已然臻于情感本体化境界,要么通过情—理—情的心理净化机制或者说价值建构理路,典型的如《水调歌头》(明月几时有);要么自然感性的悲剧性情感短暂兴起以至于径出以理,又上升到情感上进一步的新的认同,如《望江南·超然台上作》;要么天时良机之下妙悟而迈入"思我无所思"与自然一样的自然而然的"天地境界"。故苏轼很多时候总能在自然中安放自我:"雨具先去",那就"莫听穿林打叶声";"尽日行桑野,无人与目成",那就"且将新句琢琼英",还不无标榜地自嘲"我是世间闲客、此闲行";延及人事,三更归家,"敲门都不应",那就"倚杖听江声",还浪漫地想起小舟江海之志。苏轼是先即融入了自然,也自然能与自然和解,因为这种融入本就意味着天我合一。而秦观在处理自我与自然的关系上,试图以一方狭小的个我天地去涵盖自然,欲使自然按照自我世界的意志运行,与自然相抗,本质上是与自己过不去,沉浸在自己的世界里,剧烈之时可至于"流不尽,许多愁"和"争奈无情江水、不西流"。所以,从词心与自然的相处这一具体问题上,也可以更好地理解二人词作情理结构特点的不同面貌的产生原因。

少游喜登城凭高,词中多所体现,且但凡登高,无不是令人称赏的名篇。或许正是因为"许多愁""流不尽"又深"如海",才喜登高,却仍是难以解证(多数情形以当下的情景和心境为心理归宿,以此或通往精神家园)。要之,少游词虽是愁满乾坤,却绝不把人导向颓废、毁灭与虚无,反而是从另一角度助益于正面情感与价值的积淀,有助于心灵的净化与成长。这组词不仅是深刻典型的诗性表达,同时也是一种审美体现。

注 释

[1] 根据爱课程网—冷成金《唐诗宋词的审美类型》—第四讲《情理结构与精神家园》整理。

[2] 石海光《秦观词全集》,崇文书局2015年版。

[3] 冷成金《唐宋诗词研究》,中国人民大学出版社2013年版。

[4] (宋)秦观著,杨世明笺《淮海词笺注》,四川人民出版社1984年版。

[5] 冷成金《苏轼词对现实悲剧性的审美超越》,《河北学刊》2016年第3期。

苏轼黄州、岭海时期诗歌中"情—理—情"价值建构理路浅析

◇王 艳[*]

纵观苏轼现存的二千七百余首诗,风格多有变化。南宋刘克庄《后村诗话·前集》卷二:"坡诗略如昌黎,有汗漫者,有谨严者,有丽缛者,有简澹者。翕张开合,千变万态。"[1]25 但在这些风格不同的诗中,却多能体现一种"情—理—情"的价值建构理路。

所谓"情—理—情"的价值建构理路,冷成金先生认为:"中国主流文化的价值架构的起点和动力来自于人要'活着'的内在亲证,这种内在亲证在本质上不属于理性范畴,而是属于感性的范畴和情感,即人的最原初的情。在这种情的基础上,人以自证的方式来选择行为方式和建构价值观念,这个过程是一种理性活动。但由此建立起来的价值观念是具有他律的强制性,并不一定为人的情感所认同;只有当人的境界进一步提升,这些价值观念内化为人的内在自律的情感选择时,这次价值建构才算完成,而此时,这些价值观念已经内化为人的生命情感,又会(上升)到了感性的范畴,又是情,这就是'情—理—情'的价值建构理路。在这一价值建构理路中,其表现形式是复杂多样的,其中的'理'不一定直接或显豁,在很多时候是用艺术的方式喻示出来的,其中的'情'也会出现在生命—生活的不同层面。"[2]

同时,笔者以为,对于作家创作而言,"情—理—情"的价值建构理路,不仅有表现形式上的多样性,亦有时间上的过程性。在人生与万物的变化中,作家的生命情感、行为方式和价值观念也在变化,作家作品的"情—理—情"的价值建构理路也因之而变化。换言之,即作家作品中的"情—理—情"的价值建构理路,并不是在一个时期内简单完成的,也不是一成不变的。苏轼

---

[*] 作者简介:王艳,中国人民大学文学院硕士研究生。
项目基金:本文系国家社科基金项目"唐诗宋词审美类型研究"(15BZW095)阶段性成果。

苏轼黄州、岭海时期诗歌中"情—理—情"价值建构理路浅析

诗中的"情—理—情"的价值建构理路即经历了一个发展演变的过程。

"在四十多年的创作生活中，苏轼贬居时期的十多年，比之任职时期的三十多年，无疑取得更大的成就。苏轼在临终时说：'问汝平生功业，黄州惠州儋州。'（《自题金山画像》）这句自嘲的反话，用来评价他的文学'功业'是十分恰当的。"[3]151 观苏轼一生，其贬居期主要有二：一是被贬黄州时期；二是被贬惠州、儋州等地时期，简称岭海时期。在这两次贬居期，苏诗中的"情—理—情"的价值建构理路变化明显，接下来笔者将对其进行简单分析。

一、黄州时期

"乌台诗案"后，从元丰三年二月到元丰七年四月，这四年多时间中，苏轼都在黄州过着流放生活。观苏轼在此期相关诗作中的"情—理—情"价值建构理路，可更细腻地窥知其谪居黄州时意识流动的轨迹、内心冲突的复杂以及努力消解悲剧意识的曲折历程。经分析可知，此期苏诗的"情—理—情"价值建构理路主要涵盖以下两种类别：

第一，"理"指向对悲剧意识的消解，并由此建立了行为方式和价值观念，内化为生命情感后，升华后的"情"能够暂时消解悲剧意识，但同时更凸显出现实人生的悲剧真相，诗人主体的悲剧意识在消解后又立刻兴起，诗人的心灵没有获得解脱。另外，从时间上看，这类诗主要是苏轼初贬黄州时期（元丰三年）所作。

例如，《定惠院寓居月夜偶出》：

> 幽人无事不出门，偶逐东风转良夜。参差玉宇飞木末，缭绕香烟来月下。江云有态清自媚，竹露无声浩如泻。已惊弱柳万丝垂，尚有残梅一枝亚。清诗独吟还自和，白酒已尽谁能借？不惜青春忽忽过，但恐欢意年年谢。自知醉耳爱松风，会拣霜林结茅舍。浮浮大甑长炊玉，溜溜小槽如压蔗。饮中真味老更浓，醉里狂言醒可怕。闭门谢客对妻子，倒冠落佩从嘲骂。[4]

此诗于元丰三年二月苏轼初到黄州所作。"幽人无事不出门，偶逐东风转良夜"，诗人初贬黄州无事不出门，但或许为了排遣内心的忧伤，偶尔还会出

门散步。一出门便遇到了美好夜晚,"江云有态清自媚,竹露无声浩如泻。已惊弱柳万丝垂,尚有残梅一枝亚",舒朗清新的自然景色,让诗人生出些许欢乐之情。但现实处境不允许诗人长久地沉醉在这欢乐中。"清诗独吟还自和,白酒已尽谁能借",如此良辰,没有好友相伴,诗人只能独吟、独饮,显出凄凉寂寞之情,悲剧意识兴起。诗人试图消解这种悲剧意识。"不惜青春忽忽过,但恐欢意年年谢",诗人认知到美景易逝的自然万物发展之理,但并不为此而遗憾。他所担忧的是欢意减少,所想要的是欢乐长存,这是人要"活着"的内在亲证的表现,激起了诗人要为自己建立价值的动力。

于是诗人尝试建立一种能够让欢意长存的价值观念,即"自知醉耳爱松风,会拣霜林结茅舍",也就是顺从本心、旷达自适的价值观念。"浮浮大甑长炊玉,溜溜小槽如压蔗",则是对这种价值观念的深情体认,表现出潇洒自如之情。诗人的价值得以建立,悲剧意识暂时得到消解,情感境界到达了一个更高的层次。但在面对外部现实时,升华后的潇洒自如之情,却更凸显出人生的悲剧真相。诗人或许是想到不久前的"乌台诗案",不禁感到"醉里狂言醒可怕",只能"闭门谢客对妻子,倒冠落佩从嘲骂",悲剧意识又即刻兴起。

再如,《寓居定惠院之东,杂花满山,有海棠一株,土人不知贵也》:

> 江城地瘴蕃草木,只有名花苦幽独。嫣然一笑竹篱间,桃李漫山总粗俗。也知造物有深意,故遣佳人在空谷。自然富贵出天姿,不待金盘荐华屋。朱唇得酒晕生脸,翠袖卷纱红映肉。林深雾暗晓光迟,日暖风轻春睡足。雨中有泪亦凄怆,月下无人更清淑。先生食饱无一事,散步逍遥自扪腹。不问人家与僧舍,拄杖敲门看修竹。忽逢绝艳照衰朽,叹息无言揩病目。陋邦何处得此花,无乃好事移西蜀。寸根千里不易致,衔子飞来定鸿鹄。天涯流落俱可念,为饮一樽歌此曲。明朝酒醒还独来,雪落纷纷那忍触。

此诗与前诗同作于元丰三年二月。"江城地瘴蕃草木,只有名花苦幽独",黄州处湿热之地,草木生长旺盛,只有海棠一株为幽独而苦。诗人在叹息海棠身世之时,亦是自叹身世之飘零,悲剧意识已然兴起。于是诗人尝试用一个普世性真理来消解悲剧意识:"也知造物有深意,故遣佳人在空谷。"诗人把海棠出现在空谷的原因,归于造物主用心细腻的结果,这其实也是诗人对自己被贬遭遇的开解。接着,诗人叙述海棠的姿态,并由写海棠而叙及诗人自身,以自证的方式,建立了"先生食饱无一事,散步逍遥自扪腹"的价值观念和行为方式,即顺从本心、逍遥自在。"不问人家与僧舍,拄杖敲门看修竹",则是诗人对顺从本心、逍遥自在的价值观念的深情体认,诗人的悲剧意识在此刻得以暂时消解。

但诗人虽与海棠同居黄州这种偏僻之处,海棠却是"绝艳",而诗人却是"衰朽",在这种对比之下,诗人的悲剧意识又重新兴起。于是在第一次思考基础之上,诗人开始第二次理性思考。"陋邦何处得此花,无乃好事移西蜀。寸根千里不易致,衔子飞来定鸿鹄",海棠到此处的现实原因是什么?诗人先认为是好事者移植,但随即结合地理因素进行否定,认为是鸿鹄衔来花籽而致海棠现于此处。第二次理性思考的结果,使诗人体会到自己和海棠都有着流落天涯的身世,并产生了"天涯流落俱可念"的价值观念。"为饮一樽歌此曲",是对这种价值观念的深情体认,但这只能片刻消解诗人的第二次悲剧意识。"明朝酒醒还独来,雪落纷纷那忍触",诗人开始想象海棠花落的悲伤场景,这其实也是诗人对自己未来境遇的深情感慨,表现诗人对未来不定的悲伤之情,悲剧意识又一次兴起。

此诗的独特之处在于,其"情—理—情"的价值建构理路兴起了三次悲剧意识,展开了两次理性思考,表现出"情—理—情—理—情"的形式。诗人在第一次理性思考后,建立了顺从本心的价值观念和行为方式,其悲剧意识得到暂时消解,情感境界也得到升华。但诗人在第二次理性思考后,其第二次兴起的悲剧意识得到片刻消解后,又第三次兴起悲剧意识,诗人的心灵无法获得最终的解脱。

与此诗类似的还有作于元丰三年四月的《杜沂游武昌以酴醾花菩萨泉见饷二首》(其一),其亦表现出"情—理—情—理—情"的形式。诗人由"酴醾不争春,寂寞开最晚"兴起悲剧意识,但面对酴醾花的高妙风姿,诗人理性思考后,认识到"无风香自远"的道理,即事物可以凭借内在品质建立价值的道理,诗人悲剧意识暂解。然而"凄凉吴宫阙,红粉埋故苑"的现实,又使诗人悲剧意识兴起,诗人展开第二次理性思考,产生了"余妍入此花,千载尚清婉"的价值观念,即有价值的事物不会被历史埋没,但这种价值观念只能片刻消解诗人的第二次悲剧意识。"昨宵雷雨恶,花尽君应返",现实的悲剧让诗人的心灵无法获得解脱。

　　第二,"理"指向对悲剧意识的消解,并由此建立了行为方式和价值观念,内化为生命情感后,升华后的"情"能够对世事人生进行审美超越,实现悲剧意识的消解,诗人的心灵获得一定层次上的解脱。另外,从时间上看,这类诗主要是苏轼贬谪黄州中后期(元丰四年至元丰七年)所作。

　　例如,《东坡八首》其六:

　　　　种枣期可剥,种松期可斫。事在十年外,吾计亦已慤。十年何足道,千载如风雹。旧闻李衡奴,此策疑可学。我有同舍郎,官居在灊岳。遗我三寸甘,照座光卓荦。百栽倘可致,当及春冰渥。想见竹篱间,青黄垂屋角。

　　此诗于元丰四年作于黄州。"种枣期可剥,种松期可斫。事在十年外,吾计亦已慤",在东坡上种上枣树和松树,期待未来能有所收获,表现诗人对未来的憧憬之情。同时,这也是人要"活着"的内在亲证的表现,激起了诗人的悲剧意识,诗人意识到光阴易逝的道理:"十年何足道,千载如风雹。"但诗人并未因此而过多悲伤,他尝试着利用历史来消解这种悲剧意识。"旧闻李衡奴,此策疑可学",诗人希望能够像历史上的李衡一样通过种树而使家人生活自足。借助历史,诗人建立起了自给自足的价值观念。"我有同舍郎,官居在灊岳……百栽倘可致,当及春冰渥",则是对上述价值观念的深情体认。"想见竹篱间,青黄垂屋角",在建立积极价值观之后,诗人找到了自己想要的生活方式,即顺从本心的生活方式,并用其对抗时间易逝的悲剧,表现出怡然自得之情。诗人的悲剧意识得以消解,心灵获得了解脱。但这种解脱是有限的,诗人追求的生活方式还只是对未来的憧憬。愿望是美好的,但未来能否实现,则是不可知的。

　　再如,《正月二十日,与潘郭二生出郊寻春,忽记去年是日同至女王城作诗,乃和前韵》:

　　　　东风未肯入东门,走马还寻去岁村。人似秋鸿来有信,事如春梦了无痕。江城白酒三杯酽,野老苍颜一笑温。已约年年为此会,故人不用赋招魂。

苏轼黄州、岭海时期诗歌中"情—理—情"价值建构理路浅析

此诗作于元丰五年正月二十日。"东风未肯入东门，走马还寻去岁村"，叙诗人对美好自然的追寻之情。但诗人在上年正月二十日来女王城，在今年正月二十日又来女王城，时间上日期的相同，空间上地点的一致，让诗人意识到一个人事道理："事如春梦了无痕"，过去的事情就像春梦一样，最终会归于无痕，悲剧意识兴起。不过，诗人虽然用理性撕开了人生如梦的悲剧真相，但并未放弃对现实人生的体认，而是建立了积极的价值观念。"江城白酒三杯酽，野老苍颜一笑温。已约年年为此恨，故人不用赋招魂"，诗人选择以酒消解悲剧意识，并与朋友约定好，年年来此寻春，并希望故人不必设法将其调回朝。这既是对本真生活的选择，又是对过去人事的割离，表达诗人随遇而安的旷达之情。诗人的悲剧意识得以消解，心灵获得了解脱。但进一步深入思考，这种解脱却是有限的。因为诗人主动对过去的割离，同时也暗示着诗人并未忘却过去政治生活中的人事。诗人想起过去，必然会想起曾经遭遇的"乌台诗案"。

又如，《孔毅父以诗戒饮酒，问买田，且乞墨竹，次其韵》：

> 酒中真复有何好，孟生虽贤未闻道。醉时万虑一扫空，醒后纷纷如宿草。十年揩洗见真妄，石女无儿焦谷槁。此身何异贮酒瓶，满辄予人空自倒。武昌痛饮岂吾意，性不违人遭客恼。君家长松十亩阴，借我一庵聊洗心。我田方寸耕不尽，何用百顷糜千金。枕书熟睡呼不起，好学怜君工杂拟。且将墨竹换新诗，润色何须待东里。

此诗作于元丰六年。"酒中真复有何好，孟生虽贤未闻道。醉时万虑一扫空，醒后纷纷如宿草"，由酒的作用写起，酒虽能在醉时让人暂忘万般忧虑，但醒后忧虑依旧在。诗人于此处承认了人生的悲哀，惆怅之情隐于内，悲剧意识兴起。但人要"活着"的内在亲证，让诗人引入佛理，并试图从佛教中寻求解脱。"十年揩洗见真妄，石女无儿焦谷槁"[5]，常常拂拭洗涤能够见真妄，浮生就如同石女无儿，如同焦谷干枯，众生无须牵挂尘世间种种烦恼。但世间烦恼总在，"此身何异贮酒瓶，满辄予人空自倒。武昌痛饮岂吾意，性不违人遭客恼"，写出人世的无奈。不过诗人已参悟佛理，世间虽有诸多烦恼，但总有消解的方式。于是，诗人执着现实又超越现实，建立了"君家长

松十亩阴,借我一庵聊洗心。我田方寸耕不尽,何用百顷糜千金"的追求本真生活的价值观念。"枕书熟睡呼不起,好学怜君工杂拟。且将墨竹换新诗,润色何须待东里",则是对上述价值观念进行深情体认,表现出诗人悠闲自得之情。诗人的悲剧意识消解,心灵得以解脱。不过,这种解脱是有限的,"聊洗心"和"且将墨竹换新诗"是有些许勉强之情在内的。

综上可知,在整个黄州时期,苏诗中的"情—理—情"价值建构理路中的第一个"情",可由日常生活小事、细景或诗人本体情感激发。而由于人要"活着"的内在亲证,其"理"则均指向对悲剧意识的消解。但因黄州时期的诗人是处于成长之中的,所以由"理"构建的价值观念和行为方式对诗人所产生的作用有很大不同。初贬黄州时期的诗人,被迫幽居,内心多有不平,无法淡然处之。诗人虽用"理"劝说自己要自在地生活,但内心深处仍饱含着愤懑之情。具体表现在"情—理—情"价值建构理路的诗中,即其上升后的"情"反而更会凸显人生的悲剧真相,使诗人悲剧意识在消解后再次兴起,无法获得心灵的解脱。而贬谪黄州中后期的诗人,在躬耕的岁月中,不断地探索新生。诗人不再过多地因被贬之事而郁郁不平,而是对现实生活深情体认,展现出执着而超越、乐观而坚强的人格。具体表现在"情—理—情"价值建构理路的诗中,即其上升后的"情"消解了诗人的悲剧意识,使诗人获得了心灵的解脱。但要注意,这种解脱是有限的,诗人在诗的世界中尚未达到完全的自由。

总而言之,随着时间的推移,黄州时期的苏诗中的"情—理—情"价值建构理路有明显的变化。通过对变化的"情—理—情"价值建构理路进行分析,可以更加清楚地看到诗人初贬谪黄州时期与贬谪中后期的心态差异与诗人的成长。

二、岭海时期

与黄州时期一样,苏轼在岭海时期也是处于贬谪状态,其"情—理—情"的价值建构理路之诗亦表现了诗人意识流动的轨迹。但不同的是,苏轼谪至黄州是由于"乌台诗案",因文字获罪的遭遇在苏轼心中显然留下了一些阴影,所以其在黄州时期的"情—理—情"的价值建构理路之诗极少直接谈及政治或反映社会问题。而在惠州、儋州时期,苏轼流放之地生存环境虽远比黄州恶劣，但经历了官场沉浮，遭受了"三改谪命"[6]497（《赴英州乞舟行状》）的迫害后，诗人内心已经找到了适合自己的位置。他更加关怀宇宙自然，积极地融入当地人们的生活，深情体认现实生活，勇于反抗或超越现实，达到了清安、澄明、与天地同化的境界。因此，相比黄州时期，苏轼此时期的"情—理—情"的价值建构理路之诗既能展现个人行藏与对宇宙情怀的体认，又能反映社会现实问题。经分析可知，苏轼在此时期的"情—理—情"价值建构理路之诗，主要涵盖以下两种类别：

第一，"理"指向对现实生活的体认，并由此建立了行为方式和价值观念，内化为生命情感后，升华后的"情"指向对现实的反抗或超越。

例如，《荔支叹》：

十里一置飞尘灰，五里一堠兵火催。颠阬仆谷相枕藉，知是荔支龙眼来。飞车跨山鹘横海，风枝露叶如新采。宫中美人一破颜，惊尘溅血流千载。永元荔支来交州，天宝岁贡取之涪。至今欲食林甫肉，无人举觯酹伯游。我愿天公怜赤子，莫生尤物为疮痏。雨顺风调百谷登，民不饥寒为上瑞。君不见武夷溪边粟粒芽，前丁后蔡相笼加。争新买宠各出意，今年斗品充官茶。吾君所乏岂此物？致养口体何陋耶！洛阳相君忠孝家，可怜亦进姚黄花。

此诗为绍圣二年苏轼居于惠州贬所时作。"十里一置飞尘灰，五里一堠兵火催"至"永元荔支来交州，天宝岁贡取之涪"句，从历史事件说起，以稍显夸张的手法，书写自汉至唐进贡荔枝带给人们的灾难，表现诗人对帝王奢侈生活的不满之情。面对此种历史悲剧，人要"活着"的内在亲证引发诗人转向对现实生活的体认。"至今欲食林甫肉，无人举觯酹伯游"，诗人痛恨李林甫的腐败，可惜现在却无人像唐羌（字伯游）那样敢于进谏。"我愿天公怜赤子，莫生尤物为疮痏。雨顺风调百谷登，民不饥寒为上瑞"，诗人希望上天怜惜老百姓，不要生出像荔枝这样的珍稀物品给人民带来灾难，希望各种谷物都丰收，人民不为饥寒所迫才是最大的祥瑞。这既是社会得以发展的规律，又是诗人在理性活动后所建立的价值观念。这种价值观念，简言之，即指人们幸福生活是社会发展的必然要求。"君不见武夷溪边粟粒芽"至"可怜亦进姚黄花"句，写现实中进贡新茶和姚黄之事，是诗人对帝王奢侈生活的源头的探讨，并把矛头直接指向"争新买宠"的官僚。这不仅是诗人对其所建立的价值观念的深情体认，也是其对现实中帝王奢侈生活的反抗。而且，诗人在此处不局限于批评帝王的腐败生活，而是直接揭露造成这种现象的直接原因：官员谄媚取宠，从而升华了对帝王奢侈生活的批判之情。

作于绍圣二年的《小圃五咏·薏苡》与《荔支叹》相似。"伏波饭薏苡，御瘴传神良。能除五溪毒，不救谗言伤"，诗人从历史上的伏波将军马援食薏苡御瘴气说起，引起现实生活的谗言之伤。面对谗言之伤，人要"活着"的内在亲证引发诗人转向对现实生活的体认。"谗言风雨过，瘴疠久亦亡"，诗人认识到谗言与瘴疠一样不足为惧，自会随着时间而消亡的道理，并建立起"但爱草木长"这种热爱自然而然的生活的价值观念。"草木各有宜，真产骈南荒"至"今吾独何者？玉粒照座光"，则是对上述价值观念的体认，并蕴含着诗人对现实苦难的深层反抗之情。

再如，《雨后行菜圃》：

> 梦回闻雨声，喜我菜甲长。平明江路湿，并岸飞两桨。天公真富有，乳膏泻黄壤。霜根一蕃滋，风叶渐俯仰。未任筐筥载，已作杯盘想。艰难生理窄，一味敢专飨。小摘饭山僧，清安寄真赏。芥蓝如菌蕈，脆美牙颊响。白菘类羔豚，冒土出蹯掌。谁能视火候？小灶当自养。

此诗为绍圣二年苏轼居于惠州所作。"梦回闻雨声，喜我菜甲长"句至"未任筐筥载，已作杯盘想"句，通过对雨后清新美景的刻画和天降雨露的歌颂，写出诗人雨后亲自行至菜圃的喜悦之情，这是人要"活着"的内在亲证的表现，并引发诗人对现实人生的体认。"艰难生理窄"则是诗人体认现实后所得出的人生真理。但生存虽然不易，诗人却并未因此消沉，而是选择建立积极的价值观念和行为方式："小摘饭山僧，清安寄真赏"，想要与山中僧人共享清净安适的喜悦，体现出追求本真生活的价值观念。"芥蓝如菌蕈，脆美牙颊响。白菘类羔豚，冒土出蹯掌"则是对这种价值观念的深情体认。"谁能视火候？小灶当自养"，表面上所写虽仍是微不足道的日常生活，但这种日常生活其实已经融入了追求本真生活的价值观念，是对现实生活的审美超越，表现诗人安享本真生活的乐观之情。

苏轼黄州、岭海时期诗歌中"情—理—情"价值建构理路浅析

作于元符元年九月的《和陶庚戌岁九月中于西田获早稻》与《雨后行菜圃》诗相似，诗人由"蓬头三獠奴"写到"晨兴洒扫罢"、"早韭欲争春"等农耕生活的场景，表现出人要"活着"的内在亲证，并引发诗人对现实生活的体认。经过对现实生活的体认，诗人认知到"美好出艰难"的人生真理，并建立起"早知农圃乐，岂有非意干？尚恨不持耝，未免骍我颜"的价值观念，即追求本真生活的价值观念。"此心苟未降，何适不间关"，则是对这种价值观念的进一步体认。"休去复歇去，菜食何所叹"，虽仍需要面对俭朴的菜食生活，但此时的诗人内心已对现实生活进行超越，其所在意的是追求并享受本真生活。

第二，"理"指向宇宙情怀，并由此建立了行为方式和价值观念，内化为生命情感后，升华后的"情"指向对现实世界的超越。

例如，《寓居合江楼》：

> 海山葱昽气佳哉，二江合处朱楼开。蓬莱方丈应不远，肯为苏子浮江来？江风初凉睡正美，楼上啼鸦呼我起。我今身世两相违，西流白日东流水。楼中老人日清新，天上岂有痴仙人？三山咫尺不归去，一杯付与罗浮春。

此诗为绍圣元年十月苏轼初至惠州时所作。"海山葱昽气佳哉，二江合处朱楼开。蓬莱方丈应不远，肯为苏子浮江来"，诗人从海上之山写起，抒写其面对壮丽之景时内心的喜悦与豪爽之情。"江风初凉睡正美，楼上啼鸦呼我起"，由美景写及诗人初至惠州时自由自在的生活。以上皆是人要"活着"的内在亲证的表现，并激起诗人对身与世的思考。"我今身世两相违，西流白日东流水"，暗含了天地间的法则与对宇宙情怀的体认。将"身"和"世"分别比喻为在天空中向西运行的太阳，和在大地上向东奔流的河水，写两者"相违"，其实正是写身与世的"相忘"。身和世的关系，就如同太阳西行与河水东流，是没有关联的。这样，与"世"无关，保持"身"，即保持自我，是符合天地间法则的。[7]218 在对宇宙情怀的体认下，诗人开始在宇宙间寻求保持自我的方式。"楼中老人日清新，天上岂有痴仙人"，诗人首先选择求仙，但发现求仙渺茫。又继续追寻，最终建立了"三山咫尺不归去，一杯付与罗浮春"的价值观念和行为方式，这既是对本真生活的追求，又展现出诗人在

理性活动后情感境界的提升。"一杯付与罗浮春",虽表面上仍是极为日常的现实生活,但实质上这种生活却是经过宇宙情怀开拓后对现实生活的审美超越,表现出诗人澄明的心境,诗人于此处找到了自身的价值归宿。

再如,《行琼儋间,肩舆坐睡,梦中得句云:"千山动鳞甲,万谷酣笙钟。"觉而遇清风急雨,戏作此数句》:

四州环一岛,百洞蟠其中。我行西北隅,如度月半弓。登高望中原,但见积水空。此生当安归?四顾真穷途!眇观大瀛海,坐咏谈天翁。茫茫太仓中,一米谁雌雄。幽怀忽破散,永啸来天风。千山动鳞甲,万谷酣笙钟。安知非群仙,钧天宴未终。喜我有归期,举酒属青童。急雨岂无意,催诗走群龙。梦云忽变色,笑电亦改容。应怪东坡老,颜衰语徒工。久矣此妙声,不闻蓬莱宫。

此诗作于绍圣四年六月底。"四州环一岛,百洞蟠其中。我行西北隅,如度月半弓",全诗从地理形势写起,诗人沿着海南岛的西北部行走,如同沿着月亮的半周行走。"登高望中原,但见积水空",登高北望中原,唯见积水茫茫,中原已在视野之外。面对如此奇伟壮丽的自然,人要"活着"的内在亲证引发诗人的迷茫之情,并对人生归宿进行追问:"此生当安归?四顾真穷途!"但诗人并没有被"真穷途"困住,反而转向在宇宙自然中寻找价值归宿。"眇观大瀛海,坐咏谈天翁",诗人放宽心胸,像谈天翁邹衍一样眇观大海。在对宇宙自然的体认下,诗人思索到一个关于世界万物生存空间的宇宙真理:"茫茫太仓中,一米谁雌雄",在茫茫宇宙中,众生、中原或儋州,都不过如同太仓一粟,人无须为归往何处而烦恼。于是,诗人"幽怀忽破散,永啸来天风。千山动鳞甲,万谷酣笙钟",在意识到宇宙万物生存的真谛后,诗人幽怀破散,活着本身变成一种可喜之事,表现出人生在世的喜悦。"安知非群仙,钧天宴未终"至"久矣此妙声,不闻蓬莱宫",在瑰丽的神仙世界中,仙人们对衰老的诗人能够写出精深华妙的诗歌感到惊讶,诗人最终在诗歌创作的世界中寻找到了价值归宿。到此时,诗人之前的消沉之情全然不见,取而代之的是高洁、乐观的情感。

综上可知,在岭海时期,苏诗的"情—理—情"价值建构理路的两个类别,虽然其"理"指向不同,一个类别指向"对现实生活的体认",另一个类别指向"对宇宙情怀的体认",但其在理性活动后升华的"情"却指向对现实生活的反抗或超越。从这一点可以看出,诗人在岭海时期,其精神境界已经成熟。具体来说,即无论面对何种现实情境,诗人通过理性思考,在诗歌世界中均能实现对现实的超越和心灵的完全解脱。

三、总结

通过上文可知,在黄州时期,诗人的精神境界处在不断成长中;在岭海时期,诗人的精神境界已经成熟。具体到苏诗中的"情—理—情"价值建构理路,即表现为:在黄州时期,诗人的第一个"情"主要是由诗人日常生活之细景或小事而引发的个人感情,"理"则主要指向消解悲剧意识,升华后的"情"在初贬黄州时期和贬谪黄州中后期有所不同,且诗人始终无法获得心灵的完全解脱。在岭海时期,除了日常生活之外,诗人的第一个"情"还多由壮阔之自然景色或社会问题而引发,"理"则主要指向对宇宙情怀和现实生活的体认,思考深度有明显提高,升华后的"情"则使诗人在诗歌世界中获得心灵上的完全解脱。总之,"情—理—情"作为诗歌的一种审美类型,通过对其价值建构理路的分析,能够更加明显地观察到诗人内心的冲突变化和精神境界的层次。

注 释

[1] [宋]刘克庄撰,王秀梅点校《后村诗话》,中华书局1983年版。

[2] 此一部分引用冷成金先生课上讲义。

[3] 王水照《苏轼传稿》,中华书局2015年版。

[4] 本文所引苏诗均出自冯应榴辑注《苏轼诗集合注》,上海古籍出版社2001年版。

[5] 关于此句诗意,参考了苏轼《胜相院经藏记》一文。

[6] 李之亮《苏轼文集编年笺注》,巴蜀书社2011年版。

[7] 此段解释参考了[日]山本和义《诗人与造物:苏轼论考》,张剑译,中国社会科学出版社2013年版。

儋州是苏东坡真正的精神家园

◇李公羽[*]

"中华文化独一无二的理念、智慧、气度、神韵,增添了中国人民和中华民族内心深处的自信和自豪。"(《关于实施中华优秀传统文化传承发展工程的意见》)苏东坡一生,完整准确地诠释了"中华文化独一无二的理念、智慧、气度、神韵"。东坡贬谪儋州三年,为儋州、为海南构建了千年不朽的精神地标。

一、代言琼州:"海南万里真吾乡"

苏轼自早年即"奋厉有当世志",一生积极追求政治理想,却在花甲之年废逐南荒,九死一生。他初时也认定"垂老投荒,无复生还之望",而一旦踏上海南岛,就感受到这片自古以来被描述为"瘴疠交攻""魑魅逢迎"的土地,竟如此神奇而美妙。今天海口苏公祠宽檐门柱上高悬"此地能开眼界,何人可配眉山"对联,系1915年琼崖道尹朱为潮在重修苏公祠时所题,1980年广州美术学院麦华三教授重书。

东坡之前,贬谪琼州的官员凡在诗词文赋中言及此地,往往视如蛮荒、地狱而深恶痛绝。唐时名相、改革家杨炎悲叹:"一去一万里,千之千不还。崖州在何处,生度鬼门关。"而东坡离开惠州赴琼途中,即作诗曰:"他年谁作舆地志,海南万里真吾乡。"[1](《吾谪海南,子由雷州……》)到琼州府报到后赶往安置处所昌化军途中,就已动情地歌咏海南:"千山动鳞甲,万谷酣笙钟。安知非群仙,钧天宴未终。"(《行琼儋间,肩舆坐……》)儋州是东坡

---

[*] 作者简介:李公羽,高级编辑,浙江传媒学院和海南大学等客座教授,上海华夏社会发展研究院特聘研究员。

儋州是苏东坡真正的精神家园

任职琼州别驾后被安置的履职地,也是他最后实际任职的岗位,他以史无前例的激情歌颂海南、赞美儋州,开启了投身海南、以海南为家园、有志于终老海南的新时代,为儋州美誉的奠定和传播做出历史性贡献。2013 年 4 月 10 日习近平在结束海南考察时做重要讲话,先后引用了苏东坡的四段诗文,指出九百多年前苏轼被贬谪儋州时就写下不少描绘海南风景的诗句,如"云散月明谁点缀?天容海色本澄清""飞泉泻万仞,舞鹤双低昂""丹荔破玉肤,黄柑溢芳津"等。[2]可见海南风光在东坡诗词推介下传播之广。

古代文人多是旅游文学创作高手,东坡尤甚。他到儋州后,发现这里并非他人所言瘴雨蛮烟、疠气袭人,而是奇绝美妙的:"春江渌未波,人卧船自流。我本无所适,泛泛随鸣鸥。"(《和陶游斜川〈正月五日与儿子过出游作〉》)他在《儋耳》诗中写道:"垂天雌霓云端下,快意雄风海上来。"又如《减字木兰花·己卯儋耳春词》:"春牛春杖,无限春风来海上。便丐春工,染得桃红似肉红。 春幡春胜,一阵春风吹酒醒。不似天涯,卷起杨花似雪花。"填词用字忌重复,特意反复用字又可形成独特风格,东坡在这首 44 字的词中竟反复用了 7 个"春"字,如在儋耳春风美景中陶醉得忘乎所以。儋耳春风自来如此,前人嫌弃而出恶语,在东坡眼里却是美不胜收。

东坡从京都一路贬来,却实现了"诗与远方"的理想。新党不许他居官府,"昌化士人畚土运甓以助之,为屋三间",他有了一所面朝大海春暖花开的房子。后来奉旨北归,回顾三年海南岁月,欣然写下《六月二十日夜渡海》一诗,感慨"九死南荒吾不恨,兹游奇绝冠平生"。这奇绝的海南之游,山水、乡亲无不美好,已使他认定自己就是海南人了。

东坡在儋州与民一体,受到百姓真诚爱戴。他感动地表示:"借我三亩地,结茅为子邻。鴃舌倘可学,化为黎母民。"(《和陶田舍始春怀古二首》其二)不仅表达了对儋州不舍不弃的感情,而且也从另一角度充分展示了儋民的仁厚和善。并且东坡心中没有尊卑之别、黎汉之异、生黎熟黎之分,一视同仁。他着力文化教育,培养黎族士子,是促进民族团结的楷模。他郑重写下"华夷两樽合,醉笑一欢同"(《用过韵,冬至与诸生饮酒》),在其乐融融的盛会中,全体儋民无论黎汉,都沉浸在醉笑中。

东坡居儋三年期间诗文如海,留下来的都是儋州形象最美好的宣传,是儋州千年最优秀的代言人。

二、完成三书:"如来书所谕,其他何足道"

　　东坡在海南,饥寒交迫,食芋饮水,缺纸少墨,同时教书育人,指导农事,著作甚丰。《东坡海外集》统计,期间作诗174首、文129篇、赋5篇、颂18篇、铭4篇,计330篇,平均约3天1篇。"和陶诗"是他诗词风格创新、造极的重要标志。但这些光耀千古的名作在其心中并非最重要的,他明确表示:"抚视《易》《书》《论语》三书,即觉此生不虚过。如来书所谕,其他何足道!"(《答苏伯固四首》其三)《东坡易传》《东坡论语说》起笔于黄州,后《东坡书传》也初步完成,但修订、补充至大功告成,结于海南。他一生十分关注五经中重要问题的研究,有许多专题的研究和独到的见解,但一生奔波流离,在儋州三年才真正"放下"其他一切,"了得"三书。东坡在(《答李端叔十首》其三)信中说:"所喜者,海南了得易、书、论语传数十卷,似有益于骨朽后人耳目也。"积平生精力与智慧完成的三书,在其著述和学术体系中占有最重要的位置,代表了他臻于成熟的哲学思想,是"蜀学"重要的代表作。

　　东坡三书中许多哲学观念,前人所无,后人争议。如"性善"还是"性恶",几千年来中外贤哲争论不休,产生了不同的文化、理念、制度。《东坡易传》卷七指出:"一阴一阳之谓道,继之者善也,成之者性也。""阴阳交而生物,道与物接而生善,物生而阴阳隐,善立而道不见矣。"[3]124他提出事物在原始状态下"非善非恶",善恶是在与具体事物接触之后才产生的,离开"道与物接"社会实践而抽象绝对地界定"性恶"或"性善",都不符合实际。东坡三书中新的哲学观点,是他生命实践和体验的总结,是思想进步史上的重大贡献,也是东西方高度评价的世界性学术成果。

　　东坡苦著三书,得到时官惠州的好友郑嘉会大力相助。郑两度从惠州经船运送大量书籍过海送抵儋州,东坡如获至宝,后专函致谢,言及海外三年"《志林》竟未成,但草得《书传》十三卷,甚赖公两借书籍检阅也"。(《与郑靖老四首》其三)建中靖国元年,东坡遇赦北归,在海康至合浦的船上,连日雨暴,几近颠覆,"所撰书、易、论语皆以自随,而世未有别本。抚之而叹曰:'天未丧斯文,吾辈必济!'已而果然"(《记合浦舟行》)。在常州一病不起的东坡,最终不忘把三书托付好友钱济明:"今尽以付子。愿勿以示人,三十年后会有知者。"[4]85苏辙《亡兄子瞻端明墓志铭》为其盖棺论定:"最后居南海,作《书传》,推明上古之绝学,多先儒所未达。""既成三书,抚之叹曰:'今世要未能信,后有君子,当知我矣。'"[5]1127可见三书在东坡心中何等重要的地位。

三、 人格自足:"吾生本无待""思我无所思"

王国维《文学小言》指出:"三代以下之诗人,无过于屈子、渊明、子美、子瞻者。此四子者苟无文学之天才,其人格亦自足千古。故无高尚伟大之人格,而有高尚伟大之文学者,殆未之有也。""天才者,或数十年而一出,或数百年而一出,而又须济之以学问,帅之以德性,始能产真正之大文学。此屈子、渊明、子美、子瞻等所以旷世而不一遇也。"东坡高尚伟大的人格,在黄州时期已形成,在惠州时期彰显风采,到儋州时期则完全成熟而尽显。黄、惠、儋三州"功业"同等昭著,但从东坡人格和哲学完善的角度看,三州"功业"是三重境界。

(一) 黄州: 新的人格在现实与理想之间游移萌动的第一境界

黄州时期的东坡心灵,已在乌台诗案的沉重打击下显著地萌生着看似消极、实非消极的人生智慧,消极的可能向积极的思辨转化,新的人格在现实与理想之间游移萌动,孕育成型而只待升华,诗文创作也随之鼎盛。

东坡初到黄州,贫病交加,穷困潦倒。他两次说自己已"穷到骨",而且"卧病半年","杜门僧斋,百想灰灭"(《与蔡景繁十四首》其二)。稍后"舍馆粗定,衣食稍给",他开始"自我反省","归诚佛僧"、研读佛经而寻求精神支持,同时对道家、道教做更深入的探讨。

东坡雪堂及《雪堂记》典型地代表着这一时期东坡内心的矛盾。雪的高洁,与东坡个人志趣品行一致。但乌台诗案的余悸犹在,内心充满出世入世的矛盾和是祸是福的担忧。《雪堂记》云:

> 苏子曰:"予之于此,自以为藩外久矣,子又将安之乎?"客曰:"甚矣,子之难晓也。夫势利不足以为藩也,名誉不足以为藩也,阴阳不足以为藩也,人道不足以为藩也。所以藩予者,特智也尔。智

存诸内,发而为言,而言有谓也,形而为行,则行有谓也。"

"吾非取雪之势,而取雪之意。吾非逃世之事,而逃世之机。吾不知雪之为可观赏,吾不知世之为可依违。性之便,意之适,不在于他,在于群息已动,大明既升,吾方辗转,一观晓隙之尘飞。"

这一切仍是立足于现实人生,在"大明既升,吾方辗转"中寻求升华的意识已经萌生,建立新的生活态度和价值体系的愿望已经呈现。

东坡一生务实崇真的理念与实践,决定了他尊佛而不会佞佛,追求"实用"而不尚空谈。他在《答毕仲举二首》其一中明确批评陈述古"公之所谈,譬之饮食,龙肉也,而仆之所学,猪肉也,猪之与龙,则有间矣,然公终日说龙肉,不如仆之食猪肉实美而真饱也"。"食龙肉"的美好愿望,实为于事无补的玄谈;东坡"粗浅",却在"食猪肉"的生活现实中获得"实美而真饱"的快乐。黄州时的东坡,已不再为世俗的功利、虚幻的价值和入世的追求而纠结,而走出人格困境,走向现实与理想的审美选择。

(二) 惠州: 泯灭事物具体差别、人格与哲学飞跃的第二境界

绍圣三年四月二十日,东坡在惠州迁入新居,即作《迁居》诗。其中曰:"吾生本无待,俯仰了此世。念念自成劫,尘尘各有际。"他提出的"吾生本无待",构建了前所未有的生活方式和与众不同的生活准则,形成了东坡人格升华的第二境界。

《庄子·逍遥游》中说:"若夫乘天地之正,而御六气之辩,以游无穷者,彼且恶乎待哉!故曰,至人无己,神人无功,圣人无名。"达到这种境界,则不再需要依靠或凭借,都可以使自己处于逍遥的状态。反之如果"有待",目的和愿望必然受到各种条件的限制和束缚。《逍遥游》中还说:"夫列子御风而行,泠然善也,旬有五日而后反。彼于致福者,未数数然也。此虽免乎行,犹有所待者也。"仍在强调不必"犹有所待",人的目的和愿望不要受主客观条件的制约束缚,顺其自然,最终获得无穷的自在。东坡把"恶乎待"作为人格理想,以生活作为情感体验,否定生活的唯目的性而强调过程。

东坡以《记游松风亭》表现了心境与修养的升华。"游至半山,足力疲乏,思欲就亭止息",以常人的思维乃至东坡此前的习惯,都会形成所谓"战胜自我"的挑战。但东坡此时忽而有感:"此间有甚么歇不得处?""由是如

挂钩之鱼，忽得解脱。若人悟此，虽兵阵相接，鼓声如雷霆，进则死敌，退则死法，当恁么时，也不妨熟歇。"这种"无待"——不需要任何凭借而使自己逍遥的修养，此时已泯灭事物具体差别，形成东坡人格与哲学的新境界。

惠州时期的东坡已形成人生修养的重要品格：自己生来本不需要什么依靠，俯仰之间，一世如此；生命的意义更多地在于过程，而不是实际的内容。由此产生对生活的情感观照，增添了更多审美情趣，升华了人生境界。并且这种更加关注和追求生命过程、丰富和发展生命形式的新理念，是对封建正统秩序的挣脱与挑战。

（三）儋州：生活态度和思想修养新飞跃的第三境界

东坡再贬儋州，随残酷政治打击而来的是更艰难的生活境况，"昌化非人所居，食饮不具，药石无有"[5]1126（苏辙《亡兄子瞻端明墓志铭》）。但他面对现实处境，反思既往生活，探询生命本体，在生活的态度和内容方面，产生认识的新飞跃，建立了"思我无所思"的思维方式和生活方式，实现了对现实的超越，在人生修养上达到更高的与天地融通的境界。他在"无思"和"无待"相统一的结构中，把黄州、惠州时对精神家园的不断追索，融入儋州时期"清风徐来"的无知无觉中，其生命审美、人格境界、精神世界产生质的飞跃。

对儒道佛三家的思想资源，东坡以其特有的智慧与灵感，透彻认识三家各自的精华和不足之处，尽情吸纳儒道佛三家之长，融汇儒家的"用之则行，舍之则藏""穷则独善其身"，佛家的"四大皆空""万法平等"，以及道家的"任其性命之情""齐一万物"，又于功利实现的儒家、化入自然的道家、彼岸解脱的佛家均无所待，把诸教消极的思想赋予积极的意义，贯通一体，形成独有的生命认知，构建新的人生价值与人格准则。

> 虚名非我有，至味知谁餐。思我无所思，安能观诸缘。（《和陶杂诗十一首》其九）

《淮南子·原道训》中说："是故大丈夫恬然无思，澹然无虑；以天为盖，以地为舆；四时为马，阴阳为御；乘云凌霄，与造化者俱。"《心经》云："无有挂碍""心无挂碍"。东坡"思无所思"的无思无虑，融合了佛家的无心无念、道家的恬然无思,坦然面对和接受现实的各种束缚、得失,消弭意识对事物的具体认知、判断,从而超越繁杂世事而无所扰乱挂碍其心。

东坡抵儋后一度借居伦江驿站,与昌化军使张中为邻,张中时与苏过对弈。东坡"素不解棋","尝独游庐山白鹤观。观中人皆阖户昼寝,独闻棋声于古松流水之间,意欣然喜之"。东坡旁坐观棋,"竟日不以为厌也"。"胜固欣然,败亦可喜。优哉游哉,聊复尔耳。"(《观棋(并引)》)胜败等内容并不重要,意义在于形式,以胜败为代表的各种束缚就此荡然退去,这就是"思我无所思"的思维方式和生活方式。东坡"高尚伟大之人格"即成熟完善于此时心境之中。

东坡从在惠州"吾生本无待"的生命认识,到在儋州"思我无所思"的生命实践,是对现实经验世界的理性思考上升到感性的无知无觉,是人生态度和生活方式的升华、人生观上质的飞跃。

东坡从惠州的新居,到儋州的"无地可居,偃息于桄榔林中",在摘叶所写的《桄榔庵铭》中进一步阐发他的人生感悟:"东坡非名,岷峨非庐。须发不改,示现毗卢。无作无止,无欠无余。生谓之宅,死谓之墟。"《圆觉经》中,释迦佛在回答众菩萨提问题时明确表述:"彼善知识所证妙法应离四病","四病"分别是作病、任病、止病、灭病,"离四病者,则知清净……"东坡已将生命变为"无作无止,无欠无余"、完全自足自乐的内心本体,抛弃各种心灵桎梏,也不再需要任何外在动因。他把生命的最高境界,设定为生命的全部过程;把生命的全部过程,认定为生命的全部意义。

正因如此,在九死南荒之地,虽然东坡生活的实质内容十分艰苦恶劣,但他生命的体现形式快乐无比。晚清文学家、翻译家林纾评说:"东坡之居惠、居儋耳,皆万无不死之地,而东坡仍有山水之乐……与东坡易地以居,则东坡不死,而陶潜必死。盖陶潜虽有夷旷之思,而诗中多恋生恶死之意。东坡气壮,能忍贫而吃苦,所以置烟瘴之地,而犹雍容。"[6]从心理本体出发,以自身丰富的情感体验生活,不对生活的实质内容做过多的理性思考。[7]101当然,东坡并非放弃一切、无所事事,他一如既往坚守人生理想,食芋饮水,著书为乐,而且竭尽所能为百姓做事,在民众的快乐中努力实现他人格和精神的更高升华。

东坡终于以前无古人的审美思维方式,以"思我无所思"的人格超越,理性地排除功利,求得人生情感的无比愉悦。"无思"是对"无待"的践行,是从量变到质变的飞跃。"无欠无余"是对"无作无止"的总结，是人生圆满平衡、人格高尚完美的结果。由此，东坡情感体验背景下的具体生活，无论大小、胜负、好恶，都具有了同等意义和价值，展露出现象后面的本体。现实生活很残酷，但人生情感很美好，一切性格与思维都审美化，以此最终构筑了美好的精神家园。后人所铭记歌咏的东坡，即根源于此。

现实人生到审美人生的距离，就是黄、惠、儋州的贬谪十年。现实人生的苦难化于审美人生的超越，生命的目的其实本不是目的，生命的意义在于审美化的生活过程，是即东坡人格境界的升华。

四、游于物外："兹游奇绝冠平生"

孔子曰"志于道，据于德，依于仁，游于艺"（《论语·述而》），提出要有方向、道德、理想、能力的人生目标，"游于艺"要建立在专业精湛的基础上，也是达到"仁""德""道"的必由之路。"游"在古代包括游历、交游、游艺、学习、巡察、出访等，几乎是社会行为的总和，客观上成为古人对人生理想境界和生存方式的积极探索。东坡对"游"的认识与实践也是如此。如学习之乐："窃想著书讲道，驰骋百氏，而游于艺学，有以自娱，忘其穷约也。"（《答李康年书》）而更多用指交游："与子野先生游，几二十年矣。"（《与吴秀才三首》其二）"今足下又不见鄙，欲相从游。岂造物者专欲以此乐见厚也耶？"（《答李昭玘书》）"足下所与游者元聿，读其诗，知其为超然奇逸人也。缘足下以得元君，为赐大矣。《唐论》文字不少，过烦诸君写录，又以见足下所与游者，皆好学喜事，甚善！甚善！"（《答李方叔书》）

东坡知密州时作《超然台记》："予弟子由适在济南，闻而赋之，且名其台曰'超然'。以见予之无所往而不乐者，盖游于物之外也。"他提出"超然""游于物之外"的"乐"理念。东坡一生游历各地，虽然多是被动出行，但主动把"游"融入生动丰富的哲学和美学思想中，到海南时形成以"游"为主体内涵的人生哲学。其早年自然形成的爱好山水的意识，经历乌台诗案的挫折和被贬黄州、惠州的升华，达到"此心安处是吾乡"的境界，最后在儋州的"九死南荒"中，以"兹游奇绝冠平生"的境界，完成一生对于"游"的思考与实践。

贬儋三年在他人看来是死一般的苦难折磨，超然物外的苏东坡却极力歌咏，表明他在寻找诗意生存方式的过程中实现了最后圆满的升华。这充分体现在他离别时对"兹游"的不断吟咏："我本儋耳民，寄生西蜀州。忽然跨海去，譬如事远游。"（《别海南黎民表》）"空余鲁叟乘桴意，粗识轩辕奏乐声。九死南荒吾不恨，兹游奇绝冠平生。"（《六月二十日夜渡海》）他慨叹自己被贬海南经受的磨难，却又视为一生最值得纪念的奇绝漫游，原本还有孔子那样"道不行，乘桴浮与海"之意，而今已经多余了，那"云散月明谁点缀？天容海色本澄清"，才是真正的海南岛。

五、淡泊明志："渐老渐熟，乃造平淡"

东坡《与二郎侄一首》是一篇文论。其中说："凡文字，少小时须令气象峥嵘，采色绚烂，渐老渐熟，乃造平淡。其实不是平淡，绚烂之极也。"东坡哲学思想的成熟与人格魅力的养成，均遵循着这一规律。

"非淡泊无以明志，非宁静无以致远"，淡泊是道家的"不争之争"，是由峥嵘绚烂夺目而渐老渐熟、复归平淡的否定之否定过程。"老"与"熟"不仅指书画艺术、语言文字，更重要的是年龄阅历，以及以此基础形成的世界观、方法论。年轻时屡欲登绝顶而小天下，而长期的修养渐化为成熟的境界，成熟的境界感应着万事万物，才能真正"渐老渐熟，乃造平淡"。

东坡"应举时文字看，高下抑扬，如龙蛇捉不住"（《与二郎侄一首》）。其诗词文赋在黄州、惠州登峰造极，已然成熟而归平淡。而东坡的心智、人格与哲学，经过一甲子的磨砺，默化于身心，是在儋州愈老愈熟，终归平淡，臻于完美的。此时的东坡，在辉煌人生屡遭断崖式下跌和一贬再贬的摧残备至之后，在行将"做棺""做墓"的儋州，不再理会一切的功名利禄和"你方唱罢我登场"，而是"敷扬文教，讲学明道"，助耕兴农，平淡地奉献和付出；做酒制药，平淡而有至味地生活；在明月孤灯、蛙鸣蚊绕中，心沉气静地写诗作文、编撰三书，不求峥嵘绚烂，只抒写其境界，默默从事人类思想文明史上开创性的大事情。这是生命成熟的大智与境界，是真实、自由、自然的最终超越，在平淡中寓有足够的高度和分量。

东坡一生，或高居庙堂，或多地知州，为国为民，功垂青史，但他都不以为意；三地贬谪，权禄尽失，颠沛艰辛，生死攸关，他却视为"平生功业"。经过了黄州、惠州和一甲子的历练，再加上儋州三年的升华，东坡已进入脱胎换骨的新境界:"心似已灰之木,身如不系之舟。"(《自题金山画像》)心如树木曾经繁茂、燃烧,成灰不是老朽,而是无所追逐、催生新木,成为永无止境的存在和力量;经过漫漫磨砺,四十年的羁绊终于荡然无存,生命之舟彻底解脱,从此自由。此时的东坡注重的内在的"功业","已灰"是心灵的超然与升华,"不系"是生命的解放与自由,这也是他衡量人生价值的新的准绳。

六、 境界臻善:"此心安处是吾乡"

东坡以花甲之年抵达儋州,思想仍在不断完善、优化。在儋州三年期间,他不断调整心态,在越来越艰难的环境中,不断反思生命实践,塑造、超越自我,自觉地总结、论证,形成哲学上新的思考与认知,理想与信念、价值观和人生观也发生了重大改变,形成新的内容和体系。他对自然、人生、社会和精神的认识,对人生真谛的领悟,上升到人格与哲学的层面,通过撰写三书和实践行动,做出了对整个世界、人与世界关系总看法的本质论述。

东坡儋州三年,才真正做到秉儒家境界,执着现实,弃追功求利;承道家气象,通脱旷达,除懒散无为;参佛家证悟,心灵超脱,舍否定人生。东坡一任烟雨,最终赢得"也无风雨也无晴"的人生大格局,形成貌似"平淡"、实则"淡泊"的完善人格,圆满解决了世界观、人生观的问题,建构起执着而超越的境界。他把旁人无法承受的生命磨难化为旁人难以领悟的人生契机,表现出自我内心深处的自信和自豪;他继承并发挥了优秀传统文化中最深层的理念、智慧、气度和神韵,以审美人生构建起美好的精神家园。这就是东坡人格、东坡境界。从"人格亦自足千古"的角度说,屈子、渊明、子美、子瞻此四子者,东坡某种意义上更胜一筹。在人类思想文明史的背景下,不止我们,西方世界也高度评价东坡的国际贡献。

饱经沧桑、大起大落的东坡,建立起成熟、伟大的人格境界,消除了现实中具体的功利追求,也否弃了生命的外在终极目的,以"无作无止,无欠无余"的心态,求得生命实现过程中的快乐自我。其实,关于精神家园的理念,东坡早在黄州时就清醒地认识到,并且明确地表达出来:"此心安处是吾乡。"(《定风波·南海归赠王定国侍人寓娘》)经过黄、惠、儋的历练与修道,他最终认同了儋州这个地方,甚至某种程度上说已胜过他的西蜀故乡:

"我本儋耳民,寄生西蜀州。"儋州正是他的"此心安处"。这种心安是精神的家园,无关贫富、升沉、宠辱、寿夭,而恰是在看破这些外在束缚后的洒脱坦荡,更是无愧己心亦无愧他人的自在逍遥。

"东坡诗文,皆化为人格,所谓人格自足千古,惠、儋六年,玉成万古一人。"(冷成金语)儋州,永远是东坡的精神家园。

注　释

［1］引苏轼诗文,据张志烈等主编《苏轼全集校注》,河北人民出版社2012年版。
［2］黄晓华《习近平总书记考察海南讲话引经据典 借古喻今寄厚望》,《海南日报》2013年4月14日。
［3］《东坡易传》,景印文渊阁四库全书,台湾商务印书馆1986年版。
［4］(宋)何薳《春渚纪闻》,中华书局1983年版。
［5］《苏辙集》,中华书局1990年版。
［6］林纾《古文辞类纂选本》卷九,商务印书馆1922年版。
［7］冷成金《苏轼岭海时期的思想与实践》,《中国人民大学学报》1993年第2期。

苏轼诗歌的儒家维度

◇沈广斌 *

苏轼自幼深受巴蜀"通经学古"[1]352传统的影响,少即治经传于家学。[1]1324后读《汉书》深为范滂事迹所激励,遂"奋厉有当世志"[2]1117。青少年时期的苏轼就已熟读经史,接受了经世济民的思想。嘉祐二年,苏轼应试,作《刑赏忠厚之至论》,由儒家仁厚之心推及刑赏忠厚之义,颇有孟轲之风。嘉祐六年,苏轼应制科试进策,陈述了自己的改革措施,在北宋政治改革的风口浪尖上,走上了政治舞台。青年时期形成的儒学思想框架,奠定了他一生为政、立身、行事的基准。熙宁年间,苏轼外放,此后经历了两次"在朝——外任——贬居"的过程。但是,"无论是在黄州和以后在岭海,作为苏轼基本信仰的还是儒家思想"[3]91。贬谪黄州,苏轼一度在思想上陷入困境,借助佛老涤荡内心,但并未放弃儒家思想。谪居期间"闲废无所用心,专治经书"[1]1482,始作"三传"。晚年南迁,更是不见老人衰惫之气,达到全新的人格境界,这很大程度上要得益于儒家思想的支撑。苏轼毕生入世,在其仕宦的每个阶段,儒家思想都起到了至关重要的作用。

苏轼在学术上也深受儒学影响。老苏之学以经世为本,"考质古今治乱成败、圣贤穷达出处之际"[4]75。在治学门径上,苏轼秉承家学,长于经史,并形成有为而作的文艺观。苏轼"独好观前世盛衰之迹与其一时风俗之变"[1]1381,以经、史为治学重点。治史以史论为主,议论精到,观点独特。治经授命于父,作《东坡易传》。苏轼曾言:"臣之学也,以适用为本,而耻空言。"[1]701其论史主要着眼于观历代风俗之变,考盛衰之迹,进而论古以讽今。

---

* 作者简介:沈广斌,文学博士,山东农业大学中文系讲师。
本论文为山东省高校人社科研究计划项目(J15WD56)、山东省艺术科学重点课题(1607350)阶段成果。

治经也是为"颇正古今之误,粗有益于世"[1]1482。他称赞俞括的议论"皆欲酌古以驭今,有意于济世之用"[1]1793,还对陆贽非常推崇。在《东坡易传》以及《韩愈论》《扬雄论》中,苏轼集中批判了先前的人性论,提出了以情为本的人性论。在心性论上,苏轼通过对《中庸》的重新阐释阐发了自己的观点。《中庸论》三篇,总结了孔子以后的儒者对中庸的歪曲以及错误言行,彰显了中庸的精髓。在政治哲学上,继承了正统儒家"仁"的思想,强调民本。苏轼还批评汉唐儒学为"简而易知,近而易行"的"一代之法",追求"三代圣人取守一道,源深而流长"的万世法。[1]39在仁义德法论上,苏轼以情释礼,阐述了礼的社会性,自成一体。苏轼儒学秉持"推阐理势"的理路,以经、史为二切入点,从治史入、从治经出。苏轼跳过汉唐儒学直追先秦原儒,寻绎构建现实政治原则的思想资源。苏轼儒学顺应了政治变革的趋势,对于儒学的复兴和宋学的建构具有巨大推动作用。

综上所述,苏轼不仅在人生经历上深得儒家沾溉,而且在学术思想上也深受其影响。苏轼具有浓厚的儒家情怀,以儒家之理入诗是苏诗理趣的重要方面。这主要体现在尊主泽民、仕隐穷达、世情常理、儒家心性与审美方面。下面联系作品具体分析。

一、尊主泽民

入世构成苏轼思想的主线。这条主线或隐或显也贯穿到了诗中。贬谪黄州时,苏轼曾说:"吾侪虽老且穷,而道理贯心肝,忠义填骨髓……遇事有可尊主泽民者,便忘躯为之。"[1]1496"尊主泽民"正是苏轼儒家淑世精神的体现,在诗中体现在忠君许国和民胞物与两大方面。

(一) 忠君许国

忠君是衡量士大夫品格的重要标准,也是诗歌所要表现的重点内容。《宋史·苏轼传》称赞苏轼:"自为举子至出入侍从,必以爱君为本,忠规谠论,挺挺大节,群臣无出其右。"[5]2815谥号"文忠"是对其忠君的最大褒奖。苏轼从宦四十余年,历仕仁宗、英宗、神宗、哲宗四帝,受知甚深。苏轼深知此点,感激之情屡屡形诸笔端,在《杭州召还乞郡状》中说:"臣受圣知最深,故敢披露肝肺,尽言无隐。"[1]911皇帝的知遇之恩使苏轼唯有尽忠许国而后已。

入仕之初，苏轼就因直言敢谏入"贤良方正能直言极谏"科。晚年南迁，苏轼仍表示："愿回日月之照，一明葵藿之心。"[1]657以葵藿向阳明己心。

纪昀评论苏诗："但多排权倖之言，而无一毫怨谤君父之意，是其根本不坏处，所以能传于后世也。"[6]825纪氏对苏轼的忠君予以肯定。忠君在苏诗中多有体现，如熙宁十年作《赠写御容妙善师》：

> 忆昔射策干先皇，珠帘翠幄分两厢。紫衣中使下传诏，跪奉冉冉闻天香。仰观眩晃目生晕，但见晓色开扶桑。迎阳晚出步就坐，绛纱玉斧光照廊。野人不识日月角，仿佛尚记重瞳光。三年归来真一梦，桥山松桧凄风霜。天容玉色谁敢画，老师古寺昼闭房。梦中神授心有得，觉来信手笔已忘。幅巾常服俨不动，孤臣入门涕自滂。元老佝坐须眉古，虎臣立侍冠剑长。平生惯写龙凤质，肯顾草间猿与獐。都人踏破铁门限，黄金白璧空堆床。尔来摹写亦到我，谓是先帝白发郎。不须览镜坐自了，明年乞身归故乡。[5]770

汪师韩指出："诗虽为妙善而作，而意则眷恋先皇，无句不是惓惓忠爱之诚。"[6]637苏轼深受仁宗知遇之恩，而妙善尝为仁宗写真。此诗借题寓慨，虽非直写忠君之心，但不言自明。

仕途不顺时苏轼也未忘君。谪黄期间的诗作，鲜明地表现出对君恩不弃的感激和对再获起用的期盼。如《次韵乐著作天庆观醮》："无因上到通明殿，只许微闻玉佩音。"[5]1043因国事斋醮而生江湖魏阙之感，写出对神宗不弃之恩的依恋。《六年正月二十日，复出东门，仍用前韵》："长与东风约今日，暗香先返玉梅魂。"[5]1155诗人希望每年这天梅花再度开放，隐含了再获起用的期盼。《别黄州》："病疮老马不任鞿，犹向君王得敝帷。……投老江湖终不失，来时莫遣故人非。"[5]1201以病马自况，闻诏内迁感恩圣上起用。《别子由三首兼别迟》（其一）："风里杨花虽未定，雨中荷叶终不湿。"[5]1225写物寓意，表露忠君不忘的心迹。王文诰评曰："以上诸句，乃黄州一集诗之间架，通其故，则前之杭、密、徐、湖，后之元祐三召，绍圣两黜，不独诗旨归一，而公之心迹亦皆血脉贯通。"[6]959苏轼不论升迁还是遭贬，均保持了忠君的思想。

晚年万里南迁，苏轼仍未忘忠君忧国。如元符三年，获赦作《和陶始经曲阿》：

虞人非其招，欲往畏简书。穆生责醴酒，先见我不如。江左古弱国，强臣擅天衢。渊明堕诗酒，遂与功名疏。我生值良时，朱金义当纡。天命适如此，幸收废弃余。独有愧此翁，大名难久居。不思牺牛龟，兼取熊掌鱼。北郊有大赉，南冠解囚拘。眷言罗浮下，白鹤返故庐。[5]2355

诗先叙陶渊明，以陶适逢乱世庆幸自己生逢良时遇明主。"北郊"二句言及祭天礼仪。圜丘祭天本为元祐七年冬苏轼所定，哲宗亲政后改为北郊，今哲宗已崩。此处言北郊，既感于新恩特赦，也体现出对哲宗知遇之恩的感激。又如《澄迈驿通潮阁二首》其二："余生欲老海南村，帝遣巫阳招我魂。杳杳天低鹘没处，青山一发是中原。"[5]2365 即将离开贬居三年的儋州，登舟渡过琼州海峡，回到日夜牵挂的中原，诗人心中感慨万千。极目远望，矫健的鹰隼飞向杳低的天际，直到不见踪影，青山如发处便是日夜期盼的中原。中原即君王所在，忠君之意隐含其中。此诗以情韵含理，首二句气韵两到，语带沉雄，末二句尤为神来之笔。贬谪期间许多诗篇，都表现了身处江湖而忧其君的情怀。

苏轼的忠君，有浓厚的报恩成分。在《杭州召还乞郡状》中苏轼说："臣无以仰报天地生成之德，惟有独立不倚，知无不言，可以少报万一。"[1]911 在诗中苏轼屡屡提及君恩，如"国恩久未报，念此惭且沮。"[5]198（《自仙游回至黑水……》）、"眼看时事力难任，贪恋君恩退未能。"[5]314（《初到杭州寄子由》其一）。神宗去世后，苏轼作《神宗皇帝挽词三首》（其三）："病马空嘶枥，枯葵已泫霜。余生卧江海，归梦泣嵩邙。"[5]1338 以病马空闲和枯葵泫霜喻神宗知遇之恩，表达感激和哀悼。即使到了生命的尽头，他仍然写下"平生多难非天意，此去残年尽主恩"[5]2385（《次韵王郁林》）的诗句。不难看出，这些诗句既充满了对政治的疏离感，又饱含着未忘君国、知恩图报的感慨，退归与报恩构成了一种内在的张力。这就决定了苏轼虽然反思仕宦，却笃信君政圣明；即使屡遭贬谪，也不会归隐。

苏轼之忠并非愚忠，他自称"有狂狷婴鳞之愚"[1]1331，这种愚并非真愚，而是以道事君。他称赞张方平、刘挚真以道事君者，赞同周勃、汲黯等以忠义事君定国安邦，提出"君子以道事君，人主必敬之而疏"[1]128。以道事君在诗中也有所体现。如《和陶咏三良》就体现出苏轼晚年的观点：

> 此生太山重，忽作鸿毛遗。三子死一言，所死良已微。贤哉晏平仲，事君不以私。我岂犬马哉，从君求盖帷。杀身固有道，大节要不亏。君为社稷死，我则同其归。顾命有治乱，臣子得从违。魏颗真孝爱，三良安足希。仕宦岂不荣，有时缠忧悲。所以靖节翁，服此黔娄衣。[5]2184

三良殉身秦穆公，前有《黄鸟》哀之，后有王粲、陶渊明君命难违之叹。东坡诗则与柳宗元之论相合，称三良之死非得其所，为社稷而死才是大节。苏轼早年曾作《秦穆公墓》提出感恩殉节说，晚年复作此诗，一反自己先前观点。对于两诗的不同，胡仔认为前作是"少年时议论"，后作"所见益高"。纪昀认为"诗人自写胸臆，托之论古，不妨各出意见"[6]1713。二诗确实存在艺术上的差距，但更主要的是诗人思想发生了变化，而后作正体现了这种变化：晚年的忠君则不限于一己得失，升华到了以道事君的层面。

苏轼的以道事君还体现出儒家以道自任的理想。苏轼继欧阳修后执文柄，主张文道合一："我所谓文，必与道俱。"[1]1956 故每每以直道自任，论文、做人均能正道直行，议论从不与时俯仰。"元祐更化"后，苏轼作为旧党要员，并未像司马光那样主张尽废新法，而是主张尽废其弊而不废其法。对于朝中一边倒的局面，苏轼指出："昔之君子，惟荆是师。今之君子，惟温是随。所随不同，其为随一也。"[1]1469 苏轼从来都是谋道不谋身，处处以弘道为自任。如绍圣四年所作《吾谪海南，子由雷州，被命即行，了不相知，至梧乃闻其尚在藤也，旦夕当追及，作此诗示之》彰显出诗人晚年以道自任的情怀：

> 九疑联绵属衡湘，苍梧独在天一方。孤城吹角烟树里，落月未落江苍茫。幽人拊枕坐叹息，我行忽至舜所藏。江边父老能说子，白须红颊如君长。莫嫌琼雷隔云海，圣恩尚许遥相望。平生学道真实意，岂与穷达俱存亡。天其以我为箕子，要使此意留要荒。他年谁作舆地志，海南万里真吾乡。[5]2243

此诗前半写景叙行，抒遣迁谪之痛，语极沉痛，情亦缠绵。后半则显示出诗人旷达胸襟,不见老人衰惫之气,"平生"二句更是道出苏轼的通透和对儒家之道的执着,苏轼以箕子自比,显示出以道自任的情怀。

苏轼治经以弘道,"推明上古之绝学,多先儒所未达"[2]1127。治经不仅体现其经学和哲学成就,而且寄托了弘道的志愿。如《和陶杂诗十一首》其九:

> 余龄难把玩,妙解寄笔端。常恐抱永叹,不及丘明、迁。亲友复劝我,放心饯华颠。虚名非我有,至味知谁餐。思我无所思,安能观诸缘。已矣复何叹,旧说《易》两篇。[5]2276

此诗为传经而作,可谓大道自任。儒家重"立言",苏轼亦汲汲于此。谪黄期间苏轼承父遗志始作《东坡易传》,岭海时倾注心血复做修订,故视其与生命一样。[1]1741诗人叹息韶光之逝,欲追慕左丘明、司马迁又恐不及,唯有以妙解寄诸笔端。此诗体现出苏轼强烈的道义担当的责任感和紧迫感。

(二) 民胞物与

苏诗还饱含着仁政爱民的思想。苏轼在仕宦生涯中,以民为重,以"仁"为念。他在制策《安万民》提出多方利民方略。[1]267在《既醉备五福论》中,又主张追慕前贤的"至诚"态度,"视民如视其身,待其至愚者如其至贤者"[1]50,处处体现出儒家的仁者情怀。

苏诗中有不少同情民瘼之作。如《黄牛庙》以江边黄牛与山下耕牛对比,讽刺现实黑暗。《李氏园》饱含深情地批判了唐末李茂贞为营居止强夺民田的行为,体现出恤民之心和现实批判精神。苏诗还表达了对新法之弊的批判和对为政的反思,这种批判反思与爱民情感交织一起,构成其政治诗的主旋律。苏轼批判新法时常表现出愤懑之情。如《戏子由》即戏笔讽时忠愤之作:

> 宛丘先生长如丘,宛丘学舍小如舟。常时低头诵经史,忽然欠伸屋打头。斜风吹帷雨注面,先生不愧旁人羞。任从饱死笑方朔,肯为雨立求秦优。眼前勃蹊何足道,处置六凿须天游。读书万卷不读律,致君尧舜知无术。劝农冠盖闹如云,送老斋盐甘似蜜。门前万事不挂眼,头虽长低气不屈。余杭别驾无功劳,画堂五丈容旗旄。重楼跨空雨声远,屋多人少风骚骚。平生所惭今不耻,坐对疲氓更

鞭棰。道逢阳虎呼与言,心知其非口诺唯。居高志下真何益,气节消缩今无几。文章小技安足程,先生别驾旧齐名。如今衰老俱无用,付与时人分重轻。[5]324

诗作于熙宁四年末初到杭。时苏轼因不赞同变法而求外任,苏辙因政见不合而离京赴陈州任学官。诗前写子由安贫乐道,中写自己气节消索,意在自嘲。后四句合写,兄弟二人俱不被起用,唯余文名,不遇之愤、不平之气溢于言表,尤其是"读书"二句正理以戏言出之。又如《送刘道原归觐南康》写刘道原之狂直愚态,借修史之事,讽刺介甫新法。可谓孤忠有邻,义愤同感。虽激讦太过,亦是赠别妙诗。

如果说忠愤是出于诗人性格意气的话,那么倅杭所作则集中体现了对新法弊端的揭露和反思。如《雨中游天竺灵感观音院》以农夫辍耒女废筐的现实与观音菩萨静坐庙堂相较,暗刺当政者的不恤民生。《画鱼歌》以画鱼喻执政,暗讽新法害民。《吴中田妇叹》借吴中田妇之口,痛陈民隐、人祸。《山村五绝》刺盐法太峻、助役法及青苗法流弊。《寄刘孝叔》则揭出廷征西夏、饥荒加之蝗灾的现实,讽刺朝廷政事之失。《五禽言》皆取材于民间歌谣,刺新法之害民。《鱼蛮子》则是借鱼蛮子之口写出新法害民之实。《次韵黄鲁直见赠古风》《和李邦直沂山祈雨有应》则讽刺了朝廷宵小。

苏诗在讽刺新法的同时,还饱含爱民思想。如熙宁十年自密赴京,途中作《除夜大雪,留潍州,元日早晴,遂行,中途雪复作》表达对灾民的同情:

除夜雪相留,元日晴相送。东风吹宿酒,瘦马兀残梦。葱昽晓光开,旋转余花弄。下马成野酌,佳哉谁与共。须臾晚云合,乱洒无缺空。鹅毛垂马骏,自怪骑白凤。三年东方旱,逃户连敧栋。老农释耒叹,泪入饥肠痛。春雪虽云晚,春麦犹可种。敢怨行役劳,助尔歌饭瓮。[5]713

此诗为纪行之作,却有同情民瘼之怀。诗前半记行程,中途遇雪,野外自酌,突出行役之劳;中间由雪景回到社会现实,写出东方旱情、百姓流离,民生凋敝,天灾人祸,无处诉说;诗末劝农利用春雪抓紧时间播种春麦,恢复生产,寄语瑞雪带给人民丰年之兆,切合诗人此时身份。又如《和孔郎中荆林马上见寄》："秋禾不满眼，宿麦种亦稀。永愧此邦人，芒刺在肤肌。平生五千卷，一字不救饥。"[5]701 表达了深深的自责，可谓仁爱恻怛。苏轼还吟出"下马作雪诗，满地鞭棰痕。伫立望原野，悲歌为黎元"[5]1019（《正月十八日蔡州道上遇雪，次子由韵二首》其一）的诗句，表达了对政事的反思和对黎民疾苦的关注。

苏轼不仅执政为民，而且能够平等相待，更可贵的是由爱民推及一种博爱精神。如元祐五年作《熙宁中，轼通守此郡……》就体现出仁爱精神：

（前诗）除日当早归，官事乃见留。执笔对之泣，哀此系中囚。小人营馋粮，堕网不知羞。我亦恋薄禄，因循失归休。不须论贤愚，均是为食谋。谁能暂纵遣，闵默愧前修。

（今诗）山川不改旧，岁月逝肯留。百年一俯仰，五胜更王囚。同僚比岑、范，德业前人羞。坐令老钝守，啸诺获少休。却思二十年，出处非人谋。齿发付天公，缺坏不可修。[5]1722

熙宁中，杭州每年配发盐犯超万七千人。前诗先写狱事，由囚犯遭际感及自己仕宦生涯，两者相较发出"不须论贤愚，均是为食谋"的感叹；和诗感慨时光荏苒，"百年"句道出空漠，"出处非人谋"翻进一层，仁爱之心、人生之理自然流出。

二、仕隐穷达

苏诗中最突出的就是对仕隐穷达和人生思考的书写。苏轼年青时就已敏锐地感受了人生的困境。出蜀所作《夜泊牛口》表达了对仕隐出处的困惑：

日落红雾生，系舟宿牛口。居民偶相聚，三四依古柳。负薪出深谷，见客喜且售。煮蔬为夜餐，安识肉与酒。朔风吹茅屋，破壁见星斗。儿女自呀嗫，亦足乐且久。人生本无事，苦为世味诱。富贵耀吾前，贫贱独难守。谁知深山子，甘与麋鹿友。置身落蛮荒，生意不自陋。今予独何者，汲汲强奔走。[5]9

苏轼诗歌的儒家维度

苏轼由牛口山民相守乐而忘贫的生活,反思自己汲汲于仕进的行为,引出了"今予独何者,汲汲强奔走"的疑惑,引发了自己对富贵与贫贱、乐与苦问题的思考,明确提出了富贵苦乐和人生意义的问题。

苏轼"天地生一传人,从小即心地活泼,理解神透"[6]11。入仕后,仕隐进退的矛盾日益突出,严峻的社会现实促进了他对仕隐穷达的反思。熙宁初年,外放杭州市所作《游金山寺》集中体现出苏轼此时的思考:

> 我家江水初发源,宦游直送江入海。闻道潮头一丈高,天寒尚有沙痕在。中泠南畔石盘陀,古来出没随涛波。试登绝顶望乡国,江南江北青山多。羁愁畏晚寻归楫,山僧苦留看落日。微风万顷靴文细,断霞半空鱼尾赤。是时江月初生魄,二更月落天深黑。江心似有炬火明,飞焰照山栖鸟惊。怅然归卧心莫识,非鬼非人竟何物。江山如此不归山,江神见怪惊我顽。我谢江神岂得已,有田不归如江水。[5]307

苏轼因政见相左求外放,每遇佳山水便至,以抒胸中郁结,由游金山寺感发了乡思、羁愁和归念。诗起首高蹈,道尽万里程、半生事,引出乡思;接四句写冬至江景;中四句回应首句不专写景,兼生乡思羁愁;"微风"数句写江夜所见;末四句用子犯事,结到归田。此诗在思想上由儒入道,暗含怀乡去国之思。又如《秋怀二首》其二:

> 海风东南来,吹尽三日雨。空阶有余滴,似与幽人语。念我平生欢,寂寞守环堵。壶浆慰作劳,裹饭救寒苦。今年秋应熟,过从饱鸡黍。嗟我独何求,万里涉江浦。居贫岂无食,自不安畎亩。念此坐达晨,残灯翳复吐。[5]383

此诗以景起,以景结,即景含理、心物相合,以物候变迁、眼前之事,明诗人心境,反思仕进。仕宦之思与人生意义探求结合,对"学而优则仕"的范式提出质疑。人不肯道者苏轼道之,体现出可贵的自审自省意识。苏轼对穷达的思索已不再限于一己之感,而是从士人群体身份来体察仕宦对于士人的意义,显示出思考的转向。此时所作《立秋日祷雨,宿灵隐寺,同周徐二令》也体现了苏轼在出处问题上的矛盾心理：

> 百重堆案掣身闲，一叶秋声对榻眠。
> 床下雪霜侵户月，枕中琴筑落阶泉。
> 崎岖世味尝应遍，寂寞山栖老渐便。
> 惟有悯农心尚在，起占云汉更茫然。[5]473

此诗起句先言"百重堆案掣身闲"写出仕宦对生命感性的束缚；继写夜宿景色，仕宦之苦已历经尝遍；末二句写出心忧天旱。诗人正值中年而言尝遍世味，身老渐便，却又心有所系，思归不得之意自在言外。《次韵答章传道见赠》则对传统价值观提出了质疑：

> 并生天地宇，同阅古今宙。视下则有高，无前孰为后。达人千钧弩，一弛难再彀。下士沐猴冠，已系犹跳骤。欲将驹过隙，坐待石穿溜。君看汉唐主，宫殿悲麦秀。而况彼区区，何异一醉富。鹨鹒非所养，俯仰眩金奏。髑髅有余乐，不博南面后。嗟我昔少年，守道贫非疚。自从出求仕，役物恐见囿。马融既依梁，班固亦事窦。效颦岂不欲，顽质谢镌镂。仄闻长者言，婞直非养寿。唾面慎勿拭，出胯当俯就。居然成懒废，敢复齿豪右。子如照海珠，网目疏见漏。宏材乏近用，巧舞困短袖。坐令倾国容，临老见邂逅。吾衰信久矣，书绝十年旧。门前可罗雀，感子烦屡叩。愿言歌缁衣，子粲还予授。[5]424

此诗哲理与世理兼有，刻画出一幅士人的演生图，对传统穷达观提出了质疑。于锋芒毕露中见出悲愤之情，故纪昀评曰："起处锋芒太露，而纵横之气，自为可爱。"[6]312

知密、徐、湖期间所作，更多体现了道隐的倾向。如"杀马毁车从此逝，子来何处问行藏。"[5]580（《捕蝗至浮云岭山行疲苦有怀子由弟》其二）宣告了对用行舍藏信条的摈弃。"人事无涯生有涯，逝将归钓汉江槎。乘桴我欲从安石，遁世谁能识子嗟。"[5]595（《次韵陈海州乘槎亭》）借留子嗟自比境况，表达怀才不遇和道隐思想。"非人磨墨墨磨人，瓶应未罄罍先耻。"[5]838（《次韵答舒教授观余所藏墨》)由磨墨感发出处之理,暗示仕宦对人生的异化。从这些诗句中,可以看到苏轼对儒家出处模式的否定和内心的矛盾。这种矛盾心理不断发展,最终促成了对传统仕隐出处模式的解构。在《灵璧张氏园亭记》中苏轼提出:"古之君子,不必仕,不必不仕。必仕则忘其身,必不仕则忘其君。譬之饮食,适于饥饱而已。"[1]369大胆提出"适"的准则。这种见解无疑令时人震撼,不幸成为政敌兴起"乌台诗案"的把柄。[7]3

"乌台诗案"打破了苏轼的政治幻想,苏轼一度情绪低落,诗中常常表现谪居的苦闷和不遇的感慨。他借助农业劳动来反思仕宦。在劳作中,苏轼实现了对人生价值和士人品格的深层思考。诗人开始关注个体的适意,其价值观也发生了转变。如《日日出东门》:

  日日出东门,步寻东城游。城门抱关卒,笑我此何求。我亦无所求,驾言写我忧。意适忽忘返,路穷乃归休。悬知百岁后,父老说故侯。古来贤达人,此路谁不由。百年寓华屋,千载归山丘。何事羊公子,不肯过西州。[5]1162

纪昀评此诗:"浑浑有古致。'笑我'二句接法入古。"[6]966 "我亦无所求,驾言写我忧"道出一篇之旨;后半融化魏晋典事,贤达是用羊祜典故,"百年"四句化用曹植诗"生存华屋处,零落葬山丘",绾合羊昙"西州感旧"之事。统观全诗用典事皆为魏晋,运意也直追魏晋风度,写出苏轼人生价值标准由外在向内在的转变。绍圣四年,儋州所作《籴米》则借籴米之事感发哲理,肯定了自食其力的可贵。

苏轼在反思、解构儒家出处行藏的同时,仍保持了"但事人手,即不以大小为之"[1]1524的入世态度。如熙宁六年杭州作《自普照游二庵》:

  长松吟风晚雨细,东庵半掩西庵闭。山行尽日不逢人,泂泂野梅香入袂。居僧笑我恋清景,自厌山深出无计。我虽爱山亦自笑,独往神伤后难继。不如西湖饮美酒,红杏碧桃香覆髻。作诗寄谢采薇翁,本不避人那避世。[5]434

诗前四句便道尽二庵景。诗人表示虽恋山中清景,却难耐山中清幽不可久留,爱山却不宜独往,不如饮酒西湖享受歌舞。诗末化用《论语》,借景抒怀,写出了进取的一面。《怀仁令陈德任新作占山亭》(其二)则以道家事表济世心:"我是胶西旧使君,此山仍占与君分。故应窃比山中相,时作新诗寄白云。"[5]1379苏轼曾任密州,故云旧使君。诗用陶弘景事及陶诗,虽然在字面上欲学道求仙,实际隐含了进取济世之心;以山中相自居,表明了苏轼对复出获用的期望,希望能像陶弘景那样影响朝政。

岭海时期所作,仍然表现出对仕宦的反思。如《八月七日,初入赣,过惶恐滩》:

> 七千里外二毛人,十八滩头一叶身。
> 山忆喜欢劳远梦,地名惶恐泣孤臣。
> 长风送客添帆腹,积雨扶舟减石鳞。
> 便合与官充水手,此生何止略知津。[5]2053

喜欢、惶恐、水手、知津数语均为歧义双关,既实指地名,又暗示心迹,合成比兴寄托。"便合"二句诗人以水手自比,表达了兀傲干练、期于用世之意。又如再过大庾岭所作《余昔过岭而南,题诗龙泉钟上,今复过而北,次前韵》也体现出对时局的看法和迁谪之感:

> 秋风卷黄落,朝雨洗绿净。人贪归路好,节近中原正。下岭独徐行,艰险未敢忘。遥知叔孙子,已致鲁诸生。[5]2425

诗前半写景,流露出北归的喜悦;后半则未忘迁谪之苦与世路艰险,末二句用《汉书》叔孙通典故。此时政局,正是建中靖国初,韩、曾二相得政,尽收用元祐旧人,唯东坡兄弟独领玉局观。故诗将兄弟二人与鲁诸生作比,表现出耿介的气节和不遇的感叹。又如贬儋所作《儋耳山》:"突兀隘空虚,他山总不如。君看道傍石,尽是补天余。"[5]2250以补天余石来寄托失志之慨和入世辅政之雄心。苏诗中对仕隐穷达的书写力度和思考深度大大超过了前代及同时代人。

三、世情常理

儒家尤重人伦。苏诗在这方面表现尤其突出，表现最多的是手足之情。苏诗创作前后持续了42年，苏氏昆仲的唱和也持续了这样一个过程。从数量上看，二苏唱和诗共350多首，所涉内容广泛，苏诗中许多名篇都是由吟咏亲情引起的。如嘉祐六年所作《辛丑十一月十九日，既与子由别于郑州西门之外，马上赋诗一篇寄之》：

> 不饮胡为醉兀兀，此心已逐归鞍发。归人犹自念庭闱，今我何以慰寂寞。登高回首坡垄隔，但见乌帽出复没。苦寒念尔衣裘薄，独骑瘦马踏残月。路人行歌居人乐，童仆怪我苦凄恻。亦知人生要有别，但恐岁月去飘忽。寒灯相对记畴昔，夜雨何时听萧瑟。君知此意不可忘，慎勿苦爱高官职。[5]95

子由留京养亲，苏轼赴凤翔之任，兄弟二人首次离别，虽是人之常情，苏轼却写得极富哲理意趣。诗前半极写手足惜别之情。起句突兀奇警，模写甚工；继写孤寂凄恻之感和思亲之情。"亦知人生要有别"曲折遒宕，顿笔起势抹进一层，慨叹人生；"寒灯"二句追忆往日退居之约；结二句诫勉子由不要贪恋高官厚禄，于通透中更进一层。此诗写兄弟离别、人之常情，而诗人此时不过二十六岁，可谓诗格老成。"对床听雨"、共退闲居成为后来二苏唱和的常见意境与主题。又如元祐八年所作《东府雨中别子由》仍言及对床之约：

> 庭下梧桐树，三年三见汝。前年适汝阴，见汝鸣秋雨。去年秋雨时，我自广陵归。今年中山去，白首归无期。客去莫叹息，主人亦是客。对床定悠悠，夜雨空萧瑟。起折梧桐枝，赠汝千里行。重来知健否，莫忘此时情。[5]1992

苏轼元祐七年还朝，八年出知定州，九月十四与子由别于东府作。时二人在朝饱受攻诘，皆乞补外，兄弟别于东府，故有折枝送行之语。加之东坡位备讲读,按例应觐见辞行,但被皇帝拒绝,只能上《朝辞赴定州论事状》以表心迹、陈政理,心情自可想见。诗自起首至"夜雨"句都是与梧桐语,后四句是对苏辙言。当此忧谗畏讥、行将去国之际,苏轼不与兄弟细叙衷情,却对陛前梧桐絮絮相语,依依惜别,着实反常称奇;与梧桐语虽是反常,但却合"道",政治失意不平、手足伤别之情尽含其中。再加上夜雨凄切,桐叶萧瑟,灯前人影交织,情景交融情理相生,令人感叹缠绵。"夜雨对床"的约定也成为苏轼无法实现的祈盼。[8]256

除了手足之情,苏还有不少给后辈子侄的诗,大多写得富含世情常理。如《送千乘、千能两侄还乡》就借赠别道出俗常之理:

治生不求富,读书不求官。譬如饮不醉,陶然有余欢。君看庞德公,白首终泥蟠。岂无子孙念,顾独贻以安。鹿门上冢回,床下拜龙鸾。躬耕竟不起,耆旧节独完。念汝少多难,冰雪落绮纨。五子如一人,奉养真色难。烹鸡独馈母,自缭首藉盘。口腹恐累人,宁我食无肝。西来四千里,敝袍不言寒。秀眉似我兄,亦复心闲宽。忽然舍我去,岁晚留余酸。我岂轩冕人,青云意先阑。汝归莳松菊,环以青琅玕。桤阴三年成,可以挂我冠。清江入城郭,小圃生微澜。相从结茅舍,曝背谈金銮。[5]1604

诗起四句便道尽全诗之旨,诗后幅拓开,娓娓而谈,归于田园之乐,"相从"二句自得生趣,知足常乐之理自然流出。又如元丰四年在黄作《侄安节远来夜坐三首》:

南来不觉岁峥嵘,坐拨寒灰听雨声。
遮眼文书原不读,伴人灯火亦多情。
嗟予潦倒无归日,今汝蹉跎已半生。
免使韩公悲世事,白头还对短灯檠。

心衰面改瘦峥嵘,相见惟应识旧声。
永夜思家在何处,残年知汝远来情。
畏人默坐成痴钝,问旧惊呼半死生。

苏轼诗歌的儒家维度

> 梦断酒醒山雨绝，笑看饥鼠上灯檠。

> 落第汝为中酒味，吟诗我作忍饥声。
> 便思绝粒真无策，苦说归田似不情。
> 腰下牛闲方解佩，洲中奴长足为生。
> 大招一弛何缘彀，已觉翻翻不受檠。[5]1094

诗由骨肉远聚之乐，感发谪居岑寂之悲。其一写岁末天寒，"遮眼文书"化用药山惟俨禅师"只图遮眼"语反其意用之，道出无所事事。"免使"句化用韩愈《短灯檠歌》，自嘲不遇贫寒之状。其二则睹亲人发乡思，"残年"句用韩愈《左迁至蓝关示侄孙湘》句意，写出亲情与谪居苦闷。其三叙谪居清苦，后以弓弛难彀自比。故汪师韩评此诗曰："家常语愈浅愈真。……此三诗但作唔叹，未见其乐也。然以谪居岑寂之中，有骨肉远来聚首，秉烛寒宵，絮语不倦，悲之所发，即其乐之所形。"[6]906 苏轼还有许多赠别诗也都写得相当精彩，如治平元年所作《和董传留别》：

> 粗缯大布裹生涯，腹有诗书气自华。
> 厌伴老儒烹瓠叶，强随举子踏槐花。
> 囊空不办寻春马，眼乱行看择婿车。
> 得意犹堪夸世俗，诏黄新湿字如鸦。[5]222

诗为是年腊月由凤翔任返京，经长安与董传话别作。时董传失解，故有期许劝慰之词、世态炎凉之感。诗首二句指出诗书之苦与增益修养之要；三四句继写董传应举，五六句用虚笔，设想董传得解情境；末二句作安慰期许之语，勉励董传。诗不言讽刺而暗含世态炎凉之理。《送安惇秀才失解西归》也是世情常理的佳作：

> 旧书不厌百回读，熟读深思子自知。他年名宦恐不免，今日栖迟那可追。我昔家居断还往，著书不暇窥园葵。偈来东游慕人爵，弃去旧学从儿嬉。狂谋谬算百不遂，惟有霜鬓来如期。故山松柏皆手种，行且拱矣归何时。万事早知皆有命，十年浪走宁非痴。与君

未可较得失，临别惟有长嗟咨。[5]247

安惇即安处厚，乡试失解西归。苏轼在京作诗赠之，劝慰安惇莫以失解为念，而要"熟读深思"自能领悟先贤经典中的至道。诗起二句即是此意。又如《歧亭五首》（其五）：

> 枯松强钻膏，槁竹欲沥汁。两穷相值遇，相哀莫相湿。不知我与君，交游竟何得。心法幸相语，头然未为急。愿为穿云鹘，莫作将雏鸭。我行及初夏，煮酒映疏幕。故乡在何许，西望千山赤。兹游定安归，东泛万顷白。一欢宁复再，起舞花堕帻。将行出苦语，不用儿女泣。吾非固多矣，君岂无一缺。各念别时言，闭户谢众客。空堂净扫地，虚白道所集。[5]1209

此诗之妙在于不作赠别泛语。苏轼在黄四年，三往见季常，而季常七来见苏轼，二人相从百余日，情谊深厚。诗起以枯松槁竹作比二者窘境，三四化庄子语，"吾非"四句推诚至真，更是历尽忧患之语。又如元符二年在儋作《被酒独行，遍至子云威徽先觉四黎之舍，三首》（其二）写与黎民之谊："总角黎家三小童，口吹葱叶送迎翁。莫作天涯万里意，溪边自有舞雩风。"[5]2323子云、威、徽、先觉是苏轼的黎族朋友。诗写黎家小童相送，诗人不以天涯万里为意，海南溪边自有可乐之所，在与黎人的和谐中感受到至乐之境，体现了诗人与海南人民的情义，觉千载下犹有深情。

四、儒家乐境

苏诗的儒家维度，还体现在儒家乐境上。儒家之乐即"孔颜之乐"。"孔颜之乐"是对先秦原儒倡导力行的道德人格和自由审美至境的概括，不仅意味着安贫乐道的人格精神，而且意味着主体"从仁""乐仁"所达到的那种真、善、美的至境。这种乐在《论语·先进》中还有另一种形式的表达，那就是曾点之乐。颜回之乐体现出儒家返之于内的心性修养境界，是儒家内圣的体现；曾点之乐则与宇宙自然相融合，是儒家外王的体现，只是这种体现以诗性方式展现，更具审美意味，显示出人与自然、内心的双重和谐。"孔颜乐处"自汉代以来为儒者津津乐道,至宋更是成为宋儒热议的思想命题,宋人多借此接引学人发明心性。如周敦颐好谈"孔颜乐处",令二程寻"孔颜所乐何事"。[9]2095 程明道云:"孔子之志,在于老者安之,朋友信之,少者怀之,使万物莫不遂其性。曾点知之,故孔子喟然叹曰:'吾与点也。'"[10]131

苏轼深味儒家乐天知命,这使他一生汲汲于事功的同时,能够善于处穷,以此化解人生忧患,不论环境如何险恶均能安之若素。其《墨妙亭记》云:"余以为知命者,必尽人事,然后理足而无憾。物之有成必有坏,譬如人之有生必有死,而国之有兴必有亡也。虽知其然,而君子之养身也,凡可以久生而缓死者无不用,其治国也,凡可以存存而救亡者无不为,至于不可奈何而后已。此之谓知命。"[1]355 尽人事方能知命,所谓人事在己是养身久生,在政则体现在存存救亡。苏轼屡将乐天知命、孔颜之乐化于诗中,还专作《颜乐亭诗》表达对颜乐的追慕:

> 天生蒸民,为之鼻口。美者可嚼,芬者可嗅。美必有恶,芬必有臭。我无天游,六凿交斗。鹜而不返,跬步商受。伟哉先师,安此微陋。孟贲股栗,虎豹却走。眇然其身,中亦何有。我求至乐,千载无偶。执瓢从之,忽焉在后。[5]777

诗叙云:"古之观人也,必于其小者观之,其大者容有伪焉。人能碎千金之璧,不能无失声于破釜;能搏猛虎,不能无变色于蜂虿。孰知箪食瓢饮之为哲人之大事乎?"道出了此诗的创作缘由。苏轼反对韩愈只重所谓的大事业而将颜子箪食瓢饮之乐鄙称为"哲人细事"的看法,认为正是细事小事才能真正看出一个人的道德,而那些大事可以有伪,细处能见大。此诗"中亦何有"以上"正韩",其下则"自警",表达了对颜乐的向往追求。颜乐是一种返之于内的高尚道德境界。又如《次韵乐著作野步》也化用曾点之事,状谪黄生活,写出闲适委顺之意:

> 老来几不辨西东,秋后霜林且强红。眼晕见花真是病,耳虚闻蚁定非聪。酒醒不觉春强半,睡起常惊日过中。植杖偶逢为黍客,披衣闲咏舞雩风。仰看落蕊收松粉,俯见新芽摘杞丛。楚雨还昏云梦泽,吴潮不到武昌宫。废兴古郡诗无数,寂寞闲窗《易》粗通。

解组归来成二老，风流他日与君同。[5]1038

诗案使苏轼身心均受到了巨大伤害。诗人起首极言衰病，醉酒春睡。继而想象自己像曾点那样风乎舞雩披衣闲咏。在经历了宦海升沉和人生悲喜之后，诗人开始解《易》，粗通大衍之数、宇宙人生、大化流行之理，而对曾点之乐的追求此时已经增加了对周行不贷的理解，苏轼对儒家乐境有了新体味。

贬谪惠儋后，苏轼年届六旬，仍然保持了对儒家乐天知命的追求。其和陶诸作，多有见道之言。如《和陶九日闲居》由九日兴发对乐事之思：

九日独何日，欣然惬平生。四时靡不佳，乐此古所名。龙山忆孟子，栗里怀渊明。鲜鲜霜菊艳，溜溜糟床声。闲居知令节，乐事满余龄。登高望云海，醉觉三山倾。长歌振履商，起舞带索荣。坎坷识天意，淹留见人情。但愿饱秔稌，年年乐秋成。[5]2259

陶诗原作感叹时运终无所成，而和作却是写晚年闲适乐事。虽处谪居之中，但不忘生平惬意，四时佳兴，诗人忆孟子、怀渊明，登高醉饮，长歌起舞，自得天意人情。全诗由九日感兴体现了苏轼晚年的乐天知命。贬惠所作《和陶游斜川》也化用此事入诗：

谪居澹无事，何异老且休。虽过靖节年，未失斜川游。春江绿未波，人卧船自流。我本无所适，泛泛随鸣鸥。中流遇洑洄，舍舟步层丘。有口可与饮，何必逢我俦。过子诗似翁，我唱而辄酬。未知陶彭泽，颇有此乐不。问点尔何如，不与圣同忧。问翁何所笑，不为由与求。[5]2318

诗人谪居作斜川游，"春江"二句妙语写出天然，春水泛绿闻鸥泛舟，中遇回流，舍舟步行于曾丘；有酒可饮，有子唱酬，自得彭泽之乐。后四句融化曾点侍坐入诗，温汝纶云："以迁谪之况，而得淡然无事，可谓乐天知命，随遇而安。"[11]319温评至当。东坡年届花甲，乐天知命，心境胸次自是不凡，对乐境的体悟已经不再像以前那样仅仅是停留在口头上，而是一种真切的体验，一种践履之后的开悟。

五、结语

王水照说:"儒家的淑世精神是苏轼人生道路上行进的一条基线,虽有起伏偏斜,却贯穿始终。"[12]88 苏轼以儒家尊主泽民、仕隐穷达、世事常理、儒家乐境入诗,构筑了其诗歌理趣的儒家维度。这一维度在本质上体现出了社会事功与生命感性的冲突。尊主泽民、仕隐穷达体现了苏轼对人与政治关系的思考,世事常理体现了苏轼对人际、伦理的思考,儒家乐境则体现出苏轼对心性和审美问题的思考,这些思考显示出苏轼对儒家之理的继承和发展。在思路上,苏诗不论是写景、咏物、题画、咏史、纪行,多能就自身行役之劳、眼前所见所感转入对政事和现实的关切,从而遣发济世情怀、反思为政之理、抨击新法之弊,而且往往能于诗末翻进一层,点出人生之理,形成了一种由现实到政治再到人生的隐性说理的思路。

注　释

[1] 孔凡礼点校《苏轼文集》,中华书局 1986 年版。

[2] 陈宏天、高秀芳点校《苏辙集·栾城后集》,中华书局 1990 年版。

[3] 谢桃坊《苏轼诗研究》,巴蜀书社 1987 年版。

[4]《欧阳修全集》卷二《居士集》,中国书店 1986 年版。

[5]（清）王文诰辑注、孔凡礼点校,《苏轼诗集》,中华书局 1982 年版。

[6] 曾枣庄主编《苏诗汇评》,四川文艺出版社,2000 年版。

[7]（宋）朋九万《东坡乌台诗案》,中华书局 1985 年版。

[8]（宋）胡仔《苕溪渔隐丛话前集》卷三八引《王直方诗话》,人民文学出版社 1983 年版。

[9]（明）黄宗羲撰,（清）全祖望补修《宋元学案》,中华书局 1982 年版。

[10]（宋）朱熹《四书章句集注》,中华书局 1983 年版。

[11] 曾枣庄、舒大刚主编《三苏全书》第 9 册,语文出版社 2001 年版。

[12] 王水照《苏轼的人生思考和文化性格》,《文学遗产》1989 年第 5 期。

苏轼恤狱之仁研究
——以《乞医疗病囚状》为基点

◇彭林泉[*]

元丰二年正月，苏轼在知徐州时，撰写了《乞医疗病囚状》[1]。这是一封奏议，也是一篇重要的法律文献。遗憾的是，长期以来在苏学界未受到应有的重视，法学界提及或研究此文的也不多见。中国法制史学者徐道邻先生曾对此文给予较高的评价，认为"这篇文字又十分明显地表现出东坡是一位十分内行的司法官"[2]315。本文拟在此基础上结合历史事实，从监狱学的角度进一步分析苏轼的恤狱思想，包括其态度演变以及背后的法理基础和意义，对苏轼法律思想的深入研究有所补益。

一、《乞医疗病囚状》的恤狱思想

"用监狱来长期囚禁罪犯，使之成为一种刑罚，在宋代还未正式成立。"[3]"宋代监狱既是刑事被告、未执行犯人和干连证佐之人的看守所，又是民事诉讼案当事人的收容所；既是已决犯的羁押场所，又是死刑犯的候刑场所；既是协助审判的司法机关，又是催索逋欠的行政工具。"[4]407它集多种职能于一体，并非限于刑事领域及已决犯。

在《乞医疗病囚状》一文中，苏轼主张医疗病囚，并阐述了理由。他先后引用汉宣帝地节四年诏令和宋英宗治平四年十二月二十四日手诏，肯定这是尊重人生命的善政。这从"死者不可生，刑者不可息""狱者，民命之所系也""人命至重，朝廷所甚惜""感人心，合天意，无善于此者矣"等说法以及提出的医疗病囚等措施可以看出，构成了苏轼主张医疗病囚的正当性。关

---

[*] 作者简介：彭林泉，四川省眉山市人民检察院专委、高级检察官。

于这一点，笔者将在后面进行详细分析。

苏轼认为，朝廷重惜人命，哀矜狱案，可以说做得够好了，但是病囚死亡的问题仍然存在，在汉代和宋代均是如此。监狱中究竟有多少病囚，病囚死亡的又有多少？苏轼文中没有明说，从史料来看为数不少。《宋史·刑法志》指出："囚多瘐死。"瘐死就是囚犯在监狱饿死、冻死、病死，或受拷打致死，有学者把因饥寒而死也算入，严格地讲二者是有差异的。理宗时，监察御史程元凤上奏曰："今罪无轻重，悉皆送狱，狱无大小，悉皆稽留。或以追索未齐而不问，或以供款未圆而不呈，或以书拟未当而不判，狱官视以为常，而不顾其迟，狱吏留以为利，而惟恐其速。"监狱人满为患，牢城溢额现象严重。"有饮食不充，饥饿而死者；有无力请求，吏卒凌虐而死者；有为两词赂遗，苦楚而死者。惧其发觉，先以病申，名曰监医，实则已死；名曰病死，实则杀之。"狱吏非法拷囚也令人发指[5]。(《宋史·刑法志》)可以说宋朝囚犯瘐死严重，神宗在诏令中也承认"瘐死者甚多"。这与监狱条件恶劣，狱吏狱卒虐待、敲诈有关。可见宋朝虽有悯囚之制，但刑狱的淹滞冤滥仍较突出。

苏轼认为，"囚以掠笞死者法甚重，惟病死者无法，官吏上下莫有任其责者。苟以时言上，检视无他，故虽累百人不坐。其饮食失时，药不当病而死者，何可胜数？若本罪应死，犹不足深哀，其以轻罪系而死者，与杀之何异？积其冤痛，足以感伤阴阳之和"。这里揭示了在病囚死亡上的问题和责任的缺失。

英宗手诏是认识到监狱的重要性（"狱者，民命之所系也"），针对"瘐死者甚多"的现实和对"狱吏与犯法者旁缘为奸，检视或有不明，使吾元元横罹其害，良可悯焉"的担心，根据《尚书》的"与其杀不辜，宁失不经"原则，才形成的法令。它规定：

> 其具为今后诸处军巡院、州司理院所禁罪人，一岁内在狱病死及两人者，推司狱子并从杖六十科罪，每增一名，加罪一等，至杖一百止。如系五县以上州，每院岁死及三人，开封府府司军巡院岁死及七人，即依上项死两人法科罪，加等亦如之。典狱之官推狱经两犯即坐本官，仍从违制失入，其县狱亦依上条。若三万户以上，即依五县以上州军条。其有养疗不依条贯者，自依本法。仍仰开封

府及诸路提点刑狱,每至岁终,会聚死者之数以闻,委中书门下点检。或死者过多,官吏虽已行罚,当议更加黜责。

这里的"典狱之官推狱两犯即坐本官,仍从违制失入",意思是病囚死在狱中,超过了年定限额,在发生了一次时,有关官员虽然犯了罪行,但只是予以记录在案,并不执行;如果发生了两次,那么法官和狱卒就要被判杖六十至一百的罪名,而其所属长官按"违制失入"的规定论罪。《刑统》一一二条规定,"违制"犯的是两年徒罪;《刑统》四八七条规定,"失入"(非故意地判无罪为有罪)者,各减三等,就是杖一百的刑罚(做官的有"以官当罪"的办法,并不是真的挨板子)[2]316。"其有养疗不依条贯者,自依本法"指当时有关养疗病囚的其他许多法令而言,如《庆元条法事类》卷七十四有十条关于病囚的敕令。

手诏是一条很重要的可行的诏令,可惜"行之未及数年,而中外臣僚争言其不便",就不再执行,善政效果未充分显现。一个重要原因是熙宁四年十月二日中书札子规定,狱囚病死不追究狱官之罪,这与手诏是相矛盾的。苏轼引用手诏后,认为这是"陛下好生之德,远同汉宣,方当推之无穷",他理解手诏的立法精神,批评"郡县俗吏,不能深晓圣意,因其小不通,辄为驳议。有司不能修其缺,通其碍,乃举而废之",认为这样做过分了。

不过苏轼也承认,狱囚病死,使狱官坐罪,实感于心未安。因为"狱囚死生,非人所能必。责吏以其所不能必,吏且惧罪,多方以求免。囚小有疾,则责保门留,不复疗治;苟无亲属,与虽有而在远者,其捐瘠致死者,必甚于在狱"。在这种两难的情形下,苏轼考虑折衷的解决办法。黄震云:"此文具载治平手诏、熙宁札子,折衷其说,毋坐狱官罪,而课医病者功罪。"(《黄氏日钞》卷六二)"课"指考课。这里揭示了本文的主旨,也道出苏轼为主张医疗囚犯的原因。

苏轼在引用《周礼·医师》后,提出医疗病囚的对策:

臣愚欲乞军巡院及天下州司理院各选差衔前一名,医人一名,每县各选差曹司一名,医人一名,专掌医疗病囚,不得更充他役,以一周年为界。量本州县囚系多少,立定佣钱,以免役宽剩钱或坊场钱充。仍于三分中先给其一,俟界满比较,除罪人拒捕及斗致死者不计数外,每十人失一以上为上等,失二为中等,失三为下等,失四以上为下下。上等全支,中等支二分,下等不支,下下科罪,自杖六十至杖一百止,仍不分首从。其上中等医人界满,愿再管勾者听。人给历子以书等第。

若医博士、助教有阙,则比较累岁等第最优者补充。……

这些措施大致包括以下三个方面:

一是要求官府派人专掌医疗病囚犯。军巡院是审理刑事案件的机构,司理院掌狱讼勘鞠之事,"曹司"指曹吏、州县胥吏,这些都是专门的司法机构和司法人员。"衙前"是宋代差役最重的一种,职掌官物保管、押运等。从"军巡院及天下州司理院各选差衙前一名,医人一名,每县各选差曹司一名,医人一名,专掌医疗病囚,不得更充他役",可以解决临时抽人或让民间医人轮流医疗病囚的不足。

二是提出佣钱来源。苏轼提出用免役宽剩钱和坊场钱作为报酬,这其实是对王安石"免役法"的推广应用。新法从民间征收免役钱、助役钱,以供官府雇人充役,此外以备灾荒为名增收,谓之"宽剩钱"。增收多少呢?当时是二分。元丰八年十二月苏轼《论给田募役状》说:"臣窃见先帝初行役法,取宽剩钱不过二分,以备灾伤。""坊场钱"是宋代官设专卖市场所收税钱,主要是酒税。苏轼认为,根据一年期限内犯人数量减少情况确定应给予的佣钱,减少40%以上要处以刑罚。结合后面所说"宽剩役钱与坊场钱,所在山积,其费甚微",在经费上是有保障,而"可以全活无辜之人,至不可胜数,感人心,合天意,无善于此者矣"。

三是对医治病囚尽心尽责,经多年考核为上等者,可以补医博士、助教官缺。宋承唐制,每州设医博士一名。苏轼提出,如果医博士、助教有空缺,就考察历年评比中等级最优秀的医者补充,这样就会人人用心,像是疗治其家人一样,由此可以救活很多系囚。这是以《周礼·医师》为依据采取的措施,相对于设狱医或法医。

苏轼分析了此法存在的唯一弊端,提出了补助办法:

若死者稍众,则所差衙前曹司医人,与狱子同情,使囚诈称疾病,以张人数。臣以谓此法责罚不及狱官、县令,则狱官、县令无缘肯与此等同情欺罔。欲乞每有病囚，令狱官、县令具保，明以申州，委监医官及本辖干系官吏觉察。如诈称病，狱官、县令皆科杖六十，分故、失为公、私罪。

"同情"指同谋。"分故、失、为公、私罪"是唐宋律一贯的立法精神。做官的如故意作弊，就算私罪；不是故意的，犯了公事上的错误就算公罪。同等刑名，私罪的后果比公罪严重得多。[2]316

从上引的法令和使用的法言法语来看，苏轼有很高的法律素质和司法水准，他希望朝廷详酌，早赐施行。从现存的资料来看，未被采纳，这是一大遗憾。

二、苏轼恤狱思想的发展

这篇重要的法律文献作于苏轼地方官任上，集中反映了苏轼对病囚的同情怜悯。这不是偶然的，而是经历了一个发展过程。

早在凤翔府任签判期间，苏轼接触到囚犯，奉王命"减决囚犯"，对积欠而被关押的人给予同情，对选择性执法表示不满。嘉祐七年二月十三至十九，苏轼访所属各县"减决囚犯"，并作《奉诏减决囚禁，记所经历》。诗开头写："远人罹水旱，王命释俘囚。分县传明诏，循山得胜游。"当时凤翔府有很多人由于各种原因欠官府的债务而被关押。苏轼曾掌管欠，经常鞭笞小民，却只能收回很少一点积欠，他的心情并不好，为此主张免除积欠。苏轼《上蔡省主论放欠书》说："彼实侵盗欺官，而不以时偿，虽日挞无愧；然其间有甚足悲者。"但贪官污吏借此敲诈勒索，有钱行贿则赦，无钱行贿者照样关押，甚至赦免六七次后照样未赦。苏轼愤怒地说："天下之人，以为言出而莫敢违者，莫若天子之诏书也。今诏书俱已许之，而三司之曹吏独不许，是犹可忍耶？"建言"自今苟无所隐欺者，一切除免"，以便这些欠债之人"皆得归，安其藜糗，养其老幼，日晏而起，吏不至门"。

熙宁四年，苏轼任杭州通判，体恤因谋生而被迫"贩卖私盐"的囚犯。宋代对盐实行专卖，成为国家重要的财政收入。新法在江浙一带还兼行盐法，加强盐禁，严禁私人煮盐、贩盐。在同苏辙讨论这一问题时，王安石认为私盐未绝是"法不峻"造成，办法是"村百家俱贩私盐，败者一二止，帮贩不止;若二十家至三十家败,则不取贩也",但这可能坐变。盐禁引起一些老百姓的不满,一些敢于反抗的贩盐者往往杖剑自随,"吏卒不敢近"。因违反新法而被捕入狱的人很多,仅杭州因违反盐法而获罪的人,一年就多达一万七千人。[6]148苏轼曾和王安石就"盐铁法"的内容及弊端争辩过,还面圣条陈,但没想到在行施中给百姓造成如此不幸甚至灾难。他一到杭州就忙于处理囚犯,不得休息。他在《和蔡准郎中兄邀游西湖》中说:"君不见钱塘游雇客,朝推囚,暮决狱,不因人唤何时休?"《戏子由》一诗中写:"平生所惭今耻,坐对疲民更鞭捶。"当时受到惩处的盐犯都是一些贫苦的"疲民",鞭打他们是自己平生所耻的,现在却习以为常、不以为耻了。[6]148-149这是悲伤之极的结果和发自内心的诉说。甚至在除夕之夜,他也在处理囚犯,不得还家。《都厅题壁》一诗中说,除夕夜,囚犯因营食堕入法网而不能回家团聚,自己也因恋薄禄不能早归,"不须论贤愚,均是为食谋",竟把自己同囚犯相提并论,并因自己不能对囚犯"暂纵遣",让其在节日与家人团聚而深感有愧于前贤("前修")。这首诗的一大特点是表达了对"囚犯"的深切同情和面对这些"囚犯"时的无奈、悲伤、痛苦,最集中的体现是"执笔对之泣,哀此系中囚"两句。在恶法亦法的情形下,作为地方官员和司法官的苏轼只能执行,何况当时"我亦恋薄禄,因循失归休",没有"挂冠"的打算,审问"囚犯"时处于矛盾和不安之中,体现了他的人道精神。苏轼认为,只要盐法宽平,像汉代的龚遂那样鼓励反抗的农民卖剑买牛、卖刀买犊,何劳劝农使者促耕;而那些贫而懦弱、靠采笋蕨充饥的村民,就吃不上盐了。[6]148-149《山村五绝》其三写道:"老翁七十自腰镰,渐愧春山笋蕨甜。岂是闻韶解忘味?迩来三月食无盐。"这是对新法的讽刺,后来成了乌台诗案的罪证之一。其实"迩来三月食无盐"不是夸张,是现实的反映。后来元祐五年除夕,身为杭州知州的苏轼来到监狱检查,发现"囚犯"都已获释,狱中空空如也,这与过去除夕之时的情景形成了鲜明的反差,苏轼喜悦之情溢于言表。

元丰二年,苏轼因"乌台诗案"被逮捕,几乎丧生,对狱政问题有了真实体验和切肤之痛。这是北宋一起有名的文字狱,苏轼因诗获罪,是一生中第一次重大的政治挫折。他被关在乌台狱内,由一个朝廷命官成为囚犯,不仅连续受到审讯,定上种种罪名,而且"狱吏稍见侵",故意讥笑侮辱他。他自度不能堪,苦闷中写了两首诀别诗,托狱卒梁成设法转给苏辙。他被关押审讯长达一百多天,审讯结果被判处"徒二年"的刑罚,被贬到黄州去任团练副使。后来回忆狱中情况说：

> 去年御史府，举动触四壁。幽幽百尺口，仰天无一席。隔墙闻歌呼，自恨计之失。留诗不忍写，若泪渎纸笔。（《晓至巴河口迎子由》）

苏轼从政期间，多次面对囚犯，或减决，或审讯，但做梦也没想到自己也成了囚犯，受尽屈辱。死里逃生后，他对狱政问题的不满之情也流于笔端，对囚犯的态度也上升到新的层次，为往后医疗病囚的态度提供了坚实的基础，在理性地对待囚犯方面有其独特之处。

三、苏轼为政和恤狱之仁

《乞医疗病囚状》一文中，苏轼开篇引用的汉宣帝诏令已经涉及恤狱之仁这一问题。诏命说："令甲，死者不可生，刑者不可息。此先帝之所重，而吏未称。今系者或以掠辜若饥寒瘐死狱中，何用逆人道也？"其中使用了"人道"一词，并说"朕甚痛之。其令郡国岁上系囚以掠笞若瘐死者所坐名、县、爵、里，丞相御史课殿最以闻"。汉宣帝还曾诏曰："夫决狱不当，使有怨邪，不幸蒙戮，父子悲恨，朕甚伤之。今遣廷史与郡鞫狱，任轻禄薄，其为置延平，秩六百石，员四人。其务平之，以称朕意。"（《汉书·刑法志》）他把"决狱不当"看成令其深感悲痛的问题，为此下令设置专门的司法官员审理疑狱，努力做到审判公平，这也反映了人道化的司法观念。[7]116 这种"人道"与"仁道"含义相近，尽管与人道主义不能画等号。

自汉代以来，除允许囚犯自己服辩外，给囚犯必要的衣物和医药，体现了唐律中慎重对待囚犯的思想。《新唐书·刑法志》记载了一些对囚犯日常生活进行管理的规定，如"诸狱之长官，五日一虑囚，夏置浆饮，月一沐之，疾病给医药，重者释械，其家一人入侍。职事散官三品以上，妇女子孙二人入侍……刑部岁以正月，遣使巡覆，所至阅狱囚、校粮饷。治不如法者"。这些规定对囚犯的日常饮食及身体健康等给予关注，是基于仁道而制定的。明代法律思想家丘濬认为"此唐人恤狱之仁"（《大学衍义补·慎刑宪》），这是很高的评价。

苏轼的恤狱之仁也就是对囚犯的仁道待遇。《乞医疗病囚状》在主张医疗病囚时，多次提到"人命"这一价值观念，"人命至重，朝廷所甚惜"，而用宽剩役钱与坊场钱"可以全活无辜之人，至不可胜数，感人心，合天意，无善于此者矣"。并且其恤狱之仁不限于这篇重要的法律文献。

与医疗病囚的主张相关的是，苏轼率先建立安乐坊，用今天的话来说即公立医院，成为公共福利之一的先河。《宋史·苏轼传》记载：

> 既至杭，大旱，饥疫并作。轼请于朝，免本路上供米三之一，复得赐度僧牒易米以救饥者。明年春，又减价粜常平米，多作饘粥药剂，遣使挟医，分坊治病，活者甚众。轼曰："杭，水陆之会，疫死比他处常多。"乃裒羡缗得二千，复发橐中黄金五十两，以作病坊，稍畜钱粮待之。

他还请懂得医道的僧人坐堂治病，每年春天熬制"圣散子"免费发放给百姓，以防止传染病的流行。他还下令每年从地方税收中拨出经费来维持这所"安乐坊"的日常运营，从此成了杭州的常设性官办医院。后来安乐坊搬迁到西湖边上，改名"安济坊"，直到苏轼去世时还在正常运营。"安乐坊"堪称中国历史上第一所面向公众的官办医院，具有里程碑的意义。[8]105

绍圣四年，苏轼在惠州写信给广州知州王古，建议在广州设立病院以预防疾病；被贬儋州，又写信给友人程天侔索求药物，以救济当地百姓；建中靖国元年北归途中停留虔州期间，还时常携带药囊漫游市肆、寺观，遇到病人就随手施药、开具药方[8]112。

苏轼长期在地方官任上，特别是多年担任知州，施行仁政，给后人留下了一笔宝贵的精神财富。如在徐州期间，除了抗洪、开采煤矿，他还在思考治盗和医疗病囚的问题。杭州任上，除抗灾外，他还防治疾病；元祐六年他被朝廷召还，途经润州时发现那里的大米高达每斗一百二十钱，心有隐忧，就写信给接任杭州知州的林希，叮嘱他一定要继续关注饥荒。这封信被朱熹刻成石碑，称其为"仁人之言"[8]104。在密州时，他收养弃婴。在黄州时，给鄂州知州朱寿昌写信，建议官府颁布赏罚之法来制止溺婴的陋习。

苏轼在《策别八》一文中还主张劝导亲睦。他说："各相亲爱，有急相赒，有喜相庆，死丧相恤，疾病相养。是故其民安居无事，则往来欢欣，而狱讼不生……"这令人想起孟子所谓"出入相友、守望相助、疾病相扶持"。这是监狱外的场景,但在疾病相养或扶持方面是相通的。

这些与医疗病囚的态度在本质上并无二致,均体现了苏轼的仁道,构成一个相对完整的系统。诚如莫砺锋教授所说:"对于东坡来说,儒家的仁政已经沦为肌髓的自觉信念;为百姓解除疾苦已经成为他的本能行为。"[8]109作为地方官员,在地方行政事务中推进仁政;作为地方司法官员,在司法实践中同情囚犯,体现仁道。提出医疗病囚的出发点是尊重人的生命,把病囚、囚犯作为人来对待。站在这个高度来理解苏轼的主张及对策,才见仁道之术,否则难以理解苏轼的意旨和实践。

四、苏轼恤狱之仁的意义

有学者在谈到苏轼的政见时指出,苏轼在地方官任上所写的三封奏议,即熙宁七年在密州时的《论河北京东盗贼状》,元丰元年在徐州时的《徐州上皇帝书》及次年的《乞医疗病囚状》,"其内容本皆就具体的地方事务而发,但他批评的锋芒,常指向着新法",但亦如苏辙所说,有"因法以便民"的成分[9]364。

表现在熙宁七年"中书札子",针对狱囚病死不追究狱官之罪,他则要求官府派人"专掌医疗病囚",指出免役法未使贫富得利,只是"宽剩役钱与坊场钱,所在山积"而已;另一方面,"主张以免役宽剩钱或坊场钱来雇用医专掌治疗病囚",这又是将"免役法"推广施行了。[9]366—367这与先试探神宗是否纳谏不同,与《上神宗皇帝书》《再上神宗皇帝书》中全面激烈甚至逐条批驳王安石新法更有别,是有所节制和客观的。《乞医疗病囚状》指出"而宽剩役钱与坊场钱,所在山积,其费甚微"的问题,似乎蕴含着对免役法的批评。毕竟苏轼曾强烈反对过免役法,后来在实践中感到免役法也有益处,转而持维持的态度。而单就这一篇来说,虽有反对免役法的成分,但并不多,在杭州等地反对新法的态度更为多见和突出。苏轼还主张用免役宽剩钱和坊场钱作为雇医专掌治疗病囚的佣钱来源,无疑是将免役法推广施行的体现。肯定这一点,对于准确完整地理解《乞医疗病囚状》的主题是有帮助的。此文不仅是苏轼政见的体现,也是他作为法学家的体现,不仅是他在地方官任上反对王安石新法实施的体现,也是他重视民生、推进仁政的体现。

我们可以看出，尽管苏轼对新法的大部分措施持反对态度，但并不全面否定，而是择善而从，凡是于民有利，就加以推广。从他的这一法律思想，我们既可以感受到他关注狱政改良、恤狱慎刑的人道主义精神，同时也十分钦佩他实事求是、"因法便民"的伟大人格[10]。从生命法律的角度来看，已有所超越。医疗法律与生命伦理密切相关，其中也有科技与伦理的遇合，包括人性的认知、面临医疗科技发展带来的困惑和对生命伦理价值的探索，已引起学界的关注。

苏轼的恤狱之仁，"让我们体味着古人基于生命伦理与社会正义而展示的一种人道情怀。正是这样一种人道情怀，才为中国古代司法植入一种温情因素和人性根基，才冲淡并抑制了暴虐司法带来的副作用，并为社会和谐架起了一座'正义之桥'、'仁道之桥'"。这有利于促进社会和谐。[7]140—141尽管还谈不上人道主义，但闪耀着人性的光辉，对于今天构建"监狱文化"也有借鉴意义。

从我国监狱史的角度说，唐宋时期较关注囚犯的日常生活环境，苏轼的恤狱之仁是其中重要的一页。《宋刑统·断狱律》引唐律说："诸囚应请给衣食医药而不请给，及应听家人入视而不听，应脱去枷锁杻而不脱去者，杖六十；以故致死者，徒一年。即减窃囚食，笞五十；以故致死者，绞。"这些基本制度是比较健全的，继承了汉律和唐律的内容。宋代还吸取后唐置病囚院的做法："诸道州府各置病囚院。或有病囚，当时差人诊候治疗，瘥后据所犯轻重决断。"病囚可暂时去掉刑具，允许家属看视，并允许家属一人入内服侍，监狱方不得以任何理由阻止。由于病囚一律入病囚院，容易交叉感染，又规定徒流以上"即于病牢将治"，杖以下"许在外责保看医"（《宋会要·刑法》）。监狱设有"医人"，州三人，县各一人，经官府登记入册，受官府约束管理，由民间医生轮流充任。并且宋朝对流刑罪犯也有"宽恤"规定。真宗咸平四年，"从黄州守王禹偁之请，诸路置病囚院，徒、流以上有疾者处之，余责保于外"（《宋史·刑法志》）。对久系未决或年老多病的系囚，实行"听还本土"制度，作为防止监狱枉滞的措施之一。[11]312这与"德主刑辅，明刑弼教"的治狱指导思想有关，但在实践中也有走样的，效果并不如预期。

监管管理状况可以折射国家在人权保障方面的状况，反映出政府对待犯罪、罪犯惩罚和改造方面的价值取舍。[12]1清末以来监狱制度在转型，新中国建立以来更是发生了重大而可喜的变化，如在科学定位监狱、囚犯方面，监狱形态方面，监狱地的设置、搬迁方面，不仅理论上多所突破，实践中也有很大改进。特别是监狱法已载明囚犯是作为人存在的，大大改善了狱囚及病囚的生存环境，体现了人文关怀。尽管从现实来看还有很多问题困扰着我们，如何思考更高层面的中国现代监狱理论，事关道德与权利的关系，需要进一步深入研究。

曾宪义先生认为，"记述历史、研究传统的宗旨就在于彰显复杂的历史表象背后蕴涵的深刻的'大义'。就法律文化研究而言，这个'大义'就是挖掘、扬传统法文化的优秀精神，并代代相传"（《从传统中寻找力量——〈法律文化研究〉》卷首语）。这也是笔者研究苏轼法律文化的目的所在。苏轼秉承"与其杀不辜，宁失不经"的法律原则，痛砭狱政痼疾，并提出对策，所有这些均在一定程度上体现了中国传统监狱文化中的和谐人道精神。尽管苏轼文中的分析并非无懈可击，也未被采纳，且传统法律文化中"仁道"除了感化外还有"教化"，在司法实践中运行还可能产生一些问题，与理想尚有差距，但不管怎样，这是一篇具有人道内涵的重要法律文献，与苏轼在地方任上推行仁政的实践相呼应，值得认真研究。

注　释

［1］原文及注释参见张志烈等主编《苏轼全集校注》，河北人民出版社2010年版。

［2］徐道邻《作为法学家的苏轼》，《中国法制史论集》，志文出版社1975年版。

［3］戴建国《宋代的狱政制度》，《上海师范大学学报》1987年第3期。

［4］王云《宋代司法制度》，河南大学出版社1992年版。

［5］"或断薪为杖，捶击手足，名曰'掉柴'；或用木索并施夹两胫，名曰'夹帮'；或缠绳于首，加之木楔名曰'脑箍'；或反缚跪地，短竖坚木，交辫两股，令狱卒跳跃于上，谓之'超棍'。"

［6］曾枣庄《三苏评传》，上海书店出版社2016年版。

［7］崔永东《中国传统文化与和谐社会研究》，人民出版社2011年版。

［8］莫砺锋《漫话苏东坡》，凤凰出版社2008年版。

［9］王水照、朱刚《苏轼评传》，南京大学出版社2011年版。

［10］秦文《因法便民 为民自重——苏轼人体法律理念的现代解读》，《理论月刊》2009年第1期。

［11］陈光明《走在监狱——监狱制度转型的未来絮语》，法律出版社2014年版。

［12］孙平《文化监督的构建设》，中国政法大学出版社2007年版。

苏轼晚年心灵世界探微
——兼谈苏轼对汉传观音文化的贡献

◇袁桂娥 刘继增[*]

佛教自两汉之际传入我国,两千多年来,在我国最广大地区广泛流传的主要是大乘佛教。大乘佛教的核心之一是菩萨信仰,常提到的有文殊、观音、普贤、地藏四大菩萨,其中观音菩萨信仰流传最为广泛。观音信仰是所有菩萨信仰中汉化最彻底的一种,也是整个印度佛教乃至所有外来文化中国化的代表。[1]63观音汉化进程是中国文化对外来文化接受和改造的过程,更是中华传统文化创造性转化和创新性发展的进程,苏轼在这一进程中做出了独特贡献,有其重要的思想文化史意义。

一、苏轼对观音崇拜的认知和接受过程

苏轼幼年时深受儒学家风的熏陶,《嘉祐集》卷十三《族谱后录》下篇引语:"吾父杲最好善,事父母极于孝,与兄弟笃于爱,与朋友笃于信,乡间之人无亲疏皆爱敬之。"[2]6苏轼八岁开始接受正规的学校教育,拜天庆观道士张易简为师,致使受道教影响很深,直到晚年谪居海南时,在给茅山道士刘宜翁的信中仍说:"轼龆龀好道,本不欲婚宦,为父兄所强,一落世网,不能自逭。然未尝一念忘此心也"。[3]1415苏轼早年受儒、道影响较大,但佛禅作为历史文化存在,且其父母也都较为虔信,这必然会对其思想产生影响。苏轼对观音文化的接受经历了好奇和疑惑、体验与实践、经典融通三个阶段。

第一阶段:好奇和疑惑。苏轼于至和二年首次瞻拜千手千眼观音像所产

---

[*] 作者简介:袁桂娥,平顶山学院教授。刘继增,中国苏轼研究学会理事,郏县苏轼研究会副会长。

本论文系河南省哲学社会科学规划项目"中原特色传统文化的继承与发展研究"(编号:2017BZX013)阶段性成果。

生的观感是苏轼对观音崇拜好奇和疑惑阶段的显著标志。观音千手千眼像随着唐贞观年间沙门智通与天竺僧共译佛典《千臂千眼经》传入中国，亦为千手眼观音法像之肇始。至和二年，二十岁的苏轼随父亲苏洵游学至成都，到大慈寺游览并瞻拜千手千眼观音像。大慈寺又名大圣慈寺，位于今天成都市蜀都大道大慈寺路。相传始建于魏晋，极盛于唐宋，被誉为"震旦第一丛林"。唐武德五年春，玄奘在大慈寺律院受戒并坐夏学律，次年泛舟三峡，取道荆州至长安，踏上赴印度取经的途程。大慈寺也是玄奘西行取经的起点。魏晋间，印度僧人宝掌禅师"入蜀礼普贤，留大慈"，为成都大慈寺创建之始。唐天宝十五年，玄宗幸蜀，见大慈寺僧人英干在成都街头施粥济民和为国祈福，深受感动，命重修此寺，并御书"大圣慈寺"额。至宋时成为蜀中规模最大的佛寺。

元丰四年，苏轼贬黄期间作《成都大悲阁记》，忆起当年在大圣慈寺大悲圆通阁观音像前发生的好奇和疑惑，那种感受仍历历在心：

> 昔吾尝观于此，吾头发不可胜数，而身毛孔亦不可胜数。牵一发而头为之动，拨一毛而身为之变，然则发皆吾头，而毛孔皆吾身也。彼皆吾头而不能为头之用，彼皆吾身而不能具身之智，则物有以乱之矣。吾将使世人左手运斤，而右手执削，目数飞雁而耳节鸣鼓，首肯傍人而足识梯级，虽有智者，有所不暇矣，而况千手异执而千目各视乎？[3]394

初识观音，苏轼认为观音菩萨"千手异执而千目异视"是不可思议的。依据俗情常理乃是牵一发而动全身，顾首而不能顾尾，当一个人手足耳目全部派上用场时，即使再聪明，也必然"有所不暇矣"，何况观音像还是千手千目，那就更应接不暇。由此而派生出成语"牵一发而动全身"。[4]546

治平三年，苏轼丁父忧回川时，作《中和胜相院记》，也完全是以局外之人谈佛事，更多的是不解和疑惑："吾尝究其语矣，大抵务为不可知，设械以应敌，匿形以备败，窘则推堕滉漾中，不可捕捉，如是而已矣。吾游四方，见辄反覆折困之，度其所从遁，而逆闭其途。往往面颈发赤，然业已为是道，势不得以恶声相反，则笑曰：'是外道魔人也。'吾之于僧，慢侮不信如此。"之所以为之作记，主要是因为主持惟度"器宇落落可爱，浑厚人也。能言唐末、五代事传记所不载者,因是与之游,甚熟,惟简则其同门友也","其为人精敏过人,事佛齐众,谨严如官府","二僧皆吾之所爱,而此院又有唐僖宗皇帝像,及其从官文武七十五人"。苏轼完全以儒家"奋厉有当世志"的进取意识看待寺僧的活动,认为能够"摄衣升坐,问答自若"的长老必是大苦大成:"佛之道难成,言之使人悲酸愁苦。其始学之,皆入山林,践荆棘蛇虺,袒裸雪霜。或刳割屠脍,燔烧烹煮,以肉饲虎豹鸟乌蚊蚋,无所不至。茹苦含辛,更百千万亿年而后成。其不能此者,犹弃绝骨肉,衣麻布,食草木之实,昼日力作,以给薪水粪除,暮夜持膏火薰香,事其师如生。务苦瘠其身,自身口意莫不有禁,其略十,其详无数。终身念之,寝食见之,如是,仅可以称沙门比丘。虽名为不耕而食,然其劳苦卑辱,则过于农工远矣。计其利害,非侥幸小民之所乐。"[3]384

以上记述可见,这一阶段苏轼对佛教观音崇拜并没有更多的切身体验和认知。

第二阶段:体验与实践。苏轼两度任职杭州,其间亲身经历的与天竺灵感观音寺相关的事件,对其心灵世界触动很大。熙宁四年,苏轼因与新党不和,自请外调杭州,心中不免有些落寞怅然之感,是年七月赴杭,十二月到任。这一时期是苏轼与佛禅关系密切的一个高峰期。宋时吴越寺庙倍于九国,苏轼频繁拜访金山寺、甘露寺、报恩寺、孤山寺、灵隐寺、明庆寺、吉祥寺、天竺灵感观音寺、六和寺、开元寺、苦竹寺、法喜寺、净土寺、梵天寺等,并与禅僧宝觉、圆通、惠勤、惠思、清顺、齐安、惠觉、辩才、海月等交往频繁,心灵会通。熙宁五年四月,苏轼游灵隐寺内天竺灵感观音院。关于天竺灵感观音院,《咸淳临安志》卷八十载:后晋天福四年僧人道翊结庐山中,看见一段发光的奇木,带回后命刻工孔仁谦雕刻成观音像。后会僧勋从洛阳持古佛舍利来,因纳之顶间,妙相具足。嘉祐七年辩才法师曾主持寺务。治平中郡守蔡襄表其异事上之,赐"灵感观音院"额。苏轼写《雨中游天竺灵感观音院》:"蚕欲老,麦半黄,前山后山雨浪浪。农夫辍耒女废筐,白衣仙人在高堂。"[5]337 "白衣仙人"既指所看到的观音菩萨像,也暗喻对当时官员的不满,可见对观音崇拜的态度和情感还是比较复杂的。其后发生的与天竺灵感观音寺观音应化故事相关的事,使苏轼对观音崇拜有了新的体会和认识。

一是苏轼次子苏迨,熙宁三年由续妻王闰之生于京都开封,至熙宁六年已经四岁还体弱不能走路,此时任杭州通判的苏轼请天竺灵感观音寺的辩才法师为苏迨"摩顶"。辩才法师十岁立志说法度人，十六岁落发受具足戒，十八岁上杭州天竺灵感观音寺，二十五岁被恩赐紫衣、法号，后退居龙井寺，开山种茶，品茗悟性，秦观、黄庭坚等许多文人学士和官宦前往拜访。苏轼初倅杭任职便访辩才，辩才为苏迨"摩顶"，使之能起行并追逐"奔鹿"。苏轼大喜过望，作诗《赠上天竺辩才师》[5]464。诗中有云：

> 我有长头儿，角颊崎犀玉。四岁不知行，抱负烦背腹。师来为摩顶，起走趁奔鹿。乃知戒律中，妙用谢羁束。何必言法华，佯狂啖鱼肉。

经历这件事，苏轼对观音崇拜有了新的体验，于是买度牒为苏迨在观音像前剃度，取"竺僧"之名。苏轼《与辩才禅师六首（其二）》[3]1857有载：

> 某向与儿子竺僧名迨于观音前剃落，权寄缁褐，去岁明堂恩，已奏授承务郎，谨与买得度牒一道，以赎此子。今附赵君赍纳，取老师意，剃度一人，仍告于观音前，略祝愿过。悚息！悚息！

惊异于辩才法师祈观音之灵验，苏轼在《讷斋记》中对辩才其人其事详细记述，还写有《辩才大师真赞》《祭龙井辩才文》等诗文，可见其影响至深。

另外一件事是天竺灵感观音寺祈雨祈晴。天竺观音信仰是宋代以来江浙一带流行的极具地方特色的信仰方式，主要特点是把观音当成世俗社会消灾除难、预测吉凶祸福的神仙，且简便易行有亲和力。熙宁六年七月初三立秋，苏轼受知府委托到天竺灵感观音寺祷雨，夜宿灵隐寺，夜深不寐，起视天象，星河皎洁，全无雨意，不免深感失望，作《立秋日祷雨，宿灵隐寺，同周徐二令》："百重堆案掣身闲，一叶秋声对榻眠。床下雪霜侵户月，枕中琴筑落阶泉。崎岖世味尝应遍，寂寞山栖老渐便。唯有悯农心尚在，起占云汉更茫然。"[5]473作《祷雨天竺观音文》："我大菩萨，为世导师，救危难于三涂，化清凉于五浊。比者官吏不德，刑政失中。故此骄阳，害我天物。具官某，上承府檄，傍採民言。供奉安舆，愿登法座。伏愿江海贡润，龙天会朝。布为三日之霖，适副一邦之望"[3]1935熙宁六年七月五日，苏轼从海宁长安镇回杭州途中，前去佛日山下净慧寺看望道荣长老，两人谈禅习经，苏轼撰《灵感观音偈并引》。离开杭州知密州后，写《与灵隐知和尚一首》："久留钱塘，寝食湖山间。时陪道论，多所开发。至于灵山道人，似有前缘。既别经岁，寤寐见之，盖心境已熟，不能遽忘也。及余簿来，并天竺处，得道俗手书近百余通，皆有勤勤相念之意。又皆云杭民亦未见忘。无状何以致此，盖缘业未断故耶？会当求湖、明一郡，留连数月，以尽平生之怀。即日法履何似，尚縻僧职，虽不惬素尚，然勉为法众，何处不可作佛事。某到此粗遣，已百余日，吏民渐相信，盗贼狱讼颇衰，且不烦念及。未间，慎爱为祷。"[3]1891这里既有佛禅意会，而更多则是人间情缘和家国情怀。元祐四年苏轼再度知杭州，时杭州所辖数郡大雨不止，苏轼连折奏请朝廷救助，同时在天竺寺观音像前主持举行祷观音祈晴仪式，作《祷观音祈晴祝文》，雨住天晴，苏轼又主持谢观音仪式，作《谢观音晴祝文》。

  苏轼经历的观音应验灵感故事对其触动很大。宋以前观音救苦救难较少与国事联系在一起，观音崇拜同国家的联系也就较为疏远，官方举行的祭祀活动中观音也不占显著位置。北宋始把观音祷谢列为官办庆典仪式。苏轼在天竺灵感观音寺多次举办观音祈雨祈晴仪式，率先通过观音祈雨祈晴造化邦国众生，拓展观音菩萨神力的新领域。南宋时杭州变成都城，地位的变化导致对全国影响的扩大。孝宗三上天竺寺，并主持佛事活动，通过天竺寺观音祈晴祈雨，为国祈福。其举动使南宋官方观音崇拜达到高潮，进而推动民间观音崇拜继续升温。[6]63—86事实上宋初排佛倾向较突出。高僧赞宁曾入翰林院、史馆，得赐紫衣及"通慧大师"号，被人认为是"媚世"之徒，但他"援儒入佛"，在当朝社会找到立身之处，开北宋佛教史先河，推动了儒佛合流的文化进程。其后佛教理论家契嵩更为助力。对佛教的重视与儒道释合流的文化发展历程有关。比如苏轼在杭州挖渠引水改善民生，民用沛然，便颂佛以祝。

  苏轼崇佛论佛是受儒家思想支配的。《盐官大悲阁记》本是熙宁八年应杭州盐官县安国寺僧人居则之请而写，旨在颂赞居则，但重点还在谈为学之道，从酒食制作技艺谈到为学，指出相同材料下技艺和实践导致结果迥异，引孔子"吾尝终日不食，终夜不寝，以思，无益，不如学也"之语，倡导踏实严谨的学风。又指出："岂惟吾学者，至于为佛者亦然。斋戒持律，讲诵其书，而崇饰塔庙，此佛之所以日夜教人者也。而其徒或者以为斋戒持律不如无心，讲诵其书不如无言，崇饰塔庙不如无为。其中无心，其口无言，其身无为，则饱食而嬉而已,是为大以欺佛者也。"[3]386 最后赞颂居则缩衣节口三十余年,铢积寸累,笃志守节,持律终身,造千眼观世音像。苏轼援佛入儒,推动了儒释融合和观音文化中国化。

第三阶段:经典融通。进入经典融通阶段的标志就是对观音经典和形象的阐释。以苏轼为代表的居士的大量出现,加快了汉传佛教四大菩萨信仰的形成和塑造。苏轼认为千手千眼观音像蕴藏的佛理在于,世间凡俗之人都是"有心者",有心则有思,有妄想和执念,就无法应万物之变;"无心者"不然,他们无妄想、无执念,物至则应之、物变则随之,故能"随其所当应,无不得其当"。苏轼在《成都大悲阁记》[3]394中对"无心"做了详细描述:

> 吾观世间人,两目两手臂。物至不能应,狂惑失所措。其有欲应者,颠倒作思虑。思虑非真实,无异无手目。菩萨千手目,与一手目同。物至心亦至,曾不作思虑。随其所当应,无不得其当。引弓挟白羽,剑盾诸械器,经卷及香花,盂水青杨枝,珊瑚大宝炬,白拂朱藤杖,所遇无不执,所执无有疑。缘何得无疑,以我无心故。若犹有心者,千手当千心。一人而千心,内自相攫攘,何暇能应物。千手无一心,手手得其处。稽首大悲尊,愿度一切众。皆证无心法,皆具千手目。

该文写于被贬黄州时期,因大悲阁主持惟简派弟子到黄探望,写此文。苏轼先是感慨早年对千手眼观音"牵一发而动全身"的疑虑,再是宦海沉浮二十年后对观音无心无碍的颂赞。

苏轼谪居岭南时,作《改观音经》。《观音经》即《法华经·观世音普门品》,是经为苏轼所熟读。《改观音经》中说:"《观音经》云:'咒咀诸毒药,所欲害身者。念彼观音力,还着于本人'。东坡居士曰:'观音,慈悲者也。今人遭咒咀,念观音之力,而使还着于本人,则岂观音之心哉?'今改之曰:'咒咀诸毒药,所欲害身者。念彼观音力,两家总没事。'"[3]2082 苏轼认为"念彼观音力,还著于本人"这种因果报应,终究有人受到伤害,与大慈大悲神力无边的观音菩萨不符,不如"念彼观音力,两家总没事"。经这么一改,更符合观音菩萨慈悲普度的精神,实是化用儒家仁与善的观念对佛教经典的重新阐释。

元符三年，苏轼自海南北归途中作《书赠邵道士》，对观世音能以"一身"而化为"八万四千身"做了形象的理解和阐释："耳如芭蕉，心如莲花，百节疏通，万窍玲珑。来时一，去时八万四千，此义出《楞严》，世未有知之者也"。[3]2083"耳"为六根之一，是观世音由闻而觉的工具。此一根若能与湛然之心相通，其他诸根自然会解脱。这就是佛教《楞严经》所言"一根既返源，六根成解脱"。苏轼把"耳"比作芭蕉，把"心"比作莲花，主要取其"疏通""玲珑"之义，也就是"六根通透"的含义。[7]苏轼看来，邵道士修炼得其精要，如同学佛悟法，达到六根通透、幻化无穷之力，佛、道相通。

建中靖国元年，苏轼作《观世音菩萨颂》，最终体现其儒释道圆融合一的思想意蕴。

二、苏轼两过金陵崇因寺及《观世音菩萨颂》诞生前后

绍圣元年，年已五十九岁的苏轼远谪惠州，途中路经金陵（今江苏南京）。[2]1142在金陵期间，晤钟山法泉佛慧禅师，苏轼问："如何是智海之灯？"法泉说偈："脚下曹溪去路通，登堂无复问幡风。"苏轼有诗《六月七日泊金陵，阻风，得钟山泉公书，寄诗为谢》："电眸虎齿霹雳舌，为余吹散千峰云。南行万里亦何事，一酌曹溪知水味。他年若画蒋山图，为作泉公唤居士。"[5]2031期间还有一件事，其子迨、过及迈遵母遗命所共画阿弥陀佛像奉安金陵清凉寺，苏轼作《阿弥陀佛赞》，并作《赠清凉寺和长老》。在金陵，祷于崇因禅院观世音菩萨。[2]1195崇因寺在金陵城南十二里，始建于刘宋，长老宗袭自以衣钵造观世音像，极相好之妙。此时苏轼深感人生未卜，虔诚地在观音像前祈告："吾北归当复过此，而为之颂"。[3]586苏轼此间拜悟禅师、作诗对偈、奉佛作赞，实是为自己未知的岭南生活做心理调适，同时也是祈愿能够平安归来。

绍圣二年秋，杭州天竺僧净慧、径山长老维琳等默祷于佛，令苏轼急还中州，苏轼在《与参寥子二十二首》第十九简有载。苏轼后于建中靖国元年北还，五月一日舟至金陵，复至崇因院，兑现承诺，遂作《观世音菩萨颂》。《观世音菩萨颂》前"小引"中云"建中靖国元年五月日，自海南归至金陵。乃作颂"。宗袭长老遂勒石立碑，以光寺之美誉和观音的神力。

崇宁五年，苏轼的生前好友李之仪移居金陵，为已故妻子踏勘墓地，来

到崇因寺。李之仪亲见苏轼撰写的《观世音菩萨颂》碑，亲闻此碑躲过崇宁二年朝廷"天下碑碣牓额，系东坡书撰者，一律除毁"大浩劫的神奇经历，因钦长老之约，作《跋东坡观音赞》：

> 余将卜葬亡妻，爱金陵山水之胜，觊得卜以成所志，或传南城有其地，遂访焉。早饭于崇因，其长老钦，余二十年之旧也。谓余曰：子胡不祷于吾观音大士。余即如之。既作礼，钦曰：东坡南迁，尝祷而应，遂颂之。前人为刻石，后有诏，所在东坡文皆毁弃，前人不敢违。余问石所在。曰：几碎矣。索之力，乃得于库中米廪后，尘土深数寸，稍曳出加湔洗，而灿然如未尝毁者，盖是石先刻马祖、庞居士像，用其余刻颂，像已断裂而颂独完，相与赞叹曰：大士妙智力，其验无所不见！钦曰：毁之人固在也。呼出问焉：方毁时惟恐其不碎，用巨斧击数下，应斧断裂矣。因指示，辄大惊，曰：今安得如是，不觉礼十余拜，而复归故处。恭惟大士之灵，岂独坚信心于人，遂此示现，殆与吾东坡畴昔作大缘事，故相感如是。钦邀余记其事，余亦幸其有应于得卜，于是乎书。[8]83

在儒释对话频繁的大氛围中，苏轼亲身体验观音应化故事及其颂赞亦被禅僧津津乐道，从一个侧面反映出宋代社会儒释融合的历史文化现状，从中也看出苏轼所做贡献。

元符二年，与苏轼、钱穆公、王仲至并称"元祐四友"的蒋之奇（颖叔）[9]138出知汝州，据宋朱弁《曲洧旧闻》云：蒋颖叔守汝日，应香山僧怀昼之请，取唐律师弟子义常所书天神言大悲之事，润色为传。[10]169蒋之奇把道宣律师"天神对话"润色成《香山大悲菩萨传》，"嵩岳之南二百余里，有三山并列，其中为香山，即菩萨成道之地"。此文于元符三年由北宋大书法家蔡京书丹刊刻成碑，立于今平顶山香山寺观音大士塔下券洞内，亦称《蔡京碑》或《大悲菩萨传碑》。《香山大悲菩萨传》不仅生动具体地叙述了观音菩萨应化的故事，而且是学界普遍认同的最早固化汉化观音女性形象的文本，同时也是观音信仰民间化、世俗化进而中国化的明证。蒋之奇与苏轼素有交往，唱和诗文不下十首。两年后的建中靖国元年五月，苏轼作《观世音菩萨颂》，六月，与苏辙简托后事"即死，葬我嵩山下"，七月，病逝于常州，次年，后人遵嘱将他葬在与观音证道地香山寺相邻的嵩山南麓小峨眉山的箕形山坳里。苏辙《再祭亡嫂王氏文》曰："茔兆东南，精舍在焉，有佛与僧。"[2]1431 苏轼落葬不久，僧友参廖赶到葬地为苏轼做佛事并抚慰守墓的苏过。苏过在《送参廖道人南归叙》中云：壬午岁秋八月，来自香山，见余上瑞。[11]710

三、《观世音菩萨颂》：解读苏轼晚年心灵世界的"窗口"

苏轼贬谪黄州期间自号"东坡居士"，标志着他加入佛教居士行列。作为中高层士大夫"居士"的喜佛、学佛、研佛，成为促进佛教发展繁荣的重要支柱和生力军。同样是推动儒释融合，赞宁、契嵩和很多居士是站在佛教立场，促使佛教自觉融入主流价值观以拓展生存空间，促使佛教"儒学化"。契嵩是北宋"援儒入佛"的代表人物之一，有《镡津文集》二十卷传世，其名作《辅教编》首先提出"孝为戒先"的命题，观点最终为朝廷接受而赐入《大藏》。而苏轼虽饱经仕途坎坷和人生苦难，却始终站在儒家立场上"援佛入儒"、融合各家，寻求心灵世界的平衡点，引导观音等信仰与主流价值观相适应。一百多字的《观世音菩萨颂》对此有完整体现，成为我们得以管窥他晚年心灵世界的"窗口"，也是苏轼乃至宋代儒释道圆融合一的明证。全文如下：

> 慈近乎仁，悲近乎义。忍近乎勇，忧近乎智。四者似之，而卒非是。有大圆觉，平等无二。无冤故仁，无亲故义。无人故勇，无我故智。彼四虽近，有作有止。此四本无，有取无匮。有二长者，皆乐檀施。其一大富，千金日费。其一甚贫，百钱而已。我说二人，等无有异。吁观世音，净圣大士。遍满空界，挈携天地。大解脱力，非我敢议。若其四无，我亦如此。[3]586

除《观世音菩萨颂》，苏轼还有大量涉及观音的诗文，如《四菩萨阁记》《观音赞》《静安县君绣观音赞》《无名和尚观音偈》《应梦观音赞》《观音阁》《子由生日以檀香观音像及新合印香银篆盘为寿》等。他把儒家价值观"仁、义、勇、智"和观音菩萨的"慈、悲、忍、忧"相比附，站在"大圆觉""平等无二"层面，提出了认知观音经典的"无冤故仁，无亲故义。无人故勇，无我故智"的"四无"观，既丰富了儒家价值观的内涵，又调和了儒、佛两家价值观的矛盾，为观音信仰提供了新的立论基础，成为北宋"援佛入儒"的代表。[12]

苏轼学佛非为出生死，而为寻求视外物如浮云的清净心。在其写于绍圣二年的《虔州崇庆禅院新经藏记》中明确说："吾非学佛者，不知其所自入，独闻之孔子曰：'《诗》三百，一言以蔽之，曰：思无邪。'夫有思皆邪也，善恶同而无思，则土木也，云何能使有思而无邪，无思而非土木乎！呜呼，吾老矣，安得数年之暇，托于佛僧之宇，尽发其书，以无所思心会如来意，庶几于无所得故而得者。"[3]390 以"无思"解释"思无邪"并非逃避现实，而是追求"以无所思心会如来意""以无所得故而得"的人生状态。苏轼始终在追求一种坦荡无私、淡泊名利的精神境界。

如果《观世音菩萨颂》是管窥饱经沧桑的苏轼晚年心灵世界的"放大镜"，那么撰此文两个月后的"临终问答"史料则为人们提供了"显微镜"，也更进一步证实苏轼对儒家核心价值的坚守直到生命最后一刻。《苏诗总案》卷四十五载："二十八日，将属纩，闻观已离，琳叩耳大声曰：'端明宜勿忘。'公曰：'西方不无，但个里着力不得。'钱世雄曰：'至此更须著力。'答曰：'著力即差。'语遂绝。"[13] 苏轼一生光明磊落、宠辱不惊、无惧无悔，岭海艰苦生活超然面对，临终也不寄希望于未知的极乐世界，而能湛然而逝。

苏轼一生喜佛，与禅僧多有交往，对禅理禅趣也颇多感悟和阐释。从《观世音菩萨颂》可以看出，苏轼直到生命终结都是儒家文化的坚定维护者，但他善采各家之长以丰富自己的精神和人格世界。苏轼对观音崇拜的体验和阐释丰富了汉传观音文化这一中国传统文化宝藏，推动了中华优秀文化的创造性转化和创新性发展，为我们今天挖掘、整理和认知观音文化，引导其与核心价值观相适应提供了有益的启迪。

注释

[1] 李利安《观音信仰的中国化》，《山东大学学报》（哲学社会科学版）2006 年第 4 期。

[2] 孔凡礼《苏轼年谱》，中华书局，1998 年版。

[3] 孔凡礼点校《苏轼文集》，中华书局 1986 年版。

[4]《汉语成语词典》，吉林大学出版社 2004 年版。

［5］孔凡礼点校《苏轼诗集》，中华书局1982年版。

［6］汪圣铎《宋代社会生活研究》，人民出版社2007年版。

［7］周裕锴《"六根互用"与宋代文人的生活、审美及文学表现——兼论其对"通感"的影响》，《中国社会科学》2011年第6期。

［8］（宋）李之仪《姑溪居士前集》，四川大学古籍所编《宋集珍本丛刊》第27册，线装书局2004年版。

［9］（宋）陆游撰，李剑雄、刘德权点校《老学庵笔记》，中华书局1979年版。

［10］（宋）朱弁《曲洧旧闻》卷六，中华书局2002年版。

［11］蒋宗许、舒大刚《苏过诗文编年笺注》卷八，中华书局2012年版。

［12］颜冲《宋代居士的"三教融合"思想及其影响》，《江西社会科学》2013年第3期。

［13］（清）王文诰《苏文忠公诗编注集成总案》，巴蜀书社1985年版。

苏轼的养生智慧及其当代启示

◇ 潘殊闲 *

苏轼是从巴蜀大地走出的一位百科全书式的旷世奇才,其卓越的艺术才情与众多的人生智慧及创意发明,沾溉后世万代。苏轼一生坎壈,其足迹南北与东西的距离均在数千公里以上。苏轼所到之处都有各种佳话流传,而于养生一道,在其存世的众多文献中屡有载纪,他人文献也多有转述与论议。钟来茵先生曾出版《苏东坡养生艺术》一书[1],刘文刚、侯敏、余泱川、朱安义、袁思成等学者也先后撰文探讨苏轼养生问题。本人在《叶梦得与苏轼》一书中也有专门一节谈苏轼的养生之道。[2]124—133但苏轼养生究竟是否上升到一种智慧?如果是,这种智慧是否具有穿越时空的价值?本文欲就这些问题作初步探讨。

一、苏轼的养生智慧

纵观苏轼众多的养生理论与实践,苏轼的养生已从个体修炼上升到一种可以沾溉万世的人间智慧,概而言之有五:

(一) 心养

苏轼特别强调心神、心灵、心性、心境的调适与颐养。在给李伯时所作《老子新沐图》的赞文中有这样的感喟:

> 老聃新沐,晞发于庭。其心淡然,若忘其形。夫子与回,见之而惊。入而问之,强使自名。曰:"岂有已哉,夫人皆然。惟役于

---

* 作者简介:潘殊闲,文学博士,西华大学人文学院教授。

人，而丧其天。其人苟忘，其天则全。四肢百骸，孰为吾缠？死生终始，孰为吾迁？彼赫赫者，将为吾温。彼肃肃者，将为吾寒。一温一寒交，而万物生焉，物皆赖之，而况吾身乎？温为吾和，寒为吾坚，忽乎不知，而更千万年。葆光志之，夫非养生之根乎？[3]639—640

这段文字可以说是苏轼葆持一颗淡然之心、不受外在事物"形役"的自白。若人被周遭的人事所奴役，则丧失了天真与天意。假如人忘却这些林林总总的奴役，则能保全其天真、天意，自然也能保全其天命。所以，当一个人忘却了生死，泯灭了有无，齐同了寒温，就归于淡然，万物丛生，生命亦然。这种本真与自然，就是养生的根本。事实上，一个人的心态是影响其生命质量的非常重要的因素，甚有一种说法，心态决定人的一切。再反观苏轼坎坷的一生，若没有良好的心态护佑，他可能早就在各种莫须有的打击陷害中愤懑而死了。

在苏轼看来，人之一念决定了人之一生，这一念的关键就在于"心"：

> 自有生人以来，人之所为见于世者，何可胜道。其鼓舞天下，经纬万世，有伟于造物者矣。考其所从生，实出于一念。巍乎大哉，是念也，物复有烈于此者乎？是以古之真人，以心为法，自一身至一世界，自一世界至百千万亿世界，于屈信臂顷，作百千万亿变化，如佛所言，皆真实语，无可疑者。[3]581

心为万法之宗，是善恶忧乐之源。养心就是养境界、养修养、养气度、养真识。就心境来说，苏轼有随遇而安的智慧，这种智慧就是心灵的养护。苏轼到哪里，就声称自己是那里的人，我们可以从众多诗文中看到他的这种心路历程："日啖荔支三百颗，不辞长作岭南人"[4]2194；"我本海南民，寄生西蜀州。忽然跨海去，譬如事远游"[4]2363。在海南，由于条件有限，找不到洗澡陶盆（"陶匠不可求，盆斜何由足"），于是，受《云笈七籖》启示，睡前用双手揩摩身体，享受"干浴"的快意与自足，并风趣地以老鸡与倦马作比："老鸡卧粪土，振羽双瞑目。倦马辗风沙，奋鬣一喷玉。垢净各殊性，快惬聊自沃。"[4]2302这样的随缘自适，是培育良好心境的秘笈锁钥。何以会有这样的心境，苏轼在《问养生》中揭示了答案：

> 余问养生于吴子,得二言焉。曰和。曰安。何谓和?曰:子不见天地之为寒暑乎?寒暑之极,至于折胶流金,而物不以为病,其变者微也。寒暑之变,昼与日俱逝,夜与月并驰,俯仰之间,屡变而人不知者,微之至,和之极也。使此二极者,相寻而狎至,则人之死久矣。何谓安?曰:吾尝自牢山浮海达于淮,遇大风焉,舟中之人,如附于桔槔,而与之上下,如蹈车轮而行,反逆眩乱不可止。而吾饮食起居如他日。吾非有异术也,惟莫与之争,而听其所为。故凡病我者,举非物也。食中有蛆,见者莫不呕也。其不知而食者,未尝呕也。请察其所从生。论八珍者必咽,言粪秽者必唾。二者未尝与我接也,唾与咽何从生哉。果生于物乎?果生于我乎?知其生于我也,则虽与之接而不变,安之至也。安则物之感我者轻,和则我之应物者顺。外轻内顺,而生理备矣。吴子,古之静者也。其观于物也,审矣。是以私识其言,而时省观焉。[3]1982

这段文字就充满了苏氏智慧,其关键词即"安"与"和"。随遇而安,就能减少身心的伤害,因为"物之感我者轻",故能保持宁静淡然的心境。而凡事不受外物干扰,与日月寒暑俯仰适变(也即"和"),自然因顺周遭环境的变化,故能与万物顺意,也即"应物者顺"。有这种心态,当然能减少许多莫名的烦恼与无谓的纷争;有这样心境,自然能生理调畅,病邪无由得接焉。类似的智慧,在苏轼留存的文献还有很多,如"任性逍遥,随缘放旷"[5]9。有这种心态,他就没有跨不过的坎,没有蹚不过的河。于是,他会释然地自我安慰:"茫茫海南北,粗亦足生理。"[4]2246他会自我解嘲地自赞:"他年谁作舆地志,海南万里真吾乡。"[4]2245他会在简陋穷困中去营建美,欣赏美,不妨来读一读他的这首《次韵子由三首》之一《东亭》:

> 仙山佛国本同归,世路玄关两背驰。
> 到处不妨闲卜筑,流年自可数期颐。
> 遥知小槛临廛市,定有新松长棘茨。
> 谁道茅檐劣容膝,海天风雨看纷披。[4]2267

苏轼确如他自己所说，喜欢"到处不妨闲卜筑"。即使远谪海南，他还是喜欢营造之乐。这个东亭临近市廛，又狭小，苏轼用"劣容膝"形容，虽有夸张，但颇为形象。苏轼驻足小亭，一个浩大的世界不禁在眼前敞亮，那就是"海天风雨看纷披"。建筑的小与海天的大形成强烈对比；物质的困穷、仕路的坎坷、人生的失意，与作者精神的富足、胸襟的宏大和生命的张力形成强烈对比。"海天风雨"，既是亭中所见实景，亦是作者心中的象喻。作者的言外之意甚明：人生无常，世路难料，但有弹性的生命，任由海天风雨的纷披，那倒是一种难得的风景，大可以尽情享受。[6]

心养的智慧还在于要减少心的欲望。崇尚节俭既是一种美好的品德，又是一种人生的智慧。苏轼在给李公择的信中曾说："口体之欲，何穷之有，每加节俭，亦是惜福延寿之道。"[3]1499少私寡欲，就少贪念；贪念少，失落就少，内心的不安亦少，就会活得轻松。

苏轼在黄州就有著名的"三养"说："东坡居士自今日已往，不过一爵一肉。有尊客，盛馔则三之，可损不可增。有召我者，预以此先之，主人不从而过是者乃止。一曰安分以养福，二曰宽胃以养气，三曰省费以养财。"[5]12源于"一爵一肉"的节俭，苏轼发现了其中的三种境界——养福、养气与养财，而三种境界的背后则是安分、宽胃与省费。虽然这是苏轼在黄州困难时期的自白，但从中亦深刻反映了他的人生智慧。

（二）身养

生命在于运动，动静有常，劳逸结合，是养生之秘笈。苏轼深谙其道，他曾用人之一身譬如王公贵人与农夫小民，有云：

> 天下之势，譬如一身。王公贵人所以养其身者，岂不至哉，而其平居常苦于多疾。至于农夫小民，终岁劳苦，而未尝告疾，此其故何也？夫风雨霜露寒暑之变，此疾之所由生也。农夫小民，盛夏力作，而穷冬暴露，其筋骸之所冲犯，肌肤之所浸渍，轻霜露而狎风雨，是故寒暑不能为之毒。今王公贵人处于重屋之下，出则乘舆，风则袭裘，雨则御盖，凡所以虑患之具，莫不备至。畏之太甚，而养之太过，小不如意，则寒暑入之矣。是故善养身者，使之能逸而能劳，步趋动作，使其四体狃于寒暑之变，然后可以刚健强力，涉

险而不伤。[3]263

这段比喻非常生动，也十分精到。农夫小民终岁劳苦，却刚健强力；王公贵人衣裘乘舆，养之太过，反而容易患病成疾。苏轼虽非农夫小民，但他好动，闲不住，无论是在得意还是失意之时，他都喜欢劳作，或垦荒，或种植，或酿酒，或烹调，或掘井，或修造，或游览，或访客，总之不喜欢静默呆坐。与苏轼后人及门生多有交往的叶梦得在其笔记中曾对此有过生动的记述："子瞻在黄州及岭表，每旦起不招客相与语，则必出而访客。所与游者亦不尽择，各随其人高下，谈谐放荡，不复为畛畦。有不能谈者，则强之说鬼，或辞无有，则曰姑妄言之。于是闻者无不绝倒，皆尽欢而后去。设一日无客，则歉然若有疾。其家子弟尝为予言之如此也。"[7]又载："吾观自古功名之士，类皆好动。不但兴作事业，虽起居语默之间，亦不能自已……苏子瞻性亦然。初谪黄州，布衣芒履，出入阡陌，多挟弹击江水，与客为娱乐。每数日必一泛舟江上，听其所往，乘兴或入旁郡界，经宿不返。为守者极病之。晚贬岭外，无一日不游山。晁以道尝为余言，顷为宿州教授，会公出守钱塘，夜过之，入其书室，见壁间多张古名画，爱其钟隐雪雁，欲为题字，而挂适高不能及，因重二桌以上，忽失足坠地，大笑。"[8]这两则轶事可以丰富我们对苏轼好动本性的认识。

运动仅是基本的要求，具体而言，身体的保养还有很多方法。比如气功，苏轼从数百方士之法中拣选简单易行者习之，感叹"此法特奇妙，乃知神仙长生不死非虚语"，其具体做法如下：

> 每夜以子后，披衣起，面东或南，盘足，叩齿三十六通，握固，闭息，内观五脏，肺白、肝青、脾黄、心赤、肾黑。次想心为炎火，光明洞彻，下入丹田中，待腹满气极，即徐出气。候出入息匀调，即以舌接唇齿，内外漱炼津液，未得咽下。复前法，闭息内观，纳心丹田，调息漱津，皆依前法。如此者三，津液满口，即低头咽下，以气送入丹田。须用意精猛，令津与气谷谷然有声，径入丹田。又依前法为之。凡九闭息，三咽津而止。然后以左右手热摩两脚心，及脐下腰脊间，皆令热彻。次以两手摩熨眼、面、耳、项，皆令极热。仍按捏鼻梁左右五七下，梳头百余梳而卧，熟寝至明。[3]2335—2336

类似于这样的身体炼养，苏轼还有很多种，如静坐法（《司命宫杨道士息轩》："无事此静坐，一日似两日。若活七十年，便是百四十。黄金几时成，白发日夜出。开眼三千秋，速如驹过隙。是故东坡老，贵汝一念息。时来登此轩，目送过海席。家山归未能，题诗寄屋壁。"[4]2352），还有"寝寐三昧"法。[9]

苏轼对人生的寿长与生命的质量非常看重，所以对道教养生多有兴趣，诸如内丹功、龟息法、胎息法等都是为他所瞩目并努力尝试的。当然，苏轼的身养方法还有很多，如梳头、漱茶、午睡、步行、洗脚、早寝等，都是简单易行且非常有道理的。

（三）食养

民以食为天。食是大事，不可草率行之。苏轼于食养保健颇有智慧，其《养老篇》云："软蒸饭，烂煮肉。温美汤，厚毡褥。少饮酒，惺惺宿。缓缓行，双拳曲。虚其心，实其腹。丧其耳，忘其目。久久行，金丹熟。"[3]2421此篇颂文虽综论养生，并不局限饮食，但里面涉及的食养也弥足珍贵。类似这样的食养智慧，苏轼还有很多，如："春食苗，夏食叶，秋食花实而冬食根。"[3]4这是与时令相合拍的食养。即便是日日三餐，苏轼也有智慧，主张食不过饱，即所谓"宽胃以养气"。[3]2371

苏轼一生走过很多地方，无论是为官还是罹祸，他都能就地取材，入乡随俗，各种山珍、蔬果、海味等，都可成为他创意美食的素材与灵感，成为他补充维生素、蛋白质与满足口福的重要来源。于是各种披上东坡灵性与智慧的菜肴香飘久远，如二红饭、豆粥、鱼羹、菜羹、山芋羹、东坡羹、东坡肉、东坡鱼、炙羊脊骨等。

（四）药养

食五谷生百病，祛病强身并非不可用药。药用得好，会和五脏，益寿延年。苏轼这样谈养生："是以善养生者，慎起居，节饮食，道引关节，吐故纳新。不得已而用药，则择其品之上、性之良，可以久服而无害者，则五脏和平而寿命长。不善养生者，薄节慎之功，迟吐纳之效，厌上药而用下品，伐真气而助强阳，根本已空，僵仆无日。"[3]737药养是不得已而用之。但药养是有讲究的，并非随便用药，而应选择上品之药，这种药性质温和，对人体无害，故久服能强身。反之，不懂这个道理，用劣质药、用猛药，则只会耗损身体，葬送生命。

同理，药养也讲究保健，并非一定要等到生病之后治疗，从本质上说，药养更多的还是强调平时的保健强身，用一些保健药材，采用一些特殊的方式制作服用。事实上，有些药材是药、食同源，药、食双性，或者说是天然的保健品，如苏轼青睐的每天嚼服芡实，还有菊花、枸杞、胡麻（芝麻）、石菖蒲、茯苓、大枣、黄精、松节、苍耳、槟榔、沉香、地黄、当归、玄参、羌活、灵芝、薏苡等，苏轼或作丸，或作散，或浸酒，或作茶饮等。

（五）境养

所谓境养，就是着眼环境的养生智慧。苏轼对生活环境非常看重，着意营造惬意的景致，人们熟悉的"可使食无肉，不可居无竹"[4]448，可见他对优美环境、新鲜空气的倚重超过美味。苏轼每到一处都愿意花费精力营葺园地，改善环境，即使是在贬谪中，也会因陋就简、因地制宜地改变、改造自己的生活环境，使之生意益然，惬心舒怀。如死里逃生的黄州之贬，先是居无定所，在定慧院、临皋亭、天庆观流寓，后得州治之东一废弃营地，始奋力垦荒，躬耕垄亩，十分艰辛。苏轼曾有自序："余至黄州二年，日以困匮。故人马正卿哀余乏食，为于郡中请故营地数十亩，使得躬耕其中。地既久荒为茨棘瓦砾之场，而岁又大旱，垦辟之劳，筋力殆尽。释耒而叹，乃作是诗，自愍其勤，庶几来岁之入以忘其劳焉。"[4]1079在东坡，苏轼不仅种庄稼，还植种枣树、栗树、松树、桑果、竹林等，"想见竹篱间，青黄垂屋角"。[4]1082在东坡，得于邻里朋友的帮助，苏轼还营建了宅屋，因大雪中建成，故取名为"雪堂"："因绘雪于四壁之间，无容隙也。起居偃仰，环顾睥睨，无非雪者。苏子居之，真得其所居者也。"[5]80雪被称为雨之精灵，是洁净、美好、吉祥的象征，苏轼将其绘于四壁，有"澡雪精神"、瑞兆来年的意味，也是美化居室环境、怡然心境的重要举措。

在惠州，得古白鹤观隙地数亩建居所，白鹤峰新居设德有邻堂、思无邪斋，堂前杂植松、柏、柑、橘、柚、荔、茶、梅诸种树木，景色优美。苏轼在给毛泽的信中这样说道："新居在大江上，风云百变，足娱老人也。"[3]1572

在儋州，苏轼克服"食无肉，病无药，居无室，出无友"的窘境，下决心在昌化军城南紧邻天庆观之处购地修茅舍五间,自命为"桄榔庵",于庵周围环植兰桂竹树等植被,烟雨濛晦,苏轼自言:"近与儿子结茅屋数椽居之,仅庇风雨,……赖十数学生助工作,躬泥水之役,愧之不可言也。尚有此身,付与造物,听其运转,流行坎止,无不可者。"[3]1628又云:"新居在军城南,极湫隘,粗有竹树,烟雨蒙晦,真蜒坞獠洞也。"[3]1628在《和陶和刘柴桑》中说:"万劫互起灭,百年一踟蹰。漂流四十年,今乃言卜居。且喜天壤间,一席亦吾庐。稍理兰桂丛,尽平狐兔墟。黄橼出旧枿,紫茗抽新畬。我本早衰人,不谓老更勍。邦君助畚锸,邻里通有无。竹屋从低深,山窗自明疏。一饱便终日,高眠忘百须。自笑四壁空,无妻老相如。"[4]2311在《新居》中说:"朝阳入北林,竹树散疏影。短篱寻丈间,寄我无穷境。旧居无一席,逐客犹遭屏。结茅得兹地,翳翳村巷永。数朝风雨凉,睢菊发新颖。俯仰可卒岁,何必谋二顷。"[4]2312可以看出,苏轼是在艰苦困顿中积极去营造美,发现美,欣赏美,"寄我无穷境","俯仰可卒岁"。这种境养,助苏轼心与境通达,情与理融贯,美不胜收。

二、苏轼养生智慧的现代启示

养生的主体是人,只有人才会有这样的益身、延寿的主体意识。但养生并非只是一种意识,它需要由意识到行动。人离不开具体的生存环境,离不开周遭的人际关系,因此,养生必定具备三个基本要素:人、环境、物质。人是根本,环境是条件,物质是保障。就养生这一概念而言,需要明确以下几层概念与关系:

首先是养生的意识。一个人若没有养生的意识,即使身处仙境,即使锦衣玉食,也可能抑郁寡欢,甚或自轻自毁。所以,养生的意识是前提,是关键,缺乏它,其他可能都是空谈。

其次是养生的环境。再有养生的意识,但身处空气、水、土壤、食物等各类高污染聚集的地区,纵然能自我调适,自我炼养,事实上也不能做到"洁身自好",特别是一些重金属和化学合成物的污染,脆弱的肉身难以抵抗,健康长寿对这些地区的人来说只能是一种奢望或者是幻想。当然,养生的环境还包括家庭习惯、家族风气、时代氛围、区域习俗、民族特色、人际关系等。

再次是养生的物质保障。一个人有养生的意识，也身处良好的环境中，但若没有基本的物质的保障也是不行的，如物质匮乏、医疗条件落后，也不能保证能够颐养天年。

可见对养生而言，养生意识、良好环境与必要的物质保障是三位一体，缺一不可。如果说养生意识属于精神层面，那么良好的环境与必要的物质保障就是物质与精神的混合层面。精神与物质必须并行不悖，方可相向而行，实现康养幸福。

苏轼作为"人间不可无一，难能有二"的奇才，一方面是才华的卓异奇绝，一方面是人生的坎壈不幸。这两个极端汇聚于一身，使苏轼具有跨越时空的永恒魅力。探究苏轼丰富的人生，追索破译苏轼抵抗不幸人生的智慧密码，对千载之后的我们具有极为重要的范型意义。依据前述养生三要素，苏轼的养生智慧对今天的我们有如下重要启示：

一是强烈的养生意识。苏轼作为蜀人，深受蜀中文化的影响。巴蜀地区是中华文化多元一体中的重要一元，其文化禀赋特质在多方面异于中原等地区。最明显的就是杂家风范与创新意识。大禹出生在四川；"易学在蜀"[10]10439是理学大师程颐的评价；"古蜀仙道"传承已有三千年的历史，道教就是在古蜀仙道的基础上创立的；佛教在巴蜀有深厚渊源，以至唐末僖宗时已出现了"菩萨在蜀"的说法[11]。巴蜀文人深受这种地域文化的熏染，普遍精通易老庄，杂糅儒佛道，其他诸如纵横之学、炼养击剑，亦多喜爱。苏轼无疑是其中的杰出代表。另一方面，蜀中之人往往不囿旧说，敢于标新立异，张扬个性，苏轼也是突出代表。苏轼对养生有特别的癖好，养生意识非常强烈。他喜欢结交三教九流人士，喜欢打探琢磨各种养生验方、秘方，并着手实践，且毫不保留地告诉他人，急欲分享。最为重要的是，苏轼对穷与达、荣与辱、得与失、苦与乐等有辩证的认识，能够有意识地调适心态，在人与环境、人与物、人与人、人与自我中寻求和谐，因此，无论身处顺境还是逆境，无论是在条件美好还是条件恶劣的地方，他都能很快适应，活得自在坦然，并高度认可与融入当地的风土人情。苏轼活在当下，心底无私天地宽，那些别有用心的小人尽管各种险恶手段用尽，恨得咬牙切齿，但苏轼在失意中发现属于自己的美："寓居官亭，俯迫大江，几席之下，云涛接天，扁舟草履，放浪山水间……此味甚佳，生来未尝有此适。"[3]1813依然可以"报道先生春睡美"，[4]2203依然能够"更著短檐高屋帽"，且惊叹"东坡何事不违时",[4]2269甚至高唱道:"九死南荒吾不恨,兹游奇绝冠平生。"[4]2366无论是被动的远谪迁徙还是主动的劳作运动,苏轼都在劳与逸、动与静、乖与和中努力寻找平衡点,不忘养生的初心,永葆生命的张力。

二是营造良好的生活环境。苏轼一生大起大落,人生足迹遍布大半个中国。处于人生顺境时期固不用说,单说那些处于人生低潮狼狈难堪的贬谪时期,苏轼稍事安顿之后,总会想方设法力所能及地营造自己满意的住所,并在堂前屋后环植各种植物。这些住所虽然与"华焕"无关,但苏轼善于通过室内的简单修饰与室外的植物映衬与环境烘托,达到屋内小景与屋外大景的相互补充与融通,使自己置身其间,百变风云,俯仰卒岁。如在黄州建造的雪堂,画了满壁的雪,让苏轼兴奋不已,直呼"真得其所居者也"。联想到"人生到处知何似,应似飞鸿踏雪泥。泥上偶然留指爪,鸿飞那复计东西",[4]97雪泥与飞鸿构成了人生的无限象喻。这首早年和兄弟的诗作,竟真的成了他人生的写照。人与环境往往会构成互动与互融的关系,人们常说"相由心生,境由心造",心与物(相、环境)的确是相通的,也难怪苏轼会有"真得其所居者也"的感慨。辛弃疾的"我见青山多妩媚,料青山见我应如是。情与貌,略相似"[12]15也道出了心与物、情与貌的互动关系。在惠州,苏轼自述其居无定所的窘况:"吾绍圣元年十月二日,至惠州,寓合江楼。是月十八日,迁于嘉祐寺。二年三月十九日,复迁于合江楼。三年四月二十日,复归于嘉祐寺。时方卜筑白鹤峰之上,新居成,庶几其少安乎。"[4]2195居无定所,没有固定安稳的生活环境,也就缺乏生存的安全感,所以,条件再艰苦,也得想办法改善。当白鹤峰新居建成,苏轼情不自禁地叙述那份艰辛与自足:"前年家水东,回首夕阳丽。去年家水西,湿面春雨细。东西两无择,缘尽我辄逝。今年复东徙,旧馆聊一憩。已买白鹤峰,规作终老计。长江在北户,雪浪舞吾砌。青山满墙头,?髻几云髻。虽惭《抱朴子》,金鼎陋蝉蜕。犹贤柳柳州,庙俎荐丹荔。吾生本无待,俯仰了此世。"[4]2195—2196青山静待雪浪,如此生意盎然的居所,苏轼满心欢喜,直言"规作终老计","俯仰了此世"。可见环境于人是相当的重要。

三是基本的物质保障。精神与物质,是生命的两种形态,或者说两种条件。精神的力量是非常强大的,但是人毕竟是肉身,衣食住行等都不能少。苏轼自谓平生"功业"在黄州、惠州、儋州,此话貌似愤激之辞,实则是有深刻道理的。人在物质条件好的时候,对生理的基本需求并不会特别在意,只有在生存受到威胁、生命面临挑战的时候，才会凸显出来。无疑，黄、惠、儋三州是对苏轼生存与生命的严峻考验。三州的条件一个比一个差，苏轼必须认真面对。在黄州，苏轼不得不拿起耒耜开辟茨棘瓦砾之荒地，为的是自给自足。他在困苦中善于就地取材，用当地的原材料，创意烹调，享受属于自己的美食与美味。再者，人在艰苦条件中，就要善于保养。人不是一定要等到病了之后才去寻药保健，而应未雨绸缪，立足于强身健体，尽可能减少疾病的危害。前面所述各种食养与药养，大多就是苏轼在现有条件下的各种小创意、小发明、小实践，这些创意、发明与实践在当时就已经使自己及家人受益，并惠及友朋与大众，有的甚至风靡当时，影响久远。今天，苏轼的这些食养与药养智慧与实践，已经变成了我们民族的宝贵文化遗产，值得我们珍视，更值得我们发扬光大。

注　释

[1] 钟来茵《苏东坡养生艺术》，江苏文艺出版社1995年版。

[2] 潘殊闲《叶梦得与苏轼》，巴蜀书社2009年版。

[3] （明）茅维编，孔凡礼点校《苏轼文集》，中华书局1986年版。

[4] （清）王文诰辑注，孔凡礼点校《苏轼诗集》，中华书局1982年版。

[5] 王松龄点校《东坡志林》，中华书局1981年版。

[6] 潘殊闲《快意雄风海上来：试论苏轼海南诗词的"海"味》，《重庆师范大学学报》（哲学社会科学版）2013年第4期。

[7] （宋）叶梦得撰《避暑录话》（卷上），石林遗书本。

[8] （宋）叶梦得撰《岩下放言》（卷下），石林遗书本。

[9] （宋）李廌撰《师友谈记》，文渊阁《四库全书》本

[10] （元）脱脱等撰《宋史》，中华书局1999年版。

[11] 谭继和《唐僧玄奘与巴蜀文化》，《西南民族大学学报》（人文社会科学版）2010年第5期。

[12] 徐汉明校勘《辛弃疾全集》，四川文艺出版社1994年版。

论苏轼的饮食养生思想

◇王友胜*

苏轼集儒学、道学、佛学及医学修为、美食养生于一身，将保养身形与修养心性合二为一，形成了独特的养生理念和方法。明末清初学者王如锡专辑苏轼的养生之论，编为《东坡养生集》一书，内容包括苏轼饮食养生、服药养生及修炼养生等资料。苏轼还是宋代著名的美食家，自称"老饕"，自嘲"我生涉世本为口"[1]2122（《四月十一日初食荔支》）、"自笑平生为口忙"[1]1032（《初到黄州》）；又擅长烹饪、酿酒，常将关涉酒、茶、肉、鱼、蔬菜等酿造、焙煎及制作的实践生活及饮食体验摄入其诗文作品，堪称饮食文学创作的高手。初步统计，苏轼有关饮食的诗词多达百余首；所作27首赋中，与饮食有关的即多达9首；就文而言，比较集中地反映苏轼饮食思想的有《苏轼文集》卷七三《杂记》中收录"草木饮食"30条，《格物粗谈》卷下收录"饮馔"78条，旧题《物类相感志》中收录"饮食"103条。细读其饮食题材作品及相关记载，我们会发现，苏轼的饮食除适口、饱腹外，其实还蕴含着丰富的养生思想，食养理论是他整体养生思想体系中的重要组成部分。目前已有学者对苏轼的饮食题材创作成就进行探讨[2]，但从其饮食实践及饮食作品的视域阐释其养生思想与方法的论述尚不多见，笔者拟对此做一专题探析，以引起学界的进一步关注。

一、苏轼饮食养生的思想渊源

饮食养生指通过用适当的饮食调养以达到补益精气、协调脏腑、抗衰延寿等目的的养生实践活动。苏轼早年所作《儒者可与守成论》说："夫武夫谋

---

* 作者简介：王友胜，文学博士，湖南科技大学中国古代文学与社会文化研究基地教授。

臣,譬之药石,可以伐病,而不可以养生。儒者譬之五谷,可以养生,而不可以伐病。"[3]40 此虽是从治国理政的战略高度立论,但也说明他早期持有药石只能治病、五谷方可养生的饮食养生理念。中国古代饮食养生的传统历史悠久、积淀深厚,传说中的养生家彭祖、孔子、张仲景、嵇康、陶弘景、孙思邈等均十分重视饮食养生,苏轼的饮食养生思想即渊源于前代众多医家的中医典籍及养生理论家的食养理念。

早在远古时期,先人就掌握了谷物种植和畜牧技术。周代先人已经关注饮食养生,宫廷除置膳夫、庖人、兽人、渔人、鳖人、腊人、酒正、酒人、浆人、凌人、笾人、醢人、醯人、盐人等专司食饮各项工作外,另设"食医"一职,《周礼·天官·冢宰》载:

> 掌和王之六食,六饮、六膳、百馐、百酱、八珍之齐。凡食齐视春时,羹齐视夏时,酱齐视秋时,饮齐视冬时。凡和,春多酸,夏多苦,秋多辛,冬多咸,调以滑甘。凡会膳食之宜,牛宜稌,羊宜黍,豕宜稷,犬宜粱,雁宜麦,鱼宜菰。凡君子之食,恒放焉。[4]12

食医专门掌管周王与贵族阶层四季饮食及分量调配的工作。春秋时孔子提出"二不厌""三适度""十不食"的食饮原则:

> 食不厌精,脍不厌细。食饐而洁,鱼馁而肉败,不食;色恶,不食;恶臭,不食;失饪,不食;不时,不食;割不正,不食;不得其酱,不食;肉虽多,不使胜食气;唯酒无量,不及乱;沽酒市脯不食,不撤姜食,不多食;祭于公,不宿肉;祭肉,不出三日,出三日,不食之矣。[5]102—103 (《论语·乡党》)

指出祭祀时要尽可能选用上好的米来烧,鱼、肉要切割得尽可能细些,便于咀嚼和消化,食品要有色、香、味,要按时饮食、适量饮食等,除此以外,还要符合"食不语,寝不言"的饮食卫生习惯。成书于战国时代的中医典籍《黄帝内经·素问》[6]在世界饮食养生科学史上最早提出平衡饮食的原理,《藏气法时论》篇载:"五谷为养,五果为助,五畜为益,五菜为充,气味合而服之,以补精益气","谷肉果菜,食养尽之,无使过之,伤其正也"。其中"五谷为养"是指稻、黍、稷(粟)、麦、菽(大豆)等谷物和豆类作为养育人体之主食;"五果"系指枣、李、杏、栗、桃等水果、坚果,"五畜"指牛、犬、羊、猪、鸡等禽畜肉食,"五菜"则指葵、韭、薤、藿、葱等蔬菜。意即谷物等主食是人赖以生存的根本,而所谓"助""益"及"充",则是指水果、蔬菜和肉类等作为主食的辅助、补益和补充,都是相对"养"而言,是对"五谷"营养的补充。现代营养学也认为,只有全面、合理的膳食营养,即平衡饮食,才能维持人体的健康。

秦汉以降,饮食养生的理论家与中医养生的典籍不绝如缕。旧题彭祖《摄生养性论》载,人之食饮,"不欲甚饥,饥则败气。食戒过多,勿极渴而饮,饮戒过深。食过则症块成疾,饮过则痰癖结聚"。[7]阐述了食饮的时间、分量及过量食饮后的危害。相传彭祖是颛顼的玄孙,历经唐虞夏商等时代,活了八百多岁。《楚辞·天问》说他善于食养,"彭铿斟雉,帝何飨?受寿永多,夫何长(怅)?"东汉医圣张仲景《金匮要略》特别提到要食后保养:"食毕当漱口数过,令牙齿不败口香。"指出饭后要注意口腔卫生,做到食后漱口。三国曹魏时嵇康作《答难养生论》曰:

> 养生有五难:名利不灭,此一难也;喜怒不除,此二难也;声色不去,此三难也;滋味不绝,此四难也;神虑转发,此五难也。

其中第四难"滋味不绝"指嗜食肥甘厚味,与结尾所提倡的"慎言语,节饮食",都是就饮食养生提出的要求。南朝时期提倡饮食养生的代表人物是著名医药家、炼丹家,人称"山中宰相"的陶弘景,其《养性延命录》卷上《食诫篇》比较全面地阐释了饮食禁忌的方方面面:

> 故养性者,先饥乃食,先渴而饮。恐觉饥乃食,食必多盛;渴乃饮,饮必过。食毕当行,行毕使人以粉摩腹数百过,大益也。青牛道士言:食不欲过饱,故道士先饥而食也;饮不欲过多,故道士先渴而饮也。食毕行数百步,中益也。[8]

又提出不勉强进食:"不渴强饮则胃胀,不饥强食则脾劳。"脾胃是人体健康的"后天之本",注意节食,保护脾胃,是得以健康长寿的关键。

隋唐之际的药王孙思邈《千金要方·食治方》详细论述了果实、菜蔬、谷米、鸟兽对养生的功效,再次强调了《黄帝内经》中平衡饮食的思想,如其中引扁鹊话说:"安身之本,必资于食……不知食宜者,不足以存生也。"指出饮食的宜忌是养生之根本。又云:"食饱令行百步,常以手摩腹数百遍,叩齿三十六,津令满口,则食易消,益人无百病,饱食则卧,食不消成积,乃生百病。"倡导散步、摩腹、叩齿等餐后养生环节。其《保生铭》所谓"食了行百步,数将手摩腹",也是同样的道理。宋初养生家蒲虔贯的《保生要录·论饮食门》强调饮食不可偏食:"凡所好之物,不可偏耽,耽则伤而生痰;所恶之物,不可全弃,弃则脏气不均。"实际上也是《黄帝内经》中讲的平衡饮食的道理。

苏轼学识渊博,广泛汲取包括传统养生理论在内的中国古代优秀文化,其《读道藏》诗曰:"嗟余亦何幸,偶此琳宫居。宫中复何有?戢戢千函书。"[1]181所谓《道藏》"千函书",自然也包括大量有关医药养生之书。苏轼丰富的饮食养生理论,来源于自己大量的养生实践,同时也与他广泛收集民间食养方法与汲取古代食养理论不无关联。其《止水活鱼说》一文引孙思邈《千金要方·人参汤》论证止水、活水之别,指出"鲫鱼生流水中,则背鳞白,生止水中,则背鳞黑而味恶"。[3]2373《记惠州土芋》则引东汉时期集结整理成书的《神农本草经》,谓芋即土芝,有"益气充饥"之效。其《桂酒颂》叙中转引《本草》语,指出桂枝有"利肝肺气,杀三虫,轻身坚骨,养神发色"[3]594等疗效,实"为百药先"。苏轼在惠州还曾手写数本嵇康的《养生论》以赠罗浮山道士邓守安等人。凡此等等,无不证明苏轼的食养活动受到传统养生理论的滋养与熏染。

二、苏轼饮食养生的科学实践

苏轼一生东漂西泊,南羁北宦。他不偏食,注重饮食结构,所到之处皆入乡随俗,能很快适应并喜好当地菜肴。他的饮食品种丰富多样,五花八门,既有蔬菜、水果等素食,又不乏鱼肉等荤食。其饮食不仅是满足口腹之欲,更多的是为了养生、健体、治病,乃至延年益寿。《黄帝内经·素问》提出的"五谷为养,五果为助,五畜为益,五菜为充"的平衡饮食养生理论,在苏轼长期的食饮实践活动与大量的食饮题材作品中,都能得到很好的体现。

首先,我们来看其"五谷为养"。"五谷"之说是逐渐形成的,一般指稻、麦、黍、稷、菽五种粮食作物。其中黍指玉米,也包括黄米,稷指粟(高粱),菽指豆类。我们可以把这类食物统称为五谷杂粮。苏轼以五谷及由此加工而成的各类食品为主要食材,其品种异常丰富,如占城稻、粳稻、云泽米、米粉、粟、粱、粳米、黄糯、菽、寒具(馓子、环饼)、酪粉、薏苡、玉糁羹、山芋羹、豆粥、豌豆大麦粥、黄耆粥、槐叶冷淘、酥煎、新麦汤饼、槐芽饼、饼饵(饺子)、水饼、凉饼、汤饼、笋饼、青蒿饼、为甚酥(油饼)、薯芋及蕈馒头等,可谓丰富多样。北宋时,水稻还没有成为主要的饭食,人们还是以豆类、麦子为主食。苏轼在黄州特地发明制作了一种大麦与小豆调配而成的饭食,其《二红饭》曰:

> 今年东坡收大麦二十余石,卖之价甚贱,而粳米适尽,乃课奴婢舂以为饭,嚼之啧啧有声。小儿女相调,云是嚼虱子。日中饥,用浆水淘食之,自然甘酸浮滑,有西北村落气味。今日复令庖人,杂小豆作饭,尤有味。老妻大笑曰:"此新样二红饭也。"[3]2380

苏轼收入微薄,家庭人口较多,生活困窘,经常入不敷出,其《答秦太虚书》中有比较详细的描述,文中"粳米适尽"四字也透露了其中消息,恰如陶渊明的"瓶无储粟"(《归去来兮辞·序》),故将卖价甚贱的大麦教仆人捣去皮壳,用浆水淘洗,杂以小豆,吃起来居然也"尤有味"。

宋人喝粥者众,喜粥者夥,颇知粥的养生奇效。张耒《粥记赠邠老》云:

> 张安定每晨起,食粥一大碗。空腹胃虚,谷气便作,所补不细。又极柔腻,与肠胃相得,最为饮食之良。妙齐和尚说:山中僧,每将旦一粥,甚系利害。如或不食,则终日觉脏腑燥渴。盖粥能畅胃气,生津液也。今劝人每日食粥,以为养生之要,必大笑。大抵养性命,求安乐,亦无深远难知之事,正在寝食之间尔。[9]780

苏轼特别推崇粥食的养生作用,认为在"饮冷过度"后,喝热粥有祛寒、利胃、提神的功效。这一养生方法其实是从他的忘年交吴复古(子野)那里学来的。费衮《梁溪漫志》引苏轼《食粥帖》载："昨某日饮冷过度，吴子野劝食白粥，云能推陈致新，利膈养胃。僧家五更食粥，粥既快美，粥后一觉，尤不可说，尤不可说。"苏轼经常与吴复古讨论养生之道，其《问养生》开头即谓"余问养生于吴子"[3]1982。他在给书法家米芾的信中亦说："某昨日饮冷过度，夜暴下，且复疲甚。食黄芪粥甚美。"[3]1783（《与米元章二十八首》其二十六）黄芪为豆科多年生草本植物。中医认为，黄芪性味甘、微温，有补气升阳、固表止汗、脱毒生肌之功。苏轼就是食用过用黄芪与大米熬成的粥后祛病提神的。豆粥即豆子和大米熬制的粥，乃宋代普通的食物，但颇有养生之效。黄庭坚《答李任道谢分豆粥》有所谓"豆粥能驱晚瘴寒，与公同味更同餐"。苏轼的《食豆粥颂》一文载其吃了僧人煮的豆粥，津津有味，仿佛到了极乐世界。他还写成《豆粥》一诗："地碓舂秔光似玉，沙瓶煮豆软如酥。我老此身无着处，卖书来问东家住。卧听鸡鸣粥熟时，蓬头曳履君家去。"[1]1272谓秔米经过舂碓后光洁如玉，豆粥经过沙瓶煨煮后香软如酥，故鸡鸣拂晓，不待梳洗，急切地赶去东家品尝，可见其对豆粥的喜好。

苏轼在惠州，夜饥，吴复古煨芋两枚见啖，遂作《记惠州土芋》，记复古煨芋之法：

> 芋当去皮，湿纸包，煨之火，过熟，乃热啖之，则松而腻，乃能益气充饥。今惠人皆和皮水煮冷啖，坚顽少味，其发瘴固宜。[3]2365

认为山芋当去皮、纸包、煨火而热食，则"松而腻"，且能"益气充饥"，若如"惠人"和皮冷啖，则会生疾。他的诗《除夕，访子野食烧芋，戏作》亦曰："松风溜溜作春寒，伴我饥肠响夜阑。牛粪火中烧芋子，山人更吃懒残残。"[1]2628诗人饥肠辘辘，故能于牛粪烧烤的山芋中品尝到生活的芳香。苏轼在儋州，"北船不到米如珠，醉饱萧条半月无"[1]2328（《纵笔三首》其三），正所谓米珠薪桂，苏过用当地薯芋煮玉糁羹，苏轼吃后夸赞其"色香味皆奇绝""香似龙涎仍酽白，味如牛乳更全清。莫将北海金齑鲙，轻比东坡玉糁羹"[10]1261（《过子忽出新意，以山芋作玉糁羹，色香味皆奇绝。天上酥陀则不可知，人间决无此味也》）。篇中极尽描写玉糁羹的味美，说它香似龙涎，味比牛乳，胜过北海奇珍的佳肴。实际上，玉糁羹用料简单，只不过是用芋头熬煮成的芋头羹。这一吃法在《和陶劝农六首》小序中也有记载："海南多荒田，俗以贸香为业。所产粳稌，不足于食。乃以薯芋杂米作粥糜以取饱。"[1]2255

苏轼常食五谷制作的饼类食品，借此养生。其《和蒋夔寄茶》曰："清诗两幅寄千里，紫金百饼费万钱。"[1]655他将"清诗"与"百饼"相提并论，可见饼类食品在他心中的位置。如寒具，俗称"馓子""环饼"，用面粉、糯米粉加盐或蜜、糖，搓成细条，油煎而成。苏轼有《咏环饼》、《寒具》诗，后诗曰："纤手搓来玉数寻，碧油轻蘸嫩黄深。夜来春睡浓于酒，压扁佳人缠臂金。"[1]1694此诗从厨娘"纤手"揉面做馓子起句，描绘了炸馓子时的油温火候，馓子炸成后较嫩黄略深的颜色和一圈圈似手钏连在一起的"缠臂金"的形态。又如《约吴远游与姜君弼吃蕈馒头》曰："天下风流笋饼餤，人间济楚蕈馒头"[1]2627，"餤"即饼，"蕈"，指香菇、蘑菇类植物。作者似又对笋饼和以香菇为馅的馒头特别垂爱。

其次，再看苏轼的"五果为助"。《黄帝内经》中的"五果"为枣甘、李酸、栗咸、杏苦、桃辛，也就是我们现在所说的大枣、李子、栗子、杏、桃，泛指各种水果。苏轼对各地水果十分钟爱，如蒲桃、樱桃、桃、杏、梨、李、枣、椹（桑葚）、榧子（香榧）、石榴、黄柑、朱橘、荔枝、龙眼、木瓜、卢橘、杨梅、槟榔、橄榄、柚子、椰子、香蕉等，均为他享用之物，并以此养生。不过，比较而言，他似对岭南水果情有独钟。岭南气候湿热，适合热带水果生长。苏轼在惠州唱和苏过的诗中说："栖禅晚置酒，蛮果粲蕉荔。齐厨釜无羹，野饷篮有蕙。"[1]2099（《正月二十四日与儿子过……》），特别是吃了"厚味高格"的荔枝后，以至乐以忘家。其《食荔枝二首》之二曰："罗浮山下四时春，卢橘杨梅次第新。日啖荔支三百颗，不辞长作岭南人。"[1]2194又《四月十一日初食荔支》曰：

南村诸杨北村卢，白华青叶冬不枯。垂黄缀紫烟雨里，特与荔子为先驱。海山仙人绛罗襦，红纱中单白玉肤。不须更待妃子笑，风骨自是倾城姝。不知天公有意无，遣此尤物生海隅。云山得伴松桧老，霜雪自困楂梨粗。先生洗盏酌桂醑，冰盘荐此赪虬珠。似闻江鳐斫玉柱，更洗河豚烹腹腴。[10]1202

诗人夸颂荔支的形态与品格，首以卢橘、杨梅铺垫，又在"似闻"二句下自注："予尝谓荔支厚味,高格两绝,果中无比,惟江鳐柱、河豚鱼近之耳。"诗中运用生动的比喻,把荔枝比作身着红衣、肤若凝脂的云外飞仙。宋人已流行嚼槟榔,《宋史》(卷三百三十二)有"婚聘之资,先以椰子酒,槟榔次之,指环又次之"的记载。苏轼的《咏槟榔》诗"可疗饥怀香自吐,能消瘴疠暖如薰"[1]2638二句,写这种果实"可疗饥怀""能消瘴疠",具有止饿、祛除瘴疠,使人体发热的作用。《食柑》一诗则描写采摘、切剖、品尝柑橘的具体过程:"一双罗帕未分珍,林下先尝愧逐臣。露叶霜枝剪寒碧,金盘玉指破芳辛。清泉蔌蔌先流齿,香雾霏霏欲噀人。坐客殷勤为收子,千奴一掬奈吾贫。"[1]1158其中"清泉"二句,将柑橘的汁液、香味描述得栩栩如生。所以,苏轼在惠州的白鹤峰新居落成,他给程全父(天侔)写信求购的十种果树,首先提到的就是柑、橘(《与程全父十二首》其七)[3]1625,并在大门旁亲植两棵。

苏轼提出只有劳作所获,方食之有味,所谓"不缘耕樵得,饱食殊少味"[1]2254(《籴米》)。他喜食水果,常栽果树,早在凤翔任职,即有此好。其《次韵子由岐下诗并序》载:

> 廊之两旁各为一小池。皆引汧水,种莲、养鱼于其中。池边有桃、李、杏、梨、枣、樱桃、石榴、樗、槐、松、桧、柳三十余株,又以斗酒易牡丹一丛于亭之北。[10]63

苏轼在黄州东坡,栽种果树更是乐此不疲,并屡屡见载于给友朋的书信中。《与杨元素十七首》(其八)曰:"近于城中葺一荒园,手种菜果以自娱。"[1]1653《与子安兄七首》其一曰:"近于城中得荒地十数亩,躬耕其中。作草屋数间,谓之东坡雪堂。种蔬接果,聊以忘老。"[3]1829《与李公择十七首》其九亦曰:"某见在东坡,作陂种稻,劳苦之中,亦自有乐事。有屋五间,果菜十数畦,桑百余本,身耕妻蚕,聊以卒岁也。"[3]1499

再次,看苏轼的"五畜为益"。《黄帝内经》中的"五畜"为牛甘、犬酸、猪咸、羊苦、鸡辛,即牛、狗、猪、羊、鸡等各种肉类。苏轼一生虽力倡禁杀、放生,但并不拒绝肉等荤食类食品,鱼类等水产食品在他的食谱中也十分丰富,如猪肉、熊掌、羊、狗、鹿、熊腊、兔、鸡、牛酥、牛尾狸、黄雀、雁、鹤、春鸠、雉、鸡、鸭、鹅、薰鼠、蜜唧(以蜜饲养的乳鼠)、蝙蝠、蚕蛹、虾蟆、蛇及蝤蛑、紫蟹、河豚、金鲫鱼、鲈鱼、鲥鱼、鳊鱼、鳆鱼、鳜鱼、五柳鱼、白鱼、肋鱼、赤鱼、长鱼、子鱼、淮鱼、石首、赪尾鱼、紫蟹、白蟹、石蟹、虾、鳖、鲂鲤、海螯、蛤蜊、脍缕（鱼脍）、红螺酱、江瑶柱（牛耳螺）等，比比皆是，不胜枚举。众所周知，苏轼喜食猪肉。周紫芝《竹坡诗话》载"东坡喜食烧猪"，"东坡性喜嗜猪"，连禅林中人物佛印都"烧猪待子瞻"。他的《猪肉颂》诗曰："黄州好猪肉，价贱如粪土。富者不肯吃，贫者不解煮。慢着火，少着水，火候足时它自美。每日早来打一碗，饱得自家君莫管。"[1]597 这就是他在黄州发明的一种用慢火煨煮的"东坡肉"。这样的烹饪方法使肉质炖熟炖烂，细腻入味。他给堂兄的信《与子安兄七首》其一也说："常亲自煮猪头，灌血腈，作姜豉菜羹，宛有太安滋味。"[3]1829 潼南有鱼，其名"太安"，味美无比。苏轼以此为喻，足见其对猪头的喜爱。苏轼还懂得羊脊骨的食补作用，《仇池笔记》卷下载：

> 惠州市寥落，然每日杀一羊，不敢与在官者争买。时嘱屠者买其脊，骨间亦有微肉，熟煮熟漉，若不熟，则泡水不除，随意用酒薄点盐炙微焦食之。终日摘剔，得微肉于牙綮间，如食蟹螯。率三五日一食，甚觉有补。子由三年堂庖所食刍豢，灭齿而不得骨，岂复知此味乎！此虽戏语，极可施用，用此法，则众狗不悦矣。[1]17

苏轼在惠州，市井"日杀一羊"，"官者"食肉，他因无钱可买，只得食用带里脊肉和脊髓的羊脊椎骨，却发现"甚觉有补"，还不无幽默地说，比起其弟苏辙三年公款食用的肉类食品味道要好得多。

鱼是中国传统饮食中的主要荤食。苏轼颇通食鱼之法，每至一地，因地制宜，常用此作为自己饮食养生之物。在凤翔，友人送来的鱼还没等煮熟，就迫不及待地提前品尝，"携来虽远鬣尚动，烹不待熟指先染"[1]213（《渼陂鱼》）。知湖州时，喜食当地的蝤蛑，此物即梭子蟹，具有活血、化瘀、消食、通乳之功效。《丁公默送蝤蛑》曰："堪笑吴兴馋太守，一诗换得两尖团。"[1]973 由于自己的"馋"，竟用"诗"换取友人的蝤蛑。在黄州时，有"长江绕郭知鱼美"[1]1032（《初到黄州》）的诗句。他的《煮鱼法》一文，介绍制作鲜鲫或鲤鱼的办法：

子瞻在黄州，好自煮鱼。其法，以鲜鲫鱼或鲤治斫冷水下入盐如常法，以菘菜心芼之，仍入浑葱白数茎，不得搅。半熟，入生姜萝卜汁及酒各少许，三物相等，调匀乃下。临熟，入橘皮线，乃食之。[3]2371—2372

诗人用冷水加盐煮鱼，用葱、生姜、萝卜汁、酒及橘皮等为配料，足见他很讲究色、香、味的调理与营养的搭配。苏轼食鱼主张切成薄片，诗中描写鱼脍的诗句："运肘风生看斫鲙，随刀雪落惊飞缕。不将醉语作新诗，饱食应惭腹如鼓"[1]977（《泛舟城南……》其三），"吴儿脍缕薄欲飞，未去先说馋涎垂"[1]396（《将至湖州戏赠莘老》）。笔下的庖厨运刀如风，技艺精妙绝伦，制作的鱼脍片片轻薄如纸，光泽胜雪，让人口舌生津。孙奕所撰《示儿编》载，苏轼在常州，还大胆地品尝有毒、常人不敢食用的河豚，竟发出"也值得一死"的感叹，曾有"蒌蒿满地芦芽短，正是河豚欲上时"[1]1401（《惠崇春江晚景二首》其一）的诗句。苏轼元符二年在儋州，学会了食蚝。其《食蚝》曰："己卯冬至前二日，海蛮献蚝，剖之，得数升，肉与浆入水，与酒并煮，食之甚美，未始有也。""每戒过子慎勿说，恐北方君子闻之，争欲为东坡所为，求谪海南，分我此美也。"[3]2592蚝即"牡蛎"。苏轼发配海南，发现食蚝而美，就告诫苏过，劝其切勿声张，免得朝廷士大夫知道了，也来争食，分走他的美味。如此乐观豁达，实属不易。

最后论其"五菜为充"。《黄帝内经》中的"五菜"为葵甘、韭酸、藿咸、薤苦、葱辛，并非是特指，而是泛指各种蔬菜。中医理论认为，五谷能够补精，五菜能够益气。蔬菜能营养人体、充实脏气，使体内各种营养素更完善，更充实。菜蔬种类多，根、茎、叶、花、瓜、果均可食用。苏轼诗文中呈现的蔬菜远非这么单一，其品种要丰富得多，其中既有民间长期流传的乡村野蔬，也不乏他自己亲自耕种、栽培、发明的新鲜时菜，正所谓"庖人应未识，旅人眼先明"[1]818（《送笋芍药与公择二首》其一），举凡藕、笋、芦笋、棕笋、藤菜、莼菜、蒌蒿、元修菜（巢菜）、芥蓝、白菘、菠菜、蕨菜、蔓菁、青蒿、豆荚、苜蓿、芦菔、芹芽、芦芽、韭芽、姜芽、荠菜、乌菱、白苨及青菰等，无不成为他自食或待客的盘中宝物。《春菜》诗曰："蔓菁宿根已生叶，韭芽戴土拳如蕨。烂蒸香荠白鱼肥，碎点青蒿凉饼滑。"[1]790其中"蔓菁"俗称大头菜，又叫玉蔓青等，是一种常见的家庭腌制咸菜的蔬菜；

"韭芽"因隔绝光线，无阳光供给，不能进行光合作用，合成叶绿素，就会变成黄色，故又称"韭黄"。香荠烝白鱼，青蒿做凉饼，均为苏轼喜吃之物。其《雨后行菜圃》描述芥蓝、白菘雨后茁壮成长，想象收获后烹食的滋味："梦回闻雨声，喜我菜甲长"，"霜根一蕃滋，风叶渐俯仰。未任筐筥载，已作杯盘想。艰难生理窄，一味敢专飨"，"芥蓝如菌蕈，脆美牙颊响。白菘类羔豚，冒土出蹯掌。谁能视火候，小灶当自养"[1]2161。竹笋、芦笋为普通食用之菜肴，而食椶笋者则少见。苏轼喜食椶笋，其《椶笋》诗序曰："椶笋，状如鱼，剖之得鱼子，味如苦笋而加甘芳。"椶，同"棕"，棕笋为棕榈的花苞，棕笋这一食材形状像鱼，味道奇特，像苦笋又带有甘甜的味道。要在二月间摘取，如果超过了这个时节，这一美味就沦为苦涩而不能食用的食材。苏轼烹饪棕笋采用浸泡腌制的方式，先将棕笋蒸熟，用蜜煮制，再加醋浸泡腌制。

苏轼绍圣四年初贬儋州，饮食条件极其艰苦，"此间食无肉，医无药，居无室，出无友，冬无炭，夏无寒泉"（《寄程儒书》），于是因陋就简，以野菜煮粥充饥，所作《菜羹赋并叙》曰："水陆之味，贫不能致，煮蔓菁、芦菔、苦荠而食之。其法不用醯酱，而有自然之味。"[3]17 蔓菁、芦菔、苦荠均为儋州当地的野菜。赋的正文以大段笔墨铺陈煮菜羹的具体过程，细腻生动、妙笔生花：

> 殷诗肠之转雷，聊御饿而食陈。无乌喙以适口，荷邻蔬之见分。汲幽泉以揉濯，搏露叶与琼根。爨鉶錡以膏油，泫融液而流津。汤濛濛如松风，投糁豆而谐匀。覆陶瓯之穹崇，谢搅触之烦勤。屏醯酱之厚味，却椒桂之芳辛。水初耗而釜泣，火增壮而力均。滃嘈杂而麋溃，信净美而甘分。登盘盂而荐之，具匕箸而晨飧。助生肥于玉池，与吾鼎其齐珍。[3]17

再辅以易牙、傅说、丘嫂、乐羊四个与羹汤有关的典故作为反衬，"鄙易牙之效技，超傅说而策勋。沮彭尸之爽惑，调灶鬼之嫌嗔。嗟丘嫂其自隘，陋乐羊而匪人"。最后表达自己超然自适的怡然心态，"先生心平而气和，故虽老而体胖。计余食之几何，固无患于长贫。忘口腹之为累，以不杀而成仁。窃比予于谁欤？葛天氏之遗民"。

苏轼对家乡的蔬菜情有独钟，尝谓"久客厌虏馔，枵然思南烹"[1]817

(《送笋芍药与公择二首》其一),"北方苦寒今未已,雪底波棱如铁甲。岂如吾蜀富冬蔬,霜叶露牙寒更苦",以致"明年投劾径须归,莫待齿摇并发脱"[1]790(《春菜》)。晋代张翰因想吃鲈鱼而思乡,苏轼则想到蜀地蔬菜而欲归隐。《元修菜并叙》载:"菜之美者,有吾乡之巢。故人巢元修嗜之,余亦嗜之。元修云:使孔北海见,当复云吾家菜耶?因谓之元修菜。余去乡十有五年,思而不可得。元修适自蜀来,见余于黄。乃作是诗,使归致其子,而种之东坡之下云。"[3]1160这就是苏轼好食自种的"巢菜"或曰"元修菜"。

除"五谷""五畜""五果""五菜"等食品外,苏轼也注重茶、酒为主的饮品对调养身心的作用。

苏轼饮酒的嗜好以及对酒调养身心的认识有一个渐进的过程。他从"少时望见酒杯而醉"到"能饮三蕉叶"(《东坡题跋》),再到"饮酒虽不多,然未尝一日不把盏"[3]2371(《饮酒说》),"天下之好饮,亦无在余上者"[3]2049(《书东皋子传后》)。又从自己饮酒,到奉劝别人喝酒,"寄语公知否,还须数倒壶"[1]51(《夷陵县欧阳永叔至喜堂》)。不过苏轼的酒量并不大,彭乘《墨客挥犀》说:"子瞻尝自言平生有三不如人,谓着棋、吃酒、唱曲也",他不贪酒量,但求酒趣,其诗反复云:"我虽不解饮,把盏欢意足"[1]451(《与临安令宗人同年剧饮》),"少年多病怯杯觞,老去方知此味长"[1]1043(《次韵乐著作送酒》),"偶得酒中趣,空杯亦常持"[1]1883(《和陶饮酒二十首》其一)等等,可见东坡饮酒,不是为了逞口腹之快,而只是为了养生,获得精神上的"适"。饮酒时若佐以鱼肉等,在苏轼看来,那是绝美的享受。《二月二十六日,雨中熟睡……》即曰:"卯酒困三杯,午餐便一肉。"[1]1040《丁公默送蝤蛑》又道出食蟹饮酒的滋味:"半壳含黄宜点酒,两螯斫雪劝加餐","堪笑吴兴馋太守,一诗换得两尖团"[1]973。

蜂蜜、蔗浆亦属饮品。苏轼喜饮蜂蜜,认为养生效果很好,这在南宋的笔记中即有记载。陆游《老学庵笔记》卷七云:"(苏轼)一日,与数客过之,所食皆蜜也。豆腐、面筋、牛乳之类,皆渍蜜食之,客多不能下箸。惟东坡性亦酷嗜蜜,能与之共饱。"豆腐、面筋、牛乳皆其渍蜜而食,常人不能下箸,苏轼却乐以开怀。《书食蜜》甚至说:"吾好食姜蜜汤,甘芳滑辣,使人意快而神清。"[3]2591谓饮"姜蜜汤"后,觉得"意快而神清",这就不是一般的满足口腹之欲了;《安州老人食蜜歌》还指出,蜜能治百疾,比茶的疗效要好,且不似茶的甘苦相杂:"不食五谷惟食蜜,笑指蜜蜂作檀越","小儿得诗如得蜜，蜜中有药治百疾"，"恰似饮茶甘苦杂，不如食蜜中边甜"[1]1708。

三、苏轼饮食养生的原则

苏轼自称"老饕"，其《老饕赋》曰："九蒸暴而日燥，百上下而汤鏖。尝项上之一脔，嚼霜前之两螯。烂樱珠之煎蜜，滃杏酪之蒸糕。蛤半熟而含酒，蟹微生而带糟。盖聚物之夭美，以养吾之老饕。"[3]16 以诙谐、幽默的笔调，写自己在饥饿中幻想要品尝最鲜美的海陆产品。这只不过是作者以梦幻的形式形象地描绘出的一场虚幻的精神会餐。实际上，苏轼的饮食实践及养生思想绝非如此。

（一）食饮有度，适量为佳

中国古代养生家十分重视饮食之度，早就认识到饮食过度的危害性。《黄帝内经·素问》曰："食饮有节，起居有常"（《上古天真论》），"饮食自倍，肠胃乃伤"（《痹论》）。作为医家的孙思邈《千金要方》有"凡常饮食，每令节俭""饮食以时，饥饱得中""每食不重用"之诫。苏轼很好地汲取了传统饮食养生理论的营养，反对暴饮暴食，提倡饥饱适中，要爱身节慎、节制饮食，适可而止，认为此乃长寿的基本条件。其《东坡志林》卷一即提倡"已饥方食，未饱先止。散步逍遥，务令腹空"。苏轼认为，饥饿以后再进食，即便是粗茶淡饭，其香甜可口会胜过山珍海味。吃饭时不要吃得太饱，如果吃饱了还勉强进食，即使美味佳肴放在眼前也难以下咽。过饥过饱都会使人生病。饭后一定要散步，要始终让肚子是空的。苏轼与人交往，难免相互宴请。他订立条约，自己吃饭，一杯酒，一个荤菜，请人吃饭不超过三个荤菜；别人宴请他，也不准超过三个荤菜。这样既可"养福""养胃"，又可"养财"。他的这一良好的饮食习惯，在其《节饮食说》一文有详细的记载：

东坡居士自今日以往，早晚饮食，不过一爵一肉。有尊客盛馔，则三之，可损不可增。有召我者，预以此告之，主人不从而过是，乃止。一曰安分以养福。二曰宽胃以养气。三曰省费以养财。[3]2371

他在《过汤阴市得豌豆大麦粥示三儿子》诗中教育三子要以节约为本，

生活艰难,无负百姓,有所谓"玉食谢故吏,风餐便逐臣"之句。他在黄州所写的《与李公择十七首》(其十)中说:"口体之欲,何穷之有,每加节俭,亦是惜福延寿之道。"[3]1499在惠州,岭南人多暴食,他在《与钱济明十六首》(其四)中亦云:"瘴乡风土,不问可知,少年或可久居,老者殊畏之。唯绝嗜欲、节饮食,可以不死。"[3]1551前后两封书信中,苏轼均强调节制饮食可以延年益寿,可见他的这一养生思想是一以贯之的。

苏轼好饮酒,但不善饮,也很少过量,追求的是一种微醺的酒意,而不是如刘伶、李白那般因嗜酒而醉到忘乎所以。苏轼反对豪饮,提倡有节制地饮。其诗曰:"我饮不尽器,半酣味尤长"[1]440(《湖上夜归》),"譬如饮不醉,陶然有余欢"[1]1604(《送千乘、千能两侄还乡》)。其《书东皋子传后》中说得更具体生动:

> 予饮酒终日,不过五合,天下之不能饮,无在予下者。然喜人饮酒,见客举杯徐引,则予胸中为之浩浩焉,落落焉,酣适之味,乃过于客。闲居未尝一日无客,客至,未尝不置酒。天下之好饮,亦无在予上者。[3]2049

古代诗人中像苏轼这样能节制酒量的人少之又少。他的这一做法在元代著名食疗保健专家忽思慧《饮膳正要》一书中能找到理论依据。该书卷一《饮酒避忌》说酒"味苦甘辛",能"杀百邪,去恶气,通血脉,浓肠胃,润肌肤,消忧愁","少饮尤佳,多饮伤神损寿,易人本性,其毒甚也。醉饮过度,丧生之源"。

(二) 不求奢靡,清淡为佳

纵观苏轼的饮食活动,绝无"尊罍溢九酝,水陆罗八珍"(白居易《轻肥》)般的海吃豪喝山珍海味。他主张清淡素雅的饮食,力求简约实用,因地制宜。其《初到黄州》说:"长江绕郭知鱼美,好竹连山觉笋香",鱼、笋正是黄州当地习见之物;又比如他发明的东坡羹,既不是菜,也不是饭,更不是汤,乃是将蔓菁、芦菔、苦荠等野菜与生米配合,烹调出的一种廉价食品。其《东坡羹颂并引》载其制作方法甚详:

其法以菘若蔓菁、若芦菔、苦荠，揉洗数过，去辛苦汁。先以生油少许涂釜，缘及一瓷碗，下菜沸汤中。入生米为糁，及少生姜，以油碗覆之，不得触，触则生油气，至熟不除。其上置甑，炊饭如常法，既不可遽覆，须生菜气出尽乃覆之。羹每沸涌。遇油辄下，又为碗所压，故终不得上。不尔，羹上薄饭，则气不得达而饭不熟矣。饭熟羹亦烂可食。[3]595

苏轼认为，普通的菜肴，因习见，常食用，其味与嘉肴等；若饱食之后，即使肉类食品，唯恐其不去。他在黄州的《答毕仲举二首》其一即谓："菜羹菽黍，差饥而食，其味与八珍等；而既饱之余，刍豢满前，惟恐其不持去也。"[3]1671他的《撷菜并引》："吾借王参军地种菜，不及半亩，而吾与过子终年饱饫，夜半饮醉，无以解酒，辄撷菜煮之。味含土膏，气饱风露，虽粱肉不能及也。"诗云："秋来霜露满东园，芦菔生儿芥有孙。我与何曾同一饱，不知何苦食鸡豚。"[1]2202魏晋时的何曾生活奢靡无度，其家中厨房所烹饪的馔肴，胜过帝王之家。苏轼在惠州，借地耕种，他认为自种的蔬菜胜过达官显宦享用的粱肉，其淡味素食，实为延寿养生之道；我们既然都是追求饱腹，为什么非得要吃鸡食肉呢？用语幽默诙谐，反映了诗人乐观豁达的生活态度。

苏轼喜吃的"东坡肉"，其实在当时乃廉价之物，其《猪肉颂》说："黄州好猪肉，价贱如泥土。贵人不肯吃，贫人不解煮。"[1]597《答秦太虚七首》其四也说："羊肉如北方，猪牛獐鹿如土，鱼蟹不论钱。"[1]1536苏轼在杭州，多以乌菱、白芡、青菰为食材，此亦价廉易得之物，正所谓"乌菱白芡不论钱，乱系青菰里绿盘"[1]340（《六月二十七日望湖楼醉书五绝》其三）。杭州气候湿润，乌菱、白芡、青菰等水生植物随处可得，其价格便宜到"不论钱"的地步。

苏轼不求精奢，简约实用的饮食养生有时实出无奈。神宗熙宁八年，苏轼知密州，这年密州大旱，蝗灾继起，"日与通守刘君廷式，循古城废圃，求杞菊食之，扪腹而笑"[3]4，遂仿陆龟蒙《杞菊赋》而作《后杞菊赋》以自嘲。末云："吾方以杞为粮，以菊为糗。春食苗，夏食叶，秋食花实而冬食根，庶几乎西河、南阳之寿。"苏轼在黄州，无米酿酒，只得换以蜜为料。其《蜜酒歌》云："不如春瓮自生香，蜂为耕耘花作米。""先生年来穷到骨，问人乞米何曾得。世间万事真悠悠，蜜蜂大胜监河侯。"[1]1115庄周因家贫而往贷粟于监河侯,监河侯以"将得邑金"相许,远水解不了近渴,苏轼故有"蜜蜂大胜监河侯"的感叹。在儋州,大米供不应求,更无小麦可食,他入乡随俗,所作《闻子由瘦》曰:"土人顿顿食薯芋,荐以熏鼠烧蝙蝠。旧闻蜜唧尝呕吐,稍近虾蟆缘习俗。"[1]2257—2258 在"难得肉食""顿顿食薯芋"的情况下,连"熏鼠""蝙蝠""蜜唧""虾蟆"之类的小动物也乐于品尝。

(三) 养生治病、食药同源

饮食与养生、治病密不可分,合理的饮食可以调养身心、预防疾病。苏轼精通医理,是宋代医者儒化、儒者医化、医儒合一的典型代表,仅从旧编《苏沈良方》来看,他懂得药食同源之妙,在长期的饮食生活实践中,总结出食药同用以利身体健康的道理。他注重饮食的主要目的是养生、健体、治病,乃至延年益寿。

作者历经磨乱,身心俱乏,多病早衰。因此,苏轼一生十分注重挖掘食物的药用价值,如前揭"蜜中有药治百疾"(《安州老人食蜜歌》),即为利用科学合理的食饮,以达到治病养生目的的具体实践。汉代伏波将军马援征岭南,利用当地特产薏苡为将士们"御瘴",苏轼受此影响,其《小圃五咏·薏苡》形容薏苡的功效与形态云:"伏波饭薏苡,御瘴传神良。能除五溪毒,不救谗言伤","不谓蓬荻姿,中有药与粮。春为茨珠圆,炊作菰米香"[1]2160。他特地在自己的小圃栽种薏苡,用以食用祛瘴疠之疫。苏轼还懂得食用生姜的医疗、养生价值。其《服生姜法》载其在杭州,见净慈寺僧聪药王"年八十余,颜如渥丹,目光炯然","自言服生姜四十年,故不老"。不过,与僧聪"和皮嚼烂""温水咽之"比较,苏轼食姜的方法要讲究得多。他说:

> 姜能健脾温肾,活血益气。其法取生姜之无筋滓者,然不用子姜,错之,并皮裂,取汁贮器中。久之,澄去其上黄而清者,取其下白而浓者,阴干刮取,如面,谓之姜乳。以蒸饼或饭搜和丸如桐子,以酒或盐米汤吞数十粒,或取末置酒食茶饮中食之,皆可。[3]2346

此处详细地论述了姜乳制作、服食的办法及"健脾温肾、活血益气"的疗效。

（四） 学用结合、总结提升

苏轼以高明的智慧、勤勉的态度广泛学习、吸取前贤与时人的饮食养生理论，还喜欢亲手烹制菜肴，探讨饮食制作的方法与经验，以此总结饮食规律与养生办法，传播饮食养生文化。其《服生姜法》《食鸡卵说》《猪肉颂》《煮鱼法》《书煮鱼羹》《菜羹赋》《东坡羹颂并引》《玉糁羹》《食豆粥颂》等，从日常生活中总结出了许多简便易行的饮食养生办法。苏轼食物烹饪的技艺不凡，方法多样，不光有煮、焖等较为普遍传统的工序，还有煎、炸、炒、烩等精致烦琐的烹饪工艺。就拿羹类来说，羹是用蒸煮等方法制作而成的糊状食物。《东京梦华录》中曾载有七八种关于羹的做法。苏轼的饮食题材作品中也有菜羹、鱼羹、玉糁羹等不同做法。

苏轼《养生诀》说："近年颇留意养生。读书，延问方士多矣，其法百数，择其简易可行者，间或为之，辄有奇验。"[3]2335此虽是就导引内功养生而言，其实他在饮食养生上亦长于实践，亲力亲为，故诸如"为甚酥""元修菜""东坡肉""东坡羹"等许多食品因他得名。《竹坡诗话》载，苏轼在黄州赴何秀才宴会，食油果甚酥，因问主人何以为名？主人无以对，又问为甚酥，坐客皆曰："是可以为名矣。"油果"为甚酥"由此得名。正因苏轼勤奋好学，不耻下问，故其饮食制作能做到别出心裁，大胆创新，制作出许多非同寻常的饮食精品。苏轼烹制的红烧猪肉就颇具特色，其制作要领是水不要太多，火不要太猛，火候足即可。其《猪肉颂》一文介绍制作方法云："净洗锅，少着水，柴头罨烟焰不起。待他自熟莫催他，火候足时他自美。"宋代贵人不喜欢吃猪肉，而普通人家又不善制作，所以肉价很低，故苏轼精心烹制猪肉，人称"东坡肉"，此菜由此流传甚广。苏轼介绍了他被贬黄州时手自烹调鱼羹的经验，十分难得。他后来知杭州时，还以此待客，颇受欢迎。其《书煮鱼羹》记载了此事：

> 予在东坡，尝亲执枪匕，煮鱼羹以设客，客未尝不称善，意穷约中易为口腹耳！今出守钱塘，厌水陆之品，今日偶与仲天贶、王元直、秦少章会食，复作此味，客皆云：此羹超然有高韵，非世俗庖人所能仿佛。[3]2592

苏轼的烹饪技术相当高明，他注重辨析饮食制作原料的细微差异，能够选取最合适的原料来制作精美饮食。他认为不同地域的同一种作物品质不同，做出的饮食质量也会有别。比如《黍麦说》载：用北方的麦子做曲子和南方的米酿酒，质量往往超过用南方的麦子做曲子和北方的米酿酒；又指出各地的泉水水性不同，烹出的茶味道就不一样。

苏轼还善酿酒，多酿米酒、黄酒、果酒及药酒等，著名作家林语堂《苏轼评传》谓其为"造酒实验家"。他曾经将用水、制曲、选粮等工艺流程撰写成《东坡酒经》《饮酒说》二文。其诗文集中诸如腊酒、白酒、春酒、闽酒、卯酒、鹅黄酒、薄薄酒、碧香酒、重阳酒、浮蚁酒、冰堂酒、桑落酒、真一酒、醴酒、社酒、蜜酒、罗浮春、酸醋酒、莲花酒、中山酒、万家春、羊羔酒、酥酒、葡萄酒、洞庭春色、椰子酒、屠苏酒、松花酒、菖蒲酒、桂酒、天门冬酒、主业酒、渊明酒、茅君酒、英灵酒、红裙、蜑酒等，可谓琳琅满目。他饮过的酒有竹叶青、碧香酒、蜜酒、酥酒、柑酒、桂酒等，所酿之酒多以"春"为名，尝谓"予家酿酒，名罗浮春"[1]2072，"余近酿酒，名万家春，盖岭南万户酒也"。苏轼在黄州，调制过义尊酒，效仿西蜀道士杨世昌酿造蜜酒，《蜜酒歌》："一日小沸鱼吐沫，二日眩转清光活。三日开瓮香满城，快泻银瓶不须拨"[1]1115，将蜜酒酿制的过程描述得历历在目。在定州酿造橘子酒、中山松醪，用黄橘酿造洞庭春色酒；在惠州用米、麦、水三种原料酿造真一酒，酒成玉色，有自然香味，还酿造过桂酒等；在海南酿造天门冬酒等。有关酿酒的作品有《蜜酒歌并叙》《洞庭春色赋并引》《新酿桂酒》《桂酒颂》《真一酒歌并引》《真一酒法》《庚辰岁正月十二日天门冬酒熟，予自漉之，且漉且尝，遂以大醉二首》等。凡此或记载制酒工艺，或发掘酒趣意蕴，或探讨养生之道，皆写得真切而美妙，醇香而动人。又如，苏轼饮茶非惟解渴，实则为了养生、提神。他特别擅长煎茶，有《汲江煎茶》《试院煎茶》二诗，提出"活水还须活火烹"[1]2362"贵从活火发新泉"[1]370的烹茶方法，诗中"活水"即流水，相对止水而言，"活火"即旺火。

随着当今经济社会的快速发展，人们对生活质量的要求越来越高，有病治病、无病养生的思想已经深入人心。然究竟如何科学合理地养生，用哪些方式养生？作为中国传统文化的缩影，苏轼的养生思想丰富深邃、博大精深，他提出了从食养、药养，到动养，再到心养的完整、系统、科学的养生思想，其中饮食养生是根本与出发点，心养是归宿与最高境界。苏轼大量的饮食养生实践活动,既解决了口腹之需,又保养身心,他的饮食养生思想、理论与方法,因其丰富的社会关系与巨大的文化魅力,在当时以及后世,卓有影响,值得我们总结、借鉴与参考。

注 释

[1] 孔凡礼点校《苏轼诗集》,中华书局 1982 年版。

[2] 详见莫砺锋《饮食题材的诗意提升——从陶渊明到苏轼》,《文学遗产》2010 年第 2 期;王友胜《苏轼饮食文学创作漫论》,《古典文学知识》2012 年第 3 期;陈喜珍《论苏轼饮食题材作品的创作风格》,《名作欣赏》2012 年第 5 期;尹良珍《苏轼游宦经历与其饮食题材的关系》,《成都师范学院学报》2014 年第 11 期。

[3] 孔凡礼点校《苏轼文集》,中华书局 1986 年版。

[4] 陈戍国点校《周礼仪礼礼记》,岳麓书社 1989 年版。

[5] 杨伯峻《论语译注》,中华书局 1980 年版。

[6]《汉书·艺文志》著录称《黄帝内经》,十八篇;东汉张仲景《伤寒论》引用称《素问》;《四库全书总目提要》引皇甫谧《甲乙经序》谓"《针经》九卷、《素问》九卷,皆为《内经》",与《汉书·艺文志》十八篇合。

[7]《摄生养性论》一书,一般认为是秦汉后养生家言,托之彭祖。

[8]《养性延命录》,一说为唐人孙思邈撰。

[9] 李逸安等点校《张耒集》,中华书局 1990 年版。

[10](清)查慎行补注,王友胜校点《苏诗补注》,凤凰出版社 2013 年版。

[11]《仇池笔记》(外十八种),上海古籍出版社 1992 年影印《四库全书》本。

苏轼密州超然台诗文唱和及其文化意蕴

◇马银华 *

密州超然台对于苏轼，犹如杭州西湖、黄州赤壁之于苏轼，在其生命历程、思想孕育与文学创作中具有重要的意义。苏轼身上最具思想魅力的便是其超然物外、不计功名利禄得失的超然思想，而这种思想的最初形成便是在宋神宗熙宁年间苏轼任职密州之时。本文在前贤研究的基础上[1]，就苏轼与密州超然台有关的交游唱和活动做一考论，以还原苏轼"超然之思"生成的具体情景，为深化地域文学与苏轼思想文化研究提供依据。

一、燕处超然：密州超然台命名与苏轼"超然之思"的生成

宋神宗执政的秋天，苏轼由杭州通判调任密州知州，开始了两年左右的密州岁月。北宋时密州（今山东诸城）位于京东路东部，"带山负海，号为持节之邦"[2]1327（《密州到任谢执政启》），有"山东第二州"之称。宋人又常以"胶西""东武"相称。此地区形势险要，西有穆陵关、东有琅琊台、南有九仙山，"南望马耳常山出没隐见，若近若远，庶几有隐君子乎，而其东则卢山，秦人卢敖之所从遁也，西望穆陵隐然如城郭，师尚父齐桓公之遗烈犹有存者，北俯潍水慨然太息，思淮阴之功而吊其不终"（苏轼《超然台记》）。此地遍野的桑麻、优美的自然风物给苏轼留下了深刻印象："自从舍舟入东武，沃野便到桑麻川"[3]654（《和蒋夔寄茶》）、"漫说山东第二州，枣林桑泊负春游"[3]641（《答陈述古》二首）。而密州北台、常山、雩泉、卢山等山川自然景观都曾留下诗人的足迹并激发了他创作的灵思，特别是北台（超然台

---

* 作者简介：马银华，文学博士，山东管理学院人文学院教授。
本文为山东省社科规划项目"北宋齐鲁地区文人文化活动研究"（11CWXJ25）成果之一。

旧址）更是苏轼经常光顾吟咏之地，苏轼对此台甚为欣赏，整修后命名为超然台，作为登高望远、休闲娱乐之所："而园之北，因城以为台者旧矣，稍葺而新之。时相与登览，放意肆志焉。"[2]351（《超然台记》）苏轼创作《超然台记》一文以达其意，并遍邀诗坛名流对此台进行赋诗著文，这便是影响深远的密州超然台诗文唱和。这次超然台唱和因其涉及地域广泛、参与人数众多而对密州诗坛乃至全国诗坛都产生了很大影响，也大大提高了密州在全国的知名度，超然台与苏轼《超然台记》从此也成了密州一个极具文化意蕴的景观，引领并激发着当时或后世诗人的情志与诗思。

　　密州超然台唱和的开展，还有一个重要因素便是苏轼之弟苏辙为此台起了一个蕴含深意的名字："超然台"，心性近道的苏辙有感于世俗之士沉湎于对功名利禄、是非荣辱的追逐而不自拔，"天下之士奔走于是非之场，浮沉于荣辱之海，嚣然尽力而忘反，亦莫自知也。而达者哀之，二者非以其超然不累于物故耶？"[4]331（《超然台赋并叙》）对老庄超然物外思想心有所属，他理解其兄苏轼此时此地因与变法思想不合而补外的失意之情，于是就用《老子》书中"虽有荣观，燕处超然"[5]176之意开解其兄，希望其不为外物所累，能以老庄超然物外的思想，摆脱仕途不顺而带来的心情不适，进而无往而不乐。实际上苏轼任知密州的一个主要原因就是弟弟苏辙在离密州不远的齐州（今济南）任职："请郡东方，实欲昆弟之相近。"[2]651（《密州谢上表》）"子瞻既通守余杭，三年不得代。以辙之在济南也，求为东州守。"[4]331（《超然台赋并序》）苏轼一生命运多舛，屡遭磨难，但值得庆幸的是他有一个知己弟弟与他终生相知相慰、患难与共。每谈到苏辙，苏轼就会深情依依："嗟余寡兄弟，四海一子由。"[3]816（《送李公择》）"岂独为吾弟，要是贤友生。"[3]757（《初别子由》）

　　正是由于苏氏兄弟两人一生灵犀相通，相知相慰，苏辙以"超然"命名，非常符合苏轼此时的心意，也引发了他对超然之意深入地思考，产生平等物我观："凡物皆有可观，苟有可观，皆有可乐，非必怪奇玮丽者也。餔糟啜漓皆可以醉，果蔬草木皆可以饱。推此类也，吾安往而不乐。"苏轼与苏辙一样对人类日益膨胀的物欲都有所警醒："夫所为求福而辞祸者，以福可喜而祸可悲也。人之所欲无穷，而物之可以足吾欲者有尽。美恶之辨战乎中，而去取之择交乎前，则可乐者常少，而可悲者常多。是谓求祸而辞福。夫求祸而辞福，岂人之情也哉。物有以盖之矣。"并用老庄"物而不物"的物我观进一步阐述了他对"超然"的理解与发明:"彼游于物之内,而不游于物之外。物非有大小也,自其内而观之,未有不高且大者也。彼挟其高大以临我,则我常眩乱反复,如隙中之观斗,又乌知胜负之所在。是以美恶横生,而忧乐出焉,可不大哀乎。"[2]351(《超然台记》)苏轼"超然物外"思想明显受庄子"应物无累"逍遥思想的影响。庄子认为主宰万物而不为万物所拘执,就不会受外物所累患,"夫有土者,有大物也。有大物者,不可以物;物而不物,故能物物。明乎物物者之非物也,岂独治天下百姓而已哉!"[6]288(《庄子·在宥》)拥有外物但不占有外物,才能主宰外物而不为外物所支配。苏轼"游于物外而不游于物内"的超然物外思想与庄子"物而不物"思想正好一脉相承,以无为而无不为的心态,顺遂自然物理,就会应物无累,不为物伤,就会"无往而不乐"。

二、超然之思: 与文坛师友关于密州超然台唱和的情景

苏轼"超然之思"一经发表,就引发了当时许多文坛好友、政坛前辈的思想共鸣,他们纷纷赋诗著文进行唱和,对其"超然之思"进行了多角度、多层次的补充与阐发。好友文同最先从洋州寄来了《超然台赋》。在诸多友人中,文同与苏轼情感最为相得,志趣最为相投,诗文唱和也较多。超拔尘俗的文同把苏轼视为知己,其赋以精细之笔、骚雅之体对苏轼的密州之行进行了人格化、审美化的抒写:"有美一人兮在东方,去日久兮不能忘。凛而洁兮岌而长,服忠信兮被文章。中暾暾兮外琅琅,兰为襟兮桂为裳……下超然兮拜其旁,愿有问兮遇非常。勿掉头兮告以详,使余脱乱天之罔兮,解逆物之缰。已而释然兮出有累之场,余复仙仙兮来归故乡。"[7]557(《超然台赋》)表现出文同对苏轼超然品格的无比赞赏与深切理解。文同之文"意思萧散,不复与外物相关",深得苏轼超然之神韵,苏轼读后赞赏不已,称文同"非今世之人也,古之人也。非今之文也,古之文也",其文为"《远游》、《大人》之流"[2]2060(《书文与可超然台赋后》),可与上古高人比美。

乡友鲜于侁随后也从利州(四川广元)寄来《超然台赋》。鲜于侁,字子骏,阆州(今四川阆中)人,景祐五年进士及第。鲜于侁一生与苏氏兄弟来往密切,诗文唱和不断。早在熙宁元年,鲜于侁在利州路漕司任职期间,就曾与苏氏兄弟会过面并有诗文唱和,苏轼来知密州后两人也常有书信往来,

其《超然台赋》萧散淡泊，可与文同之赋比美："佳人兮何为，超然台兮独处。极劳心兮怅望，登宝峰兮仰止。天之西兮海之东，不惮远兮欲从其游。秣余马兮次余车，道阻长兮不可驰驱。天苍苍兮云垂垂，风雨冥兮愁余思。"[8]316（《超然台赋》）苏轼称之为"有远古风味"[2]1559（《与鲜于子骏三首》其二）。

宦友李清臣也寄来《超然台赋》。李清臣，字邦直，安阳（今河南）人，皇祐五年进士及第。熙宁末曾出任京东提点刑狱，任职期间，李清臣不时到所下辖的京东路各区域进行巡游，密州属京东路，自然在其巡游范围之内。李清臣巡游密州时，苏轼带他游览了城北刚刚修建的超然亭，并"写《超然台记》与李清臣"。李清臣有感于密州超然景观与苏轼超然之思，欣然创作了《超然台赋》以相和："嗤荣名之喧卑，哀有生之烦煎。万有不接吾之心术兮，味逍遥之陈篇。蛾眉弗以为侍兮，识幻假于朱铅。虽巫神与洛妃，吾不睹其为妍……世所甘处，我以为患兮。物皆谓危，己所安兮。非彼所争，为渠不愁兮。"[9]860（《超然台赋》）李清臣具有良史之才，其赋笔势纵横，表现出一种超越世俗的浩然之气，与苏轼文章相得益彰，苏轼读后深有感触："世之所乐，吾亦乐之，子由其独能免乎？以为彻弦而听鸣琴，却酒而御芳茶，犹未离乎声、味也。是故即世之所乐，而得超然，此古之达者所难，吾与子由其敢谓能尔矣乎？邦直之言，可谓善自持者矣。"[2]2059（《书李邦直超然台赋后》）

政坛老臣文彦博与司马光也先后从大名府与西京洛阳寄来了他们的唱和诗文。文彦博，字宽夫，号伊叟，汾州介休（今山西介休市）人，宋仁宗天圣五年中进士，一生历仁宗、英宗、神宗、哲宗四朝。苏轼与文彦博是政见相近的盟友，熙宁年间皆因反对王安石变法而外任。对文彦博的人品学问，苏轼始终心怀敬慕，"轼尝得闻潞公之语矣，其雄才远度，固非小子所能窥测，至于学问之富，自汉以来，出入驰骋，略无遗者"[2]2129（《题文潞公诗》）。苏轼知密州时，文彦博已年近七十，此时正判大名府，一生的宦海浮沉已练就了他超然物外、波澜不惊的处事态度，其和诗把"超然"情趣与现实生活紧密相连，表现出政坛老臣对道德功业及人生境界的认识："名教有静乐，纷华无动心。凭高肆远目，怀往散冲襟。琴觞兴不浅，风月情更深。民被袴襦惠，境绝枹鼓音。欲识超然意，鸰原赋掷金。"[10]593（《寄题密州超然台》）文彦博和诗对道德功业的认识又引发了苏轼对超然之思的进一步思考，于是对文彦博和诗又进行了再次唱和："我公厌富贵，常苦勋业寻。相期赤松子，永望白云岑。清风出谈笑，万窍为号吟。吟成超然诗，洗我蓬之心。"[3]681（《和潞公超然台次韵》）文彦博超然旷达、悠然从容的人生境界正是苏轼所追求向往的。

司马光与苏轼两人可谓是一对政坛同进退的难友。熙宁初年王安石大刀阔斧的变法，朝中持政见不同者纷纷离朝外任，司马光也离开京城判西京留司御史台，"以留司御史台及提举崇福宫退居于洛，十有五年。"[2]511（《司马温公神道碑》）苏轼与司马光两人身上有相似之处，皆具有文人士大夫独立不惧的政治品质与人格精神，"独立不惧者，惟司马君实与叔兄弟耳"[2]1839（《与千之侄》）。苏轼任知密州时，司马光正退居洛阳修《资治通鉴》，其和诗首先对苏轼治密时抗旱救灾抚孤等仁义之举进行了赞扬，"使君仁智心，济以忠义胆。婴儿手自抚，猛虎须可揽。出牧为龚、黄，廷议乃陵、黯。万钟何所加，瓢石何所减。用此始优游，当官免阿谄。向时守高密，民安吏手敛。投闲为小台，节物得周览。容膝常有余，纵目皆不掩……比之在陋巷，为乐亦何歉？"[11]54（《超然台诗寄子瞻学士》）在诗中，司马光高度赞扬了苏轼的仁爱之心、忠义之胆以及不畏强权的精神，赞扬他能像汉代循吏龚遂、黄霸一样，在地方上为民父母；能像汉代王陵、汲黯一样，在朝廷犯颜敢谏。作为德高望重的政坛前辈，司马光知己而又充溢着激励的话语，对苏轼的为政为人无疑是一种激励与锤炼："《超然》之作，不惟不肖托附以为宠，遂使东方陋州，以为不朽之美事，然所以奖与则过矣。"[2]1441（《与司马温公五首》之二）

在这次唱和中，值得一提的还有一位年轻的诗人。就是后来成为"苏门四学士"的张耒。张耒，字文潜，楚州淮阴（今江苏淮阴）人。张耒年轻游学陈州时与苏轼相识，"游学于陈，学官苏辙爱之，因得从轼游"[12]13113（《宋史·张耒传》）。熙宁七年苏轼来知密州时，张耒正在楚州临淮主簿任上。任临淮主簿期间，张耒深为苏轼《后杞菊赋》中面对困境时的达观态度而感染，曾著《杞菊赋》以相和，给苏轼留下了很好的印象。后来苏轼修葺城北超然台并邀请各地老友唱和时，自然也想到了张耒这位有文采的年轻人，"苏子瞻守密作台于囿，名以超然，命诸公赋之，予在东海，子瞻令贡父来命"。贡父是刘颁的字，当时正知曹州，与苏轼为诗友。怀着对苏轼这位"达者""哲人"的仰慕与钦佩，张耒尽其所能创作了这篇《超然台赋》，"登高台之岌峩兮，旷四顾而无穷。环群山于左右兮，瞰大海于其东。弃尘壤之喧卑兮，挹天半之清风。身飘飘而欲举兮,招飞鹄与翔鸿"[13]11(《超然台赋》),展现了他独有的雄辩之才,他对"超然"的认识与理解对苏轼的超然之思无疑也是一个很好的补充,也为其以后顺利步入苏门献上了一份满意的答卷。

相近的人生志趣增强了苏轼与诗坛文友之间的相互了解,相似的政治命运加深了他们之间的情谊。"吟成超然诗,洗我蓬之心",正是周围的亲朋诗友对超然之意的进一步补充阐发,使苏轼茅塞顿开、豁然开朗,进一步促发深化了其"超然之思"。

密州超然台唱和反映了北宋文人"超然之思"对古代文人士大夫儒家淑世思想的超越,是对熙宁变法以来政坛纷争、积极用世的为政方式的反思,文坛诗人的广泛参与唱和也显示了北宋时期文人思想价值观念由儒家经世济用向超然淡泊思想变化的倾向。

三、薄薄酒唱和:密州文化环境对"超然之思"的促发

"超然之思"是苏轼在密州实际生活中逐步思考而顿悟、提炼出来的思想精华,密州简陋的物质生活环境与质朴淡泊的文化氛围,也是苏轼超然之思形成的一个重要因素。由繁华的京城、富庶的杭州来到偏僻而朴陋的密州,再加上来密州那年正赶上此地旱蝗,庄稼无收,苏轼切身的感受就是此地简陋与物质匮乏。"余自钱塘移守胶西,释舟楫之安,而服车马之劳,去雕墙之美,而庇采椽之居,背湖山之观,而行桑麻之野。始至之日,岁比不登,盗贼满野,狱讼充斥,而斋厨索然,日食杞菊。"[2]351(《超然台记》)从小未有过"衣食之忧"生活体验的苏轼,面对密州贫乏简约的物质条件不止一次对朋友表示过"密真陋邦也"[2]2441(《与文与可十一首》(其二))。此时唐末诗人陆龟蒙晚年穷约而不失其乐的生活行为引发了他的共鸣,成了他调整平衡内心失落的一种精神文化资源:"天随生自言,常食杞菊,及夏五月,枝叶老硬,气味苦涩,犹食不已,因作赋以自广,始余尝疑之,以为士不遇,穷约可也。至于饥饿嚼啮草木则过矣。而余仕宦十有九年,家日益贫,衣食之奉殆不如昔者。及移守胶西,意且一饱加,而斋厨索然,不堪其忧,日与通守刘君廷式,循古城废圃,求杞菊食之,扪腹而笑。然后知天随生之言,可信不缪。作《后杞菊赋》以自嘲。"[2]4(《后杞菊赋序》)

善于自解且自嘲的苏轼从陆龟蒙的生活创作经历中得到鼓舞与启发,把

"食杞菊"行为进行了艺术化加工与审美化提炼,创作了这篇《后杞菊赋》。陆龟蒙,号天随生,一生穷困潦倒,曾著《杞菊赋》以自乐。陆龟蒙乐于清贫的高放气节,促发了苏轼对贫与富、陋与美等物我关系做进一步思考:"人生一世,如屈伸肘,何者为贫?何者为富?何者为美?何者为陋?"[2]4(《后杞菊赋》)正是苏轼平时对于贫与富、陋与美等物我关系的不断思考,才有了后来超然台上"凡物皆有可观""皆有可乐"的人生感悟。《后杞菊赋》可谓苏轼面对密州物质匮乏,不以穷约为怀、贫富为念的坦然通达之举的艺术显现。

密州州学教授赵杲卿清贫而甘淡泊的生活方式与处世态度,也促发了苏轼对人生的进一步思考。赵杲卿字明叔,任州学教授,苏轼与之诗文唱和,交往密切。明叔虽生活清贫,但常显自得之意,有颜回"箪食瓢饮"不改其乐之气度,其豁达淡泊令苏轼深受感动:"胶西先生赵明叔,家贫好饮,不择酒而醉。常云'薄薄酒胜茶汤,丑丑妇胜空房'。其言虽俚而近乎达,故推而广之。"并《薄薄酒二首》,其一曰:"薄薄酒,饮两钟。粗粗布,著两重。美恶虽异,醉暖同……达人自达酒何功,世间是非忧乐本来空。"[3]678(《薄薄酒二首并叙》)从赵杲卿安贫乐道、知足不辱的达人风范中,苏轼找回了世人失落已久的豁达淡泊的精神品格。

密州时期是苏轼思想发展与文学创作的重要阶段。正是密州清简的生活实践与不断的诗文唱和活动,影响苏轼一生出处的"超然之思"才得以形成并深化。在这些唱和活动中,"苏门"学士逐步向他周围聚集,苏轼的影响力日益增强,其文坛地位也日益奠定。虽说密州"超然之思"更多着眼于对"物欲"(世俗物质欲望)的超越,但正是由于密州"超然"之悟,才有了后来苏轼黄州与岭海时期对仕宦穷达、生死祸福的超越,从而玉成了一个超然物外、独与天地精神境界相往来的达人形象。因此说,"超然之思"是一种高品位文化的哲理显现,是对置身尘世纷争、沉湎物欲之人的心灵净化,也是苏轼人生思想发展历程中的一次重要转折与飞跃。

要之,密州超然台诗文唱和,无论是对于苏轼文学创作,还是对北宋思想文化发展,都具有重要的意义,不仅在于这次唱和贡献了众多优秀的诗文作品,更在于"超然"这个名称所产生的深远思想影响。

注 释

[1] 如《中国第十届苏轼研讨会论文集》,齐鲁书社1999年版,第31—141页。
[2] 《苏轼文集》,中华书局1999年版。
[3] 《苏轼诗集》,中华书局1982年版。
[4] (宋)苏辙《栾城集》,中华书局2004年版。
[5] 陈鼓应《老子今注今译》,商务印书馆2003年版。
[6] 陈鼓应《庄子今注今译》,中华书局1988年版。
[7] (宋)文同《丹渊集》,《文渊阁四库全书》1096册。
[8] 曾枣庄等《全宋文》第51册,上海辞书出版社、安徽教育出版社2006年版。
[9] 转引孔凡礼《三苏年谱》,北京古籍出版社2004年版。
[10] (宋)文彦博《潞公文集》,《文渊阁四库全书》第1100册。
[11] (宋)司马光《传家集》,《文渊阁四库全书》第1094册。
[12] (元)脱脱等《宋史》,中华书局1985年版。
[13] (宋)张耒《柯山集》,《文渊阁四库全书》第1115册。

苏轼庐山诗综论

◇高云鹏 *

庐山是一座名山,历代文人向往和热衷吟咏庐山,苏轼也不例外。苏轼两度登上了庐山,留下了很多脍炙人口的诗篇,可以说与庐山结下了不解之缘。苏轼的庐山诗是他特定时期内心世界的真实反映,对深入认识他的生平、思想、心态都具有重要价值。不仅如此,这些诗还取得了很高的艺术成就。因此,对苏轼的庐山诗做一番较为全面的分析是很有必要的。

一、苏轼的庐山之缘及诗歌

苏轼的庐山诗主要创作于他一生中几个重要的时间节点,所以尤为值得关注。苏轼于治平三年送父亲灵柩回眉山时途经九江,但父丧在身使他只能与庐山擦肩而过。苏轼第一次登上庐山是在元丰七年刚刚结束黄州之贬不久,量移汝州的途中。他在庐山逗留了一段时间,并留下十数篇诗作。绍圣元年赴岭南贬所时,苏轼又一次经过庐山,匆匆而过的苏轼无暇再登庐山。最后一次则是建中靖国元年,苏轼遇赦北归过庐山并游山会友。在这几次经历中,由于治平三年苏轼只是因故路过,且未留下与庐山有关的作品,故不论。元丰七年苏轼的庐山之游不仅留下的作品数量最多,而且涉及的问题也最为复杂,所以苏轼此游庐山之动机、因缘、行迹、作品等都是必须详加分析的。

关于苏轼元丰七年游庐山的动机和因缘,主要有以下方面:首先,庐山作为名山,无论是自然风光、历史遗迹还是前代文人吟咏庐山的名作,都足以吸引苏轼。其次,其父苏洵和其弟苏辙都曾先于苏轼登上庐山,这在一定程度上也会增强苏轼登上庐山的意愿。苏洵于庆历七年归蜀途中游庐山,作

---

* 作者简介:高云鹏,文学博士,北京体育大学国际教育学院讲师。

有《忆山送人》（《嘉祐集》卷十六）。苏辙于元丰三年也曾游庐山，留下《游庐山山阳七咏》（《栾城集》卷十）等作品。从苏轼《圆通禅院，先君旧游也……》一诗的题目，以及《跋子由栖贤堂记后》中"子由作《栖贤堂记》，读之便如在堂中，见水石阴森，草木胶葛。仆当为书之，刻石堂上，且欲与庐山结缘，他日入山，不为生客也"[1]2064，不难见出父亲和弟弟的庐山之行确实对苏轼产生了不小的影响。此外，庐山上素有很多隐士和高僧，也是苏轼所向往的。佛学造诣颇深的苏轼除了与很多僧人交游外，还阅读了大量佛典。庐山上有父亲曾游过的圆通寺，苏轼谪居黄州时在《与圆通禅师四首》其一中就说过"未脱罪籍，身非吾有，无缘顶谒山门，异日圣恩或许归田，当毕此意也"[1]1885。另外，苏轼的故交了元（即佛印，苏轼居黄州时曾以怪石赠奉，并作有《怪石供》）在归宗寺，还有道潜（参寥）相约同游。登上庐山后，苏轼又与庐山上的可仙、常总等僧人有所交往，或同游，或题赠，一定意义上可以把苏轼游庐山的经历看成一次佛教之旅。除上述原因之外，我们还不能忽视陶渊明的影响。苏轼在谪居黄州时，在诗词中大量提到陶渊明。其《书渊明羲农去我久诗》云："余闻江州东林寺，有陶渊明诗集，方欲遣人求之，而李江州忽送一部遗予，字大纸厚，甚可喜也。每体中不佳，辄取读，不过一篇，惟恐读尽，后无以自遣耳。"[1]2091陶渊明曾在庐山北麓隐居，有强烈的陶渊明情结的苏轼游庐山，不可能没有陶渊明的因素。正是上述多重因素促成了苏轼的庐山之游。

苏轼初入庐山的作品有《圆通禅院，先君旧游也。四月二十四日晚，至，宿焉。明日，先君忌日也。乃手写宝积献盖颂佛一偈，以赠长老仙公。仙公抚掌笑曰："昨夜梦宝盖飞下，著处辄出火，岂此祥乎！"乃作是诗。院有蜀僧宣，逮事讷长老，识先君云》《子由在筠作〈东轩记〉，或戏之为东轩长老。其婿曹焕往筠，余作一绝句送曹以戏子由。曹过庐山，以示圆通慎长老。慎欣然亦作一绝，送客出门，归入室，趺坐化。子由闻之，乃作二绝，一以答余，一以答慎。明年余过圆通，始得其详。乃追次慎韵》《初入庐山三首》《世传徐凝〈瀑布〉诗云：一条界破青山色。至为尘陋。又伪作乐天诗称美此句，有"赛不得"之语。乐天虽涉浅易，然岂至是哉！乃戏作一绝》《余过温泉，壁上有诗云：直待众生总无垢，我方清冷混常流。问人，云：长老可遵作。遵已退居圆通，亦作一绝》《书李公择白石山房》《庐山二胜》《赠东林总长老》《题西林壁》。（以上皆见于《苏轼诗集》卷二十三）关于自己初入庐山的作品，苏轼《记游庐山》(《东坡志林》卷一)云：

> 仆初入庐山，山谷奇秀，平生所未见，殆应接不暇，遂发意不欲作诗。已而见山中僧俗，皆云："苏子瞻来矣！"不觉作一绝云："芒鞋青竹杖，自挂百钱游。可怪深山里，人人识故侯。"既自哂前言之谬，又复作两绝云："青山若无素，偃蹇不相亲。要识庐山面，他年是故人。"又云："自昔忆清赏，初游杳霭间。如今不是梦，真个是庐山。"是日有以陈令举《庐山记》见寄者，且行且读，见其中云徐凝、李白之诗，不觉失笑。旋入开元寺，主僧求诗，因作一绝云："帝遣银河一派垂，古来惟有谪仙辞。飞流溅沫知多少，不与徐凝洗恶诗。"往来山南地十余日，以为胜绝不可胜谈，择其尤者，莫如漱玉亭、三峡桥，故作此二诗。最后与总老同游西林，又作一绝云："横看成岭侧成峰，到处看山了不同。不识庐山真面目，只缘身在此山中。"仆庐山诗尽于此矣。[2]4

今人征引这段文字多采用《东坡志林》卷一(五卷本)和《东坡题跋》卷三[3]。上述二书皆为明人所辑，且其中混有伪作[4]163-173，但我们并不能否定《记游庐山》(《自记庐山诗》)的真实性。因为这段文字最早见于宋代胡仔编著的《苕溪渔隐丛话》前集卷三十九[5]268-269以及阮阅编著的《诗话总龟》前集卷十八引《百斛明珠》[6]208。几种版本虽然个别字句略有出入，但在苏轼游庐山的行踪、诗题及篇目等方面并无二致。所以可以认定这段文字是可信的。

那么，苏轼自述的庐山诗篇目何以少于实际创作的作品数量呢？这要从苏轼的具体行踪说起。王宗稷《东坡先生年谱》认为所有作品均作于去筠州之前，且该谱并无苏轼从筠州返回庐山的记载。[7]349-350施宿《东坡先生年谱》则认为苏轼先到筠州而后回到庐山并作诗。[7]205-206以上两种年谱对苏轼行踪的描述均失于粗略。孔凡礼先生在《关于苏轼生平的若干资料》一文中分析指出，苏轼初抵庐山后在圆通禅院仅做了短暂逗留便去筠州看望弟弟苏辙，未尝得暇游庐山。而他真正游庐山则是在从筠州返回以后。[8]128-129此说甚的。故苏轼初抵庐山时所作的《圆通禅院，先君旧游也……》和《子由在筠作〈东轩记〉……》二首不在庐山诗之列不足为怪。另外的三首诗可以根据内容的不同,来推知苏轼缘何未将其计入庐山诗:《赠东林总长老》属私人题赠之作;《书李公择白石山房》虽涉及庐山之景,但要旨在于规劝好友早日归隐,亦不出私人寄赠之属;唯《余过温泉,壁上有诗云……》一首需要略做说明。我们仅从诗题和内容上并不能看出这首诗有何特别之处,但陆游《老学庵笔记》卷四中记载的一个故事颇值得注意:"僧可遵者,诗本凡恶,偶以'直待众生总无垢'之句为东坡所赏,书一绝于壁间。继之山中道俗随东坡者甚众,即日传至圆通,遵适在焉,大自矜诩,追东坡至前途。而途中又传东坡《三峡桥诗》,遵即对东坡自言:'有一绝,却欲题《三峡》之后,旅次不及书。'遂朗吟曰:'君能识我汤泉句,我却爱君《三峡诗》。道得可咽不可漱,几多诗将竖降旗。'东坡既悔赏拔之误,且恶其无礼,因促驾去。观者称快。遵方大言曰:'子瞻护短,见我诗好甚,故妒而去。'径至栖贤,欲题所举绝句。寺僧方斮石刻东坡诗,大诟而逐之。山中传以为笑。"[9]55 惠洪《冷斋夜话》卷六中"僧可遵好题诗"可以证明陆游所说基本可信:"福州僧可遵,好作诗,暴所长以盖人,丛林貌礼之,而心不然。尝题诗汤泉壁间,东坡游庐山,偶见,为和之。遵曰:'禅庭谁立石龙头,龙口汤泉沸不休。直待众生尘垢尽,我方清冷混常流。'东坡曰:'石龙有口口无根,龙口汤泉自吐吞。若信众生本无垢,此泉何处觅寒温。'遵自是愈自矜伐。"[10]52 或许正是基于这样的原因,苏轼未把此诗计入庐山诗。除上述五首诗外,苏轼的其他作品都与游庐山直接相关。

苏轼带着对庐山的留恋奔赴汝州。他下一次来到庐山是十年之后赴岭南贬所途中,写下《过庐山下》一首,诗中表达了对未能及早归隐的愧悔。他最后一次过庐山是建中靖国元年北归途中,又一次得暇游庐山的苏轼创作了《赠诗僧道通》《张竞辰永康所居万卷堂》《刘壮舆长官是是堂》《赠江州景德长老》等诗。

上述作品是苏轼三次经过庐山时内心状态的真实写照。苏轼曾在《自题金山画像》(《苏轼诗集》卷四十八)中以"问汝平生功业,黄州、惠州、儋州"[11]2641 来自嘲。黄州、惠州和儋州代表着苏轼一生中所遭受的三次重大贬谪,而庐山是他这些不幸遭遇的见证者,所以我们可以通过苏轼的庐山诗来窥见他在不同时期心态的变化。

二、苏轼初游庐山诗作分类辨析

元丰七年游赏庐山是苏轼历次游庐山的经历中作诗最多的一次，其诗涉及写景、纪游、题赠、谈禅等多个方面。下面从三个方面分而论之。

首先，立论甚高的论诗诗。在苏轼初游庐山时所写的十多首诗中，首先要说到的是那首看似与游庐山关系不大的《世传徐凝〈瀑布〉诗云……乃戏作一绝》："帝遣银河一派垂，古来惟有谪仙词。飞流溅沫知多少，不与徐凝洗恶诗。"[11]1211关于这首诗历来评价不一。有认同苏轼之说的，如《王直方诗话》："余以为此之相去，何啻九牛一毛也。"[6]100也有不许东坡之论的，如纪昀曰："有意翻案，非持平之论也。"[12]亦有调和二说的，如安磐《颐山诗话》曰："谓为恶诗似过，然语意鄙俗，未足为佳。"[13]以上诸说都没有从苏轼的文艺思想出发来解读这首诗。所谓"戏作"，与杜甫《戏为六绝句》类似，"语多跌宕讽刺，故云戏也"[14]898。所以，我们应该视之为一首论诗绝句，不可为诗题瞒过。苏轼创作追求传神，元丰五年在黄州时写的《红梅三首》其一中便有"诗老不知梅格在，更看绿叶与青枝"两句，自注曰："石曼卿《红梅》诗云：'认桃无绿叶，辨杏有青枝'。"[11]1107他还在元祐三年所写的《评诗人写物》中重申了这个问题："'桑之未落，其叶沃若。'他木殆不可以当此。林逋《梅花》诗云：'疏影横斜水清浅，暗香浮动月黄昏。'决非桃、李诗。皮日休《白莲》诗云：'无情有恨何人见，月晓风清欲堕时。'决非红莲诗。此乃写物之功。若石曼卿《红梅》诗云：'认桃无绿叶，辨杏有青枝。'此至陋语，盖村学中体也。"[1]2143苏轼之所以认为石曼卿的诗是"至陋语"，就是因为石诗仅对红梅的外形做了描写，没有抓住梅花的个性特征和内在神韵。无论是作诗还是绘画，苏轼都反对只求形似而忽视传神，他在《书鄢陵王主簿所画折枝二首》其一中说："论画以形似，见与儿童邻。赋诗必此诗，定非知诗人。"[11]1525徐凝诗中的"一条界破青山色"只对瀑布之形做了一般的描写，却未摹出庐山瀑布的与众不同之处，不似李太白诗之传神写照，故苏轼斥之"至为尘陋"。

其次，奔放雄奇的写景诗。按照苏轼自己的说法，他游庐山本不想作诗，但是刚入庐山便打破了这一想法，这是因为他被庐山的气势和风景所震撼而难以抑制诗兴。其《初入庐山三首》云：

苏轼庐山诗综论

青山若无素，偃蹇不相亲。
要识庐山面，他年是故人。

自昔怀清赏，神游杳霭间。
如今不是梦，真个在庐山。

芒鞋青竹杖，自挂百钱游。
可怪深山里，人人识故侯。[11]1210

这三首诗虽为"随意口占，无甚出色"[12]（《纪文达公评本苏文忠公诗集》卷二三）之作，但苏轼初入庐山的喜悦心情跃然纸上。在庐山诸多的景物之中，苏轼选取了其中的两个作为描写对象，见《庐山二胜》：

高岩下赤日，深谷来悲风。擘开青玉峡，飞出两白龙。乱沫散霜雪，古潭摇清空。余流滑无声，快泻双石谼。我来不忍去，月出飞桥东。荡荡白银阙，沉沉水精宫。愿随琴高生，脚踏赤鲩公。手持白芙蕖，跳下清泠中。（《开先漱玉亭》）[11]1216

吾闻太山石，积日穿线溜。况此百雷霆，万世与石斗。深行九地底，险出三峡右。长输不尽溪，欲满无底窦。跳波翻潜鱼，震响落飞狖。清寒入山骨，草木尽坚瘦。空濛烟霭间，澒洞金石奏。弯弯飞桥出，激激半月彀。玉渊神龙近，雨雹乱晴昼。垂瓶得清甘，可咽不可漱。（《栖贤三峡桥》）[11]1217—1218

纪评本卷二三评《开先漱玉亭》云："不必定有深意，直是气象不同。""与《三峡桥》诗俱奇警。此近太白，彼近昌黎。"[12]所谓"气象不同"是说造语雄健、想象奇伟，直追李太白诗之奔放飘逸。《栖贤三峡桥》一诗写景则如韩愈诗般奇险瘦劲，如"清寒入山骨，草木尽坚瘦。空濛烟霭间，澒洞金石奏"等句。这两首诗虽然只是写景之作，并无深旨，却是庐山之景的传神写照，故自有妙处。此外苏轼还写有一首《书李公择白石山房》："偶寻流水

· 267 ·

上崔嵬，五老苍颜一笑开。若见谪仙烦寄语，匡山头白早归来。"[11]1215 先写庐山之景，并借以奉劝李公择早日归隐。这首诗写"本地风光，点染殊妙"[12]（纪评本卷二三），后两句借"谪仙"李白来代指李公择，因"事与姓借同"之妙而显得"用事亲切"（《苕溪渔隐丛话》后集卷二十八）[15]211，别有一番趣味。虽然苏轼未将其归入庐山诗之列，但其艺术特色仍颇值得注意。

再次，理趣俱足的谈禅诗。苏轼的庐山之行有着极深的佛教因缘，故其庐山诗多带有佛禅意味。《余过温泉，壁上有诗云：直待众生总无垢，我方清冷混常流。问人，云：长老可遵作。遵已退居圆通，亦作一绝》被认为是一首偈子。纪评本卷二三认为："亦是偈子。此种偶作何妨？但入集，则须斟酌矣。"[12] 赵翼《瓯北诗话》卷五亦云："此等本非诗体，而以之说禅理，亦如撮空，不过仿禅家语录机锋，以见其旁涉耳。"[16]64 从诗题看，苏轼是赞同可遵原诗的。可遵原诗"直待众生总无垢，我方清冷混常流"颇有度尽众生之意。苏轼的"若信众生本无垢，此泉何处觅寒温"[11]1214 则是以众生皆有垢立论，强调通过"洗垢"（修持）来证得菩提。虽然和原作立论角度不同，但两首诗都巧妙地借眼前之景来谈佛教之理，景理妙合无垠。苏轼还有一首四句皆涉佛理的《赠东林总长老》："溪声便是广长舌，山色岂非清净身。夜来八万四千偈，他日如何举似人。"[11]1218—1219 据《苏轼诗集合注》卷二十三，"溪声"句施注："《阿弥陀经》：出广长舌相，遍覆三千大千世界。""山色"句"王注次公曰：佛言三身，曰法身者，清净无相之身也；曰化身者，受生示现之身也；曰报身者，功德庄严之身也。"这两句是说溪声便是佛陀色身"三十二相"之一的"广长舌相"，山色亦是佛法身的体现，借眼前庐山之景来传达佛法无处不在之理。"夜来"句施注："《楞严经》：等八万四千清净宝目，八万四千烁迦逻首，八万四千母陀罗臂，皆记佛法门之数。""他日"句冯注："《传灯录·省念禅师传》：到处举似人。"[17]1154—1155 其要义是，禅是无法言说的，只能靠个人体认来获得。《建中靖国续灯录》卷三十载庐山东林常总照觉禅师《文殊妙之门》曰："文殊何处不文殊，岂止清凉山顶居。今古未尝时隐显，圣凡何必论亲疏。非言七佛为师祖，是与群生作楷模。直下若能明妙得，般柴运水现毗卢。"[18]818 此偈正是说佛和佛法无处不在。被认为是东林常总法嗣的苏轼在赠诗中巧妙地把常总的佛学思想融入眼前所见之景，足见在诗歌创作和佛学两个方面都有极深的造诣。另外苏轼还应常总长老之请在西林寺题诗，也就是那首著名的《题西林壁》：

> 横看成岭侧成峰，远近高低总不同。
> 不识庐山真面目，只缘身在此山中。[11]1219

后人往往抛开创作背景来论此诗，认为苏轼是在讲要认清事物本质就必须超出其外的道理，对其中包含的禅理禅趣避而不谈或语焉未详，未免有隔靴搔痒之嫌。我们必须从谈禅这个创作动机出发来解读这首诗。"横看"两句并不是在重复人所皆知的常识。佛教认为人的自我见闻觉知是有局限的，因为原本就是"五蕴假和合而有见闻觉知之作用"[11]76—77，是不可靠的，所以不能执着于自我的认知（"我执"）。"不识"两句是说身处其中难以获得全面认知，必须超出其外来观照，就如同习禅不能固执于禅本身。无数禅宗公案都说明了开悟是在跳出其外之后才实现的。要想获得正确认知，既要超越主观知见，又要超越客观对象。对于这首谈禅之作，纪昀认为："亦是禅偈，而不甚露禅偈气，尚不取厌。以为高唱，则未然。"[12]王文诰则说："凡此种诗，皆一时性灵所发。若必胸有释典，而后炉锤出之，则意味索然矣。"[20]后人普遍认可王氏之说，主要是因为这首诗虽为谈禅而作，却不同于一般的禅偈诗。苏轼从眼前的庐山着眼即景说理，把禅理化成人生感悟。苏轼于禅理有极深的体悟，信手拈来即为诗料，诚如黄庭坚所说："此老人于般若横说竖说，了无剩语。非其笔端，能吐此不传之妙哉！"（《冷斋夜话》卷七引）[10]53

概括地说，苏轼元丰七年游庐山所作的论诗诗尖锐犀利，力主超越形似，把传神写照作为写景状物的最高追求；写景纪游之作是上述诗论的具体实践，写景生动传神，风格豪纵劲峭，出入李白和韩愈之间；而禅诗则从眼前所见出发，景理结合，避免了空谈禅理的枯燥乏味。

三、苏轼初游庐山诗作的思想意义

苏轼初游庐山时创作的诗歌不仅在艺术上取得了很高的成就，它们的价值还体现在真实记录了苏轼登山庐山前后心态变化的过程。来庐山之前刚结束黄州之贬，在庐山短暂逗留后旋即奔赴汝州，苏轼上庐山之前和离开庐山之后心态有明显差异，这与他在庐山期间的见闻感受，尤其是佛教文化的影响是分不开的。

苏轼谪居黄州时曾在《答陈师仲主簿书》中说："人生如朝露，意所乐则为之，何暇计议穷达。"[1]1428尽管如此，苏轼并不逃避现实，也不以及时行乐的消极方式来求得片刻欢愉，因为他深知须臾的快乐是不足凭依的。他在《赤壁赋》中说："客亦知夫水与月乎？逝者如斯，而未尝往也。盈虚者如彼，而卒莫消长也。盖将自其变者而观之，则天地曾不能以一瞬。自其不变者而观之，则物与我皆无尽也，而又何羡乎？且夫天地之间，物各有主。苟非吾之所有，虽一毫而莫取。惟江上之清风，与山间之明月。耳得之而为声，目遇之而成色。取之无禁，用之不竭。是造物者之无尽藏也，而吾与子之所共食。"[1]6人生悲剧的根源在于事物发展变化太快，无法从静态把握，所以必须从事物的不变性、永恒性着眼。苏轼还吸取了郭象以"适性"和"各取足而自胜"来解释"逍遥"的思想[21]10，通过知足来求得真正的解脱。除了《庄子》的思想，佛教对苏轼也产生了很大影响。苏轼多次在诗词中抒发"人生如梦"的感慨，如《正月二十日，与潘、郭二生出郊寻春，忽记去年是日同至女王城作诗，乃和前韵》中"人似秋鸿来有信，事如春梦了无痕"[11]1105、《醉蓬莱·余谪居黄州，三见重九……》中"笑劳生一梦，羁旅三年，又还重九"[22]212、《念奴娇·赤壁怀古》中"人间如梦"[22]183等。所谓"人生如梦"，主要是说人间世事都是虚幻不实的。苏轼吸收了佛教认为世事皆如梦幻泡影的思想，希望自己能够不为任何不值得留意的事所困扰，即《与子明兄一首》所说的"世事万端，皆不足介意"[1]1832。作于元丰五年三月的《定风波·三月七日，沙湖道中遇雨……》便是一个显例："莫听穿林打叶声，何妨吟啸且徐行。竹杖芒鞋轻胜马，谁怕？一蓑烟雨任平生。　料峭春风吹酒醒，微冷，山头斜照却相迎。回首向来萧瑟处，归去，也无风雨也无晴。"[22]167无论是暴风骤雨还是山头斜照，一切都会过去，最终归于"也无风雨也无晴"。这是一种波澜不惊、无所畏惧的境界，它使苏轼能够坦然从容地面对现实中的喜怒哀乐。

除了佛老思想外，苏轼在黄州时还把精神上的适意当作解脱之道。他在黄州东坡开荒种地本是为了解决全家粮食不足的窘迫，却在辛苦的劳作中收获了精神上的愉悦。躬耕东坡的苏轼自号"东坡居士"，一般认为与白居易有关。洪迈《容斋三笔·东坡慕乐天》曰："苏公责居黄州，始自称东坡居士。详考其意，盖专慕白乐天而然。"[23]474周必大《三老堂诗话·东坡立名》亦云："谪居黄州，始号东坡，其原必起于乐天忠州之作也。"[24]656—657白居易在忠州任上通过在东坡种花来获得闲适的心情。苏轼以"东坡"自号,有效法白乐天在耕种中求得闲适之意。不仅如此,苏轼还多次表达了对躬耕田园的陶渊明的仰慕之情。其《江城子·陶渊明以正月五日游斜川……》云:"梦中了了醉中醒。只渊明,是前生。走遍人间,依旧却躬耕。昨夜东坡春雨足,乌鹊喜,报新晴。 雪堂西畔暗泉鸣。北山倾,小溪横。南望亭丘,孤秀耸曾城。都是斜川当日境,吾老矣,寄余龄。"[22]165 苏轼以陶渊明自居,追求陶渊明式的生活,进而表达了终老田园的愿望。陶渊明和田园对此时的苏轼来说意义主要有二:一是归隐田园能够使他避开宦海风波;二是辛苦的劳动可以带给他心情的愉悦。虽然苏轼以归田为乐,但是迁客的身份仍使他不时发出身不由己的感叹。这种感受随着时间的推移日益明显。元丰六年三月苏轼写的《临江仙·夜归临皋》一词中便有"长恨此身非我有"[22]190 之叹。元丰七年苏轼量移汝州离黄之前还在《与蹇授之六首》其五中表达了对前途的隐忧:"人常蔽于安逸,而达于忧患。"[1]1647

　　苏轼是带着矛盾和忧虑的心情离黄赴汝的。由于处于贬谪之中身不由己,苏轼此前的生活状态一旦被打破,就需要另寻解脱的途径。初到庐山时苏轼写下《子由在筠作〈东轩记〉……》,其二中"大士何曾有生死,小儒底处觅穷通"[11]1213,表达了对慎长老了却生死的羡慕,而自己仍在为穷通所困扰,有意通过习禅来彻底解决出处穷通的问题。苏轼在赴筠州看望苏辙途中所作《过建昌李野夫公择故居》中的"遥想他年归,解组巾一幅。对床老兄弟,夜雨鸣竹屋"[11]1221以及自筠州返回庐山途中所作《白塔铺歇马》中的"望眼尽从飞鸟远,白云深处是吾乡"[11]1229等句都含有归隐之意。可见苏轼在登上庐山之前并未真正摆脱出处穷通的困扰。出处二端虽异,庐山之游却使苏轼泯除了二者的分别。以他离开庐山以后所作的《陶骥子骏佚老堂二首》为例,其一中"渊明吾所师""千载信尚友"[11]1231反复申明以陶渊明为知己并希望能够效法陶渊明,其二中也表达了对"能为五字诗,仍戴漉酒巾。人呼小靖节,自号葛天民"[11]1231—1232的羡慕之情。此时的苏轼已远离黄州田园,处境与归隐躬耕的陶渊明有明显不同,但他认为自己与陶渊明相似,这显然是就精神层面而言的。苏轼此时已不像在黄州时那样纠缠于出和处的差异,何以如此?在《赠东林总长老》一诗中便可找到答案。苏轼在诗中讲述了佛法无所不在的道理。既然佛法无所不在,修行也就无时无地不在,生命中的不同境遇并没有什么不同,不必去计较出和处的分别。正因如此,处境的改变并未影响苏轼继续以陶渊明为知音。苏轼离开庐山以后所写的诗词中归隐之声已不似在黄州时那样强烈了，忧患意识也随之减轻。《次韵道潜留别》云："到后与君开北户，举头三十六青山。"[11]1233 他希望道潜能够到汝州与自己为邻。此语固然包含了难舍之意，但更能看到随缘安处的心态。苏轼在黄州时通过追求精神上的适意来消解贬谪生活中的悲苦，而庐山之行使他在此基础上又有所提升。从因人生短暂而无暇计较出处穷达到不在意具体的出处分别，苏轼的心态更趋坦然，这是他在庐山时受佛教影响使然。

另外，苏轼离开庐山以后较在黄州时期更为注重自己的内心，这同样与他在庐山期间受佛教影响是分不开的。苏轼在黄州时把佛教当作精神寄托，《黄州安国寺记》中说到黄州后"舍馆粗定，衣食稍给，闭门却扫，收召魂魄，退伏思念，求所以自新之方"，希望通过"归诚佛僧，求一洗之"，最终达到"焚香默坐，深自省察，则物我相忘，身心皆空，求罪垢所从生而不可得。一念清净，染污自落，表里翛然，无所附丽"[1]391—392 的状态。结合具体语境可以看出，这里"洗垢"是针对"乌台诗案"而言的，从表面上看是说要洗去自己的过失，但由于错误并不在苏轼，实际上是要把"乌台诗案"带来的影响彻底从心里洗刷干净，尽快从阴影中走出来。苏轼在庐山时所作的《余过温泉，壁上有诗云……》一诗也涉及"洗垢"的问题，但此时说的"洗垢"与黄州时期有明显不同，已经超越了具体的事件或遭遇本身，所关心的是内心世界的清净，即不断的自我修持和完善。这是庐山之行带给苏轼的又一改变。

以上分析可以看出，苏轼离开庐山以后心态更加坦然，已彻底不为出处穷通问题所困扰，以随缘安处的心态面对汝州之行和此后更为坎坷的人生旅途，而且更加注重内心的完善和圆满。苏轼此后不久便辗转于京城和杭州、颍州、扬州、定州之间为官，虽然奔波劳苦，却并不在意一己的得失荣辱，而是在仕宦中充分享受生活的安逸和内心的宁静。远贬惠州、儋州时，苏轼所写《定风波·王定国歌儿曰柔奴……》一词中的"此心安处是吾乡"[22]217 同样可以在第一次到庐山所作的诗中找到发端。所以虽然苏轼元丰七年的庐山之游时间并不长，但这段经历对于他的意义不容小觑。

四、苏轼其他庐山诗考论

绍圣元年苏轼赴惠州贬所途中又一次经过庐山，虽然此行无暇再登庐山，却留下一首《过庐山下》："乱云欲霾山，势与飘风南。群隮相应和，勇往争骖驔。可怜荟蔚中，时出紫翠岚。雁没失东岭，龙腾见西龛。一时供坐笑，百态变立谈。暴雨破块圠，清飙扫浑酣。廓然归何处，陋矣安足戡。亭亭紫霄峰，窈窈白石庵。五老数松雪，双溪落天潭。虽云默祷应，顾有移文惭。"[11]2048—2049 这首诗以写景为主，风格雄奇峻硬，结尾流露出未能及早归隐而遭此劫难的愧悔之意。前文说过，早在元丰七年的庐山之行，苏轼就已不在意出处穷通，所以通过这首《过庐山下》可以看出这次贬谪对苏轼的影响之大——遭受远贬南荒的劫难正是未能及时退隐所致，于是对自己之前的选择产生了质疑。这个问题在随后的儋州之贬得到彻底解决。

建中靖国元年苏轼遇赦北归途中再次经过庐山，再次获得了游庐山的机会。他在刘安世陪同下登上庐山，除了重访昔日游庐山时的踪迹，还拜访了一些朋友。《与胡道师四首》其四云："再过庐阜，俯仰十有八年，陵谷草木，皆失故态，栖贤、开先之胜，殆亡其半。幻景虚妄，理固当尔。"[1]1853 18年未见，庐山已经不复当年了。这固然不排除庐山发生了许多变化的因素，但更多的恐怕是心态使然。经历了为官、远贬的苏轼，再次见到庐山时的心境肯定不似当初。这使他又一次感觉到一切都是虚幻的。与元丰年间在黄州时相比，此时的苏轼对"人生如梦"的理解更加深刻。此次庐山之游作诗不多，主要以题赠为主：《赠诗僧道通》虽为赠道通而作，但旨在论诗。苏轼推崇"雄豪而妙苦而腴"[11]2451 的风格，而不喜欢贾岛的诗歌。《张竞辰永康所居万卷堂》一诗云："君家四壁如相如，卷藏天禄吞石渠。岂惟邺侯三万轴，家有世南行秘书。儿童拍手笑何事，笑人空腹谈经义。"[11]2452 说张竞辰家徒四壁却藏有数万书籍、食不果腹却与人高谈经义，调侃的语气中分明可以看出羡慕之情。苏轼还作了一首《刘壮舆长官是是堂》："闲燕言仁义，是非安可无。非非义之属，是是仁之徒。非非近乎讪，是是近乎谀。当为感麟翁，善恶分锱铢。抑为阮嗣宗，臧否两含糊。刘君有家学，三世道益孤。陈古以刺今，紬史行天诛。皎如大明镜，百陋逢一姝。鹗立时四顾，何由扰群狐。作堂名是是，自说行坦途。孜孜称善人，不善自远徂。愿君置座右，此语禹所谟。"[11]2453《纪文达公评本苏文忠公诗集》卷四十五中指责这首诗"太涉理路"[12]，但仔细玩味方知此诗实非空洞乏味的说教之词，而是苏轼人生信念的真实反映。苏轼此论出自欧阳修的《非非堂记》(《居士外集》卷十四)："是是近乎谄，非非近乎讪，不幸而过，宁讪无谄。"[25]930苏轼认为在"是是""非非"的问题上，或可以如孔子一样明辨善恶是非，若不得已则可以效仿阮籍"口不臧否人物"(《晋书·阮籍传》)[25]1361。和欧阳修一样，苏轼对"是是"这种近乎阿谀的做法极不赞同。经历了九死一生的磨难后，内心反而更加平和的苏轼仍保持操守，一如既往地是非分明，这是非常可贵的。

除了上述几次庐山之行外，苏轼在元祐年间还曾写过一些与庐山有关的作品。元祐三年在京城做翰林学士知制诰时，苏轼写过一首《送塞道士归庐山》："物之有知盖恃息，孰居无事使出入？心无天游室不空，六凿相攘妇争席。法师逃人入庐山，山中无人自往还。往者一空还者失，此身正在无还间。绵绵不绝微风里，内外丹成一弹指。人间俯仰三千秋，骑鹤归来与子游。"[11]1597-1598这首诗为赠别而作。诗中大量使用《庄子》中的典故，并将《庄子》的思想和禅理巧妙地结合。元祐六年苏轼在杭州任职时写了《次韵刘景文路分上元》，诗的最后写道："何时九江城，相对两渔父。"自注曰："予旧欲卜居庐山，景文近买宅江州。"[11]1741元丰七年游庐山对于苏轼来说是一段美好的回忆，刘景文"买宅江州"难免勾起苏轼对旧时庐山之游的记忆。适逢苏轼对当时的生活产生了倦意，所以忽然向往起庐山隐居。相对于元丰七年在庐山时便已不在意出处穷通的分别，可以看出此时苏轼心态的变化。这在他元祐七年所作的另一首诗中可以得到印证，《送芝上人游庐山》云："二年阅三州，我老不自惜。团团如磨牛，步步踏陈迹。岂知世外人，长与鱼鸟逸。老芝如云月，炯炯时一出。比年三见之，常若有所适。逝将走庐阜，计阔道愈密。吾生如寄耳，出处谁能必。江南千万峰，何处访子室。"[11]1899苏轼在两年间先后经历了离开杭州被召还入京为翰林承旨，不久又出知颍州。他深感自己"团团如磨牛，步步踏陈迹"，于是发出"吾生如寄耳，出处谁能必"的感叹，对辗转奔波的生活产生了厌倦。两年后苏轼遭贬，陶渊明又开始频繁出现在他的笔下，他还大量创作"和陶诗"，对陶渊明及其躬耕田园的隐逸生活有了更深的理解。这些都是苏轼心态变化的体现。对以上三首诗的分析可以发现，虽然元丰七年的庐山之旅使苏轼把出和处两种原本不同的状态视为人生中没有差异的修行过程而不再加以分别，但是造化弄人，接下来的遭遇又把他的这种想法打破了。苏轼又一次深切体验到仕宦的艰辛，这使他感到身心疲惫，于是出和处的矛盾又一次凸显。这个矛盾在他远贬南荒的过程中才得到彻底解决，更大的打击和磨难反而促成了苏轼站在更高的角度重新审视出处穷通并实现了最终的解脱。

苏轼还有几首与庐山有关的诗同样值得注意。首先是《赠江州景德长老》："白足高僧解达观，安排春事满幽栏。不须天女来相试，总把空花眼里看。"[11]2536关于这首诗，查慎行《苏诗补注》卷二十三"因地附编"于元丰七年[27]690，却没有更直接的证据说明确系作于这一年。孔凡礼《三苏年谱》卷五十六以"轼最后一次过江州"之故将其编于建中靖国元年[28]2973，也未提供更多证据。鉴于苏轼元丰七年是五月离庐山，建中靖国元年是四月离庐山，都是"春事满幽栏"的时节，我们无法据此判断这首诗的写作时间。但不妨从这首诗的思想内容出发来做一些推测。"春事满幽栏"的美景在苏轼看来都是眼里的"空花"，苏轼把它们都视为是虚幻不实的。苏轼在黄州时把自己的不幸遭遇视为一场大梦，是为了消解贬谪的痛苦并破除无谓的执着，但《赠江州景德长老》中的"空"与此不同。离开黄州后，尤其是登上庐山后，苏轼对"梦"和"空"的理解有所加深。苏轼元祐六年在颍州时写了一首《六观堂老人草书诗》："物生有象象乃滋，梦幻无根成斯须。方其梦时了非无，泡影一失俯仰殊。清露未晞电已徂，此灭灭尽乃真吾。"[11]1795—1796这首诗说只有超出对如梦、如幻、如泡、如影、如露、如电（"六观"）的认识，一切灭尽才能认清"真吾"，这比将现实世界视为梦幻泡影的认识又进了一步。苏轼晚年在《与宋汉杰二首》其一中也说过："三十余年矣，如隔晨耳，而前人凋丧略尽，仆亦仅能生还。人世一大梦，俯仰百变，无足怪者。"[1]1806苏轼在经历无数磨难后彻底认清人生的本质，进而形成了宠辱不惊的人生态度。从对梦幻的理解看，《赠江州景德长老》一诗大有看破一切的意味，与苏轼晚年过庐山时的心境相符，这可以作为将该诗系于建中靖国元年的间接证据。

还有一首《登庐山》："读书庐山中，作郡庐山下。平湖浸山脚，云峰对虚榭。红蕖纷欲落，白鸟时来下。犹思隐居胜，乱石惊湍泻。"[11]2666孔凡礼先生结合相关文献推知"此诗可信为东坡作"[11]2693，却未指明作于何时。"读书庐山中，作郡庐山下"显然不是苏轼本人。苏轼在元丰七年和建中靖国元年两次登庐山，陪他一起登山的既有方外之士了元，也有做南康令的葛道纯以及一同遭贬的刘安世等，却唯独无法找到符合"作郡庐山下"这一条件的人，故仍存疑。该诗创作时间可能是建中靖国元年，原因有二：一是苏轼对元丰七年登庐山所作的诗曾有明确说法，其中不见这首诗；二是建中靖国元年游庐山时所作的《张竞辰永康所居万卷堂》和《刘壮舆长官是是堂》等都与在庐山读书有关，还把重修《三国志》的重任托付给刘羲仲，可见藏书、读书、著书是此行的重点，这首《登庐山》亦涉及此内容或许不是出于偶然。限于材料之不足，此说多是推测。

苏轼一生中几次经过庐山，有缘两度登上庐山，留下《题西林壁》《庐山二胜》等佳作为后人所传诵。庐山伴随着苏轼度过了他生命中几个重要的关头，是他经受无数艰辛苦难的见证者，更是他战胜苦难并实现超越的见证者，故始终为苏轼所牵念。

注 释

[1] 孔凡礼点校《苏轼文集》，中华书局1986年版。

[2] 王松龄点校《东坡志林》，中华书局1981年版。

[3] 题为《自记庐山诗》，个别字词较《东坡志林》略有出入。详见白石点校《东坡题跋》，浙江人民美术出版社2016年版，第120—121页。

[4] 章培恒、徐艳《关于五卷本〈东坡志林〉的真伪问题》，《南京师范大学文学院学报》2002年第4期。

[5] （宋）胡仔纂集，廖德明校点《苕溪渔隐丛话》（前集），人民文学出版社1962年版。

[6] （宋）阮阅编著，周本淳校点《诗话总龟》（前集），人民文学出版社1987年版。

[7] 王水照编《宋人所撰三苏年谱汇刊》，中华书局2015年版。

[8] 孔凡礼《关于苏轼生平的若干资料》，《文学遗产》，1989年第6期。

[9] （宋）陆游撰，李剑雄、刘德权点校《老学庵笔记》，中华书局1979年版。

[10] （宋）释惠洪撰，陈新点校《冷斋夜话》，中华书局1988年版。

[11] （清）王文诰辑注，孔凡礼点校《苏轼诗集》，中华书局1982年版。

[12] （清）纪昀《纪文达公评本苏文忠公诗集》，道光十四年冬两广节署刊本。

[13] （明）安磐《颐山诗话》，《四库全书》本。

[14] （清）仇兆鳌注《杜诗详注》，中华书局1979年版。

[15] （宋）胡仔纂集，廖德明校点《苕溪渔隐丛话》（后集），人民文学出版社1962年版。

[16] （清）赵翼著，霍松林、胡主佑校点《瓯北诗话》，人民文学出版社1963年版。

[17]（清）冯应榴辑注，黄任轲、朱怀春校点《苏轼诗集合注》，上海古籍出版社2001年版。

[18]（宋）惟白辑，朱俊红点校《建中靖国续灯录》，海南出版社2011年版。

[19]丁福保《佛学大辞典》，上海书店出版社2015年版。

[20]（清）王文诰《苏文忠公诗编注集成》（卷二十三），浙江书局清光绪十四年刻本。

[21]（清）郭庆藩撰，王孝鱼点校《庄子集释》，中华书局1961年版。

[22]朱孝臧编年，龙榆生校笺，朱怀春标点《东坡乐府笺》，上海古籍出版社2009年版。

[23]（宋）洪迈《容斋随笔》，上海古籍出版社1978年版。

[24]（清）何文焕辑《历代诗话》，中华书局1981年版。

[25]李逸安点校《欧阳修全集》，中华书局2001年版。

[26]（唐）房玄龄等《晋书》，中华书局1974年版。

[27]（清）查慎行补注，王友胜校点《苏诗补注》，凤凰出版社2013年版。

[28]孔凡礼《三苏年谱》，北京古籍出版社2004年版。

文化视野下的苏轼和陶诗平议

◇ 吴增辉 *

一、和陶——文学背后的文化动因

苏轼和陶是苏轼出于对陶渊明生存哲学及诗学风格的追慕而与其穿越时空的对话,是在宦海浮沉的背景下对历史、现实及人生诸问题的深刻反思,是一种文化行为。因此,苏轼和陶并不只求与陶诗在风格上的趋同,而更是借以传达旷放淡泊的文化精神,如果仅仅从文学层面来追究苏轼和陶诗与陶诗似与不似,便不可能抓住苏轼和陶诗的本质。

苏轼之追慕渊明,导源于苏轼被贬黄州、躬耕东坡。《东坡八首》序云:"余至黄州二年,日以困匮。故人马正卿哀余乏食。为于郡中请故营地数十亩,使得躬耕其中。地既久荒为茨棘瓦砾之场,而岁又大旱,垦辟之劳,筋力殆尽。"[1]1079劳动固然艰苦,苏轼却从中体味到难得之乐,在给友人的信中,苏轼写道:"某见在东坡,作陂种稻,劳苦之中,亦自有乐事。"[2]1499《东坡八首》其四云:"种稻清明前,乐事我能数。"诗人从春到秋辛勤劳作,分秧、管理、收获、归仓,事无巨细,全程参与,不仅不见愁苦之态,反而将劳作过程称为"乐事"而一一列举,其间又描写庄稼生长的情形及田园景象,"分秧及初夏,渐喜风叶举。月明看露上,一一珠垂缕"[1]1081,透露出诗人亲事稼穑而产生的欣悦之情,这与陶氏拥有近似的文化心理。陶渊明站在朴素的唯物立场肯定劳动的价值,将劳动视为人生的应有之义,"人生归有道,衣食固其端。孰是都不营,而以求自安?"[3]205在身体力行的劳作中体味到四体不勤

---

* 作者简介:吴增辉,文学博士,河北科技大学副教授。

的士大夫难以体味的乐趣,"平畴交远风,良苗亦怀新"[3]181,"微雨从东来,好风与之俱"[3]335。这清淡自然的田园风物洋溢着诗人的自得之趣,也折射出诗人朴素而崇高的情感。

正是在这种身体力行的劳作中,苏轼发现了自己与渊明的相契之点,这也成为苏轼走近渊明的契机,《与王定国四十一首》之十三云:"虽劳苦,却亦有味。邻曲相逢欣欣,欲自号鏖糟陂里陶靖节。"[2]1521苏轼欲以渊明自比,表现出对其文化人格的认同。由此开始,苏轼对陶渊明表现出特别的关注,其对贬谪际遇的态度一定程度上也折射出陶氏的影响,李昭玘在《上眉阳先生书》中说:"苏公在齐安掩关著书,俯仰一官,淡然自足,如岩居隐士之行,与世相遗,少无谪官意。"[4]98应该说,苏轼"淡然自足""与世相遗"的心态与渊明的隐士风范具有一定的相关性。但此时的陶渊明对苏轼而言仍然是以传统意义上的隐士形象出现的,远未上升到被苏轼倾心追随的人格范型的高度。

元祐之后,士大夫在反复的党派倾轧中日渐消沉,开始由事功追求转向内在的心性整理。元祐三年,苏轼任翰林学士知制诰兼侍读学士,作《送曹辅赴闽漕》诗曰:"渊明赋归去,谈笑便解官。我今何为者,索身良独难。"[1]1592反复的党派倾轧、官场的失意使得一度沉落的出世之念重新浮上心头,陶渊明也再度进入苏轼的视野。元祐末外放扬州时,苏轼有感于陶渊明自认"性刚才拙,与物多忤"的心情,开始追和陶诗,其序言中说:"吾饮酒至少,常以把盏为乐。往往颓然坐睡,人见其醉,而吾中了然,盖莫能名其为醉为醒也。在扬州时,饮酒过午,辄罢。客去,解衣盘礴,终日欢不足而适有余。因和渊明《饮酒》二十首,庶以仿佛其不可名者。"[1]1881此时的苏轼在无休止的洛蜀党争中备受煎熬,抑郁不乐,饮酒而至醉乡便成为逃避现实的无奈手段,所谓"欢不足而适有余"不过是聊以自嘲的反语。在这个意义上,陶渊明同样是苏轼的异代知音。陶氏《孟府君传》云:"(桓)温尝问君:'酒有何好,而卿嗜之?'君笑而答曰:'明公但不得酒中趣耳!'又问听妓,丝不如竹,竹不如肉,答曰:'渐近自然。'"这里所谓"酒中趣"实即自然之趣,也即阮籍所谓"与造物同体,天地并生,逍遥浮世,与道俱成"[5]161的境界。从饮酒行为中,苏轼窥到了渊明更深层的心灵世界,他对《饮酒》诗的追和,标志着对渊明的进一步靠近。

绍圣之后,苏轼远贬岭海,历尽磨难,更加倾心于渊明,追和陶诗殆遍。

苏轼自述云："古之诗人有拟古之作矣，未有追和古人者也。追和古人，则始于东坡。"[6]1110追和比拟作更进一步，这种追和显然不是为了切磋诗艺，而是苏轼对渊明的精神追随，它表明陶渊明较之以前在苏轼心中上升到更加崇高的地位，苏轼动情地说："吾于渊明，岂独好其诗也哉？如其为人，实有感焉"[6]1110，乃至说"只渊明，是前生"[7]353。这表明苏轼不是纯粹从诗艺角度模仿渊明，而是将渊明当作负载自己价值理想的人格范型而加以追随的。从喜好其诗到关注其人，从模仿其诗作到追随其人格，苏轼对渊明的认同感不断深化，这种深化根本上源于熙宁以来不断加剧的党争及所暴露出来的人性之恶。

从神宗熙宁到徽宗崇宁，北宋党争逐渐由纯粹的政见之争发展为意气之争与党锢之祸。苏轼在《东坡易传·讼卦》中说："天下之难，未有不起于争，今又欲以争济之，是使相激为深而已。"[8]15以争止争只能"相激为深"，彼此冤冤相报，必将永无竟时，"夫使胜者自多其胜以夸其能，不胜者自耻其不胜以遂其恶，则讼之祸，吾不知其所止矣"。双方斗争的重要原因正在于士大夫群体君子小人的二元分野观念，新旧两党"惟常有敌以致其噬，则可以少安"。斗争双方必须要以对方的存在为生存的前提，而如果对方被吞噬了，"噬将无所施，不几于自噬乎？"旧党自元祐更化后重新上台，将新党逐出朝廷，但旧党内讧接踵而来，洛党、蜀党相互倾轧，水火不容，这大概便是苏轼所谓的"自噬"了。因此，如果不超越君子小人的二元视野，那么政治主体总是不断地创造对手与矛盾，斗争也将永无休止。苏轼以痛心而不无嘲讽的口气说："由此观之，无德而相噬者，以有敌为福矣。"苏轼认为政治主体间的关系大体可分两类，其一是"以德相怀"，其二是"相噬为志"，熙丰以来的残酷党争正是士大夫"相噬为志"的历史，破解这种困局只能化"相噬为志"为"以德相怀"。

在苏轼看来，结束党争的根本途径是去伪存真，彼此发乎至性，出于真情，公而忘私，坦诚相待，自然可以消除矛盾。苏轼释"同人"卦时说："立于无求之地，则凡从我者，皆诚同也。彼非诚同，而能从我于野哉！'同人'而不得其诚同，可谓'同人'乎？"[8]27"诚同"之"诚"必须发自真情至性，主体生命莹然澄澈，彼此肝胆相照，唯此才能构筑真正的"同"，即便政见的歧异也不能阻碍彼此之间的情投意合。苏轼乌台诗案后与王安石相会金陵，其乐融融，但元祐还朝后，仍然毫不客气地指斥王安石的政治失误，可谓求同存异的典范。既是"诚同",则其"同"乃是真情至性的同声相应,绝非虚与委蛇的假意相求,故苏轼说:"立乎上,而天下之能同者自至焉,其不能者不至也。至者非我援之,不至者非我拒之,不拒不援,是以得其诚同。"[8]27—28

在经历官场的无数明争暗斗之后,苏轼强烈地渴望人际交往中的"诚同"境界,也因此更深切地感受渊明真性情的可贵,这是渊明引发苏轼感情共鸣的奥秘之所在。元祐六年,苏轼在颍州云:"陶渊明欲仕则仕,不以求之为嫌;欲隐则隐,不以去之为高。饥则扣门而乞食,饱则鸡黍以延客,古今贤之,贵其真也。"[2]2148苏轼格外看重陶氏之"真",而"真"可谓陶渊明文化人格的核心,面对"真风告逝,大伪斯兴"[3]365的社会现实,陶渊明痛感"羲农去我久,举世少复真"[3]248,向往上古时代"傲然自足,抱朴含真"[3]34的淳朴人性,而其归隐田园、纵心自适的行为举止正是庄子所谓"真人"的表现。庄子云:"古之真人,不知说生,不知恶死;其出不?,其入不距;翛然而往,翛然而来而已矣。不忘其所始,不求其所终;受而喜之,忘而复之。是之谓不以心捐道,不以人助天,是之谓真人。"[9]229陶渊明鄙弃官场,躬耕自食,不以物喜,不以己悲,任性而言,率性而为,即便对死亡亦淡然视之,全方位地体现了人性之真,从而深刻契合了苏轼"诚同"的价值理想,因此得到苏轼的倾心追慕。苏轼云:"半生出仕,以犯世患,此所以深愧渊明,欲以晚节师范其万一也。"[2]2515恰恰揭示了其对渊明的膜拜与人生坎坷之间的密切关系,而这背后则是因党争而不断衰败的北宋政局。

二、追趋与游离——苏轼和陶诗的矛盾性

苏轼虽追慕渊明,却并非要复制渊明,双方不同的文化构成及政治处境决定了苏轼只能走近渊明而不能与之重合。质而言之,苏轼从渊明那里所求者乃是符合自己价值观念及审美情趣的方面,追和陶诗的重要意义是要从中寻找和发掘可以表达自我的东西,同则和之,异则远之,这成为苏轼和陶的基本特点。从这个意义上说,苏轼对陶诗的追趋同时也是一种游离。

受到儒、释、道、纵横等诸种文化的濡染,苏轼既有强烈的入世追求,又不拘形迹,性爱自由,与现实政治语境颇多龃龉。乌台诗案、洛蜀党争及绍圣之后接踵而至的政治打击使其收敛锋芒,开始追慕陶渊明质性自然的人

格风范及不事雕琢的诗美特征。众所周知,陶诗平淡自然之外还有"金刚怒目"的一面,虽然这并非陶诗的主体风格,却是渊明精神本质之所在。苏轼和陶步趋其平淡自然的主体风格,对这一面却是选择性的忽略。陶诗《咏山海经》第十首讴歌精卫及刑天至死不屈的顽强意志与抗争精神,抒发了诗人报国无门的慷慨不平之情,苏轼和诗则继续谈仙论道,恐怕不完全是和诗题材限制的问题,更根本的原因应是陶诗之愤郁慷慨与苏轼平和超然的心态产生了冲突。历经党争与贬谪的苏轼不再执拗地以批判眼光看待世事纷纭,转而认可事物的自然性,即所谓"御气本无待"。第十一首,陶诗以巨危和钦䲹违背上帝意旨而终遭惩罚的故事,说明恶有恶报,似是影射刘裕篡位。苏轼对此不加理会,仍然沿着原有的求仙主题敷衍开去,脱离了陶诗的精神旨趣,这显然是主动的回避,反映出贬谪际遇下的戒慎心理。第十二首,陶诗由鸱鸟和青丘鸟联想到屈原的不幸,"鸱鴸见城邑,其国有放士。念彼怀王世,当时数来止"[3]352。同样抒写了用世无门、不得其志的愤恨情绪。而东坡和诗仍是谈仙论道,毫不涉及对现实的批判,更未发泄自己的不满。最后一首,陶渊明总结历史,罗列历史上君主的种种遗憾,反面指出择才用才的重要性,当亦有托古讽今、影射当世之意。而东坡和诗主旨则称自己是"畸人""散材",于世无补,只欲归隐,"携手葛与陶,归哉复归哉"。

陶渊明吟咏《山海经》的一组诗最能反映其"金刚怒目"的豪迈个性,与其他田园诗的平和面貌判然有别,而苏轼和诗的思想主线乃是求仙与归隐,全然没有顾及陶诗的原始意旨,或者说有意与陶诗的感情倾向拉开距离。苏轼或是有所畏惧,或是心地超然,无论如何,从诗意来看,他的确是"不骂"了。虽然苏轼到惠州后曾写过《荔枝叹》之类讥刺赋敛的诗作,但此后便再难看到类似作品出现,该诗几乎是苏轼"好骂"的绝笔。

从东晋以后经唐五代及宋代的盛世与战乱的更迭,一再上演着陶渊明式的悲剧,而现实也不过是历史的重复,即便自身也不过是历史规律借以展示的道具,苏轼称"只渊明,是前生"并不仅是对渊明的追慕,不经意间也道出了中国历史不断重复、士人命运循环不已的真相,既然如此,任何挣扎与抗争便显得徒劳,而只有安之若命、随缘任运才是明智的。相比陶渊明,苏轼这样的后来者拥有更为丰富的历史经验,比陶氏更为清楚地洞察到历史规律的残酷,并以其丰富的人生阅历更为深切地认识到历史魔咒难以摆脱,心态因而更加旷达超然,不再倾向于与现实进行对抗。其对陶诗的追和往往回避拗怒不平的感情内容，甚至有意偏离原诗的意旨，以趋同于陶诗平淡自然的主体风格，因此便与陶诗的慷慨不平产生了矛盾。当然，这并不表明苏轼完全消弭了感情的锋芒，面对陶诗特定的历史情境，苏轼有时忍不住推及现实，反观自身的不幸遭遇，发出不平之鸣，《和陶杂诗》其三云："兔死缚淮阴，狗功指平阳。哀哉亦何羞，世路皆羊肠。"[1]2274虽是吟咏历史，其中隐寓的个人感慨及对现实的批判意味还是很明显的。可见，虽然苏轼随缘放旷，竭力化愤激为平淡，但终究不能彻底心平气和，其实际创作便呈现出追趋平淡而又游离平淡的矛盾性，这与陶渊明平和淡泊却又金刚怒目具有一定的相似性。

渊明之愤慨虽然托之于神话及历史，但仍然表现得很露骨；苏轼则将其以往剑拔弩张的嘲骂变而为深沉含蓄的思索，升华为举重若轻的萧散气度，其不平之气弥散于更其浩阔的历史空间，虽逼似陶诗，其实味不同，这在苏轼《和陶咏三良》诗中有着充分的表现。陶氏原诗只是对三良之殉葬表示同情，而苏轼则基于历史及个人遭遇，对君臣关系及儒家道德原则进行了更深切的反思，诗云：

> 此生太山重，忽作鸿毛遗。三子死一言，所死良已微。贤哉晏平仲，事君不以私。我岂犬马哉，从君求盖帷。杀身固有道，大节要不亏。君为社稷死，我则同其归。顾命有治乱，臣子得从违。魏颗真孝爱，三良安足希。仕宦岂不荣，有时缠忧悲。所以靖节翁，服此黔娄衣。[1]2184

苏轼认为生命原本重如泰山，而三良之死却轻如鸿毛，之所以如此，乃是因为三良之死并非为公而是为私，是为穆公殉葬，而非为国家献身。苏轼因此说："杀身固有道，大节要不亏。"所谓"大节"不同于狭隘的忠君。苏轼又举出晏子的典故，称赞晏子事君有道而不以其私。苏轼赞同晏子的观点，其潜台词便是：君主是社稷的化身，臣子效忠君主应出于对国家的忠诚，而非忠于君主本人；臣子应追求报国大节，而非谋取一己之私。因而苏轼说："我岂犬马哉，从君求盖帷。"[1]2184臣子既然应该为公而死，那么三良的殉葬行为便不值得肯定了。苏轼此诗表现出对传统愚忠观念的否定及对士人独立人格的肯定，根本上背离了"君君臣臣"的伦理道德原则，是对儒家忠君观念的超越。《苕溪渔隐丛话》云："余观东坡《秦穆公墓》诗全与《和三良》诗意相反，盖少年议论如此，晚年所见益高也。"[1]2185苏轼当年讥评新法本是出于忠君爱民的一片赤诚，是因公而非为私，却仍然遭到乌台诗案的飞来横祸，晚年更是流贬岭南，则君权所需要的并非单一的公忠体国，更是臣下对君主意志的绝对服从，这就强迫士人成为谋求盖帷的犬马，从而取消了士人的独立人格。苏轼在该诗末尾感叹说："仕宦岂不荣，有时缠忧悲。所以靖节翁，服此黔娄衣。"[1]2185所谓"忧悲"具体而言便是仕宦为公还是为私的心理冲突，陶渊明不堪这种冲突，只好退隐田园。苏轼对陶渊明的追慕表现出对其归隐行为所负载的文化价值的认同，但苏轼对三良的评价及对君臣关系的反思显然又超越了渊明，并透露出对现实的不满及对个人遭际的不平，是一种潜性的反抗。

由此可见，苏轼如渊明一样拥有悲慨不平与自然平淡两种心态，和诗本欲追趋渊明之平淡而忽略其悲慨，却又因自身之悲慨而不得不打破其平淡，陶诗"有志不获骋"的历史情境会时时激起苏轼的感情共鸣，产生出一吐为快的宣泄冲动，然而对陶渊明静穆人格的追慕又使得苏轼总是竭力化悲慨为平淡，以内容的转换消弭和诗与原诗之间的冲突，这恰恰透露出苏轼内在的思想矛盾。苏轼对这种矛盾的消弭往往赖于比陶渊明更其超旷的心态，如陶渊明《岁暮作和张常侍》云："民生鲜长在，矧伊愁苦缠。屡阙清酤至，无以乐当年。穷通靡攸虑，憔悴由化迁。抚己有深怀，履运增慨然。"[3]148该诗写出老境的悲凉心态，抒写人生的悲慨，最后强自宽解，表达万物随化的自然观。苏轼和诗更其旷达，诗由无酒待客起笔，说明不必为此发愁，因为"我生有天禄，玄膺流玉泉"[1]2216，并责怪"何事陶彭泽，乏酒每形言"，最终则对客人的到来表示真挚的谢意，"二子真我客，不醉亦陶然"。显然，苏轼之旷达较渊明之自然更进一层，更加从容自得，这在很大程度上源于苏轼所受到的庄禅观念的深厚濡染。

概而言之，陶诗总体平淡而偶露峥嵘，苏诗原本豪横而转归平淡，双方的逆向流程一定程度上造成了二人感情与诗风的龃龉与悖离。它一方面说明苏轼改变自我以追趋渊明人格与诗风的努力，同时暴露出苏轼自身的思想矛盾，这就注定了苏轼和陶诗不可能步趋陶诗之平淡而达到"外枯而中膏、似淡而实美"的化境。

三、苏轼和陶诗的评价

历代研究者对苏轼和陶诗的艺术成就做过诸多评述,见仁见智,褒贬不一。这些论断大多着重于双方不同的创作面貌的比较,更多感性的判断,而缺少对双方创作机制的深入分析,因而,许多论断便显得隔靴搔痒,不切要害。本人以为,苏轼创作和陶诗在艺术上的重要目的便是实践自己的平淡诗学观,对和陶诗的成就进行评价须由此出发,否则便无从确立探究的逻辑起点。

苏轼之平淡观并不仅是淡,更在于味,所谓"外枯而中膏,似淡而实美","质而实绮,癯而实腴","发纤秾于简古,寄至味于淡泊",所求者在"膏""美""绮""腴",最终落脚于"味"。黄庭坚认为,"陶渊明诗长于丘园,信所谓有味其言者",并称赞"平畴交远风,良苗亦怀新"说,"此句殆入妙也"[10]1683。因此,必须要从"味"这一核心概念出发,对双方诗"味"的形成机制进行细致的考察,然后才可能对和陶诗的艺术特征及其与陶诗的接近程度做出较为合理的判断。

(一) 意象的弱化及缺失与诗味的寡淡

陶诗之"味"首先来自意象的选择与创造。这类意象大体可分两类,其一是以传神的白描写眼前情景。这类描写,语言质朴,不假雕饰,却于古淡中流露出深淳的韵味,原因在于,它并不追求信息的完整呈现,而只择取与特定的感情相对应的有限信息,由此形成显性信息与隐性信息的对比关系,并因显、隐信息的间断形成想象性的空间,营造出韵外之致。如"平畴交远风,良苗亦怀新",诗明写风从远方吹来,田野中禾苗生机勃勃的景象,同时暗写出诗人沐浴清风、伫立远望的怡然之态。又如"倾耳无希声,在目皓已洁"。诗并不直写雪花飘落的姿态,而以听觉之无声及入眼之洁白的反差表现雪落之静及白雪满眼的情景,暗写出诗人极目四望时的惊喜之情。这种信息省略造成的残缺正是唤起读者联想并形成诗之"味"的重要因素。当然这种省略未必是有意的,而正是这种出之自然的省略,才使得诗歌格外深醇有味。这类例子在陶诗中可谓比比皆是,如"鸟哢欢时节,泠风送余善""微雨从东来,好风与之俱""遥遥望白云,怀古一何深""欲言无予和,挥杯劝孤影"

"采菊东篱下,悠然见南山"等等。苏轼和陶诗中以白描手段写眼前景象者极少,少数描写也与陶诗不类。如《和陶田舍始春怀古二首》其二云:

> 茅茨破不补,嗟子乃尔贫。菜肥人愈瘦,灶闲井常勤。我欲致薄少,解衣劝坐人。临池作虚堂,雨急瓦声新。客来有美载,果熟多幽欣。丹荔破玉肤,黄柑溢芳津。借我三亩地,结茅为子邻。鴂舌倘可学,化为黎母民[1]2281。

全诗主要以叙述成篇,白描而有味的语言不多,其中"菜肥人愈瘦,灶闲井常勤"颇有意味,但对仗工整,明显表现出律体特征。后面"丹荔破玉肤,黄柑溢芳津"亦复如此,虽生动地写出了荔枝破裂露出雪白的肌肤、黄柑成熟散出诱人的清香,但无论遣词还是结构,都不脱律体的雕刻之气,缺少古体的淡然气味。此外,"雨急瓦声新"一句颇为精警生动,但意象过于紧凑密集,不似古体之舒缓散淡,生动而已,但无余味。苏轼因其长期创作近体形成的习惯,对意象的处理往往难以脱离语词的雕饰,且因对仗的需要,意象密集,语气紧快,与古体之不假雕饰、出之自然形成不同的面貌气质。正如钱志熙先生所论:"古诗以兴寄为特征,近体则以切近的写景抒情为特征。"[11]137古诗重在兴寄,所以对意象点到为止;近体重写景抒情,势必精雕细刻。苏轼要追趋古体风格,势必要摒弃近体特征,而苏轼显然难以在创造意象时抛弃根深蒂固的雕刻习惯,因而就与古体诗对意象的处理方式发生了冲突。由上例来看,这种近体式的意象描写植入古体诗中的情形并不成功,它只会破坏古体特有的疏淡气味。由和陶诗中意象营造及白描运用极其少见的情况来看,苏轼似乎无法顺利实现由近体到古体的转变,便尽可能回避白描,纯以朴素之语进行叙述、议论、抒情,从而形成淡而无味的局面。因而,返璞归真并不仅是语言形式的变化,也是创作主体的创作习惯、文化构成及心理定式等由表及里的全方位变动。陶诗朴素的意象创造有其独特的时代背景、文化心态及表现机制,与苏轼的创作构成有着根本性的差异,故而实现这种转换以趋同于陶诗之古淡其实是极为困难的事情,从实际效果来看,苏轼和陶诗只能最大限度地接近陶诗而难以完全重合。

其二则是比兴、象征的运用。陶诗朴野,深得古诗艺术上的妙用,其中便多用比兴之法。《咏贫士》其一云:

> 万族各有托,孤云独无依。暧暧空中灭,何时见余晖。朝霞开宿雾,众鸟相与飞。迟迟出林翮,未夕复来归。量力守故辙,岂不寒与饥?知音苟不存,已矣何所悲![3]311

该诗前四句以"孤云"意象象征自己孤独无依、为世所弃的处境,表达了知音无几的悲哀。后面四句以"归鸟"意象隐喻归隐之志。前面写众鸟出林群飞的景象,暗喻世俗之人争先恐后的入仕热情,后面则以"迟迟出林翮"及"未夕复来归"与众鸟对比,含蓄表达超然绝俗的志趣与节操。最后抒写饥寒不移的遁世之志。全诗主要借助"孤云""归鸟"意象及具体情境加以含蓄的表达,意味深长。苏轼和陶诗云:

> 长庚与残月,耿耿如相依。以我旦暮心,惜此须臾晖。青天无今古,谁知织乌飞。我欲作九原,独与渊明归。俗子不自悼,顾忧斯人饥。堂堂谁有此,千驷良可悲[1]2137。

苏诗写"长庚""残月"相依的景象,抒发光阴飞驰、倏忽老矣的伤叹之情,而后又写自然永恒,人生短暂,世俗之人对此习焉不察,不知老之将至,仍沉湎于世俗价值的追求,自己却已悟到生命本身的可贵,故而表示"独与渊明归"。该诗虽然有"长庚""残月"意象,只不过是以眼前景象引发诗意,与诗味的营造并无关系。因全篇主要出之议论,平淡有余,余味不足。

其三则是对人物形象的白描。在《咏贫士》其二中,陶诗以生动的语言描述了自己贫困的生活,"拥褐曝前轩"写出诗人的隐士形象,而"倾壶绝余沥,窥灶不见烟"又写出饥寒交迫的困窘,动态、神态、心态一时俱出,历历如在目前。然而诗人并不以此为意,因为与孔子厄于陈、蔡相比,毕竟还要好很多,圣贤的教诲与行动示范正是贫士对抗苦难的精神力量。全诗有形象有议论,刻画有细节,议论有对比,且议论完全建立在对细节的白描基础之上,有力地表达了诗人贫贱不移的品格,形象鲜明而意味深长。反观苏轼和诗则不然,诗先赞叹伯夷、叔齐不食周粟而饿死首阳山的事迹,尔后含蓄地批评嵩山四皓不该为吕氏所用,最后赞赏陶渊明欲仕则仕、欲隐则隐的真性情，表达追慕之意。该诗例举古人而发议论，并不借助形象，仍是淡而无味。又陶渊明《咏贫士》其三写贫士生活之拮据云："弊襟不掩肘，藜羹常乏斟。"写袁安安贫乐道云："袁安困积雪，邈然不可干。"写张仲蔚固守穷节云："仲蔚爱穷居，绕宅生蒿蓬。"陶诗总能以简洁传神的细节传达出人物的精神气质，并以此作为展开议论的基础，其诗总是不脱离形象所营造的想象空间，所谓的诗"味"也正借助于这种想象的空间生发开来。即便全诗以议论为主，也往往于其中杂以形象化的细节，如其四写黔娄云："好爵吾不萦，厚馈吾不酬。一时寿命尽，蔽服仍不周。"以蔽服不能遮蔽遗体的形象进一步渲染生前之贫困，从而为后面"岂不知其极？非道故无忧"，"朝与仁义生，夕死复何求？"的议论张本，造成强烈的感染力。苏轼因其文化构成、用语习惯、心理定式及次韵诗等多方面的限制，往往顾此失彼，难以在满足语言朴素以致平淡风格的同时兼顾形象的传神写照，或议论多于描写，或刻画失于传神，以致余韵无几，诗味不永。

（二） 诗思跳宕与典故运用对平淡的破坏

陶诗多为一气单行，无论叙事，还是抒情议论，都是线性结构，绝少旁逸斜出，波澜横生，总体上一气贯注，浑然一体。这种结构上的单纯使所负载的信息具有明确而清晰的指向，与其感情的平静、风格的朴淡和谐一致，有助于诗"味"的营造。苏轼则以其非凡的才力和深厚的修养，诗思腾挪跳宕，用典极多，与陶诗形成了鲜明对照，冲淡甚至破坏了诗"味"。如陶渊明《拟古九首》其一云：

荣荣窗下兰，密密堂前柳。初与君别时，不谓行当久。出门万里客，中道逢佳友。未言心相醉，不在接杯酒。兰枯柳亦衰，遂令此言负。多谢诸少年，相知不忠厚。意气倾人命，离隔复何有？[3]272

该诗以兰、柳起兴，后面写主人的心理活动，以其别时之深意与朋友别后之薄情加以对比，借对朋友负约的怨恨，感慨世风的沦落，交道的浅薄，以警示世人。主旨明确而结构单纯，一气直行，并无摇曳之态。苏轼和诗云：

有客叩我门，系马门前柳。庭空鸟雀散，门闭客立久。主人枕书卧,梦我平生友。忽闻剥啄声,惊散一杯酒。倒裳起谢客,梦觉两愧负。坐谈杂今古,不答颜愈厚。问我何处来,我来无何有。[1]2260

该诗以全能视角写客与主两个对象,首四句写有客造访情景,"庭空鸟雀散,门闭客立久"既写出了客人敲门声音之大、等待之久及心理之焦躁,同时也侧写出主人睡眠之酣、梦境之深,自然引起后面对主人的描述。主人枕书而卧,不觉进入梦乡,梦中见到了平生故友,与之把酒论旧,相得甚欢,忽然被敲门声惊醒,梦中举起的酒杯也被惊散了。主人赶紧倒裳出迎,既因未饮酒而对不起梦中的友人,又因开门迟而怠慢了久等的客人,确是"两愧负"了。尔后又与客人纵论古今,而主人"不答颜愈厚",似乎仍未从梦境中醒转来,客人"问我何处来",主人答说"我来无何有",暗示刚刚睡醒,同时将诗意引向庄子无何有之乡的深远浑茫。这种双向并进终于合一的结构充分体现出苏轼跳掷多变、翻空出奇的诗思特征,诚为一篇佳作。但这种跳掷出奇的结构与平静淡泊的风格之间存在着深刻的矛盾,因为它不是局促于线性结构的单向推进,而企图以多向的变化追求心灵的全幅呈现,它是多元的,而非线性的;它是动态的,而非静态的,其灵动多变的诗思乃是对平淡的破坏。《和陶拟古九首》其三则更以想象之词写服鸟入室的情态,"引吭伸两翅,太息意不舒"[1]2261,意象诡秘,气氛阴森。诗人由此生发议论,表达吾生如寄、无所依归的茫然情绪,诗思更加翻空出奇,变化超妙,与陶诗之平淡风格更不相类。又《和陶拟古九首》其四写自己年少志向:"少年好远游,荡志隘八荒。九夷为藩篱,四海环我堂。"[1]2261甚至"卢生与若士,何足期渺茫"。其后则由这种壮志豪情突然转入到对海南州的赞叹,其间并没有过渡,转换突兀,这与次韵诗题材受限有一定关系,而根本上还在于苏轼诗思的灵动不羁,他并不习惯于依循单线脉络一气独行,而是右冲右突,千变万化,总是呈现出灵动多变、姿态横生的诗歌面貌,这也就决定了与陶诗之间的貌合神离。

其次,陶诗风格古朴,用典极少,故而明白晓畅,诗意可以沿着物象铺设的路径顺利前行,同样有助于创造自然平淡的风格。诗味所依赖的是形象而不是典故,前者是直观的感性呈现,后者则是文化性的隐性呈现,二者唤起的乃是不同的心理反应。如前所论,读者可以借助显性形象对残缺信息加以补充,形成完整的信息板块,所谓的"味"正产生于已有信息与残缺信息间的张力。而典故作为文化信息所负载的乃是具体的历史情境，它的意义不在于提供感性的愉悦，而是启起一种历史性的、文化性的思索，读者在此过程中基于个人经历的独特性而会获得种种不同的情感体验。如果说自然意象的内涵是单一的，那么典故的文化内涵则是多元的，它依附于相关的历史背景，并因这一背景的介入而形成与诗歌的现实情境相斥相容的复杂关系，由此造成诗歌深厚凝重的气质。且典故是一个个的历史信息点，其文化内涵并不如自然意象那样可以轻易越过，典故与诗歌情境间的龃龉往往会使得读者的思路止步不前，造成阻滞效应，破坏诗意表达的流畅与连贯。读者在面对典故时往往需要反复回味，从而使得诗意更加沉重，它所造成的便不再是象外之象，而是言外之意，由此构成对平淡诗风的破坏，如《和陶拟古九首》其二云：

> 酒尽君可起，我歌已三终。由来竹林人，不数涛与戎。有酒从孟公，慎勿从扬雄。崎岖颂沙麓，尘埃污西风。昔我未尝达，今者亦安穷。穷达不到处，我在阿堵中。[1]2261

该诗可谓句句用典。据施注，开首两句用韩愈《送石处士》诗中典故，"去去事方急，酒行可以起"。下句则用孔子典，《说苑》云："孔子遭难陈、蔡之境，歌两柱之间，子路援干而舞，三终而出。"又查注引《礼记·乡饮酒》云："间歌三终，合乐三终。"两典尚只是移用原词，并无深意。后面则用竹林七贤典故，以竹林七贤鄙弃山涛与王戎表达了对向慕权势者的鄙视，初步点出自己的高节。后面继续用典对这一主旨加以生发，"有酒从孟公，慎勿从扬雄"。孟公指孟嘉，所谓知酒中趣者。而扬雄则为王莽所用，起草元后诔文，为时论所讥，诗中所云"崎岖颂沙麓，尘埃污西风"正指此意。最后抒写自己富贵不淫、贫贱不移之志，无论穷达，都不能将诗人奈何，所谓"穷达不到处"即不为穷达所累，所以如此，在于诗人抓住了对待穷达的关键，即所谓"我在阿堵中"。此用顾恺之典，《世说》云："传神写照，正在阿堵中。"[12]388 "阿堵"即关键，而此处关键的本质便是不以达喜、不以穷悲的旷达与超然。该诗几乎全部由典故成篇，以相关的历史情境及相应的价值判断构成诗意，与陶诗之自然明畅相比，诗意滞塞沉重，难称平淡。又《和陶杂诗十一首》其五用曹操与孔融典，以孔融最终被杀表达愤世之情与戒惧之意,史实的叙述既多隐晦,后面的抒情议论复多慷慨,造成全诗辞气的凹凸不平,更加不类陶诗平淡之风。明许学夷在《诗源辨体》中即已指出苏轼和陶诗"《拟古》、《杂诗》等作,用事殆无虚句,去陶亦远"[13]383,实际上指出了用典对平淡诗风的破坏作用。

对苏轼和陶诗的成就历来评价不一,但如果参之陶诗之平淡有味,则苏轼和诗的不足是很明显的,纪昀评语中即已出现了"枯浅""少味""粗野""板实""拙而稚""俚""平钝""浅近"等批评性评价,虽然主要针对某些词句而非和陶诗整体,但亦可窥到苏轼学陶不似之弊。今人谢桃枋先生在其《苏轼诗研究》中基本否定了苏轼和陶诗的成就:"这类作品没有出现过内容充实与艺术形式完美和谐的传世名篇,更多的是板滞、木质、浅易、冗散与音节的古拗的平庸之作。"[14]139虽不免言之过甚,但大体不误。虽有少数和诗如《和陶归园田居六首》其三、《和陶移居》其一、《和陶游斜川》等逼似陶诗,但并不能代表整体水平。曾枣庄先生曾对谢先生的否定性评价给予反驳,提出"苏诗本来就存豪放和平淡两种风格,他从黄州开始追求平淡风格,晚年有意学陶,与他的艺术个性并不矛盾,只不过是他前期仰慕陶渊明,追求平淡诗风的继续和发展罢了"[15]39。但问题是这种"继续和发展"总体上并没有达到苏轼所追求的效果。亦有对苏轼贬谪岭南前后的和陶诗做出不同评价者,代表人物即黄庭坚,"东坡在扬州和《饮酒》诗,只是如己所作。至惠州和归田园六首,乃与渊明无异"[16]86。如前所述,这也并非事实,倒是黄庭坚"奔轶绝尘"[11]1632的评价更符合苏轼和陶诗的精神气质。

笔者以为,苏轼和陶首先是一种文化行为而非文学行为,其本质乃是归隐的想象,是对出处矛盾的虚拟的解决方式,也是对陶渊明的人格追随及精神交流,诚如王文诰所言:"公之和陶,但以陶自托耳。至于其诗,极有区别,……盖未尝规规于学陶也。"王水照先生对此亦有中肯之论,苏轼和陶乃是"学与不学之间的不学之学,贵得其'真',重在获其'意'。他不追求个别思想观点的附和,更不拘泥于外在的风格、字句的摹拟,而力求在人生哲理的最高层次上契合"[17]335。追求精神上的"以陶自托"而非创作上的"规规于学陶"乃是和陶而不似的根本原因。其次,苏轼与陶渊明不同的诗歌创作机制及创作个性及双方不同的时代背景决定了二人不同的风格,苏轼近体化的意象处理方式、诗思的灵动多变、好议论用典等多重因素使和陶诗创作只能最大限度地接近陶诗,而不可能与之重合。

综上,斤斤于比较和陶诗与陶诗似与不似没有意义,双方上述差异决定了和陶不似是必然的,这里的关键是,苏轼通过崇陶与和陶确立了陶渊明在诗歌史乃至文化史上的崇高地位,将陶诗外枯中膏、似淡实美的平淡诗风推至宋代诗学的最高境界,使梅、欧倡导的平淡诗风正式确立。它使宋人对诗歌美学高境的理解发生了重大改变,并深刻影响到晚宋及后世的诗歌创作取向,这才是苏轼和陶最重要的文学意义。

注 释

[1] 孔凡礼点校《苏轼诗集》,中华书局1982年版。
[2] 孔凡礼点校《苏轼文集》,中华书局2013年版。
[3] 龚斌《陶渊明集校笺》,上海古籍出版社1996年版。
[4] (宋)李昭玘《上眉阳先生书》,《全宋文》121册,上海辞书出版社2006年版。
[5] 陈伯君校注《阮籍集校注》,中华书局1987年版。
[6] (宋)苏辙撰,曾枣庄、马德富校点《栾城集》,上海古籍出版社2009年版。
[7] 邹同庆、王宗堂《苏轼词编年校注》,中华书局2007年版。
[8] (宋)苏轼撰《东坡易传》,上海古籍出版社1989年版。
[9] (清)郭庆藩撰,王孝鱼点校《庄子集释》,中华书局2004年版。
[10] 黄永晓整理:《黄庭坚全集》,江西人民出版社2008年版。
[11] 钱志熙《黄庭坚诗学体系研究》,北京大学出版社2003年版。
[12] (南朝宋)刘义庆撰,徐震堮校笺《世说新语校笺》,中华书局1984年版。
[13] (明)许学夷著,杜维沫校点《诗源辨体》,人民文学出版社1998年版。
[14] 谢桃坊《苏轼诗研究》,巴蜀书社1987年版。
[15] 曾枣庄《〈苏诗分期评议〉的评议》,《论苏轼岭南诗及其他》,广东人民出版社1986年版。
[16] 吴文治主编《宋诗话辑佚》,中华书局1980年版。
[17] 王水照《苏、辛退居时期的心态平议》,《王水照自选集》,上海教育出版社2000年版。

丁谓执殳　为苏前驱
——丁谓与苏轼流贬海南经历对读
◇海　滨*

一、问题的提出

据有关研究显示，唐代贬谪海南官宦共七十余人，其中宰相14人；宋代贬谪海南官宦共八十余人，其中宰相14人[1]。这些贬官，不少是死在海南贬所或途中的，如唐代的杨炎、李德裕，宋代的卢多逊，而苏轼则顽强乐观地在孤岛上生活三年，并在有生之年回到内地。贬官们来到海南后，大都关心民生疾苦，指导生产生活，注重文化教育，做出了大量扎扎实实的贡献，如王义方、韦执谊、李德裕、卢多逊、丁谓、苏轼、赵鼎、李光和胡铨等人都是这方面的典型，而苏轼则是最耀眼的一位。在相似的生活和工作条件下，贬官们的心态大体呈现出两种状况：一种是比较低沉忧郁的，以李德裕为代表；一种是比较旷达洒脱的，以苏东坡为代表，达到无人企及的境界。

我们从唐代的杨炎、李德裕到宋代的卢多逊、苏轼，做个简单的梳理，来考察一下这些贬官南下的心路历程。

杨炎，中唐的改革家，是两税法的创造者和推行者，性亦狡诈阴险。德宗建中二年，杨炎被贬为崖州司马。南贬途中，去崖州百里赐死，年五十五。经过鬼门关时，杨炎有《流崖州至鬼门关作》：

　　一去一万里，千知千不还。
　　崖州何处在，生度鬼门关。[2]1214

＊作者简介：海滨，海南大学人文传播学院教授。

鬼门关，是古代过岭南前往钦州、廉州、雷州、琼州、交州的必经之地，是耸立在西南边地和文人心头的一道难关。据《旧唐书·地理志四》载："北流，州治所，汉合浦县地，隋置北流县。县南三十里，有两石相对，其间阔三十步，俗号'鬼门关'。汉伏波将军马援讨林邑蛮，路由于此，立碑石龟尚在。昔时趋交趾，皆由此关。其南尤多瘴疠，去者罕得生还。谚曰：'鬼门关，十人九不还。'"[3]1742 杨炎经过鬼门关，预感自己此生再无返乡之机，写下这首悲歌，内心悲凉凄苦。

李德裕是中唐乃至中国历史上清望标举、文武双全的良相高士。宣宗二年，李德裕被贬为崖州司户，南贬途中，一路留下诗歌寄托孤苦郁闷之情。他在途中感愤："十五余年车马客，无人相送到崖州。"[4]618 曾经的煊赫隆盛旦夕间消失，只能独自一人寂寞地走向崖州。他经过汨罗江，凭吊自沉汨罗的屈原，作《汨罗》诗云：

> 远谪南荒一病身，停舟暂吊汨罗人。
> 都缘靳尚图专国，岂是怀王厌直臣。
> 万里碧潭秋景静，四时愁色野花新。
> 不劳渔父重相问，自有招魂拭泪巾。[2]5448

李德裕继续向南，行进在岭南道中，逐渐接近海南时，一路的风物已然迥异于北国，他写下《谪岭南道中作》：

> 岭水争分路转迷，桄榔椰叶暗蛮溪。
> 愁冲毒雾逢蛇草，畏落沙虫避燕泥。
> 五月畬田收火米，三更津吏报潮鸡。
> 不堪肠断思乡处，红槿花中越鸟啼。[2]5433

不仅仅桄榔椰叶有别故乡，还要担心各种意外的伤害——"愁冲毒雾逢蛇草，畏落沙虫避燕泥"，思乡肠断也无人理会。

来到海南，拜谒曾经贬琼并客死海南的宰相韦执谊的陵墓，李德裕心情沉重地写下《祭韦相执谊文》：

丁谓执殳　为苏前驱

维大中四年月日，赵郡李德裕，谨以蔬醴之奠，敬祭于故相韦公仆射之灵。呜呼！皇道咸宁，藉于贤相；德迈皋陶，功宣吕尚。文学世雄，智谋神贶；一遘谗疾，投身荒瘴。地虽厚兮不察，天虽高兮难谅。野掇涧苹，晨荐柜邕；信成祸深，业崇身丧。某亦窜迹南陬，从公旧丘。永泯轩裳之顾，长为猿鹤之愁。嘻吁绝域，寂寞西周。倘知公者，测公无罪；不知我者，谓我何求！其心若水，其死若休，临风敬吊，愿与神游，呜呼！尚飨。[5]7303—7304

俱是宰相，皆贬南荒，绝望的李德裕发出了呼天抢地的呐喊："倘知公者，测公无罪；不知我者，谓我何求！"

终于来到了崖州贬所，这里的生活条件极其艰苦，李德裕在答谢友人馈饷的书信中描述其窘迫的境况：

天地穷人，物情所弃。虽有骨肉，亦无音书，平生旧知，无复吊问。阁老至仁念旧，再降专人，兼赐衣服器物茶药至多，开缄发纸，涕咽难胜。大海之中，无人拯恤，资储荡尽，家事一空，百口嗷然，往往绝食，块独穷悴，终日苦饥，唯恨垂没之年，须作馁[229]而之鬼。十月末，伏枕七旬，药物陈裹，又无医人，委命信天，幸而自活。[6]

有一天，李德裕登上崖州城楼，遥望根本看不到的故乡和帝京，写下诗篇《登崖州城作》自我安慰：

独上高楼望帝京，鸟飞犹是半年程。
青山似欲留人住，百匝千遭绕郡城。[2]5434

一年过去，没有朝廷赦免自己北返的消息，除夕夜里，两鬓斑白的李德裕，无可奈何地写下《岭外守岁》表达自己盼归的心情：

冬逐更筹尽，春随斗柄回。
寒暄一夜隔，客鬓两年催。[2]5448

时光一天天流逝，中原的消息越来越稀少，李德裕渐渐觉得北归无望了，在《寄家书》中完全以一个老泪纵横的衰朽翁的面目出现：

琼与中原隔，自然音信疏。
天涯无去雁，船上有回书。
一别五羊外，相思万里余。
开缄更多感，老泪湿霜须。[7]466

满怀凄清与悲苦，孤独寂寞的李德裕于大中三年十二月（850年1月）在崖州病逝。

宋初卢多逊贬海南，住在崖州水南村。他随遇而安，与当地百姓友好往来，赋予了贬谪海南的生活一抹亮色，他写的《水南村》[7]467 两首呈现出与李德裕完全不同的风貌：

其一
珠崖风景水南村，山下人家林下门。
鹦鹉巢时椰结子，鹧鸪啼处竹生孙。
渔盐家给无墟市，禾黍年登有酒樽。
远客杖藜来往熟，却疑身世在桃源。

其二
一簇晴岚接海霞，水南风景最堪夸。
上篱薯蓣春添蔓，绕屋槟榔夏放花。
狞犬入山多鹿豕，小舟横港足鱼虾。
谁知绝岛穷荒地，犹有幽人处士家。

可以看出，在卢多逊的眼中，海南崖州不再是那种令人恐惧的景象，而是像世外桃源一般，由此可见卢多逊的心态相比唐人已经发生了巨大变化。遗憾的是，卢多逊贬到崖州仅三年，就于雍熙二年在流所去世，终年五十二岁。如此早逝他乡，其内心深处的孤苦郁闷也可见一斑。

丁谓执殳　为苏前驱

苏轼过海之前，也如李德裕一般对海南充满恐惧，《与王敏仲》中说：

> 某垂老投荒，无复生还之望。昨与长子迈诀，已处置后事矣。今到海南，首当做棺，次便做墓。乃留手疏与诸子，死即葬于海外，庶几延陵季子嬴博之义，父既可施之子，子独不可施之父乎？生不挈棺，死不扶柩，此亦东坡之家风也。[8]1695

苏轼到儋州后，在《到昌化军谢表》中表达的心情也无异于李德裕当年：

> 并鬼门而东鹜，浮瘴海以南迁。……臣孤老无托，瘴疠交攻。子孙恸哭于江边，已为死别；魑魅逢迎于海上，宁许生还。[8]707

然而，在《与程天侔书》[8]1628等书札中，苏轼的态度呈现出明显的亮色：

> ……此地食无肉，病无药，居无室，出无友，冬无炭，夏无寒泉。然亦未易悉数，大率皆无耳。
> ……独有一穷命耳。
> ……尚有此身，付与造物，听其运转，流行坎止，无不可者。
> ……以此一有而傲六无，可乎？聊发千里一笑也。

在《试笔自书》《书海南风土》《书上元夜游》等文章中，苏轼完成了内心深处的自我调适。《试笔自书》曰：

> 吾始至南海，环视天水无际，凄然伤之，曰：何时得出此岛耶？已而思之：天地在积水之中，九州在大瀛海中，中国在少海中，有生孰不在岛者？覆盆水于地，芥浮于水，蚁附于芥，茫然不知所济。少焉水涸，蚁即径去；见其类，出涕曰：几不复与子相见。岂知俯仰之间，有方轨八达之路乎？念此可以一笑。[8]2549

《书海南风土》曰:

> 岭南天气卑湿,地气蒸溽,而海南为甚。夏秋之交,物无不腐坏者。人非金石,其何能久?然儋耳颇有老人,年百余岁者往往而是,八九十者不论也。乃知寿夭无定,习而安之,则冰蚕炎鼠皆可以生。吾当湛然无思,寓此觉于物表,使折胶之寒无所施其冽,流金之暑无所措其毒,百余岁岂足道哉![8]2275

苏轼《书上元夜游》曰:

> 己卯上元,予在儋州,有老书生数人来过,曰:良月嘉夜,先生能一出乎?予欣然从之,步城西,入僧舍,历小巷,民夷杂糅,屠沽纷然。归舍已三鼓矣。舍中掩关熟睡,已再鼾矣。放杖而笑,孰为得失?过问先生何笑,盖自笑也。然亦笑韩退之钓鱼无得,更欲远去,不知走海者未必得大鱼也。[8]2275

待到离开海南时,苏轼的诗句"我本海南民,寄生西蜀州"[9]2363 "九死南荒吾不恨,兹游奇绝冠平生"[9]2366所表达的旷达心境已经远远超迈前人,成为顶峰上的顶峰了。

唐宋贬琼文人中,得益于宋代皇帝厚待文人的祖宗家法,宋人的命运比唐人要好很多;受益于儒释道三教合流的思想发展背景,宋人对待人生变故和仕途坎坷的态度也普遍比唐人豁达。但苏轼所呈现的旷达与超越如此高不可及,似乎还是有些突然,在贬琼文人的谱系中显得太另类。窃以为,如果我们仔细梳理唐宋贬琼文人谱系,将一位常常为正统观念所排斥、为研究者所忽略的丁谓补充进来,发生在苏轼身上的这一切就显得比较自然了。

丁谓主要活动在太宗、真宗、刘太后、仁宗四个时期,其中真宗时期达到仕途顶峰,位至宰相。丁谓的人生颇具传奇色彩。他初出茅庐,得到文豪王禹偁激赏,一试而中,名列第四;他曾被破格提拔为福建路转运使,大规模开发福建建溪茶产业并积极改良北苑贡茶,不仅造福百姓,也留下了唐宋以来第一部图文并茂地全面推介建茶的专书《建阳茶录》;他曾负责三司工作,率先编撰财政税赋专书《景德会计录》,主持茶叶专卖制度改革,为大宋王朝摸清了家底，建立了系统完善的赋税体系；他曾负责监修玉清昭应宫，统筹协调工程建设，一举而三役济，留下了"丁谓造宫"的美名；他和在朝的同僚完成了宋代科举考试改革、大型文献汇编、典章制度创设等一系列事关宋朝发展转型的重要文化建设；他也曾体察民生疾苦，协调解决民族矛盾，策应澶州战事……当然，作为高官，他曾是宋真宗"天书封祀"活动的有力推动者和主持者；他也曾陷入与寇准、李迪等朝臣的宫廷争斗，以至于他被时人列入奸邪险伪的"五鬼"，在争议中被贬谪海南。

二、丁苏贬琼经历对读

苏轼的德行、文学远为丁谓所不及，丁谓的宦海把控能力以及由此建立的事功则可能也为苏轼所不及，但二者贬琼的背景、经历、生活状态、思想嬗变过程则非常相似。我们就从这些相似点入手对读。

（一）贬琼时间

宋真宗乾兴元年六月，丁谓因勾结宦官罪罢相，以太子少保，分司西京。七月，丁谓贬崖州司户参军，道出雷州。宋仁宗天圣三年十二月，徙雷州司户参军。

宋哲宗绍圣四年六月十一日，苏轼渡海抵琼；七月二日，到达儋州。元符三年正月十二日，哲宗卒，徽宗立，翌日大赦天下；五月，苏轼接到遇赦诰命；六月二十日，离岛渡海北归。

两人贬琼事件相距75年，两人在琼皆三载有余。

（二）贬琼背景

丁谓，陷入太宗、刘后、仁宗权力交接的政治旋涡，为刘后暗中纵容，先后与宰相寇准、李迪相斗，寇准被贬为雷州司户参军，李迪被贬为衡州团练副使。丁谓为刘后拔出眼中钉之后，以真宗山陵案等被王曾参倒，贬为崖州司户参军。丁谓弟丁诵、丁说、丁谏都被降黜。丁谓诸子皆勒令停职。其一子丁玘除名发配到复州服劳役。参知政事任中正因在太后面前营救丁谓，罢为太子宾客，知郓州；任中正之弟中行、中师并坐降黜；依附丁谓并与之结为姻亲的枢密使钱惟演罢黜为保大军节度使、知河阳；丁谓的得力助手——玉清昭应宫副使、翰林侍读学士、刑部尚书林特落职;丁谓女婿——工部员外郎、直集贤院、权判盐铁勾院潘汝士出知虔州。被认为与丁谓同党而遭贬黜的还有:礼部郎中、知制诰、史馆修撰祖士衡落职知吉州;侍御史、知宣州章频降为比部员外郎、监饶州酒税;淮南江浙荆湖制置发运使、礼部郎中苏维甫知宣州;权户部判官、工部郎中黄宗旦出知袁州;权盐铁判官、工部郎中孙元方出知宿州;周嘉正知金州;户部判官、度支员外郎上官佖出知晋州;金部员外郎、权磨勘司李直方出知淄州;殿中丞、集贤校理、知开封县钱致尧落职监池州酒税;知邵武军江拯、知兴化军杨令问亦责监杭州楼店务、南剑州酒税;给事中、集贤院学士寇瑊出知邓州;一直与丁谓保持密切关系的左谏议大夫、集贤院学士、知泉州陈靖以秘书监致仕。而且丁谓在贬谪岭南期间,王曾等重臣一再阻挠刘后、仁宗量移丁谓回内地。

苏轼,陷于新旧党争,屡遭排挤与打击。元祐八年,哲宗亲政、章惇为相。苏轼自请外任,知定州。绍圣元年,苏轼被远贬岭南,章惇派人时刻监视。苏轼责授宁远军节度副使,惠州安置;惠州地方官詹范、方子容以礼相待;造白鹤峰新居,阖家团聚。章惇了解到情况,再贬苏轼为琼州别驾,昌化军安置;贬苏辙为化州别驾,雷州安置。贬琼期间,朝廷置局编录司马光、吕公著、苏轼、苏辙等"悖逆"罪状成书;秦观、蔡肇、程之邵、李之仪等因与苏轼、苏辙有关被停职降职;詹范、方子容、王中、张中、张逢等惠州广州雷州儋州地方官因礼遇二苏被或贬或黜。

两人贬琼的具体背景虽然不同,但从根本上看还是朝廷权力斗争的结果;两人被贬,牵连了更多的亲友同道一起落难。

(三) 造福民生

丁谓在海南,发挥其在内地担任地方官时务实求真的工作作风,在海南惠行善举,教民陶瓦,推行文教,引导贸易,是唐宋海南贬官中在贬所做实事较多的一位。丁谓发现当地屋舍大都因陋就简,伐木为梁,敷草作顶,少有砖瓦,只能勉强避避风日,遭逢大雨或飓风,根本不堪一击,百姓家居和衙署宫宇都是这样。这位曾主持多项国家重大建设工程并以"丁谓造宫"名满天下的建筑大师,因地制宜,就地取材,教给当地人烧制砖瓦与营造屋宇的方法,使民居与官署条件得到了改善,称得上是做了一件"惠民工程"。虽然丁谓所处的时代,首都已经出现了"交子"这样的金融新事物,但崖州仍然处在自然经济的社会阶段，当地人民不懂经商，也不事商贩。这位曾在京城专门执掌国家财政大权、多次出谋划策解决民间贸易难题的理财行家，积极主动引导当地老百姓互通有无，进行商品贸易，积累民生所资，改善生活条件；遇到家庭贫寒的，丁谓还不吝家财，予以资助。

苏轼贬琼后，到儋州之前，于琼州城之东北隅，指凿双泉，其味甘，乃告琼人，琼州人自此得饮甘泉；到儋州，亦留下东坡井，百姓至今受其泽被。看到儋州当地民生疾苦，苏轼又无权力干预管理，就写《劝农》六首以劝汉民、黎民和睦相处，勤于农耕稼穑蚕桑制作以丰衣足食；书柳宗元《牛赋》并作《书柳子厚牛赋后》赠琼州僧道赟，晓谕乡人之有知者；作《书杜子美诗后》，历叙老女之苦，每诵此诗，以谕父老。苏轼好医药之术，撰《海漆录》，记录海南特有的奇药倒黏子叶，又撰文讨论益智、白术、苍耳、地黄等药材；曾书药方赠民某君，此人以相殴内损，苏轼乃以家传药方治愈之；曾书张耒论治眼、治齿语于琼州开元寺壁。

两人都心系百姓，想方设法改善当地民生，虽程功巨细有差，其心一也。

（四）自营屋宇

根据朝廷旨意，丁谓不得住在崖州城内，要在偏僻荒野不见人烟的地方自行解决住宿问题。精通地理堪舆的丁谓服从朝廷旨意，选择了崖州城东南方向一处地势高敞的地方，自己和随行家人奴仆设计建造了屋舍，并专门修了一座小楼，名曰"相公亭"。丁谓每日在楼上欣赏村野风景，焚香读书，怡然自得。精通天文、易理的丁谓还在距离相公亭不远的地方修建了一组观星台，主台高丈余，由两个小型辅台拱卫。修好之后，丁谓每月定时登台夜观天象，拜瞻星斗，祈祷神明。后来，丁谓北归，郡守在台上建亭，名曰"怀远亭"。这个观星台可能是有记录的中国古代最南端的最早的天文活动场所。

苏轼到达儋州后，昌化军使张中厚待苏轼，使居官屋，为有司不许。苏轼只好自己在城南择地建筑居所。这些情况在苏轼《与郑靖老》[8]1674《与程秀才》[8]1628等书简中有详细记载：

> 初赁官屋数间居之，既不可住，又不欲与官员相交涉。近买地起屋五间一龟头，在南污池之侧，茂林之下，亦萧然可以杜门面壁少休也，但劳费窘迫耳……小客王介石者，有士君子之趣，起屋一

行，介石躬其劳辱，甚于家隶，然无丝发之求也。

赖十数学生助工作，躬泥水之役，愧之不可言也。

新居在军城南，极湫隘，粗有竹树，烟雨蒙晦，真蜒坞獠洞也。

安居才能乐业，仅从文字记录看，苏轼的住宿条件远远不及丁谓，但这并不影响苏轼的心灵和精神空间。

（五）推行文教

丁谓来到崖州，发现此地文教荒芜。唐宋贬官中虽有良臣尽一己之力在当地推行教育，但杯水车薪，效果有限。丁谓这位曾掌修国史、释注礼仪的大儒宰相，踵武前贤，无怨无悔，在"贬所无书籍"的条件下，靠"默记旧读"，教民读书、作诗、写文章，虽然能力有限，但专注于启迪民智，躬行教化，为后来贬谪到海南的官员做出了表率和先导。

苏轼来到儋州，当地的文教状况显然比七八十年前的崖州要发达一些，与丁谓同样苦于"贬所无书籍"的苏轼在向内地的朋友跨海借书的同时，至少还可以向儋州友人黎子云、琼州学生姜唐佐借书。苏轼与军使张中游黎氏园，爱其水木之胜，劝坐客醵钱作堂，黎氏名子云，因用扬雄故事，名其堂曰载酒。载酒堂之设，为苏轼与当地读书人交流以及教授学子提供了最佳的平台。姜唐佐自琼州慕名而来，拜苏轼为师，苏轼亲授作文之法，姜唐佐学业精进，跨海参加科举考试，成为海南第一位举人；海南的第一位进士符确，也曾受苏轼德行学问沾溉。

丁、苏皆在海南以个人之力推行文治教化，而首举人和首进士出于苏轼门下，固不能排除宋代海南文化教育发展的背景因素，但苏轼善为人师的点化之功则毋庸讳言。

（六）书写海南

丁谓以一种积极乐观的态度观察海南、适应海南，并以轻松愉快甚至幽默的语气书写海南。这在丁谓的"海南三部曲"中凸显得特别有意味。《途中盛暑》《初到崖州》《山居》三首诗，我们称之为丁谓"海南三部曲"：

起初，在路上。《途中盛暑》曰：

山木无阴驿路长,海风吹热透蕉裳。
渴思西汉金茎露,困忆南朝石步廊。
江上竹竿输散诞,林间冠褐负清凉。
下程欲选披襟处,满眼赭桐兼佛桑。[10]1148

丁谓离开北方一路南下,过海上岛之后,天天被四季都炎热的海风吹得热乎乎的,山水兼程,驿路漫长,没有阴凉,衣裳早已湿透,这时想起不久以前还过着首辅生活,那时偶尔山野林间休闲一下都很难,现在彻底被抛在了山水间。放眼望去,满目都是红得刺眼的赭桐、佛(扶)桑,恐怕就这样一路热下去了。丁谓对这种与内地迥然不同的热带海岛气候并未表现出惊异,而是幽默地自嘲:自己虽然是贬官,但毕竟是个读书人,不能为了图凉快赤膊袒胸,只是想找个没人的地方像村野农夫一样撩起衣襟吹吹风也好。

接着,在县衙。《有感》曰:

今到崖州事可嗟,梦中常若在京华。
程途何啻一万里,户口都无三百家。
夜听猿啼孤树远,晓看潮上瘴烟斜。
吏人不见中朝礼,麋鹿时时到县衙。[11]1148

初来乍到,崖州事事堪嗟呀,哪里都无法与京城相比,闭上眼睛就回到了京华。在这远离京城万里的崖州城,地僻蛮荒,人烟稀少。夜中只闻猿啼哀声,晓来唯见潮头瘴烟。州县衙门里的官吏慵懒散漫惯了,哪里懂得朝廷的威仪与规矩!人少没什么官司公务,这麋鹿倒是有事没事经常来县衙逛逛。这凄清冷落的县衙,竟被丁谓描绘得意趣盎然,可见丁谓并未表现出郁郁寡欢、黯然伤神、暗自失落。

最终,在居所。丁谓经常在山中居所看到绵延数里的藿香花,于是写下这首《山居》来歌咏:

峒口清香彻海滨,四时芳馥四时春。
山多绿桂怜同气,谷有幽兰让后尘。
草解忘忧忧底事,花能含笑笑何人?

争如彼美钦天圹，长荐芳香奉百神。[10]2266

半山半海的山居中，藿香花四季怒放，芳香四溢，以至于绿桂幽兰都要输几分。此间还有忘忧草、含笑花。世上本无忧，哪里需要忘，更不需要忘忧草；人间皆可笑，哪能笑得过来，又在笑何人呢？还是向这美丽芳香、人神共爱的藿香花学习吧。

很明显，起初，来到海南，对自然环境不适应，动辄回忆京城往事；接着，对人文环境不适应，但是熙熙攘攘权来利往的京城，哪里能找到这种天然与质朴；最终，这既接地气又通神性、美丽芳香的藿香花就是丁谓自己。这是多么强大的内心，多么乐观的心态。比之于唐代李德裕贬谪海南一路写下沉重忧伤无奈的"岭头无限相思泪，泣向寒梅近北枝""不堪肠断思乡处，红槿花中越鸟啼""独上高楼望帝京，鸟飞犹是半年程。青山似欲留人住，百匝千遭绕郡城"，丁谓的这三部曲无疑是一种超越。这种文人士大夫在经历了人生沧桑后依然能够藐视现实艰难、蔑视世间非议、从容顽强生活的强者心态，是一代代的海南贬官积淀升华而成的，丁谓是个转捩点。丁谓的从容与通达，与七十年后的苏轼在海南达到的更高层次的超越，遥遥呼应。

苏轼的海南书写则更丰富、更乐观、更深刻。除了《试笔自书》《书海南风土》《书上元夜游》等文章外，苏轼还留下很多海南风土民俗的记录。

海上渔民赠蚝，苏轼作《食蚝》记之，介绍酒煮、烧烤二法，还经常告诫苏过慎勿说，恐北方君子闻之，争欲求谪海南，分其美也。

黎人赠吉贝布以防天寒，苏轼作《和陶拟古》以谢之：

> 黎山有幽子，形槁神独完。负薪入城市，笑我儒衣冠。生不闻诗书，岂知有孔颜。翛然独往来，荣辱未易关。日暮鸟兽散，家在孤云端。问答了不通，叹息指屡弹。似言君贵人，草莽栖龙鸾。遗我吉贝布，海风今岁寒。[9]2266

苏轼还记载春梦婆、儋子、槟榔、黎檬子、薯、芋、海鲜、鸡、蛙、蛇等，将这些海南书写连缀起来，就是一幅生动形象的海南风土人情画卷。画卷之中，透露着苏轼民胞物与的情怀、藐视困难的精神和乐观旷达的态度。

有趣的是，苏轼也和丁谓一样，在诗中写含笑花，好事的文人就拿丁谓和苏轼的含笑诗来一比高下。《冷斋夜话》卷五载：

> 韩子苍曰：丁晋公海外诗曰："草解忘忧忧底事，花能含笑笑何人？"世以为工。东坡诗曰："花非识面尝（常）含笑，鸟不知名声自呼。"便觉才力相去如天渊。[11]45

平心而论，"花能含笑笑何人"与"花非识面常含笑"各有千秋，不宜武断地得出"才力相去如天渊"的结论。但苏轼在惠州写下这首含笑诗时，也许在内心是有意与要丁谓试比高的。

（七）　饮茶怡情

丁谓是制茶饮茶的高手，在福建任上即留下不少采茶制茶饮茶的文字，除了《建阳茶录》外，《北苑焙新茶（并序）》《煎茶》二诗都是情韵俱胜的佳作。来到海南，丁谓写《昼寝》诗，表达在午饭后散步、午睡后煎茶的闲适心境：

> 饱食缓行初睡觉，一瓯新茗侍儿煎。
> 脱巾斜倚绳床坐，风送水声来枕边。[12]326

苏轼早年对贡茶的态度有些微妙。一方面，他写诗揶揄丁谓和蔡襄打造贡茶以邀君宠的行为："君不见武夷溪边粟粒芽，前丁后蔡相笼加。（自注：大小龙茶始于丁晋公而成于蔡君谟，欧阳永叔闻君谟进小龙团，惊叹曰：君谟，士人也，何至作此事？）争新买宠各出意，今年斗品充官茶。"[9]2127（《荔枝叹》）另一方面，苏轼也写词向朋友炫耀皇帝赐给他的贡茶，"苏门四学士"每次来访，他都让朝云取密云龙茶招待，其《行香子》词写道："共夸君赐，初拆臣封。看分香饼，黄金缕，密云龙。"[13]599

来到海南，苏轼夜半取江水煎茶，留下了《汲江煎茶》曰：

> 活水还须活火烹，自临钓石取深清。
> 大瓢贮月归春瓮，小勺分江入夜瓶。
> 雪乳已翻煎处脚，松风忽作泻时声。

> 枯肠未易经三碗，坐听荒城长短更。[9]2362

精于茶道的苏轼说，好茶要活水活火，于是他亲自临石汲取深处的清流，夜色中，月光下，一瓢一瓢的水连带着倒映在瓢中的明月一起盛入大瓮，再一勺一地把一江春水分装到瓶中，取水的过程彻底诗化为审美的过程；有了活水，要用活火烹煎，待到茶汤沸腾，膏沫雪乳翻腾滚沸，那乍起乍裂的声音就像松涛阵阵。这时，一碗接一碗地细品茶汤，听着海岛荒城的更漏，追想唐人卢仝饮茶的雅趣。

丁谓写午后品茶，苏轼写午夜品茶，其宽缓闲适的心态则是同样的。

（八） 鉴香养性

综观中国古代文人，能为海南沉香立传，体验、见识、实践缺一不可，恐怕只有丁谓有资格。体验最易，熏香、煎香、以茶和香，文人多少是有过的；见识不易，皇家如何用香，宫观如何行香，封禅祭土如何用香，非"天书封祀"亲历者难得与闻；实践更难，有几人来得海南，又有几人深入黎山峒寨，探香访香。三者兼具的，只有丁谓。

丁谓香缘，可谓天赐。早年任福建转运使制作贡茶需要和香，其体验就很深入细致；中年久值禁中，博闻广见，通晓宫内外各个环境中的用香仪礼；晚年被贬岭南居海南岛，零距离接触了沉香产地。

丁谓在福建转运使任上，最大的贡献就是发展建茶，尤其是制作北苑贡茶。北苑贡茶的重要特色之一，就是在茶的天然香气之外以少量香料合膏，来助提茶香，是谓和香。丁谓《煎茶诗》云"轻微缘入麝，猛沸却如蝉"[10]1149，《北苑焙新茶》云"细香胜却麝，浅色过于筠"[10]1146，都涉及这个问题。宋代民间所用香茶方有"龙麝香茶""小煎香茶""香茶"等，都是香料入茶的范例。丁谓在福建开发茶研究茶，在三司管理茶叶贸易，对茶与香的关系了如指掌。

从大中祥符初年直到被贬海南，除了自请外放四年，丁谓长期在朝担任高官。他深入宫廷生活，得知许多外界不知的香药知识，且任天书扶持使时，见识到皇室贵胄用香的情形。宫廷祭祀名目繁多，用香种类也有定规。宫廷祈雨仪式，香也扮演重要角色，熏烧的数量惊人。除用香祭祀之外，皇帝身上穿的衣服也要以香熏过表示尊重。烦琐的宫中礼节，用香来表示尊重。皇帝也利用赐香作为恩宠手段,丁谓因深得真宗恩宠,常常得到真宗赏赐的沉香、乳香、降真香等。他在海南依然清楚记得真宗行斋醮科仪时用大量沉香、乳香与龙脑等香的情景。

丁谓到海南,躬身民间,询访乡耆,深入黎峒,勘踏群山,实地考察崖州沉香产地及香类品种,并将崖州沉香与岭南地区及占城、大食等异国所产香品进行品鉴,以第一手资料撰成《天香传》,成为为海南沉香立传的第一人。

笔者以影印文渊阁《四库全书》子部《陈氏香谱》所收《天香传》为底本,参校其他几种香谱,全文过录《天香传》并解读如下。

丁谓首先回顾道:

> 香之为用,从上古矣。所以奉神明,可以达蠲洁。三代禋祀,首惟馨之荐,而沉水、熏陆无闻焉。百家传记,萃众芳之美,而萧芗郁鬯不尊焉。"

熏陆即乳香。接下来从儒释道三家文献入手考证分析,认为儒家在祭祀天地鬼神仪式上用香,是因为最虔敬的祭献不是口舌美味,而是熏香所致的芬芳气息;佛教经典中记载的种种诸香,尤其"诸天合和之香""天上诸天之香",是最为第一的香品,这为本传的主角沉香取名天香做好铺垫;在历数道家经典记载的上圣、真人、神仙燃香盛况并介绍了《三皇宝斋》香珠法后,得出结论——沉香在众香中为天人所共贵,是名副其实的"天香"。

> 《礼》云:"至敬不享味,贵气臭也。"是知其用至重,采制粗略,其名实繁,而品类丛脞矣。观乎上古帝王之书,释道经典之说,则记录绵远,赞颂严重,色目至众,法度殊绝。
> 西方圣人曰:"大小世界,上下内外,种种诸香。"又曰:"千万种和香,若香、若丸、若末、若涂,以至花香、果香、树香,诸天合和之香。"又曰:"天上诸天之香,又佛土国名众香,其香比于十方人天之香,最为第一。"
> 道书曰:"上圣焚百宝香,天真皇人焚千和香,黄帝以沉榆、蕙英为香。"又曰:"真仙所焚之香,皆闻百里,有积烟成云、积云成

雨，然则与人间共所贵者，沉香、熏陆也。"故经云："沉香坚株。"又曰："沉水坚香，圣降之夕，神导从，有捧炉香者，烟高丈余，其色正红。"得非天上诸天之香耶？

《三皇宝斋》香珠法，其法杂而末之，色色至细，然后丛聚杵之三万，缄以良器，载蒸载和，豆分而丸之，珠贯而曝之，且曰此香焚之，上彻诸天。盖以沉香为宗，熏陆副之也。是知古圣钦崇之至厚，所以备物宝妙之无极，谓奕世寅奉香火之笃，鲜有废者，然萧芧之类，随其所备，不足观也。

丁谓能撰写《天香传》，与其特殊的身份和人生经历密不可分。他在"天书封祀"活动中担任非常重要的角色，见证和参与了几乎所有的重要仪式。他说：

祥符初，奉诏充天书扶持使，道场科醮无虚日，永昼达夕，宝香不绝，乘舆肃谒，则五上为礼（真宗每至玉皇真圣祖位前，皆五上香也）。馥烈之异，非世所闻。大约以沉香、乳香为本，龙脑和剂之，此法实禀之圣祖，中禁少知者，况外司耶？

丁谓又回忆自己担任三司主官八年，两度坐镇地方，四入内阁担任正副宰相，深为皇帝器重，多次接受朝廷赏赐的沉香、乳香等珍贵的香品，所以自己家中多年燃熏天香而不匮乏：

八年掌国计，两镇旄钺，四领枢轴，俸给颁赉，随日而隆。故苾芬之著，特与昔异。袭庆奉祀日赐供（内）乳香一百二十斤（入内副都知张继能为使）。在宫观密赐新香，动以百数（沉、乳、降真等香），由是私门之内沉、乳足用。

丁谓还以亲耳所闻为大家释疑：

有唐杂记言，明皇时异人云："醮席中，每蓺乳香，灵祇皆去。"人至于今惑之。真宗时亲禀圣训："沉、乳二香，所以奉高天上圣，百灵不敢当也。"

而后丁谓被贬谪到海南,这对很多官员来说无疑是沉重打击,但他内心宁静如水、一无尘虑;海南盛产沉香,有上等沉香为伴度过长宵永昼,也是非常难得的人生意趣:

> 上圣即政之六月,授诏罢相,分务西洛,寻迁海南。忧患之中,一无尘虑,越惟永昼晴天,长宵垂象,炉香之趣,益增其勤。

丁谓集以上四种特殊身份、经历于一身,在历代贬琼士大夫和香谱研究者中是独一无二的。这成为他书写海南沉香最大最独特的资本。更为巧合的是,曾被封为晋公的宰相丁谓,在海南遇到了唐代晋公宰相裴度的后裔裴鹗。裴鹗向他介绍了海南沉香主要产区、黎人寻采沉香并和余杭客商交易的详情:

> 素闻海南出香至多,始命市之于闾里间,十无一假。有版官裴鹗者,唐宰相晋公中令公之裔孙也,土地所宜,悉究本末,且曰:"琼管之地,黎母山奠之,四部境域,皆枕山麓,香多出此山,甲于天下。然取之有时,售之有主,盖黎人皆力耕治业,不以采香专利。闽越海贾,惟以余杭船为市香,每岁冬季,黎峒待此船至,方入山寻采,州人役而贾贩,尽归船商,故非时不有也。"

丁谓详细介绍了沉香的四类十二状,这在中外香史上是空前绝后的。沉香细分为四类:沉香、栈香、生结香、黄熟香,四类统称为沉香,第一种是沉香中的精品,可谓狭义的沉香。狭义的沉香又分乌文格、黄蜡、牛目、牛角、牛蹄、鸡头、鸡腿、鸡骨八个品相;另有四种品相,昆仑梅格属于栈香,伞竹格属于黄熟香,虫镂介于栈香和黄熟香之间,鹧鸪斑属于生结香,又可分为栈香未能熟化凝结为沉香者、黄熟香未能熟化凝结为栈香两种过渡状态。

> 香之类有四:曰沉、曰栈、曰生结、曰黄熟。其为状也,十有二,沉香得其八焉。曰乌文格,土人以木之格,其沉香如乌文木之色而泽,更取其坚格,是美之至也;曰黄蜡,其表如蜡,少刮削之,

鬈紫相半，乌文格之次也；曰牛目与角及蹄，曰鸡头洎髀若骨，此沉香之状。土人则曰：牛目、牛角、牛蹄、鸡头、鸡腿、鸡骨。曰昆仑梅格，栈香也，此梅树也，黄黑相半而稍坚，土人以此比栈香也。曰虫镂，凡曰虫镂其香尤佳，盖香兼黄熟，虫蛀蛇攻，腐朽尽去，菁英独存者也。曰伞竹格，黄熟香也，如竹色黄白而带黑，有似栈香也。曰茅叶，似茅叶至轻，有入水而沉者，得沉香之余气也，然之至佳，土人以其非坚实，抑之为黄熟也。曰鹧鸪斑，色驳杂如鹧鸪羽也，生结香者，栈香未成沉者有之，黄熟未成栈者有之。

丁谓进一步介绍，这四类十二种香品都出于同一棵沉香木，以所生位置、质地、品相、气息等方面的差别，从低到高依次为生结香、黄熟香、栈香、沉香。生结香不足挂齿；上好黄熟香中，黑色坚劲者，就是栈香；上好栈香中，有金玉之重、具犀角之劲、入水即沉、碎成残渣则香气更为浓郁者，就是沉香；而龙章凤姿、九曲盘折、文彩致密、光泽明莹的浑然天成的宝香精品，是沉香中千里挑一的，这才可称作敬奉上天的天香。

凡四名十二状，皆出一本，树体如白杨、叶如冬青而小。肤表也，标末也，质轻而散，理疏以粗，曰黄熟。黄熟之中，黑色坚劲者，曰栈香，栈香之名相传甚远，即未知其旨。惟沉水香为状也，骨肉颖脱，芒角锐利，无大小、无厚薄，掌握之有金玉之重，切磋之有犀角之劲，纵分断琐碎而气脉滋益，用之与臬块者等。鹞云：香不欲大，围尺以上虑有水病，若斤以上者，合两以下者，浮水即不沉矣。又曰，或有附于柏枒，隐于曲枝，蛰藏深根，或抱贞木本，或挺然结实，混然成形。嵌如穴石，屹若归云，如矫首龙，如峨冠凤，如麟植趾，如鸿铩翮，如曲肱，如骈指。但文彩致密，光彩明莹，斤斧之迹，一无所及，置器以验，如石投水，此宝香也，千百一而已矣。夫如是，自非一气粹和之凝结，百神祥昇之含育，则何以群木之中，独禀灵气，首出庶物，得奉高天也？

又通过比较揭示了沉香难得：

占城所产，栈、沉至多，彼方贸迁，或入番禺，或入大食。大食贵重沉、栈，香与黄金同价。乡耆云：比岁有大食番舶，为飓风所逆，寓此属邑，酋领以其富有，大肆筵席，极其夸诧。州人私相顾曰：以赀较胜，诚不敌矣，然视其炉烟，蓊郁不举、干而轻、瘠而焦，非妙也。遂以海北岸者，即席而焚之，高烟杳香，若引束缊，浓腴湆湆，如练凝漆，芳馨之气，持久益佳。大舶之徒，由是披靡。

生结香者，取不候其成，非自然者也。生结沉香，品与栈香等。生结栈香，品与黄熟等。生结黄熟，品之下也。色泽浮虚，而肌质散缓，燃之辛烈少和气，久则溃败，速用之即佳，若沉栈成香则永无朽腐矣。

雷、化、高、窦，亦中国出香之地，比海南者，优劣不侔甚矣。既所禀不同，而售者多，故取者速也。是黄熟不待其成栈，栈不待其成沉，盖取利者，戕贼之也。非如琼管皆深峒，黎人非时不妄蓻伐，故树无夭折之患，得必皆异香。曰熟香、曰脱落香，皆是自然成者。余杭市香之家，有万斤黄熟者，得真栈百斤则为稀矣；百斤真栈，得上等沉香十数斤，亦为难矣。

另有熏陆香，就是乳香，单体长大而色泽明莹，产自大食国，出自潮湿土壤的香品淡薄无味，出自干旱石山的香品香气浓郁：

熏陆、乳香，长大而明莹者，出大食国。彼国香树连山络野，如桃胶松脂委于地，聚而敛之，若京坻香山，多石而少雨，载询番舶则云：昨过乳香山，彼人云，此山不雨已三十年矣。香中带石末者，非滥伪也，地无土也。然则此树若生于涂泥，则无香，遂不得为香矣。天地植物其有自乎？

在《天香传》的最后，丁谓作此赞语：

赞曰：百昌之首，备物之先；于以相禋，于以告虔；执歆至荐，执享芳烟；上圣之圣，高天之天。

丁谓是对沉香进行评鉴推介的第一人，《天香传》长达二千二百多字，详述中国用香之历史、产香之地区、香材之优劣，确立了海南沉香的地位，对宋元之后众家香谱影响深远。

丁谓不仅仅传播和推广了沉香，更以文学形式扩大了香文化的影响。博学多才的苏轼贬谪海南，不甘示弱，又不便再作《天香传》，就借弟弟苏辙生日之机写了《沉香山子赋》表达对沉香的礼赞：

> 古者以芸为香，以兰为芬。以郁鬯为裸，以脂萧为焚。以椒为涂，以蕙为薰。杜衡带屈，菖蒲荐文。麝多忌而本羶，苏合若芗而实荤。嗟吾知之几何，为六入之所分。方根尘之起灭，常颠倒其天君。每求似于仿佛，或鼻劳而妄闻。独沉水为近正，可以配薝卜而并云。矧儋崖之异产，实超然而不群。既金坚而玉润，亦鹤骨而龙筋。惟膏液之内足，故把握而兼斤。顾占城之枯朽，宜爨釜而燎蚊。宛彼小山，巉然可欣。如太华之倚天，象小孤之插云。往寿子之生朝，以写我之老勤。子方面壁以终日，岂亦归田而自耘。幸置此于几席，养幽芳于帨帉。无一往之发烈，有无穷之氤氲。盖非独以饮东坡之寿，亦所以食黎人之芹也。[8]13—14

今释：古人为追求君子风雅，取诸自然之香，取芸兰之芬芳以高洁其身，取郁鬯之浓馥以造酒祭祖，取脂萧之炽烈以焚燔祀天，取椒香以涂宫壁，取蕙香以芬衣衫，还有杜衡、菖蒲、麝香、苏合等，一一为用。然而麝香出自兽类，在使用时颇多禁忌而且味道腥膻，苏合形同芗草但味道又太过浓烈。眼耳鼻舌身意是六根，色声香味触法是六尘，六根六尘互相摄入，是六入。人处大千世界，渺渺不知其微，又为六入所障，对世界之所知，能有几何！六根六尘起灭之间，常常难以把握，得到的判断往往是颠倒梦想。以上种种对香的判断就是如此，只能求其相似于仿佛之间，结果是鼻劳而妄闻，并不能分辨真香味道。诸香之中，只有沉香与其他各色香料判然有别，真正属于香之正品，可以与佛经中说的薝卜相媲美。沉香是海南特产，香品的确超然不群：质地不同凡响，坚硬如金而又温润如玉；外形遒劲挺秀或似鹤骨，或如龙筋；因为精华凝结其内，握之在手沉钧有力。与此地沉香相比，占城的沉香就显得枯朽如柴，可以直接拿去烧火熏蚊子而已。眼前这株沉香，宛如一座小山,重峦叠嶂,峭拔劲挺,既像华岳倚天独立,又像长江中的小孤山高耸入云。就拿这株沉香山子作为礼物,并这篇赋作相赠,也借以展示我虽老而勤的精神状态。你正在那里终日面壁,倒不如归田而自耘。就把我所赠的沉香山子摆置于几席之间,在帘幕流苏中涵养清雅的幽芳。你会惊奇地发现,这沉香不会一燃而发,炽烈袭人,而是徐徐吐芳,绵邈无穷,有如氤氲环匝。这沉香山子,不仅仅是祝寿的礼物,也表达我作为海南普通百姓的献芹之心。

这篇《沉香山子赋》就像精编版的《天香传》,从古代祭礼、文人风雅和佛教六入等文化背景入手,以各种香料与沉香对照来写,突出海南沉香无与伦比的形色、香味,并寄托深婉的亲情。身在雷州的苏辙收到苏轼寄赠的沉香和这篇赋,非常感动和喜欢,酬和了一篇《和子瞻沉香山子赋(并序)》:

> 仲春中休,子由于是始生。东坡老人居于海南,以沉水香山遗之,示之以赋,曰:"以为子寿。"乃和而复之,其词曰:
> 我生斯晨,阅岁六十。天凿六窦,俾以出入。有神居之,漠然静一。六为之媒,聘以六物。纷然驰走,不守其宅。光宠所眩,忧患所迮。少壮一往,齿摇发脱。失足陨坠,南海之北。苦极而悟,弹指太息。万法尽空,何有得失。色声横鹜,香味并集。我初不受,将尔谁贼。收视内观,燕坐终日。维海彼岸,香木爰植。山高谷深,百围千尺。风雨摧毙,涂潦啮蚀。肤革烂坏,存者骨骼。巉然孤峰,秀出岩穴。如石斯重,如蜡斯泽。焚之一铢,香盖通国。王公所售,不顾金帛。我方躬耕,日耦沮溺。鼻不求养,兰茝弃掷。越人髡裸,章甫奚适。东坡调我,宁不我悉。久而自笑,吾得道迹。声闻在定,雷鼓皆隔。岂不自保,而佛是斥。妄真虽二,本实同出。得真而喜,操妄而栗。叩门尔耳,未入其室。妄中有真,非二非一。无明所尘,则真如窟。古之至人,衣草饭麦。人天来供,金玉山积。我初无心,不求不索。虚心而已,何废实腹。弱志而已,何废强骨。毋令东坡,闻我而咄。奉持香山,稽首仙释。永与东坡,俱证道术。[14]941—942

在这篇赋中,除了感谢兄长的关心和表达自己澄澈的人生觉悟之外,苏辙毫不吝啬地赞美这沉香山子之形貌:"巉然孤峰,秀出岩穴";之质地:"如石斯重,如蜡斯泽";之香味:"焚之一铢,香盖通国";之贵重:"王公所售,不顾金帛"。在丁谓、苏轼的先后品鉴推介之下,海南沉香身价与日俱增,不仅仅在价格上真正变成了"天香",而且作为中国香文化最核心的元素,源远流长,影响至今。

(九) 文章学术

丁谓在海南岛期间依然与内地亲友保持密切书信往来,他在《答胡则侍御书》中感叹道:"梦幻泡影,知既往之本无;地水火风,悟本来之不有。"[15]大半生的过往,就像梦幻泡影,原本就是虚无;佛教认为地、水、火、风是组成物质的四大元素,按照这四大元素分析和认识世界,一切又何尝不是这些元素偶然的缘起凑合,并没有什么是真实的。

如此知识渊博、辞采华茂的文学家来到"贬所无书籍"的海南,委实有些难堪,但他以年近六十老翁之身,从事着默识记忆的顽童之举,靠着背诵回忆温习典籍,写诗写传写信札,三年"未尝一日废笔砚","一赋一诗","所著诗并文亦数万言"。欧阳修评价丁谓"少以文称,晚年诗笔尤精",正是叹赏丁谓在海南的诗作。《知命集》收录丁谓在海南的诗文多篇,是比较个性化的创作,取"知命不尤"兼"知命不忧"之意,表示自己被贬海南也许是天命安排,没有必要怨天尤人,更没有必要忧愁痛苦,显示出旷达的情怀。

也正是在强大而乐观的心态支撑下,丁谓忙着为远在内地的孙子们编写学诗的课本《青衿集》。"青衿"本指周朝太学中学子所穿的青色衣服,丁谓用来指代家中正在勤奋学习的子孙。丁谓效唐代李峤写了单题咏物诗,一句一事,凡120篇,编作《青衿集》,寄中原子孙,要求孩子们不要因家族变故丝毫放松学习,要认真阅读圣贤经典,学习书法,写诗就以《青衿集》为范本。从《青衿集》编写到祖孙书简往来,谁能感觉到丁谓是一位身处天涯海角的贬官?

《青衿集》中作品,包括《海》《地》《江》《河》《山》《龙》《凤》《麟》《熊》《象》《犀》《虎》《狐》《狼》《鹿》《猿》《豹》《马》《牛》《羊》《兔》《龟》《蛇》《鱼》《鹰》《雉》《鹊》《鸡》《雀》《乌》《莺》《蝉》《蝶》《鹤》《燕》《雁》《萤》《桐》《松》《桂》《莲》《梅》《竹》《菊》《兰》《李》《桃》《枣》《瓜》《草》《梨》《柳》《台》《桥》《楼》

《窗》《金》《刀》《剑》《笏》《船》《车》《鼎》《弓》《鼓》《冠》《镜》《扇》《珠》《烛》《笔》《酒》《茶》《纸》《印》《琴》《瑟》《棋》《佩》《玉》《玉佩》《笛》《射》《书》《箫》等,天地自然动物植物居处服饰器具等苞举其中。其中,《冠》《笏》《鼎》《佩》《茶》《棋》《龟》《蛇》等都是李峤未曾写过的,多少透露出丁谓的朝廷轩冕经历、造茶斗棋雅趣和对灵异动物的特别关注。

即使那些与李峤同题的诗篇,丁谓也写得更加精彩。如《箫》:

> 庄籁知天理,虞韶见帝心。
> 轻清杨柳曲,和乐凤凰音。
> 翼展编筠密,中虚镂玉深。
> 吴门休鼓腹,仙侣好追寻。[10]1156

又如《琴》:

> 材妙峄阳枝,弦调野茧丝。
> 清音飞雉操,雅曲白驹诗。
> 属意山水际,寄声鸾凤时。
> 南薰如在御,忠义必倾思。[10]1155

这两个题目是古人咏物诗常见的主题,李峤本身写得也不错,丁谓有意识尽可能避开李峤使用过的典故,打破李峤诗的思维表达方式,又融入自己大起大落的人生感慨,另辟蹊径,自成一体,达到很高的艺术水平,也为留在内地的子孙们学习写诗提供了精良的范本。

也许是身处海南的缘故,这组诗中的《鱼》写得非常深刻,既咏物又咏人咏事,满含儒道思想水乳交融的意味。

> 戏叶复依蒲,登龙是去途。
> 何烦垂翡翠,未肯畏鹈鹕。
> 已负吞舟大,终无涸辙虞。
> 濠梁宁足乐,相忘在江湖。[10]1166

这首诗化用了大量典故,"戏叶"出自汉乐府《江南》"江南可采莲,莲叶何田田,鱼戏莲叶间……","依蒲"出自《诗经·小雅·鱼藻》第三章"鱼在在藻,依于其蒲。王在在镐,有那其居"。两个典故,一个来自汉代乐府民歌,一个来自儒家经典《诗经》,不仅交代了鱼戏于莲叶、依于蒲草的生活环境,也显示了丁谓深厚的文学根底和优雅的才华。

"登龙"即鲤鱼"登龙门",这是个内涵非常丰富的典故,《后汉书·党锢传·李膺》:"膺独持风裁,以声名自高。士有被其容接者,名为登龙门。"李贤注:"以鱼为喻也。龙门,河水所下之口,在今绛州龙门县。辛氏《三秦记》曰:'河津一名龙门,水险不通,鱼鳖之属莫能上,江海大鱼薄集龙门下数千,不得上,上则为龙也。'"《太平广记》引《三秦记》:"龙门之下,每岁季春有黄鲤鱼,自海及诸川争来赴之。一岁中,登龙门者不过七十二。初登龙门,即有云雨随之,天火自后烧其尾,乃化为龙矣。"古人用"登龙门"比喻得到名望高远者的接待和援引而身价倍增,恰如丁谓年轻时得到王禹偁一再推荐称引;也用来比喻读书人科举高中而一夕之间地位显耀,恰如丁谓年轻时以甲榜第四名的成绩中举走向仕途。

首联以典故教育在家的晚辈:众鱼戏于莲叶蒲草之间,都是平凡的;但要确立"登龙门"的高远理想,不断砥砺自己,忍受火烧其尾的艰难痛苦,最终化为龙。中两联是说:一旦变得强大,那些捕食小鱼的翠鸟、鹈鹕之类便不足惧;一旦变得吞舟之大,也就不存在身处涸辙的危险了。"吞舟"出自《庄子·庚桑楚》,"涸辙"出自《庄子·外物》。

尾联还是在用《庄子》的典故。前一句出自《庄子·秋水》:"庄子与惠子,游于濠梁之上,庄子曰:'鯈鱼出游从容,是鱼之乐也。'惠子曰:'子非鱼,安知鱼之乐?'庄子曰:'子非我,安知我不知鱼之乐?'"这句承上而来,告诫晚辈不要沉溺于濠梁沟渎的一时安乐,要时刻不忘"登龙门"的高远志向。后一句出自《庄子·大宗师》:"泉涸,鱼相与处于陆,相呴以湿,相濡以沫,不如相忘于江湖。"这句既是诫勉晚辈要胸怀旷达,也是丁谓自我宽慰,表示虽无法同堂安享天伦之乐,但也有相忘于江湖的自由与放达。

为了申说"相忘于江湖"的快乐,丁谓又写道:"江湖各相忘,鱼虾同一波。乐哉乐哉。"这就从单纯的儒家勤勉进取追求高远的人生状态升华到道家等量齐观的齐物论、各取其适的逍遥游和忘我且相忘的大道境界。以这个境界反观现实,他再次劝诫晚辈们:"莫贪钓上饵,去作鼎中羹。戒哉戒哉。"

苏轼在海南的文章学术达到了新高峰。居儋期间,其诗文辞赋杂记专论信札颂铭三百篇有余,还完成了《东坡易传》《东坡书传》《东坡论语说》等学术著作的定稿。此仅以和陶诗与丁谓效李对读,略做说明。

丁谓在崖州,有意追和李峤百咏,为内地子孙行作诗之示范,得其形多,未必特别属意于李峤其人。苏轼在儋州,张大其始自扬州、续在惠州的和陶诗创作,不仅在诗歌层面与陶渊明追和唱酬,更进行穿越时空的交流。

在《子瞻和陶渊明诗集引》中,苏辙引用苏轼原话说:

> 古之诗人有拟古之作矣,未有追和古人者也。追和古人,则始于东坡。吾于诗人,无所甚好,独好渊明之诗。渊明作诗不多,然其诗质而实绮,癯而实腴,自曹、刘、鲍、谢、李、杜诸人皆莫及也。吾前后和其诗凡百数十篇,至其得意,自谓不甚愧渊明。今将集而并录之,以遗后之君子,子为我志之。然吾于渊明,岂独好其诗也哉?如其为人,实有感焉。渊明临终,疏告俨等:"吾少而穷苦,每以家贫,东西游走。性刚才拙,与物多忤,自量为己,必贻俗患,黾勉辞世,使汝等幼而饥寒。"渊明此语,盖实录也。吾今真有此病,而不早自知,半生出仕,以犯世患,此所以深服渊明,欲以晚节师范其万一也。[14]1110

以晚节师范渊明,是苏轼和陶的主要出发点和归宿。结合具体作品,更可体会苏轼与丁谓效和前人的巨大区别。

(十) 浮海归来

丁谓并不甘心终老崖州,而是在等待时机。他与内地保持频繁密切的书信联系,随时了解时政变化。天圣三年,他专门写了一封给洛阳家人的长信,信中说自己在长期贬谪生活中,每天都在深刻自省罪过,认为自己辜负皇帝、刘后和国家的厚恩,现在的一切都是罪有应得,劝诫家人不要有怨言。他派人送给西京留守刘烨,要求刘烨转交给他家,并要求使者等到刘烨与朝中同僚在一起时再当面把信交给刘烨。刘烨在大庭广众中收到罪臣丁谓的信,哪里敢隐瞒,立即上奏仁宗。仁宗见丁谓书信,起了恻隐之心。虽然王曾等人反对，仁宗还是把丁谓内徙到雷州司户参军。天圣八年，天下大赦，丁谓再内徙至道州司户参军。六十五岁的丁谓在《谢表》中表达自己对朝廷的一片忠诚："心若倾葵，渐暖长安之日；身同旅雁，乍浮楚泽之春。"[15]还写下"君心应念前朝老，十载飘流若断蓬"[16]27的诗句，感谢刘太后和仁宗的体恤怜悯。明道二年三月，因刘太后病重，大赦天下，丁谓被授秘书监并致仕。六十八岁的丁谓上《谢复秘书监表》云："炎荒万里，岁律一周。伤禽无振羽之期，病树绝沾春之望。"[15]表示自己再无法回到皇帝身边做事了。他以秘书监身份体面退休，居安州，后徙居光州，在这里度过最后时光。景祐四年四月，丁谓离世，时年七十二岁。临终前半个月，丁谓已不食，每天只是焚香危坐，默诵佛书，以沉香煎汤，时时呷少许。临终前，给家人一一咐嘱后事，神识不乱，正衣冠奄然化去。丁谓仕途通达三十年，流落贬窜十五年，须发无一根斑白者，可谓真正的荣辱两忘、旷达一生。

苏轼并非不想回到内地甚至再度在政治上有所作为，但他与丁谓完全不同，未过海即做好老死本岛的思想准备："今到海南，首当做棺，次便做墓。乃留手疏与诸子，死即葬于海外……"[8]1695上岛后更是在内心消弭海内外的区别，在极端恶劣的自然和政治环境中从容淡定地面对一切。得到北归消息时，苏轼固然欣喜，但在告别海南的朋友时却深深感喟：

我本海南民，寄生西蜀州。忽然跨海去，譬如事远游。平生生死梦，三者无劣优。知君不再见，欲去且少留。[9]2363

三、初步的结论

苏轼在海南所写的《和陶拟古》诗中有这样一首：

鸡窠养鹤发，及与唐人游。来孙亦垂白，颇识李崖州。再逢卢与丁，阅世真东流。斯人今在亡，未遽掩一丘。我师吴季子，守节到晚周。一见春秋末，渺焉不可求。[9]2264

诗中列举了此前的李德裕、卢多逊和丁谓，感叹世事如同东流水，可见苏轼在海南也是做足了向前人吸取经验教训的功课的。

纵观唐宋贬琼文人，在贬琼的背景、经历、生活、事功、文学、思想等十个方面或多或少具有相似性的只有丁谓和苏轼。丁谓贬谪海南的经历、作为和思想，至少在客观上对苏轼如何面对贬谪海南的现实产生了重要影响。丁谓执殳，担任了苏轼的前驱；苏轼贬琼，必然要超越丁谓以及其他所有的唐宋文人。丁谓过海时说："九万里鹏容出海，一千年鹤许归辽。"[16]27 苏轼过海时说："九死南荒吾不恨，兹游奇绝冠平生。"[9]2363 这就是最大的区别。

注　释

[1] 曾庆江、周泉根、陈圣燕著《海南历代贬官研究》，南方出版社 2008 年版。

[2] 《全唐诗》（增订本），中华书局 1999 年版。

[3] 《旧唐书》，中华书局 1975 年版。

[4] （宋）王谠撰，周勋初校证《唐语林校证》，中华书局 1987 年版。

[5] （清）董诰等《全唐文》，卷七百十一，上海古籍出版社 1990 年版。

[6] （宋）洪迈撰，孔凡礼点校《容斋随笔》，续笔卷一，中华书局 2005 年版。

[7] （清）张嶲等《崖州志》，广东人民出版社 1983 年版。

[8] 孔凡礼点校《苏轼文集》，中华书局 1986 年版。

[9] （清）王文诰辑注，孔凡礼点校《苏轼诗集》，中华书局 1982 年版。

[10] 北京大学古文献研究所《全宋诗》第二册，北京大学出版社 1991 年版。

[11] （宋）惠洪撰、陈新点校《冷斋夜话》，中华书局 1988 年版。

[12] （宋）周密《齐东野语》，中华书局 1983 年版。

[13] 邹同庆、王宗堂校注《苏轼词编年校注》，中华书局 2002 年版。

[14] 陈宏天、高秀芳校点《苏辙集》，中华书局 1990 年版。

[15] 《影印文渊阁四库全书》，《四六话》卷上。

[16] （宋）魏泰撰，李裕民点校《东轩笔录》，中华书局 1983 年版。

苏东坡北归卜居考

◇李景新*

元符三年五月,苏东坡于儋州接到仍以琼州别驾廉州安置的命令,随即治装,于六月二十日夜渡海北归,于七月四日到达廉州贬所。在廉州居住一个月后,接到第二道诰命,迁舒州团练副使,量移永州居住。他没有立即起程,写信告诉郑靖老,打算中秋过后再出发。此时苏迨已从常州达惠州,苏东坡作书与惠州的苏迈、苏迨相约,命他们带领家小到梧州相会后北度大庾岭。八月二十九日,苏东坡带领苏过离开廉州,水路向藤州进发,计划经藤州抵梧州而与苏迈、苏迨相会。七天后到达榆林,得知秦观死于藤州的传闻,立即赶往藤州,范冲兄弟已载丧而去。苏东坡非常悲痛,复向梧州进发,到达梧州时,范冲又离开了。苏东坡本拟溯贺江而行,希望追及范冲兄弟,能在亡友范祖禹和秦观灵前祭祀。但贺江水涸,苏迈兄弟又未能及时赶到梧州,于是苏东坡改计由广州北行度岭。九月底抵达广州,十月初,苏迈兄弟携带家小自惠州达到广州,自此苏东坡一家才得以团聚。在此之前,苏东坡南贬的遭遇使父子祖孙们分居三处(常州、惠州、儋州),在到达广州之前,苏东坡曾有诗叹曰:"大儿牧众稚,四岁守孤峤。次子病学医,三折乃粗晓。小儿耕且养,得暇为书绕。我亦困诗酒,去道愈茫渺。"[1]2390 从中我们能感受苏东坡渴望余生能与儿孙们共同平安居处的心情。

一个月后,苏东坡离开广州继续北上。这时船上儿子、媳妇、孙儿们一大群,苏东坡很开心。他隐约感到今后或许能够一家人团聚生活了。而在哪里度过晚年,成为此后北归途中至关重要的问题。他写信对好友郑靖老说:

本意专欲归蜀,不知能遂此计否?蜀若不归,即以杭州

---

* 作者简介:李景新,海南热带海洋学院人文社科学院教授。

为佳。[2]1676

这是苏东坡北归途中第一次提到晚年卜居问题。当时他虽然遇赦北归，但处罚仍未完全撤销，朝廷给他指定的安置地点是永州（今属湖南），那么为什么信中提到的归宿地是眉山和杭州呢？这是因为他有预感总有一天朝廷会还他自由之身，所以有此打算。对晚年定居来说，眉山故乡自然是最佳选择，但他感到回眉山的可能性不大，而杭州是他两度任职的地方，眉山之外首先考虑杭州。不过，他在杭州没有根基，所以后来打消了定居杭州的念头，再没有提及杭州。

元符三年十一月中旬，苏东坡舟行至浈阳峡（在今广东英德境内），好消息来了，孙叔静和谢民师分别送来近报，苏东坡再次遇赦，复朝奉郎，提举成都玉局观，在外州军任便居住。苏东坡所获得的官职是一种祠禄官。宋代在京城内外建有很多道观，名曰"宫观"，"提举"是京城之外宫观的官职名称。祠禄官并没有实际职权，可以领取一定俸禄，一般也不在所任宫观供职，而是随便居住。因此这种官位多用来安插一些年老或异己的官员。

这是非常大的喜信，意味着加在他身上的一切处罚已经撤销，他不再是罪臣，而且有了很荣誉的官衔；他不再被强制居住于指定地点，可以随自己心愿选择理想之地安居。这个消息使他正式结束了七年的岭南贬谪生涯，而且不需要再往那个多产异蛇的永州之野进发了。他非常高兴，写信给谢民师道："若果然得免湖外之行，衰羸之幸，可胜道哉！"[2]1679 他立即停止永州之行，并决定先到英州，托人去永州请求告敕，然后度岭过赣，再决定去向。

最令苏东坡费心思的事，是向何处定居的问题。从他目前的处境看，回归眉山和卜居杭州都已不可能。他在常州（阳羡）还有点田产，而弟弟子由却居住在许昌（颍昌），他只能在这两个地方选择。他给孙叔静的信上说："归阳羡，或归颍昌，老兄弟相守，过此生也。"[2]1776 与谢民师的信上说："此去，不住许下，则归阳羡。"[2]1679 但是，归常州还是归许昌，苏东坡不能确定。就这样在犹豫之间，舟船抵达英州。

在英州，苏东坡与大名鼎鼎的郑侠晤面。郑侠曾为王安石所赏识，但他极力反对新法，在京城做守门小吏时，上《流民图》给神宗皇帝，由此触怒新进吕惠卿，而长期遭受窜贬。苏氏兄弟都曾为郑侠说情，苏东坡称他的出处行事合于古君子杀身成仁、难进易退之义。此时，郑侠正编管英州，故能与苏东坡相见。郑侠很佩服苏东坡,投诗相赠,苏东坡也次韵以答。这时明老自曹溪专使来迎,李公寅、陈公密自韶州专使来迎。苏东坡离开英州,欲先赴曹溪,而冯祖仁先来迎往韶州,遂抵韶州。狄咸、李公寅、陈公密等一批官员把苏东坡请入行馆,热情招待。造墨的潘衡又一次出现,他与苏迈、苏迨、苏过、苏箪、苏符、苏籥跟随苏东坡,在李公寅、冯祖仁的陪同下游了曹溪,然后到月华寺,苏坚早已经在那里等了多日。

  在月华寺居住的几日,苏东坡还在为定居之事而发愁。李公寅为苏东坡出主意,大谈龙舒(今安徽舒城)土风之美,劝苏东坡卜居龙舒。苏东坡颇为动心,写信告诉舒州朋友李惟熙说:

  偶得生还,平生爱龙舒风土,欲卜居为终老之计。[2]2488

  苏东坡继续北上。徽宗建中靖国元年正月四日,苏东坡经过大庾岭。他看到岭上的梅树结子,因回首贬谪岭南的七年岁月,思绪十分复杂,遂赋七律《过岭二首》和绝句《赠岭上梅》。前者有"七年来往我何堪"[1]2427 "平生不作兔三窟"[1]2426之叹,似流露出此后能得一窟而安居之意。后者曰:

  梅花开尽百花开,过尽行人君不来。
  不趁青梅尝煮酒,要看细雨熟黄梅。[1]2424

  苏东坡又遇一老者,作诗相赠曰:

  鹤骨霜髯心已灰,青松合抱手亲栽。
  问翁大庾岭头住,曾见南迁几个回?[1]2424

  其中包含了能够侥幸生还中原的悲哀而喜悦的复杂心情。

  建中靖国元年正月中旬,苏东坡一家抵达虔州(今江西赣州)。由于赣江水涸,无法通航,只好暂停留。在虔州时,苏东坡对居龙舒还是常州犹豫不定。一方面他托人在龙舒打听住处,给龙舒的苏坚回信说:

  住计龙舒为多……至虔州日,往诸刹游览,如见中原气象,泰然不肉而肥矣。何时得与公久聚,尽发所蕴相分付耶!龙舒闻有一官庄可买,已托人问之。若遂,则一生足食杜门矣。[2]1742

一方面又写信给常州的钱世雄说:

某已到虔州,二月十间方离此。此行决往常州居住,不知郡中有屋可僦可典买者否?如无可居,即欲往真州、舒州,皆可。如闻常之东门外,有裴氏宅出卖,虔守霍子侔大夫言。告公令一干事人与问当,若果可居,为问其直几何,度力所及,即径往议之。俟至金陵,别遣人咨禀也。若遂此事,与公杖屦往来,乐此余年,践《哀词》中始愿也。[2]1554

可见,除常、舒之外,他甚至动过居住真州的念头。

苏东坡最理想的晚年生活,是能与弟弟苏子由相守。那么,为什么他至此并未考虑往许昌呢?其最主要原因是他自己经济困难,而子由也很窘迫,他不想成为子由的累赘。他写信告诉李端叔:

某本以囊装罄尽,而子由亦久困无余,故欲就食淮浙。[2]1543

但是,到豫章(今南昌)之后,孔平仲转达子由家书,子由非常希望兄长能到许昌同住。于是,苏东坡取消了龙舒之议,而倾向于定居许昌了。

然而,直到五月舟抵金陵,又一次接到子由书信时,苏东坡还是犹豫不决。他写信给钱世雄:

居常之计本已定矣,为子由书来,苦劝归许,以此胸中殊未定,当俟面议决之。[2]1555

这时门生李端叔已官许昌,也劝苏东坡归许;王幼安在许昌又多次来信,更愿借宅子与苏东坡居住。苏东坡觉得若不去许昌,那就太令大家失望了,于是这才下定决心,定居许昌。他给李端叔的信中说:

> 已而深念老境，知有几日，不可复作多处。又得子由书，及见教语，尤切至，已决归许下矣。[2]1543

决心已定，苏东坡打算自淮泗溯汴河到陈留，转陆路至许昌。现在，苏迈、苏过两房家眷都在船上，而苏迨一房尚在宜兴，遂命苏迈、苏迨前往搬挈，约定在仪真（今江苏仪征）相会。然后他给黄师是写了一封信：

> 某已决意北行，从子由居。但须令儿子往宜兴干事，舣舟东海亭下，以待其归，乃行矣。行期约在六月上旬，不知其时，使舟已到真否？[2]1744

这封信再次表明，苏东坡此时已经决计定居许昌了。

苏东坡渡江至仪真，舣舟东海亭下，等待宜兴的儿子归来，便一并发往许昌。舟中无事，与钱世雄、程之元会游于金山，登妙高台，恰巧壁间有李公麟所画东坡像，苏东坡看后，回首这一生的经历，题了一首诗：

> 心似已灰之木，身如不系之舟。
> 问汝平生功业，黄州、惠州、儋州。[1]2641

虽然苏东坡把平生功业定位到黄州、惠州、儋州这三个阶段，但这三个时期的贬谪生活也剥夺了苏东坡十年的政治生命，使他最初的人生理想和政治理想完全破灭，从这个意义上看，此诗不免带有反讽意味。他的一生像一只没有缆绳的船，被风浪抛来吹去，不仅没有自由，而且随时有倾覆的危险，正是这种命运，使一位雄心勃勃的天才终究变得心如已灰之木，这首具有总结性的自题诗，带有多么浓重的悲剧色彩！这首诗所透露的悲情色彩，对我们理解苏东坡后来为什么又放弃定居许昌的决定，恐怕不无帮助。

大家在寺庙中坐下来烹茶而饮。程之元（德儒）是苏东坡的表弟，时为浙江转运使，他对京城的事了如指掌。谈话中苏东坡得知，朝中局势仍在变化，倾向于元祐党人的皇太后已于本年一月去世，朝中元祐党人的力量渐渐不支，新党重要人物曾布、赵挺之复建绍述之议，一切迹象都预示着局势将向不利于元祐党人的方向发展。这些消息，使对政治已心灰意冷而又心生惧怕的苏东坡一下子改变了定居许昌的计划。因为许昌为北宋南京,又地近京城汴梁,如果居住在许昌,很容易成为政敌攻击的目标。对所有政敌来说,苏东坡离政治中心越远越好。苏东坡切切实实地体验了陶渊明"觉今是而昨非"的人生哲学,所以再不愿卷进政治风波之旋涡,没有了再入仕途的丝毫念头,只想有一个安静的晚年生活。他在《答王幼安宣德启》中说:

> 俯仰十年,忽焉如昨;间关百罹,何所不有。顷者海外,澹乎盖将终焉;偶然生还,置之勿复道也。方将求田问舍,为三百指之养;杜门面壁,观六十年之非。岂独江湖之相忘,盖已寂寥而丧我。[2]1369

他在稍后与子由的信中表达了绝不再出仕的意思:

> 兄万一有稍起之命,便具所苦疾状力辞之,与迈、过闭户治田养性而已。[2]1838

在这种局势和心境下,苏东坡再次改变计划,决定罢许昌之行,复议归于常州。钱世雄已替他在常州找好了合适的住处,苏东坡遂写信给子由:

> 行计南北,凡几变矣。遭值如此,可叹可笑。兄近已决计从弟之言,同居颍昌,行有日矣。适值程德孺过金山,往会之,并一二亲故皆在坐。颇闻北方事,有决不可往颍昌近地居者。事皆可信,人所报,大抵相忌安排攻击者众,北行渐近,决不静耳。今已决计居常州……[2]1837

他又怕弟弟为自己的居处担心,所以他接着说:

> 借得一孙家宅,极佳。浙人相喜,决不失所也。……逾年行役,且此休息。

一切尚可,却有一个最大的遗憾,就是不能与老弟相守,他认为这是上天的安排：

> 恨不得老境兄弟相聚，此天也，吾其如天何！

苏东坡又给黄师是写信：

> 行计屡改。近者幼累舟中皆伏暑，自愍一年在道路矣，不堪复入汴出陆。又闻子由亦窘用，不忍更以三百指诿之，已决意旦夕渡江过毗陵矣。[2]1742

长期犹豫难决的卜居问题，至此终于敲定。这时是建中靖国元年五月中旬，地点在仪真。

苏东坡舍许归常的原因，从他与黄师是的信中可见，一是经年劳顿，不堪再入汴出陆，二是不忍在经济上拖累子由，但真正原因显然表达在给子由的信中，即政治局势问题。苏东坡对政治风波心有余悸，牵涉政治之事并不愿与外人说，只能在与子由的信中说实话。关于苏东坡改计常州的政治背景，王文诰有详考：

> 闻朝局事，绍述方炽，言官任伯雨、江公望、陈佑等皆逐。……是年春中，会曾布在陵上，密授御史中丞赵挺之，复建绍述之议，排击元祐臣僚，不遗余力。一二正人，并皆黜逐。春夏之交，正其扰攘时也。布之意，专欲逐韩忠彦，忠彦虽为琦子，庸才也，以为尔主绍述，吾以最善绍述者胜之。因复召蔡京，用钟世美议，改元崇宁。不数月间，忠彦既逐，布亦自及。于是京、挺之相继为相，而亡国之势定矣。

王文诰进一步解读赵挺之与苏东坡、黄庭坚之恩怨：

> 初，赵挺之为德州判，以行市易法得进。时黄庭坚监德安镇，谓镇小民贫，不堪诛求；公尝斥挺之为聚敛小人。挺之挟恨，遂有草制讪谤之诬。其后虽坐蔡确罢去，然小人无忌惮，又何所不至哉！

公自注语（按：指与子由书中"颇闻北方事……决不静耳"一段，文集中为小字注），明指挺之。时挺之之势张甚，使犹无恙，未见宁居。[3]卷四五第十四页

在这种情况下，苏东坡不敢再往许昌，就是可以理解的了。

计决常州之后，苏东坡再没有改变计划，沿江而下，于六月中旬到达常州，寓居孙氏馆。途中所染之疾不见好转。七月二十六日，苏东坡给维琳长老留下几行字，这也是苏东坡人生最后的几行字：

某岭海万里不死，而归宿田里，遂有不起之忧，岂非命也夫！然死生亦细故尔，无足道者，惟为佛为法为众生自重。[2]1885

建中靖国元年七月二十八日，苏东坡于常州孙氏馆离开了人世。

综上所述，卜居何地是苏东坡北归过程中的一件大事，"行计屡改"说明苏东坡对此事态度之慎重。苏东坡于元符三年六月二十日渡海北归，约在十月、十一月之交自广州继续北上时，开始产生卜居之念，此时其意在眉山、杭州之间选择。元符三年十一月中旬，苏东坡舟行至浈阳峡，得到复朝奉郎、提举成都玉局观、在外州军任便居住的诰命后，正式考虑往何处定居，其时意欲归许昌或常州。不久到达英州，又动卜居龙舒之念。建中靖国元年正月中旬，苏东坡抵达虔州，这时卜居的去向在龙舒和常州两地游移不定，甚至动过居住真州的念头。到豫章之后，取消了龙舒之议，倾向于定居许昌。五月一日抵达金陵，在金陵期间，经于许昌和常州之间的选择，决定前往许昌与子由居住。约在本月中下旬之间，于仪真登金山寺妙高台，闻朝廷局势正向不利于元祐党人的方向发展，遂放弃前往许昌，最终决定归于常州。

注释

[1] 孔凡礼点校《苏轼诗集》，中华书局1982年版。

[2] 孔凡礼点校《苏轼文集》，中华书局1986年版。

[3]（清）王文诰撰《苏文忠公诗编注集成总案》，巴蜀书社1985年版（影印）。

苏轼葬郏之因探析

◇ 乔建功[*]

一、晁说之《苏过墓志铭》的疑团

《苏过墓志铭》全名《宋故通直郎眉山苏叔党墓志铭》，是晁说之应苏过之子苏籥等人之请写就的。按墓志铭的说法，苏、晁两家有"有奕世之好"，晁说之得到过苏轼的"荐贤"。[1]1052 晁氏是北宋望族。说之之父端彦，字美叔，与苏轼为同年进士，且过从密，唱和多。苏轼在《送晁美叔发运右司年兄赴阙》诗中自注："嘉祐初，轼与子由寓兴国浴室，美叔忽见访，云：'吾从欧阳公游久矣。公令我来，与子定交。谓子必名世，老夫亦须放他出一头地。'"[2]1896 端彦与章惇同龄、同榜及第、同为馆职，常以"三同"相呼，绍圣初章惇入相，倡"绍述"之说，端彦力谏，黜为陕守，历秘书少监，开府仪同三司。其文章书法，为朝野所崇尚。说之堂兄补之，字无咎，"苏门四学士"之一。说之字以道，因慕司马光为人，自号景迂生。元丰五年进士，文章典丽，苏轼举荐著述科。元祐八年，说之据《诗经·小雅·无羊》（写西周畜牧生活）画成《考牧图》，苏轼见而写就《书晁说之考牧图后》，借以抒发悔不隐退归田的感慨。元符三年，说之知定州无极县，上书斥王安石及绍述诸臣政事之非，后入党籍。高宗即位后授徽猷阁待制兼侍读，以病未赴。说之博极群书，善画山水，工诗，通六经，尤精易经。晚年定居新郑，有《儒言》《晁氏客语》《景迂生集》（又名《嵩山文集》）。《苏过墓志铭》便收于《景迂生集》中。由于岁月侵蚀，只残存上半部分，20世纪80年代舒大刚先

---

[*] 作者简介：乔建功，河南省郏县财政局退休干部。

生据《永乐大典》"苏"字韵下所引补录,才使我们看到全文。全文1220余字,概述了苏过的生平遭遇和文艺成就。

苏过与兄长迈、迨秉承家学,"俱善为文",而苏过尤为突出。他诗词文赋书画都很擅长,所写《思子台赋》《飓风赋》当时就流行于世,素有"小坡"之誉,在《宋史·苏轼传》中独享附传的殊荣。他二十三岁独身陪伴苏轼至岭表惠州,再到海南儋州,度过了七年的流放生涯。徽宗即位,苏轼蒙赦北归,不幸途中殒命毗陵,葬身郏城。丧事已毕,苏过偕十六岁的侄子苏符在郏城上瑞里以茅结房,垒土作床,服丧守墓一年有余。其间写下一系列抒发思亲之痛的诗作,并接待了前来凭吊东坡墓的钱塘大诗僧参寥子。其诗词还描写了许多与当地百姓亲切交往的感人场景,再现了北宋时期郏城地区的风物人情和下层士人的凄惨景遇,是不可多得的丰富地域文化的上好教材。苏过是当时苏家与郏城联系最多的人,加强苏过研究对郏县尤为重要。

苏过死于宣和五年十二月去镇阳(今河北正定)途中,时任中山府(今河北定州)通判不久,享年五十二岁。宣和七年四月葬于郏城县小峨眉,"墓在先生兆之东南"。《金史·列女传》有"东坡、颍滨、叔党俱葬郏城之小峨眉山"的记载。看来苏过葬郏无疑,然而郏县并未发现其墓葬。联系顺治年间偶然发现的苏迟夫人梁氏墓,及1972年农民浇地发现的苏仲南夫妇墓,不得不引发我们的思考:历史文献中明文记载的苏过墓葬究竟在哪里?为何没有留下记载的梁氏墓、苏仲南夫妇墓却相继发现?这里是否还葬有苏家其他人?被发现的墓葬为何孤零零置于坟院数百米之外?三苏园在长达九百余年的历史中究竟发生了怎样的沧桑变迁?凡此种种,应是苏学研究的一项课题。

在《苏过墓志铭》中有一个尤其令人困惑的问题,就是在谈到苏轼丧事时说"叔党兄弟得古吉地于汝州郏城县之小峨眉山以襄事"。[1]1051这是苏轼葬郏之因的又一种说法,过去还从无所闻。舒大刚教授《三苏后代研究》对此句有注释:"《东坡先生墓志铭》:'明年(崇宁元年)闰六月癸酉,葬于汝州郏城县钧台乡上瑞里。'"[3]46并做了相关的引述。关于苏轼葬郏之因,流传下来就有五种之多。最初一直认为是苏轼任汝州团练副使期间在此选中的墓地,即"练汝说"。后来人们发现苏轼练汝根本就没有到任,于是变为苏轼路过此地看到形胜类似家乡峨眉而遗言葬此的"形胜说"。在此基础上,又派生出"恋阙说""祭祀方便说""土厚水深说"等。然而,《苏过墓志铭》明文记载又多出苏过兄弟在小峨眉山为父亲选择墓地的说法,这到底该如何解释?

探讨苏轼葬郏之因，首先必须克服主观臆猜的错误，从轼、辙兄弟二人的晚年遭遇说起，读懂他们为选择墓地的三封书信和有关的七篇祭文，以文字史料为依据。

二、苏轼兄弟决计葬郏始末

在绍圣年间的党祸纷争中，苏轼被贬到广东惠州，后又被流放至儋州，一直由苏过陪伴。苏辙从汝州贬至筠州，又至雷州，后到循州，则由三子苏远和儿媳黄氏（大排行称八郎妇）随行照料。不幸的是，到达循州的第二年（元符二年1099），黄氏身染瘴毒不治而亡。苏辙深感悲痛，专为写下《祭八新妇黄氏文》称，"犹冀灾厄有尽，天造有复，全柩北返，归安故土"[4]1387，决心对儿媳有个好的交代。

元符三年，哲宗驾崩，徽宗即位，向太后权同听政，大赦天下，政治形势透出一线转机。苏辙十一月获准"外州军任便居住"（《苏颍滨年表》）[4]1808。于是他带着八郎妇黄氏的灵柩，千里迢迢，岁末匆匆回至许昌。过罢春节，二月二十二日苏辙给苏轼写信，一是劝兄长来许昌比邻而居，二是商量安葬八郎妇黄氏，以及筹划他们兄弟二人百年之后的葬地事宜。

建中靖国元年五月，苏轼接到苏辙的来信。此时苏轼从海南北归，经过一年的跋涉刚到金陵。他在同表兄程德孺及友人钱世雄游金山寺时，听到向太后驾崩、朝廷局势变幻的消息，立即警觉起来，马上给弟弟回信，开头说："子由弟。得黄师是遣人赍来二月二十二日书，喜知近日安胜。"接着以大量篇幅陈述他不再北上赴许的想法和理由，表示不愿意再次陷入可怕的政治倾轧，决计留住常州。在谈到葬地时说："葬地，弟请一面果决。八郎妇可用，吾无不可用也。更破千缗买地，何如？留作葬事，千万勿徇俗也。"（《与子由弟十首》其八）[5]1837这是苏轼关于葬地留下的最重要的文字资料之一。遗憾的是，苏辙原信已散佚于历史的烟云之中，无从考查如何讲述为八郎妇选择葬地，但这无碍大局。苏轼这段话寥寥37个字，却是在特定前提下富含逻辑的明确答复，蕴含着丰富的信息，至少有三个问题说得相当明白：一、葬地有两块可供选择，一块是自家已有的，一块是需花千缗钱再买的。二、苏辙对自家已有的葬地并不看好，主张暂厝八郎妇于此，将来经济宽裕时再买下要价千缗的地块。三、苏轼主张不必再花钱另买葬地，认为八郎妇能用自家的葬地,我们二人为什么不能用呢!苏轼本不重视身后葬地这类俗事,就这样一言遂决,为日后葬郏埋下了关键性的伏笔。不幸的是他竟一语成谶。苏轼五月复信,六月就病倒,七月便谢世。病危时,又"以书属辙曰:'即死,葬我嵩山下,子为我铭。'"(《亡兄子瞻端明墓志铭》)[4]1410其实这仍是心疼弟弟,重申不要另买葬地。千百年来人们仅仅抓住这一句话,演绎出多少美妙的传说和神奇的遐想。兄弟二人为省下千缗钱而来往书信颇费掂量,可以想见当年苏轼的丧事多么凄凉无奈。

崇宁元年春,诸子遵父遗愿循运河扶柩北上赴汝就葬。为了把苏轼和夫人王闰之同穴安葬,苏迈先期赴汴京惠济道院迁移王闰之灵柩,四月二十三日灵柩途经许昌,苏辙率领全家路祭,在《再祭亡嫂王氏文》中说:"茔兆东南,精舍在焉,有佛与僧。往寓其堂,以须兄至,归于丘林。"[4]1389很明显,苏辙在这里所说的"茔兆"就是计议已定的嵩山脚下自家已有的葬地,而"精舍"就是年代久远的广庆寺。苏辙明确指出苏家"茔兆"的东南有广庆寺,王闰之的灵柩将停放在寺里,等待苏轼的灵柩运来后一并安葬。

三、 李廌为苏轼重择葬地考

然而,现在的三苏坟院正坐落在小峨眉山东、西两道山梁的箕形山坳里,正应老百姓所说柳圈椅形的风水宝地。并且广庆寺明明在坟院西南,苏辙为什么说"茔兆东南,精舍在焉"?笔者曾亲自踏勘,从现在的三苏坟墓地西行八百米开外才能视广庆寺为东南,但这里地势平缓,视野局促,无山无水,了无胜景可言。至此我们应该大致明白苏坟茔兆东移的奥秘。苏轼灵柩于同年五月一日抵达郏城上瑞里的广庆寺,一直到闰六月二十日才得以安葬,在广庆寺待葬足有80天的时间。"茔兆"东移应发生在这段时间里。那么,是谁来运作的?

《宋史·李廌传》载,"轼亡,廌哭之恸,曰:'吾愧不能死知己,至于事师之勤,渠敢以生死为间!'即走许、汝间,相地卜兆授其子。"[6]10208李廌字方叔,华州人,"苏门六君子"之一。其父李惇与苏轼是同年进士,却并不相识。李廌早年丧父,家境贫寒,但学业有进。苏轼谪居黄州时,李廌到黄州拜见。苏轼欣赏他的文章,赞为"笔墨澜翻,有飞沙走石之势","拊其背曰:'子之才,万人敌也,抗之高节,莫之能御矣。'"李廌本名豸,苏轼说五经中无此字,宜易名为廌,从此方叔就用此名。后来苏轼多次接济他,主政杭州时甚至把朝廷御赐的马匹都送给他,还亲笔写了一张"马券"来证明马匹来历。此"马券"后在眉州刻石,有拓本流传。李廌为此曾有诗,苏辙次韵,黄庭坚又题跋一则,极饶风趣,传为千古美谈。苏轼多次设法提携他,但终无果。李廌终身不第,潦倒一生,最后定居长社(河南许昌),在颖水上经营水磨。长社距郏城不过百里之遥,往来方便。李廌闻知苏轼亡故,痛彻肺腑,所写《追荐东坡先生疏》苍劲悲壮,感天动地。现今郏县三苏坟院的飨堂联"大山名川存千古英灵之气;皇天后土知一生忠义之心"就源自此文。

悲痛之余,他发现距离苏家"茔兆"以东不远就是小峨眉的箕形山坳,"即走许、汝间",说服苏辙调整地块,在待葬的80天里"相地卜兆授其子",不遗余力促成茔兆东移至小峨眉的箕形山坳。《苏过墓志铭》中"叔党兄弟得古吉地于汝州郏城县之小峨眉山以襄事"的记载,实是李廌"相地卜兆授其子"的呼应和印证,"叔党兄弟得古吉地"的记载是言之有据的。至于苏辙在《再祭亡嫂王氏文》中说"茔兆东南,精舍在焉",是因当时还没有茔兆东移的动念。

关于李廌为苏轼选择墓地,多有流传而语焉不详。《苏东坡与平顶山》一书在对李廌的注释中说"苏轼葬郏,选择茔地,深得其人之力"[7]268,亦没有透明纸背。史料证明,李廌功在帮助苏家把茔兆东移至小峨眉箕形山坳,成就了苏轼葬郏小峨眉的千古美事。

苏过在守墓期间有《李方叔治颍川水磨作诗戏之》一诗,充满了对李廌的热情称赞和纯真友谊。又有《北山杂诗十首》,其五写道:

> 默李吾所畏,文字班马流。空斋锁长夜,尺渎横吞舟。谁令效方朔,顾盼侏儒羞。不如谈天李,高论隘九州。能为齐谐语,自许监河侯。浮沉闾里间,与世真无求。[1]180

"篇中'默李'及'谈天李',史书俱无明文记载,然据今存之部分史料考之,似与李廌方叔及李佐有关……据史载,方叔'中年绝进取意,谓颍为人物渊薮,始定居长社。县令李佐及里人买宅处之。'"[1]181 "谈天李"与《宋史·李廌传》"廌喜论古今治乱,条畅曲折,辩而中理。当喧溷仓促间如不经意,睥睨而起,落笔如飞驰"相合,"监河侯"似以《庄子·外物》典故（庄子家贫，贷粟于监河侯，监河侯曰"我将得邑金，将贷子三百金"，庄子忿然作色，讲了涸辙之鲋的故事）戏称自己在颍上经营水磨，未详有无他意。但鄙意又以为"文字班马流"和"尺渎横吞舟"等语与李鹰相合，未闻李佐在这方面的蛛丝马迹。总之此诗称赞了李鹰，但其确指仍待推敲。

早在2008年至2010年，笔者曾两度撰写《苏坟茔兆曾东移》这个论题，当时觉得论证似乎业已完备。近年在编纂《三苏坟史料编年辑注》过程中，通过对《苏过墓志铭》、苏过诗作的笺注，不仅为苏坟茔兆曾东移找到新的论据，更重要的是据此对实际问题做出比较贴切的诠释，较好地解决了多年来令人困惑的难题，展示了这一说法的正确性。只有确立"苏坟茔兆曾东移"的事实，才能比较接近历史地阐释苏轼葬郏之因，使历史文献环环相扣，和实物方位相符合，各种证据相互佐证。

注 释

[1] 舒星校补，蒋宗许、舒大刚等注《苏过诗文编年笺注》，中华书局2012年版。

[2]（清）孔凡礼点校《苏轼诗集》，中华书局1982年版。

[3] 舒大刚《三苏后代研究》，巴蜀书社1995年版。

[4]（宋）苏辙著，曾枣庄、马德富校点《栾城集》，上海古籍出版社2009年版。

[5]（明）茅维编，孔凡礼点校《苏轼文集》，中华书局1986年版。

[6]（元）脱脱等撰《宋史》，中华书局2000年版。

[7] 平顶山市政协《苏轼与平顶山》编委会编著《苏东坡与平顶山》，河南大学出版社2008年版。

苏轼"和陶诗"系年考辨

◇杨松冀[*]

"和陶诗"是一种特殊的唱和诗体,它由苏轼首倡,苏门弟子群起仿效,而后蔚然成风,遂成为诗歌史上历经千年而不衰的独特的创作现象。可以说,苏轼的"和陶诗"创作,不但直接促成了一种新的诗体的诞生,极大地促进了陶渊明在文学史思想史上地位的确立,也使陶渊明与苏轼自己的诗品人品得到广泛的传播和影响,因此后代的"和陶"史从某种意义上亦是"和苏"史。"和陶诗"得以流布,这与当时的《和陶集》刊刻流布有密切关系。本文即以现存宋刻黄州刊本《东坡先生和陶渊明诗》为底本,对该书所收全部苏轼和陶之作(包括108首和陶诗与《和陶归去来兮辞》)进行编年与考辨。

苏轼诗歌之编年,当始于两宋之交时傅藻《东坡纪年录》(简称《纪年录》),其后有南宋王宗稷《东坡先生年谱》、施宿《东坡先生年谱》(简称《施谱》),但都只是对部分苏轼诗歌做了编年。第一部苏诗编年注本是孝宗时施元之、顾禧、施宿编著的《注东坡先生诗》(简称《宋施本》),该书共四十二卷,前三十九卷为编年诗,四十一、四十二卷《和陶诗》并没有编年。将"和陶诗"进行编年,始于查慎行《苏东坡先生编年诗补注》[1](简称《补注》),其后冯应榴的《苏文忠公诗合注》[2](简称《合注》)、王文诰《苏文忠公诗编注集成》(简称《集成》)以及孔凡礼《苏轼诗集》[3](简称《诗集》)皆仍其体例。以上四书,将苏轼"和陶诗"分编于第35卷、39卷至43卷中,其编年体例是每卷卷首标注所收诗的起讫年月,由于作者的目的是诗歌编集而非系年,且拘泥于前集之体例,故虽然做了一些编年说明,但

---

[*] 作者简介:杨松冀,文学博士,凯里学院人文学院教授。

该成果为贵州省社科规划课题"苏轼宋代接受史的文化学考察"(项目编号16GZYB68)、凯里学院博士课题项目"和陶诗文献整理研究"(项目编号BS201410)阶段性成果。

舛错较多。真正可作为编年查考依据的是王文诰《苏文忠公诗编注集成总案》（简称《总案》）[4]，孔凡礼的《苏轼年谱》[5]《三苏年谱》⑥（简称《孔谱》）以及张志烈、马德富、周裕锴等主编之《苏轼全集校注》之《苏轼诗集校注》[7]（简称《校注》）。《总案》四十五卷，以年谱形式将几乎全部苏诗编入苏轼生平经历中，并对一些编年分歧较大者做了较详尽之考证，后三书之诗歌编年基本依《总案》。特别是《校注》，后出转精，虽然基本承继《诗集》等之编排体例，但对苏诗不但做了详尽校注，而且于每诗之后做了编年且有简明之考证。该书于苏学研究贡献甚大，堪称苏诗研究集大成之作。但一如《补注》《合注》《诗集》等，该书囿于体例，不可能对每一首诗都做详尽考证，且成于众手，疏误仍所在多有，特别是"和陶诗"部分，编年仍有较多值得商榷之处。故特作此文，一者或稍有补于苏诗之系年考定，二者亦可让读者集中了解苏轼"和陶"创作之因由。本文依据苏轼"和陶诗"创作之地点，分为扬州作、惠州作、儋州作三部分，考辨如下。

一、扬州作

和陶饮酒二十首并引

系年：此组诗乃元祐七年壬申七八月间作于扬州。

考辨：元祐七年三月至八月，苏轼以龙图阁学士、左朝奉郎、知扬州军州事充淮南东路兵马钤辖。苏轼时年五十七，此组诗为苏轼和陶之始。傅藻《纪年录》、马德富等之《校注》系此诗于是年七月，《孔谱》系于是年五月。《三苏年谱》是年五月记云："《纪年录》谓作于七月，今仍从《诗集》编次。"查《诗集》编此组诗于《双石》后、《次韵范淳甫送秦少章》前，而后一首诗冯应榴《合注》依据《续资治通鉴长编》之元祐七年六月记事，将其编于是年六月，《诗集》亦同《合注》之编年。孔凡礼先生两年谱皆编此组诗于是年五月，缺乏依据。《合注》与《诗集》编年明显有误。查王文诰《总案》卷三十五元祐七年诰案云："七月，诏免积欠，公方和陶渊明《饮酒》其一章云：'诏书宽积欠，父老颜色好。再拜贺吾君，获此不贪宝。颓然笑阮籍，醉几书谢表。'盖纪实也。"显然王文诰以为苏轼之和诗当作于是年七月闻诏免积欠事之后，与《诗集》编年矛盾。据《续资治通鉴长编》卷四百七十六载:"是年八月癸酉(二十二日),苏轼以兵部尚书、龙图阁学士除兼侍读。"而据苏辙《次韵子瞻和渊明饮酒二十首》其十四云:"淮海老使君,受诏行当至。"则苏轼《和陶饮酒二十首》必作于是年八月二十二日之前。由是可知,苏轼和陶饮酒组诗当完成于是年七、八月间。

以上一题二十首,俱为元祐七年扬州所作。

二、惠州作

(一) 和陶归园田居六首并引

系年:绍圣二年乙亥三月五日作于惠州。苏轼时年六十岁,以宁远军节度副使、惠州安置。

考辨:据诗序可知苏轼等游山归来已晚,又《苏轼文集》卷五十三《答陈糙书》第十六简云:"今日游白水佛迹山……自山中归,得来书,灯下裁答,信笔而书,纸尽乃已。"[8]则是日夜苏轼仍给陈季常回长信一封,故诗序中之"归卧既觉"只能是指第二日早晨起来,故此组诗当作于是年三月五日。

(二) 和陶咏贫士七首并引

系年:绍圣二年九月作于惠州。

考辨:苏轼于绍圣元年十月初到惠州,至二年九月,迁惠整一年。据本诗序云:"余迁惠州一年,衣食渐窘,重九将近。"故诗当作于二年九月初重阳将至之时。《施谱》系此诗于绍圣三年,显误。

(三) 和陶己酉岁九月九日并引

系年:绍圣二年十月初一作于惠州。

考辨:《施谱》系此诗于是绍圣三年,《纪年录》系于绍圣二年十一月一日。按《诗集》首句下注释有王文诰详细考辨,认为此诗当作于绍圣二年,其说可从。又据诗序"十月初吉,菊始开,乃与客作重九,因次韵渊明《己酉岁九月九日》一首",初吉为每月朔日,即初一。《诗经·小雅·小明》:"二月初吉。"毛传:"初吉,朔日也。"杜甫《北征》首联"皇帝二载秋,闰八月初吉",黄希注云:"按《唐纪》,是年闰月初吉,乃是其月初一日。"一说自朔日至上弦初八日为初吉。见王国维《观堂集林》卷一《生霸死霸考》。

（四） 和陶读《山海经》十三首并引

系年：绍圣二年十月作于惠州。

考辨：按《施谱》系此诗于绍圣三年，王文诰《总案》定此诗作于绍圣二年秋七月作。查慎行《补注》编为绍圣三年夏中作。《诗集》依《总案》定为二年秋后作，而《三苏年谱》则明确定为二年十月。今据组诗其一首句"今日天始霜"可知，诗当作于是年十月霜降之后，故当以《三苏年谱》为是。

（五） 和陶游斜川

系年：绍圣三年正月五日作于惠州。

考辨：此诗编年争议较大，《施谱》编于绍圣三年正月五日；查慎行《补注》编于元符元年戊寅儋州作；王文诰系于元符二年己卯，《总案》卷四十二云："元符二年己卯正月五日，与过出游，和陶渊明《游斜川诗》。诰按：'此诗戊己二年皆可作，查注既以戊己诗合为一卷，而此诗不编己卯，则前后诗皆混，今改编。'"《孔谱》从王文诰说。冀按，细味本诗，"谪居澹无事，何异老且休""未知陶彭泽，颇有此乐不。问点尔何如，不与圣同忧。问翁何所笑，不为由与求"，语意放旷悠闲，怡然自得，与元符谪居儋州时心境不相类。又苏过《斜川集》卷一亦有《次陶渊明正月五日游斜川韵》，中曰"岁丰田野欢，客子亦少休""澄江可寓目，长啸忘千忧"。对比苏轼文中所描写的海南情形，如"南海以薯米为粮，时岁艰，米皆不熟"（《文集》卷七十三《记薯米》）、"海南连岁不熟，饮食百物艰难"（《文集》卷六十《与侄孙元老书》第一简）、"元符二年，儋耳米贵，吾方有绝粮之忧"（《东坡志林》卷五《辟谷说》）等等，诗中所绘情事显然与文中所写海南情事相差太远。故当以《施谱》绍圣三年说为佳。吴定球《苏轼〈和陶游斜川〉诗系年考辨》（《惠州大学学报》2000年第9期）采《施谱》说法，并对此诗编年有详尽考证，论据充分，其说可信，可参看。另宋刊《东坡先生和陶渊明诗》亦编此诗于《和陶读山海经》后。

（六） 和陶咏二疏

系年：绍圣三年正月作于惠州。

考辨：此诗与后两诗《施谱》系于绍圣二年，《诗集》依查慎行说编于绍圣三年正月作于惠州。按《补注》卷四十查慎行考证云："《形赠影》以下六首，皆和陶诗也，旧本刻《归园田居》后，今分编于此。"冀按，此旧本指《施注苏诗》，施本只是将《形赠影》三首与《咏二疏》《咏三良》《咏荆轲》三首及《归园田居》编于一处，并未编年，查编三诗于此，而《归园田居》却编于卷四十一儋州诗中，令人费解。王文诰《总案》、孔凡礼《三苏年谱》皆从《补注》，因此三诗编年并无显证，只能暂依《诗集》，待详考。

（七） 和陶咏三良

系年：绍圣三年正月作于惠州。

考辨：同《和陶咏二疏》考辨。

（八） 和陶咏荆轲

系年：绍圣三年正月作于惠州。

考辨：同《和陶咏二疏》考辨。

（九） 和陶移居二首并引

系年：绍圣三年三月作于惠州。

考辨：据诗序"余去岁三月，自水东嘉祐寺迁居合江楼，迨今一年"，及《诗集》卷四十《迁居》诗引"吾绍圣元年十月二日至惠州，寓居水东合江楼。是月十八日，迁于嘉祐寺。二年三月十九日，复迁于合江楼。三年四月二十日，复归于嘉祐寺"，可确知此诗当为三年三月迁回合江楼后作。

（十） 和陶桃花源记诗并引

系年：绍圣三年春作于惠州。

考辨：《补注》《合注》皆系此诗于元符三年庚辰所作。《总案》《诗集》及《三苏年谱》则皆系于绍圣三年春，据《文集》之《佚文汇编》卷五之《录所作赠卓契顺并跋》："绍圣三年，岁在丙子，清和月，眉山苏轼录于惠州白鹤峰所居思无邪斋,以遗卓契顺。"此跋及所录诗文皆见于石刻,为《晚香堂苏帖》所录存,所录有《〈和陶饮酒二十首〉并引》及《〈和陶桃花源〉引》,诗和引当作于同时。苏轼赠卓契顺之书跋在绍圣三年清和月,即四月,则所录之诗及诗引当作于四月之前。又据苏轼《书〈归去来辞〉赠契顺》"绍圣三年三月二日,契顺涉江度岭,徒行露宿,僵仆瘴雾,黧面茧足以至惠州。得书径还",则《和陶桃花源记诗并引》作于是年春三月明矣。

(十一) 和陶岁暮和张常侍并引

系年:绍圣三年十二月作于惠州。

考辨:诗中有"我年六十一"之句,苏轼生于景祐三年,"年六十一",即绍圣三年。

(十二) 和陶乞食

系年:绍圣三年十二月作于惠州。

考辨:《补注》系于卷四十二之元符元年戊寅至元符二年己卯儋州诗中,《总案》卷四十将此诗与《和胡西曹示顾贼曹》并编于绍圣三年十月,其案语云:"此二诗施注和陶卷并编,查注因并编海外作。海外年荒米缺,时有匮乏之忧,甚至欲学龟息以不食,与《乞食》诗'幸有余薪米,养此老不才'句不合。其和胡曹示顾曹诗,以长春花兴比,与梅花词同一感悼,故云'谁言此弱质,对句余清悲'也,今定为惠州作。"冀按,"梅花词"指《西江月》(玉骨那愁瘴雾),王文诰以为此词为苏轼绍圣三年十月所作之悼王朝云之词,而《和胡西曹示顾贼曹》亦为悼朝云之诗,且施注与《补注》皆将《乞食》与之并编,故此两诗一词当作于同时。王文诰之推理虽有一定道理,但并无确定之文献依据。《诗集》从王文诰说。据诗题和诗之内容,《乞食》当与《和陶岁暮作和张常侍》作于同时或稍后,姑系于此,待详考。

(十三) 和陶答庞参军并引

系年:绍圣四年二月作于惠州。

考辨:按此首为送循州守周彦质(字文之)而作。绍圣四年二月,周彦质罢循州守,过惠,访苏轼并留居半月,至二十一日方离去,苏轼为作此诗送行。查慎行《补注》卷四十《循守临行出小鬟,复用前韵》诗题下注云:

"蒙示二十一日别文之后佳句,戏用元韵,记别时事,为一笑。"

(十四) 和陶时运并引

系年:绍圣四年闰二月作于惠州。

考辨:据本诗叙"丁丑二月十四日,白鹤峰新居成",闰二月,苏轼长子迈携家眷至惠,苏轼作《和陶时运》以庆之。关于此诗编年,清温汝能《和陶合笺》题序下有长文考证,可参看。

(十五) 和陶止酒并引

系年:绍圣四年六月十一日作于雷州海康递角场。

考辨:绍圣四年二月,苏辙责授化州别架雷州安置;闰二月,责授琼州别驾昌化军安置。四月十九日,苏轼携幼子过离惠赴儋,五月十一日与苏辙遇于藤州,兄弟同行整一月,六月十一日别于雷州海康递角场,苏轼当时病痔疮,苏辙劝其戒酒,苏轼故作是诗以送别。

以上俱为惠州所作,起于绍圣二年三月之《和陶归园田居六首》,终于绍圣四年闰二月之《和陶时运并引》,共计十四题三十八首。

三、儋 州 作

(一) 和陶还旧居

系年:绍圣四年七月,初到海南儋州作。

考辨:《施谱》系于元符三年。《总案》卷四十一记事云:"七月二日,到昌化军贬所,进上谢表。蹴官屋数椽以居,梦归白鹤山居,和陶渊明还旧居诗。"《三苏年谱》卷五十二定为绍圣四年八月中秋后所作,却编排至《夜梦》前,明显有误。因为《夜梦》诗引明言"七月十三日,至儋州十余日矣,澹然无一事。学道未至,静极生愁。夜梦如此,不免以书自怡",则《夜梦》诗作于七月十三日明矣,诸集皆列此诗于《夜梦》前,故当以七月初到海南时作为确。

（二） 和陶连雨独饮二首并引

系年：绍圣四年七月，初到海南儋州作。

考辨：《总案》云："（七月）十三日记夜梦诗，自谪海南，尽买酒器以供衣食，惟留一荷叶杯以自酌。和陶渊明《连雨独饮》诗，出游城东古学舍，慨邦风之圮夷，再和《示周掾祖谢诗》。"又下有"诰案"云："《和陶连雨独饮》《周掾祖谢》二诗，查注编入戊寅送张中诗后，合注从误，今以丁丑诸作细校，且为初到时作也。"孔谱亦编入四年八月作。冀按：当以王说为是。

（三） 和陶示周掾祖谢

系年：绍圣四年七月，初到海南儋州作。

考辨：《施谱》系于元符三年，当依王文诰说，此诗与《和陶连雨独饮》同作于绍圣四年七月。

（四） 和陶劝农并引

系年：绍圣四年八月，初到海南儋州作。

考辨：《总案》卷四十一记事云："（四年八月）公赴市籴米，乃知海南秔稻不足于食，俗以贸香为业，而田芜不治，率以薯芋杂米作粥取饱，既为诗示张中，复和陶渊明劝农诸篇以告儋人。"依之。另孔谱亦编为是年八月作。

（五） 和陶辛丑岁七月赴假还江陵夜行涂中作口号

系年：绍圣四年九月作于海南儋州。

考辨：《施谱》系于元符三年，《总案》卷四十一记事云："九月，出郊步月，和陶渊明赴假还江陵夜行诗。"诰案云："诗境乃九月作，查注编戊寅，合注从误，今改编。"孔谱依之，亦从其说。

（六） 和陶九日闲居并引

系年：绍圣四年九月八日作于海南儋州。

考辨：《施谱》系于绍圣三年，《纪年录》系于元符元年，《总案》卷四十一记事云："（四年九月）八日，夜雨骚然，念明日重九，辗转不寐，起索酒，和陶渊明九日闲居诗，作《黍麦说》。"冀按：孔凡礼先生对此诗的编年出现重复，其一编于绍圣四年九月，又编于元符元年九月，分别见于《三苏年谱》卷五十二第2775页、卷五十三第2807页，《苏轼年谱》卷三十六第1276页、卷三十七第1296页亦同时记有此条。考《诗集》卷四十一编此诗于绍圣四年，又据诗歌内容，当为初到海南所作，故当以绍圣四年说为是。故孔谱应删去元符元年重见之条。

（七） 和陶拟古九首

系年：绍圣四年九月作于海南儋州。

考辨：《总案》编于《九日闲居》诗后，孔谱、《诗集》皆从，孔谱并把《和陶东方有一士》合编一处。据诗歌内容来看，或亦当作于初到海南之时，只是并无显证。姑从之。又按：《三苏年谱》卷五十二云："其五似作于高州，以后汇入此组组诗之中。"则孔先生似认为《和陶拟古》之"冯冼古烈妇"一首或当作于是年五月苏轼经过高州时，与本组诗之其他诗非作于一时。查注编此组诗于卷四十二，定于元符元年戊寅，合明年己卯在儋州作。温笺以为应是元符戊寅作于儋州无疑。冀按：本组诗其四有云："九夷为藩篱，四海环我堂。卢生与若士，何足期渺茫。稍喜海南州，自古无战场。奇峰望黎母，何异嵩与邙。"其五（黎山有幽子）诗有云："遗我吉贝布，海风今岁寒"及组诗其七"本欲竭泽渔，夺此明年何"、其九"城南有荒池，香色犹未改。遥知玉井莲，落蕊不相待"等诗句，当以绍圣四年初到海南作为佳。

（八） 和陶东方有一士

系年：绍圣四年九月作于海南儋州。

考辨：《纪年录》定于绍圣三年二月二十一日作，此诗宋刊本《东坡先生和陶渊明诗》置于卷二之《神释》后、《咏贫士七首》前，诗前仍列渊明《东方有一士》，则渊明《东方有一士》诗两见于底本，苏轼亦两和之。《补注》于"渊明即我也"后尚有所谓公自注："绍圣三年二月二十一日，东坡居士饮醉食饱，默坐思无邪斋，兀然如睡，既觉，写和渊明诗示儿子过。"《合注》云："此段自注，全见东坡题跋。此诗，七集本、王本作'公自注'，亦止'渊明即我也'以上数句。至'绍圣三年'以下数句，诸本俱无，惟查本有之。今考东坡题跋，标称'书渊明东方有一士诗后'，并不云书和诗也，故末云'既觉,写渊明诗一首示儿子过',乃查氏增入'和'字而并作自注,非也。且恐七集本、王本以前段数句作公自注者,亦非。"《合注》说是,《补注》系此诗于绍圣三年二月作,显然有误,今仍从诗集,系于四年九月。

(九) 和陶停云并引

系年:绍圣四年十月立冬后作于海南儋州。

考辨:《总案》卷四十一:"《栾城集·和停云诗叙》云:丁丑十月,海道风雨,儋、雷邮传不通,自瞻兄和陶渊明停云四章以致相思之意,辙亦次韵以报。诰按子由此叙明载丁丑十月子瞻《和陶停云四章》。"孔谱仍之。当从。

(十) 和陶怨诗楚调示庞主簿及邓治中

系年:绍圣四年十月立冬后作于海南儋州。

考辨:《总案》云:"此诗有'如今破茅屋,一夕或三迁。风雨睡不知,黄叶满枕前'诸句,以《停云》诗叙'立冬风雨无虚日'之说合观,则绍圣丁丑十月作也。如谓后两年秋冬作,公已在新居,何至破败若是哉。查注编已卯冬至诗前,合注从误,今改编。"当从。

(十一) 和陶杂诗十一首

系年:绍圣四年十月立冬后作于海南儋州。

考辨:《总案》云:"十月立冬后……官屋破漏,一夕三迁,和陶渊明《怨诗示庞邓》,既晴,复和杂作诸诗。"《三苏年谱》丁丑十一月记事云:"轼作《和陶杂诗》。时吴复古(子野,远游)将渡海相访。"冀按,两说都无显证,姑从王说,待后详考。

(十二) 和陶癸卯岁始春怀古田舍二首并引

系年:绍圣四年十一月作于海南儋州。

考辨:《总案》云:"十一月,和子由《月季花再生》诗。与张中游城东南黎子云家,水木幽茂,为醵钱作载酒堂,和陶渊明《怀古田舍诗》。"诰案语云:"此诗查注编入戊寅,合注从误,今改编丁丑。"《三苏年谱》卷五十二丁丑十一月记事亦云:"与军使张中访黎子云兄弟,轼赋诗(按:指本诗),

名子云所居曰载酒堂。又为植树。读子云家所藏柳文。"

(十三) 和陶赠羊长史并引

系年：绍圣四年十一月作于海南儋州。

考辨：《施谱》系于元符三年，《总案》云："（绍圣四年十一月）闻郑嘉会欲于海舶假书千卷，和陶渊明赠羊长史诗。"孔谱绍圣四年十一月记事云："郑嘉会（靖老）欲于海舶载书千余卷见借，轼和陶潜《赠羊长史》诗以谢。"

(十四) 和陶形赠影

系年：元符元年正月二十三日作于海南儋州。

考辨：《和陶形影神》三首《施谱》系于绍圣二年，《总案》定此诗作于元符元年二月二十三，《三苏年谱》定此诗作于是年正月二十三，考《纪年录》云："元符元年戊寅，公在儋州。上元，过赴使君召，独坐有感，作诗。二十三日，书渊明《形影神》诗赴过，仍和其韵。上巳日，与老符饮，作诗。"王文诰认为《纪年录》所载必有所本，故从之。详味《纪年录》之言，虽未明言是正月还是二月，但据其文意，似当以正月二十三为是。

(十五) 和陶影答形

系年：元符元年正月二十三日作于海南儋州。

考辨：见《和陶形赠影》考辨。

(十六) 和陶神释

系年：元符元年正月二十三日作于海南儋州。

考辨：见《和陶形赠影》考辨。

(十七) 和陶乙巳岁三月为建威参军使都经钱溪

系年：元符元年二月作于海南。

考辨：《总案》云："此诗查注原编戊寅新居诗前，详味诗意，是时尚无卜居之事，故有买车易亩之言也。今仍编戊寅春中。"孔谱亦从《和陶形影神》三诗编入元符元年正月。细味"谢家堂前燕，新年结荔子"等语，似当以春二月为宜。

（十八）　和陶归去来兮辞并引

系年：元符元年春夏之间作于海南儋州。

考辨：王文诰系此辞于元符元年春二月，《总案》云："此辞公本置和陶集内，不归文集。施注载和陶集后，查注编入庚辰，合注从误。考子由和叙公作此辞，子由尚在雷也，今定为戊寅作，改载入案。"《合注》编卷四三元符三年卷中；孔谱系于戊寅春三月癸酉（二十四日）苏轼被逐出官舍后，六月苏辙离雷州前。冀按，据《栾城后集》卷五《和子瞻归去来兮辞并引》云："昔予谪居海康，子瞻自海南以和渊明《归去来》之篇，要予同作。时予方再迁龙川，未暇也。"又据《栾城后集》卷二十一《书白乐天集后二首》之一云："元符元年夏六月，予自海康再迁龙川。"则苏轼辞必作于苏辙居海康再迁龙川之前，即作于元符元年六月以前。今依孔谱暂系于是年春夏间。

（十九）　和陶和刘柴桑

系年：元符元年四月作于海南儋州。

考辨：此诗《施谱》系于绍圣三年，《总案》卷四十二云："（四月）公无地可居，偃息城南污池之侧，桄榔林下，就地筑室。儋人运甓畚土以助之。客有王介石者，躬其劳辱。物器或不给，邻里咸致所有。张中来观，亦助畚锸。事皆集，和陶渊明和刘柴桑诗。"又《宋史》本传云："初僦官屋以居，有司犹谓不可。轼遂买地筑室，儋人运甓畚土以助之。独与幼子过处，著书以为乐，时时从其父老游，若将终身。"《苏轼文集》卷五十六《与郑靖老》第一简云："初赁官屋数间居之，既不佳，又不欲与官员相交涉。近买地起屋五间一龟头，在南污池之侧，茂林之下，亦萧然可以杜门面壁少休也。但劳费贫窘耳。此中枯寂，殆非人世，然居之甚安。况诸史满前，甚可与语者也。著书则未，日与小儿编排整齐之，以须异日归之左右也。小客王介石者，有士君子之趣。起屋一行，介石躬其劳辱，甚于家隶，然无丝发之求也。"又卷五十五《答程天侔三首（之二）》："近得吴子野书，甚安。陆道士竟以疾不起，葬于河源矣。前会岂非一梦耶？仆既病倦不出，然亦无与往还者，阖门面壁而已。新居在军城南，极湫隘，粗有竹树，烟雨如晦，真蜑坞獠洞也。惠酒佳绝。旧在惠州，以梅酝为冠，此又远过之。"细味诗之内容，作于元年四月无疑。

（二十）　和陶庚戌岁九月中于西田获早稻并引

系年：元符元年十二月作于海南儋州。

考辨：《三苏年谱》卷五十三元符元年十二月记事云："岁末，小圃栽植渐成，轼取陶潜诗有草木蔬谷者五篇，即《西田获早稻》《下潠田舍获》《戴主簿》《酬刘柴桑》《和胡西曹示顾贼曹》，次其韵。"并有详考，从其说。

（二十一）　和陶丙辰岁八月中于下潠田舍获

系年：元符元年十二月作于海南儋州。

考辨：见《和陶庚戌岁九月中于西田获早稻》考辨。

（二十二）　和陶五月旦作和戴主簿

系年：元符元年十二月作于海南儋州。

考辨：见《和陶庚戌岁九月中于西田获早稻》考辨。

（二十三）　和陶酬刘柴桑

系年：元符元年十二月作海南儋州。

考辨：见《和陶庚戌岁九月中于西田获早稻》考辨。

（二十四）　和陶和胡西曹示顾贼曹

系年：元符元年十二月作海南儋州。

考辨：见《和陶庚戌岁九月中于西田获早稻》考辨。

（二十五）　和陶与殷晋安别送昌化军使张中

系年：元符二年三月作海南儋州。

考辨：《总案》卷四十二："张中坐修官屋冲替。诰按雷儋之事皆董必所发，亦皆长编所载。其雷之监司参处，在上年梁子美为本路刑狱，儋之监司参处，在下年四月，梁子美已改官湖南。是长编所载年月无误。然其中轻重不同，迟速相远。宋之律令，有不可尽知者。今但以张中论其不觉察监司参处，降于二年四月，而张中不在数，则其命下在四月之前可知。……其罢任必在己卯，又当载入二月以前后，板定业。查注以三送张中诗并编戊寅新居之后，合注仍之，皆误。三月，初送张中，和陶渊明《与殷晋安别》。"冀按，《总案》考证甚详，当从其说。其诗有"仍将对床梦，伴我五更春"之语，作于春天无疑。孔谱编此诗于六月甲午后，又无考据说明，不从。

（二十六） 和陶于王抚军座送客再送张中

系年：元符二年十一月作海南儋州。

考辨：《总案》卷四十二十一月十九日记事："张中告行，夜坐不去，再送张中，和陶渊明王抚军座送客诗。"孔谱从之。

（二十七） 和陶答庞参军三送张中

系年：元符二年十二月作海南儋州。

考辨：《总案》卷四十二："十二月张中来别，夜作达晓，意颇愤懑。为解勉，其异日作三送张中和陶渊明答庞参军诗。诰按以上送张中二诗，施注和陶集本并编也。细玩二诗，乃相去不远之作，必当并编。今分列十二月者，以公有三年无愧之语，特满是岁。"

（二十八） 和陶始作镇军参军经曲阿

系年：元符三年二月初作海南儋州。

考辨：《总案》编此诗于元符三年五月作，并认为此诗为闻大赦消息后作，且为苏轼最后一首和陶诗。冀按，据此诗"天命适如此，幸收废弃余""北郊有大贲，南冠解囚拘。眷言罗浮下，白鹤返故庐"等句，显为初闻大赦消息后而又未闻恩移廉州安置消息之前所作。考《宋史·徽宗一》："元符三年正月己卯，哲宗崩……庚辰，赦天下常赦所不原者，百官进秩一等，赏诸军。"庚辰为正月十三日，考虑到儋州与京城开封的距离，消息至快也当半月左右传到海南，故定此诗作于二月初。但《三苏年谱》云："同日（冀按指正月十三日），赦天下。轼赋和陶《始经曲阿》，抒闻赦后心情。"此说显然不确。另《总案》元符三年五月记事云："和陶始经曲阿诗，至是和陶集成。"则其系年又明显偏后。

（二十九）　和陶和郭主簿二首并引

系年：元符三年清明节，作于海南儋州。

考辨：《纪年录》元符三年记事云："三月清明日，闻过诵书，声节闲美，感念少时，怅然追怀先君宫师之遗意，且念淮德二幼孙，无以自遣，乃和渊明《酬郭主簿》诗。"《总案》《三苏年谱》皆从《纪年录》。《施谱》系于绍圣三年，《补注》《合注》皆认为此诗作于元符元年，不确，当以《纪年录》元符三年说为是。

以上除《和陶止酒》作于雷州海康外，其他俱为儋州所作，起于绍圣四年六月，终于元符三年三月，共计31题51首。

注　释

[1]（清）查慎行撰，王友胜校注《苏诗补注》，凤凰出版社2013年版。
[2]（清）冯应榴撰，《苏轼诗集合注》，上海古籍出版社2001年版。
[3] 孔凡礼《苏轼诗集》，中华书局1982年版。
[4]（清）王文诰《苏文忠公诗编注集成总案》，巴蜀书社1985年版。
[5] 孔凡礼《苏轼年谱》，中华书局1998年版。
[6] 孔凡礼《三苏年谱》，北京古籍出版社2004年版。
[7] 张志烈等《苏轼全集校注》，河北人民出版社2010年版。
[8] 孔凡礼《苏轼文集》，中华书局1986年版。

苏轼润州词编年辨证

◇喻世华 *

苏轼词不少与润州有关,但这些润州词的编年往往存在分歧,对此展开辨证,无论在苏轼研究还是在镇江历史文化名城研究中都是具有价值的。

一、苏轼与润州有关词的编年

苏轼 15 次路经润州,在其现在保留的词作中,朱祖谋《彊村丛书》本《东坡乐府》[1](简称《乐府》)、薛瑞生《东坡词编年笺证》[2](简称《笺证》)、邹同庆、王宗堂《苏轼词编年校注》[3](简称《校注》)、张志烈等《苏轼全集校注》[4](简称《全集》)等比较权威的版本有关润州的词为 17 首,见表 1:

表1 古今东坡词别集编年对照表

序号	词调	首句	古今东坡词别集编年			
			朱祖谋	薛瑞生	邹同庆、王宗堂	张志烈
1	南乡子	晚景落琼杯	熙宁七年,润州	元丰四年春,黄州	元丰三年春,黄州	元丰四年春,黄州
2	行香子	携手江村	熙宁七年正月,润州丹阳			
3	昭君怨	谁作桓伊三弄	熙宁七年二月,润州金山			
4	醉落魄	轻云微月	熙宁七年,京口	熙宁七年二月底,京口	熙宁七年四月,京口	熙宁七年初夏,京口

---

* 作者简介:喻世华,中国苏轼研究学会理事,江苏科技大学编审、《江苏科技大学学报》(社会科学版)副主编。

续表

序号	词调	首句	古今东坡词别集编年			
			朱祖谋	薛瑞生	邹同庆、王宗堂	张志烈
5	蝶恋花	雨过春容清更丽	熙宁七年,京口	熙宁七年二月底,京口	熙宁七年四月,京口	熙宁七年春末,京口
6	少年游	去年相送	熙宁七年四月,润州	熙宁七年二月底,京口	熙宁七年四月,润州	熙宁七年四月,润州
7	卜算子	蜀客到江南	熙宁七年,京口	熙宁七年三月,京口		熙宁七年初夏,京口
8	菩萨蛮	玉笙不受朱唇暖	熙宁七年十月,润州			
9	减字木兰花	郑庄好客	熙宁七年十月,润州		元丰七年八月,润州	熙宁七年十月,润州
10	南歌子	欲执河梁手	熙宁七年十月,润州		元丰七年八月,润州	熙宁七年十月,润州
11	减字木兰花	银筝旋品	无编年	元祐七年九月,南都	熙宁七年十月,润州	熙宁七年十月,润州
12	诉衷情	小莲初上琵琶弦	无编年	熙宁三年十月,汴京	熙宁七年十月,润州	熙宁七年十月,润州
13	采桑子	多情多感仍多病	熙宁七年十月,润州			熙宁七年十一月初,润州
14	更漏子	水涵空	熙宁七年十月,润州	熙宁七年十月,海州	熙宁七年十月,楚州	熙宁七年十一月上旬末,楚州
15	醉落魄	分携如昨	熙宁七年十月,润州			熙宁七年十一月初,润州
16	西江月	昨日扁舟京口	元祐六年二月,杭州	元祐六年二月底、三月初,杭州	元祐六年三月,杭州	元祐六年三月底,润州
17	临江仙	我劝髯张归去好	元祐六年四月,润州			

从表1可以看出,在这17首词中,存在三种情况:

一是不存在争议的,计有《行香子·携手江村》《昭君怨·谁作桓伊三弄》《菩萨蛮·玉笙不受朱唇暖》《临江仙·我劝髯张归去好》4首。

二是争议不大的，计有《醉落魄·轻云微月》《蝶恋花·雨过春容清更丽》《少年游·去年相送》《卜算子·蜀客到江南》《采桑子·多情多感仍多病》《醉落魄·分携如昨》6首。

三是存在很大争议的，计有《南乡子·晚景落琼杯》《减字木兰花·郑庄好客》《南歌子·欲执河梁手》《减字木兰花·银筝旋品》《诉衷情·小莲初上琵琶弦》《更漏子·水涵空》《西江月·昨日扁舟京口》7首。

二、苏轼润州词编年辨证

上述三种情况，第一种情况不需要辨证，大都有苏轼的自注或者说明，前人的研究也已经得出了一致的结论。笔者主要针对第二种，特别是第三种展开辨证。

（一）对争议不大的6首词的辨证

争议不大的6首词，都在熙宁七年。这一年苏轼曾两次到润州，一次是在一至四月到常润赈灾，在润州停留较长时间，同润州当地的士人如柳氏家族、刁氏家族以及俞康直，同佛教人士如圆通、宝觉、焦山伦长老等都有过频密的交往，是他15次途经润州逗留最长的一次；一次是同年十月末十一月初，以太常博士、直史馆权知密州军州事，从杭州到密州，路经润州。熙宁七年编年有争议但争议不大的词大致可以分成两类：一类是前一次留下的4首词；一类是后一次留下的2首词。

1. 常润赈灾4首词编年辨证

《醉落魄·轻云微月》《蝶恋花·雨过春容清更丽》《少年游·去年相送》《卜算子·蜀客到江南》4词，都是苏轼熙宁七年到常润赈灾的产物，这是各种版本一致的看法，只是在具体时间上略有差别。

第一，《醉落魄·轻云微月》编年。《乐府》没有标明具体月份，《笺证》认为是"二月底"，《校注》认为是"四月"，《全集》认为是"初夏"。各有理由，回到文本是最可靠的办法：

轻云微月，二更酒醒船初发。孤城回望苍烟合，公子佳人，不记归时节。

巾偏扇坠藤床滑，觉来幽梦无人说。此生飘荡何时歇？家在西南，长作东南别。

从"孤城回望苍烟合"等词句看，是离开润州时的作品。"巾偏扇坠藤床滑"短短七个字，将苏轼的醉态刻画得惟妙惟肖。这既照应了"二更酒醒船初发"，也说明离别润州的难舍难分。苏轼正月到丹阳，四月离开润州，六月回到杭州，因此这首词应该是常润赈灾4首词中最晚的一首词，"二月底"不对，"四月""初夏"大致能够成立。

第二，《蝶恋花·雨过春容清更丽》编年。《乐府》没有标明具体月份，《笺证》认为是"二月底"，《校注》认为是"四月"，《全集》认为是"春末"。仍然是各有理由，还须回到文本：

雨过春容清更丽。只有幽人，幽恨终难洗。北固山前三面水，碧琼梳拥青螺髻。

一纸乡书来万里。问我何年，真个成归计。白首送春拚一醉，东风吹破千行泪。

从词意看，苏轼此时还在润州，此词当在《醉落魄·轻云微月》之前所写。该词又名"送春"，词中亦有"白首送春拚一醉"。《全集》将其标为"春末"，与《醉落魄·轻云微月》标为"初夏"有所区别，做了比较细的划分。

第三，《少年游·去年相送》编年。《乐府》《校注》《全集》都认为是"熙宁七年四月"，《笺证》认为是"二月底"。还是看文本：

去年相送，余杭门外，飞雪似杨花。今年春尽，杨花似雪，犹不见还家。

对酒卷帘邀明月，风露透窗纱。恰似嫦娥怜双燕，分明照、画梁斜。

这首词可以与《蝶恋花·雨过春容清更丽》对照：一是恋乡，一是思家；一是"送春"，一是"春尽"。两词为姊妹篇，时间当相距不远。"熙宁七年四月"为是,"二月底"与"送春""春尽"不吻合。

第四,《卜算子·蜀客到江南》编年。《乐府》没有标明具体月份,《笺证》《校注》认为是"三月",《全集》认为是"初夏"。该词曰:

> 蜀客到江南,长忆吴山好。吴蜀风流自古同,归去应须早。
> 还与去年人,共藉西湖草。莫惜尊前仔细看,应是容颜老。

从词意看,身在润州的苏轼表达久客思归之情,又思念了杭州的友人:"还与去年人,共藉西湖草。"苏轼与杭州知州陈襄关系密切,笔者推测其思念对象当为陈襄。

在这4首词的编年中,《醉落魄·轻云微月》为离别润州时的作品当为最后,其他3首表达了对家乡、妻子、朋友的思念。其编年顺序,按照心理学的顺序当为妻子(《少年游·去年相送》)——家乡(《蝶恋花·雨过春容清更丽》)——朋友(《卜算子·蜀客到江南》);按照物候顺序大致也与此吻合,"今年春尽,杨花似雪"(《少年游·去年相送》)、"雨过春容清更丽""白首送春"(《蝶恋花·雨过春容清更丽》)、"共藉西湖草"(《卜算子·蜀客到江南》)。

2. 赴密经润2首词编年的辨证

熙宁七年六月,苏轼自常润回杭;七月,杨绘代陈襄为太守;九月,以子由在济南,苏轼求为东州守,以太常博士、直史馆权知密州军州事。恰值杨绘回朝,苏轼与杨绘结伴到润州分手,留下了《采桑子·多情多感仍多病》《醉落魄·分携如昨》2首词。对于两首词的编年,《乐府》《笺证》《校注》都认为是"熙宁七年十月,润州",只有《全集》认为是"熙宁七年十一月初,润州"。分歧不是太大,主要问题是苏轼到润州的时间。这在《采桑子·多情多感仍多病》的词序中有交代:

> 润州甘露寺多景楼,天下之殊景也。甲寅仲冬,余同孙巨源、王正仲参会于此。有胡琴者,姿色尤好。三公皆一时英秀,景之秀,妓之妙,真为希遇。饮阑,巨源请于余曰:"残霞晚照,非奇才不尽。"余作此词。

仲冬为十一月,《全集》说法更为准确。

(二) 对存在很大争议的7首词的辨证

7首编年存在很大争议的词,需要一一认真辨析。

1.《南乡子·晚景落琼杯》编年的辨证

《乐府》编于"熙宁七年,润州",《笺证》编于"元丰四年春,黄州",《校注》编于"元丰三年春,黄州",《全集》编于"元丰四年春,黄州"。先看文本:

> 晚景落琼杯,照眼云山翠作堆。认得岷峨春雪浪,初来,万顷蒲萄涨渌醅。
> 暮雨暗阳台,乱洒高楼湿粉腮。一阵东风来卷地,吹回,落照江天一半开。

辨证:该词所系时间、地点都不一致。从词意看,与熙宁七年苏词相差甚远,似可排除"熙宁七年,润州"一说。但究竟是元丰三年春还是元丰四年春作于黄州呢?

《校注》对朱孝臧、龙榆生等人的编年情况做了梳理,根据词上片之地理形势认为与《满江红》(江汉西来)相同,当作于黄州;又根据上片"初来"一词,认定作于元丰三年春;但其实对这个结论又持怀疑态度,结尾另引"孔《谱》认为应是苏轼元丰三年五月由定惠院迁居临皋亭以后作,遂编于元丰四年辛酉正月下旬,云:'去年此时尚不居临皋亭,知为今年春初作。'亦可备一说,录以待详考。"[3]289—290

《全集》同样梳理了以往的编年情况,依据"毛本题作'春情'"、傅注本作"黄州临皋亭作",结合苏轼行踪做了令人信服的说明:"苏轼元丰三年初到黄州,寓居定惠院,五月末始迁居临皋亭,故必当作于元丰四年春。"[4]287故该词以"元丰四年春,黄州"的编年为是。

2.《减字木兰花·郑庄好客》编年的辨证

《乐府》《笺证》《全集》编于"熙宁七年十月,润州",《校注》编于"元丰七年八月,润州"。先看文本:

郑庄好客。容我尊前先堕帻。落笔生风。籍籍声名不负公。
高山白早。莹骨冰肤那解老。从此南徐。良夜清风月满湖。

辨证:"南徐"为润州古地名,该词作于润州当无疑义。但究竟是熙宁七年十月还是元丰七年八月在润州作?答案在该词的词序中:"赠润守许仲途,且以郑容落籍,高莹从良为句首。"《宋史·许遵传》没有明确记载许遵何时守润,但《嘉定镇江志》卷十五对许遵守润有明确记载:

许遵,朝议大夫,元丰壬戌守润。至之日,岁荒民饥,躬为之发廪;岁凶民疫,躬为之发药。大抵以仁莅政,于是人说(悦)气和,雨旸应之。比其次年,蓣登于夏,稻登于秋,蚕者衍丝,绩者衍麻。《京口集》有元章简绛寄润守许朝议诗。[5]

许遵元丰五年(壬戌,1082)守润,元丰八年(乙丑,1085)苏轼有《次韵许遵》:"蒜山渡口挽归艎,朱雀桥边看道装。"[6]当为许遵离开润州到金陵居住的送别诗。苏轼与许仲途在润州的交往主要集中在元丰七年。但苏轼在元丰七年三过润州,确切可考的为八月十九日到金山与滕元发相会,有《次韵滕元发、许仲途、秦少游》[5]1266-1267等,金山之会后回到真州,尔后有回常州、宜兴之行,再过润州到扬州,但都缺乏明确的时间记载。因此,笔者倾向于该词作于"元丰七年八月,润州"。

3.《南歌子·欲执河梁手》编年的辨证

《乐府》《笺证》《全集》编于"熙宁七年十月,润州",《校注》编于"元丰七年八月,润州",吴雪涛《苏词编年辨证》编于"元丰八年五月,润州"。该词曰:

欲执河梁手,还升月旦堂。酒阑人散月侵廊。北客明朝归去、雁南翔。
窈窕高明玉,风流郑季庄。一时分散水云乡。惟有落花芳草、断人肠。

辨证：该词又名《南歌子·别润守许仲涂》[3]526-527，编年当以"元丰七年八月"为是，理由同上则。

4.《减字木兰花·银筝旋品》编年的辨证

《乐府》没有编年，《笺证》编于"元祐七年九月，南都"，《校注》《全集》编于"熙宁七年十月，润州"。先看文本：

银筝旋品，不用缠头千尺锦。妙思如泉，一洗闲愁十五年。
为公少止，起舞属公公莫起。风里银山，摆撼鱼龙我自闲。

辨证：《校注》列举了该词编年的相关情况，最后的说明是"今暂依曹说编年，以俟详考"[3]121-122。《全集》抓住"听筝"之作这个核心展开阐述："苏轼关于听筝之作，有《江城子》（凤凰山下雨初晴），写于张先同赋弹筝，有《次韵景文山堂听筝三首》。而以《润州甘露寺弹筝》最突出：'……'由筝的音色、节律引起的感受……与本词所写完全相同。又词中言'一洗闲愁十五年'，此乃对其仕途坎坷的感慨，当从其入仕之年算起。"[4]101抓住该词与《润州甘露寺弹筝》的相似处，并结合文本中的时间展开分析，认定为"熙宁七年十月，润州"，理由充足。但此词与前述《采桑子·多情多感仍多病》《醉落魄·分携如昨》当为同时段的作品，苏轼自己提到的"仲冬"不应忽视，或可系于"熙宁七年十一月，润州"。

5.《诉衷情·小莲初上琵琶弦》编年的辨证

《乐府》没有编年，《笺证》编于"熙宁三年十月，汴京"，《校注》《全集》编于"熙宁七年十月，润州"。先看文本：

小莲初上琵琶弦，弹破碧云天。分明绣阁幽恨，都向曲中传。
肤莹玉，鬓梳蝉，绮窗前。素娥今夜，故故随人，似斗婵娟。

辨证：《校注》对该词编年的相关情况做了梳理，并有说明："词借描写乐女……弹奏琵琶传达心中幽恨，抒发作者惜别之情，与《纪年录》所云'离京口，呈元素'悉相吻合，故知傅藻所指必为此词。"[3]125-126《全集》对傅藻所提到的《诉衷情》词调在苏轼词中的情况作了认真分析，认为"东坡词中此调共三阕"，一为"钱塘风景古来奇"，那是"送述古，迓元素"，一为"海棠珠缀一重重"，写少女惜春，真正送别的就是这首。并联系《劝金船·流杯亭和杨元素》《定风波·送元素》《菩萨蛮·润州和元素》几首与元素相关的词，认可傅藻编年"熙宁七年十月，润州"[4]103—104，理由充足。笔者认为编于"熙宁七年十一月，润州"或更准确，理由同上则。

6.《更漏子·水涵空》编年的辨证

《乐府》编于"熙宁七年十月，润州"，《笺证》编于"熙宁七年十月，海州"，《校注》编于"熙宁七年十月，楚州"，《全集》编于"熙宁七年十一月上旬末，楚州"。先看文本：

> 水涵空，山照市，西汉二疏乡里。新白发，旧黄金，故人恩义深。
> 海东头，山尽处，自古客槎来去。槎有信，赴秋期，使君行不归。

辨证：词题原为"送孙巨源"，关键是什么时候"送孙巨源"。《校注》主要引证了《永遇乐·长忆别时》的题序："孙巨源以八月十五日离海州，坐别于景疏楼上。既而与余会于润州，至楚州乃别。余以十一月十五日至海州，与太守会于景疏楼上，作此词以寄巨源。"[3]128《全集》按曰："孙巨源知海州任满，内召任干当三班院，不久，同修起居注，进知制诰（见《宋史》简编）。他与苏轼会于润州多景楼时已是十一月初。一同北上，到楚州（今江苏省淮安市）后，苏轼赴密州……孙洙还朝……故二人必在楚州分手。苏轼是十一月十五日到达海州的，故此词当作于楚州分手之十一月上旬末。"[4]112《校注》强调是海州"寄巨源"，《全集》强调是楚州分别时"送孙巨源"，后者说法很有说服力，当以"熙宁七年十一月上旬末，楚州"为是。

7.《西江月·昨日扁舟京口》编年的辨证

《乐府》编于"元祐六年二月，杭州"，《笺证》编于"元祐六年二月底、三月初，杭州"，《校注》编于"元祐六年三月，杭州"，《全集》编于"元祐

六年三月底,润州"。该词曰:

> 昨日扁舟京口,今朝马首长安。旧官何物与新官,只有湖山公案。
>
> 此景百年几变,个中下语千难。使君才气卷波澜,与把新诗判断。

辨证:首先从空间上分析。"昨日扁舟京口,今朝马首长安",京口、长安(汴京)所处方位是吻合的。其次从时间上分析。苏轼元祐六年的情况是,在杭州任被召赴京,正月任命为吏部尚书,二月改命为翰林学士承旨。苏轼三月六日离杭,作《八声甘州》别道潜;三月二十八日到常州;四月初到润州。到润州具体可考的时间为,四月二日书《和柳子玉喜雪次韵仍呈述古》;四日与马忠玉简,言来日渡江。再者从内容上分析。"旧官何物与新官,只有湖山公案",林希时为润守,将接替苏轼守杭。《嘉定镇江志》卷十五载:"林希,元祐四年,以集贤殿修撰守润,后进职龙图阁待制。"[5]"旧官"当指苏轼自己,"新官"当指即将接替他的林希,林希继任杭州知府题"苏公堤"三字,苏堤由此得名[7]。因此,该词的编年当为"元祐六年四月初,润州"。

结 论

通过上面的考辨,现在能够确定苏轼在润州的词为 15 首,主要集中在四个时段:

一是熙宁七年一至四月常润赈灾时段,有《行香子·携手江村》《昭君怨·谁作桓伊三弄》《醉落魄·轻云微月》《蝶恋花·雨过春容清更丽》《少年游·去年相送》《卜算子·蜀客到江南》6 首;

二是熙宁七年仲冬赴密路过润州时段,有《菩萨蛮·玉笙不受朱唇暖》《采桑子·多情多感仍多病》《醉落魄·分携如昨》《减字木兰花·银筝旋品》《诉衷情·小莲初上琵琶弦》5 首;

三是元丰七年八月经润与润守许遵交往时段,有《减字木兰花·郑庄好客》《南歌子·欲执河梁手》2 首;

四是元祐六年四月初赴京经润时段,有《临江仙·我劝髯张归去好》《西江月·昨日扁舟京口》2 首。

注　释

[1] 朱祖谋辑校《彊村丛书》，扬州广陵出版社 2005 年版。

[2] 薛瑞生《东坡词编年笺证》，西安三秦出版社 1998 年版。

[3] 邹同庆、王宗堂《苏轼词编年校注》，中华书局 2007 年版。

[4] 张志烈、马德富、周裕锴主编《苏轼全集校注》第九册，河北人民出版社 2011 年版。

[5]《嘉定镇江志》，江苏大学出版社 2014 年版。

[6] （清）王文诰辑注，孔凡礼校《苏轼诗集》，中华书局 1984 年版。

[7] 喻世华《苏轼在润州的行迹与交游》，《文史知识》2017 年第 2 期。

北宋前期官制下苏轼官职解读

◇周云容 *

北宋官制繁杂多变，为历朝之最。以宋神宗元丰五年颁布《元丰官制格目》为界，大体可分为北宋前期官制和元丰新制[1]。苏轼嘉祐二年始入仕途，到建中靖国元年病逝常州，宦海沉浮四十余年，历经了这两大不同的官制体系。北宋前期官制，官、职、差遣分离，"官爵浑淆、品秩紊乱"，有关著述或注释对苏轼官职多有误解。本文试图对苏轼在元丰改制前的历任官职做一梳理，并放在北宋前期官制体系下做简单阐释。

北宋前期官制最大特点是官、职、差遣分离。《宋史·职官志》概括宋代设官分职的特点说："其官人受授之别，则有官、有职、有差遣。官以寓禄秩、叙位著，职以待文学之选，而别为差遣以治内外之事。"[2]3768 简要地说，这里的"官"，即三省六部、九寺五监等官司的正官，或称"正官""本官"，无职事，用于确定品位、俸禄，因此北宋前期又称为"寄禄官"。实际上，北宋前期的"官"除指寄禄官外，还指文散官，但文散官仅叙章服，此外无其他意义。宋神宗元丰五年正月罢文散官阶。"职"，即"职名"，指殿学士、诸阁学士、直学士、待制、直阁、三馆秘阁官等。从严格意义上讲，这些职名根据有无实际职掌分为"馆职"与"贴职"。"馆职"指有职事的专职，宋前期三馆秘阁官或有实事外，其余均为无职事的"贴职"。"贴职"为内外差遣所带的荣衔，标志文学高选，可提高资序、威望，或略给添支钱。元丰新制，罢三馆秘阁，并罢职事官带职；哲宗元祐以后，逐渐恢复贴职之制。"差遣"是出任的实际职务，常带有"判""知""勾当""管勾""权""直""提举""提点""提辖""签书""监"等字样。

在北宋前期官制体系下，除已提及的文散官、寄禄官、职名、差遣外，

---

* 作者简介：周云容，历史学硕士，眉山三苏祠博物馆文博馆员。

还有爵和勋。爵至唐宋,已变成一种酬劳官员的虚衔,有官品,无俸禄,北宋前期文臣少卿监以上有封爵。勋,通常也为虚衔,既无职事,又无俸钱。时人认为,"以登台阁,升禁从为显官,而不以官之迟速为荣滞;以差遣要剧为贵途,而不以阶、勋、爵邑有无为轻重"[2]3768(《宋史·职官志》)。鉴于此,本文将苏轼的差遣、馆职作为考察的重点。

一、殿试中乙科,授河南福昌县主簿

嘉祐二年,苏轼参加省试。是年,参加省试的学子6500人,录取进士388人。"丁亥,赐进士建安章衡等二百六十二人及第,一百二十六人同出身。是岁,进士与殿试者始皆不落。"[3]4364(《宋会要辑稿·选举志》)苏轼殿试中乙科。嘉祐二年四月,母亲程夫人卒,苏轼兄弟回眉丁丧。服丧期满后,嘉祐五年二月抵京,三月以选人至流内铨,授河南福昌县主簿。

宋代文臣由京朝官与选人两部分组成。选人为低级文臣,即"幕职、州县官",其迁转自成体系。选人一般分为四等七阶:第一等为"两使职官",共三阶;第二等为"初等职官",共一阶;第三等为"令录",共两阶;第四等为"判司簿尉",共一阶。河南福昌县主簿即为选人之末等。

宋代士人入仕,基本上都要经过"选人"阶段。士人考中进士后,通常只有前三名至五名能初授为低级京官。第六名(有时甚至第四名)以下的绝大多数进士的寄禄官称,都是"幕职、州县官",都属于选人。以苏轼参考的嘉祐二年榜为例,据《宋会要辑稿》载:"嘉祐二年五月四日,以新及第进士第一人章衡为将作监丞,第二人窦卞、第三人罗恺并为大理评事、通判诸州,第四人郑雍、第五人朱初平并为两使幕职官,第六人以下及《九经》及第,并为初等幕职,第二甲为试衔大县薄尉;第三、第四等试衔判司薄尉;第五甲及诸科同出身,并守选。"[3]42498(《宋会要辑稿·选举志》)可见,嘉祐二年榜第四名初授职位也仅为选人的第一等的"两使幕职官"。选人位卑人众,要改官为京官绝非易事,所有"七阶选人须三任六考,用奏荐及功赏,乃得升改"[2]6948(《宋史·选举志》)。许多低级文臣甚至终身为"选人",没有升迁中高级京朝官的机会。

二、制科入三等，签判凤翔

为避免沦陷"选海"，苏轼授河南福昌县主簿并未赴任，而是准备参加制科考试。制科，又称"大科"。宋代制举，得人甚少。因此，制举入等者，授官待遇优厚，升迁较快。制举入等，原有官者，多转一官，或转为馆阁官或清要官；无官者，授官待遇与进士高等同。"（制科）中选者，不过一、二人，然数年之后，即为美官。"[4]56但制科中选亦非易事。宋仁宗朝规定参加制科者，须有二位大臣荐举，还须经历三个规定的程序：首先向两制（即掌内制、外制的翰林学士、知制诰、中书舍人）呈送平时所作策、论五十首，两制选取词理俱优者参加阁试；接着是秘阁试六论；最后才能参加皇帝的御试。

苏轼经欧阳修、杨畋等推荐，嘉祐六年八月秘阁试六论，之后参加御试，入三等。制科五等，第一、二等皆虚设。"制科分五等，上二等皆虚。唯以下三等取人。然中选者，亦皆第四等。独吴正肃公（育）尝入第三等。后未有继者，至嘉祐中，苏子瞻、子由乃始皆入第三等而已，子由以言太直，为考官胡武平所驳，欲黜落，后降为第四等。设科以来，止吴正肃与子瞻（苏轼）入第三等。故子瞻《谢启》云：'误占久虚之等'。"[5]26

按嘉祐三年闰十二月诏书规定，"自今制科入第三等，与进士第一，除大理评事、签书两使幕职官，代还，升通判；再任满，试馆职"[2]36158（《宋史·选举志》）。苏轼授大理寺评事，签书凤翔府判官，全衔为：将仕郎、守大理寺评事、签书凤翔府节度判官厅公事[6]336苏轼自己也说："忽从县佐，擢与评刑"了。"将仕郎"是苏轼的文散官阶，为文散官二十九阶之末阶，为从九品下，决定苏轼服青。"大理寺评事"是苏轼的本官阶，即寄禄官阶，无职事，为正九品，属京官阶次，决定苏轼的品位、俸禄。那么何谓"守"？北宋前期，文散官低于本官，则本官带"守"字。"签书凤翔府判官厅公事"为苏轼的实际差遣，简称"签判"。宋代签判始于太平兴国四年，始称"签署"，英宗时避御名改"署"为"书"。凡京朝官出任判官者，便称签判，选人充任者依旧称判官。签判被称为"郡僚之长"，地位在本府（州）其他属官之上，可以代理正副长官之职事。签判的主要职责是协助本府（州）正副长官处理政务公文，"斟酌可受理、可施行，或可转发、可奏上与否，以告禀本郡（州府、军、监）长官，最后裁定。"[7]541此外，签判还参与本州府各类狱讼案件的录问与签押、税籍户账管理、差役及吏人管理以及其他属官与所属县官的监察等事务。

嘉祐六年十一月，苏轼赴凤翔签判任。治平元年十二月，罢此差遣。作为北宋西北军事重镇凤翔府的签判，苏轼除佐助知府宋选、陈公弼，掌管文书，负责京都、边陲物资供给外，还经常到府属县视察，兴修水利，监察狱讼，减决囚禁，改革衙前役，其爱国重民思想得以实践。

在签判凤翔期间，嘉祐八年，宋英宗即位，苏轼本官阶由大理寺评事覃恩转大理寺丞。[6]395治平元年正月十三日，苏轼与章惇同游仙游潭，所撰文已署为"大理寺丞、签书凤翔府节度判官厅公事"。按宋制，有出身和无出身其本官阶的迁转序列是不同的，大理寺评事有出身转大理寺丞，无出身则转诸寺监丞。苏轼这次迁转属特殊的恩转。本官（寄禄官）阶的正常迁秩称为"磨勘"。宋真宗咸平四年，"罢郊恩迁官，行磨勘京朝官法"，规定文臣京朝官三年一磨勘迁转，治平三年九月改为四年一磨勘迁转。磨勘年限确定以后，不候代还京师，不限在职月日，本官秩满即迁。治平元年，本官阶磨勘迁转殿中丞。[6]433

三、试馆职复入三等，得直史馆，差判鼓院

治平二年二月，苏轼还朝，差判登闻鼓院事，为登闻鼓院主管官之一。宋初，设鼓司，置谏鼓（或称登闻鼓）于皇城门外，许臣民挝鼓申诉。景德四年五月改鼓司为登闻鼓院，掌接受文武百官及士民章奏表疏。凡建议有关朝廷政事、军事机密、公私利害等事，或请求恩赏、申述冤枉、贡献奇异术等，如不能依常规上达皇帝的，可先到登闻鼓院呈递事状，如受阻抑，再报登闻检院。登闻鼓院设判登闻鼓院事二人，简称"判院"或"判鼓院"，主管登闻鼓院事。

是年，苏轼学士院试馆职。《避暑录话》载："祖宗故事，进士廷试第一人及制科一任回，必入馆，然须用人荐，且试而后除。"[6]462苏轼试二论，即《学士院试孔子从先进论》《学士院试春秋定天下之邪正论》，"皆入三等"，得直史馆。"直史馆"为苏轼的"职"。宋制，低级文官及受处罚的官员是不授"职"的。在史馆中，直史馆地位仅次于史馆修撰。宋前期，昭文馆、史馆、集贤院、秘阁合称三馆秘阁，总名为"崇文院"，为"典掌禁中图书之府，

编书、校书、读书之局，储养名流贤俊、备咨询访问之地，培养两制、执政以至宰相等高级官僚之所"。[7]145 洪迈《容斋随笔》记载："国朝馆阁之选，皆天下英俊，然必试而后命。一经此职，遂为名流。"苏轼在《谢制科启》中也说："育才之地非一，而册府处其最高。"三馆馆职，又以史馆最重，欧阳修在《论史馆日历状》中也说："自前世有国者，莫不以史职为重。"在太平兴国之前直史馆与史馆修撰、判史馆事分撰日历，后不预修纂事，多为在京文臣兼职或带外贴职。[7]149

四、丧满返京，判官告院权开封府推官

治平三年四月，苏洵卒于京师。苏轼归蜀居丧。

熙宁二年二月返京。苏轼以殿中丞、直史馆，判官告院。官告院，在元丰五年之前为兵、吏、司封、司勋官告院简称，主管文臣、武官、将校任命书及封赠。官告院的长官为提举官告院，以中书舍人（知制诰）差充。判官告院位次于提举官告院，为官告院主管官之一。因需撰写官员的任命文书，判官告院须由带职的京朝官充任，须具有较高的文学造诣与声望，比如王安国、杨亿、曾巩等都出任过判官告院。官告院事颇为清闲，苏轼在《与子明》第一简云："轼二月中，授官告院，颇甚悠闲，便于懒拙。"[8]13册402页

是年，王安石欲变更科举。四月，宋神宗令两制、两省、待制以上、御史台、三司、三馆臣僚共同审议。苏轼上《议学校贡举状》，认为贡举之法不应轻易变更。王安石对此不悦，命苏轼权开封府推官，即兼领、暂代开封府推官，"意以多事困之"[8]18册215页。在《谏买浙灯状》（所作时间应为熙宁二年十二月）中，苏轼所具官职为："殿中丞直史馆判官告院权开封府推官"。北宋时期，开封府为"东京"，是皇宫所在，为全国府中之首，号称"天府"。开封府牧、尹、少尹不常置，权知开封府事（开封府不设正知府，凡任知府事者，必带"权"字）为开封府的实际长官，且开封府不设通判。开封府判官、推官是权知府的佐贰，是开封府的副长官。开封府推官位次于判官，以文臣朝官差充，"掌府事，以狱讼刑罚为生事，户口租赋为熟事，与判官分治"[7]517。开封府"府事繁剧"，职能众多，且是当时京师刑狱的主要管理机构，素有"京师狱市剧天下"之称，刑狱案件审理任务极为繁重，审判案件失误，要受惩罚。可见，苏轼权开封府推官事多繁杂，责任重大，确实在一定

程度上达到了"以多事困之"的目的。但"公决断精敏,声闻益远"[8]18册215页。熙宁三年十二月,苏轼罢权开封府推官,依旧官告院。

权开封府推官期间,苏轼本官阶磨勘迁转太常博士。《诗案·供状》:"权开封府推官,磨勘迁太常博士。"[6]592太常博士已属朝官阶次。

五、避谗离京,通判杭州,知密、徐、湖三州

苏轼"劲直敢言",屡上书神宗皇帝,论新法不便,为新党所不容。神宗皇帝多次欲提拔重用苏轼,被王安石作阻。范镇、司马光举荐苏轼为谏官也被阻。熙宁三年八月,王安石羽翼侍御史知杂事谢景温诬奏苏轼丁父忧归蜀时,贩卖私盐。朝廷下令各路监司严查,但"事皆无实"。苏轼未辩护,但乞求外任以避之。"上批出与知州差遣,中书不可,拟通判颍州。上又批出,改通判杭州。"[9]166册791页苏轼也很清楚,"杭倅亦知州资历,但不欲弟作郡,恐不奉行新法耳"[8]13册405页。

熙宁四年六月,苏轼带职出任杭州通判,全衔为太常博士、直史馆、通判杭州军州事。按宋制,"仕于外,非两制则虽帅监司,止呼寄禄官,惟通判多从馆中带职出补,如蔡君谟湖州……东坡先生杭州,如此之类甚多"[6]600。宋代通判始设于乾德元年,宋太祖有惩于五代君弱臣强、藩镇擅权之弊而设置,其目的是分知州之权。当时规定,较大的州府设二名,一般州设一名,不及万户的小州不设,若武臣为知州,则小州亦需特设通判。杭州时为大州,通判有两人。宋代通判全称为"通判某州军州事",俗称"倅"或"倅贰",也称"府判",也有"监郡"之称。通判职掌据《宋史·职官志》载:"职掌倅贰郡政,凡兵民、钱谷、户口、赋役、狱讼听断之事,可否裁决,与守臣通签书施行,所部官有善否及职事修废,得剌举以闻"[2]3974。可见,通判职掌主要有两方面:一是佐理郡政,凡本州公事,知州与通判连署。二是监督知州,监察官吏。通判官秩虽仅七品,但却被视为"州郡最要之任"。

熙宁四年十一月,苏轼到杭州通判任。熙宁七年九月,罢杭州通判任,移知密州,十二月,到任。苏轼在《论河北京东盗贼状》中,自具官职为"太常博士、直史馆、权知密州军州事"。熙宁九年,苏轼本官阶迁尚书祠部员外郎。《诗案·供状》:"就差知密州,磨勘转祠部员外郎"[6]857四月,苏轼在《雩泉记》中落款为:"朝奉郎、尚书祠部员外郎、直史馆、知密州军州

事、骑都尉、借紫苏轼。"朝奉郎为文散官二十九阶之第十四阶，正六品上，[2]4050决定苏轼应服绿；尚书祠部员外郎为本官阶，为从六品上。宋制，太常博士以上本官阶的迁转，以尚书省二十四司四十八个员外郎、郎中的结构，但有系列区别。受处分入水部系列，杂出身入膳部系列，恩荫入虞部系列、主客系列，进士出身入屯田系列、祠部系列（带馆职）。兵部系列需要带馆职和转运使以上差遣，吏部系列则需侍从官。苏轼进士出身、带直史馆馆职，故本官阶从太常博士迁转祠部员外郎。

直史馆为贴职，无职事，为差遣所带的荣衔；知密州军州事为差遣，是文臣苏轼实际担任的职事官——密州的一州之长官；骑都尉为勋五转从五品，勋为虚衔，无职钱，无俸钱。何谓"借紫"？宋前期，文散官阶三品以上服紫，四、五品服绯，六、七品服绿，八、九品服青。按苏轼文散官阶朝奉郎正六品上应服绿，但因职事特许其服紫，谓之"借紫"。

熙宁九年九月，苏轼诏移知河中府。十二月离密。熙宁十年正月，知河中府陆经再任。二月，苏轼改知徐州。四月，到徐。苏轼全衔为："朝奉郎、尚书祠部员外郎、直史馆、知徐州军州事、骑都尉"。元丰二年三月，苏轼罢徐州任，以祠部员外郎、直史馆知湖州军州事。四月，到任。

从熙宁四年至元丰二年，苏轼被新党所排斥，离京外任。但作为地方长官的他，又不得不按朝廷旨令推行新法，使其在民间更清楚地看到新法的种种弊端。为减轻人民的痛苦，他在力所能及的范围内积极作为，或疏浚钱塘六井，或组织捕蝗，或赈济饥民，或抗洪救灾，为当地百姓所称道。但他对新法的种种不满，寄情于诗文，以诗纾愤，不慎言语，最终导致了"乌台诗案"的发生，从地方之长沦为阶下之囚。

六、乌台诗案，贬谪黄州

元丰二年七月二十八日，以谤讪朝政的罪名，中使皇甫遵到湖州押解苏轼到御史台，罢湖州知州。八月十八日到御史台。十二月二十九日，责授苏轼检校水部员外郎、黄州团练副使、本州安置、不得签书公事。史称"乌台诗案"。苏轼在《到黄州谢表》自述："去岁十二月二十九日，准敕责降臣检校尚书水部员外郎充黄州团练副使本州安置不得签书公事，臣已于今月一日到本州讫者。"在"乌台诗案"中，神宗对苏轼的处罚是安置。宋代对贬谪官员的处罚类型主要有羁管、编管、安置、居住等。羁管、编管最为严厉，必除名勒停，安置的处罚重于居住，但安置一般不除名，保留官员的身份，并多授散官。宋人张端义言："安置待宰执、侍从官；居住待庶官。"[10]20当时的苏轼既非宰执官，也不是侍从官，而对他采用安置的处罚，是个特例。宋代散官有十等，而安置者常授的主要是节度副使、节度行军司马、团练副使和州别驾四种。团练副使为十等散官之第四等，为从八品。散官也属品官，有俸给，谪散官不给全俸。宋真宗咸平三年四月曾下诏规定，行军司马、节度防团副使、上佐、司士、文学、参军，非特许签书者，不得掌事。也就是说，团练副使非特许是没有事权的。有人认为，苏轼的官职为黄州团练副使相当于黄州武装部副部长，这种说法是不准确的。检校水部员外郎是宋初检校官十九等之末等，是一种加官，没有实际的作用，在宋神宗元丰三年九月罢除。检校官制度产生于北周后期，在唐前期盛行，意即有职事而未正授之官，相当于试用、权摄，但到唐后期至北宋，检校官逐渐演变成一种假借官资的荣誉虚衔。苏轼贬谪黄州，使其仕途陷入第一个低谷，却迎来了其文学创作的第一个高峰。

注　释

[1] 元丰改制后，元祐、崇宁、政和时期对元丰官制有所革新、完善，但无关宏旨，元丰官制基本架构未曾触动。

[2]（元）脱脱等《宋史》，中华书局1977年版。

[3]（清）徐松《宋会要辑稿》，中华书局1997年版。

[4]（宋）司马光《涑水记闻》，中华书局1989年版。

[5]（宋）叶梦得《石林燕语》，中华书局1984年版。

[6] 孔凡礼《三苏年谱》，北京古籍出版社2004年版。

[7] 龚延明《宋代官制辞典》，中华书局1997年版。

[8] 曾枣庄、舒大刚《三苏全书》，语文出版社2001年版。

[9]（元）潜说友《咸淳临安志》，文津阁四库全书，商务印书馆2005年影印本。

[10]（宋）张端义《贵耳集》，丛书集成初编，商务印书馆1937年版。

清代"豪放""婉约"词论之文献载体举隅

◇赵银芳[*]

叶恭绰曰:"词学滥觞于唐,滋衍于五代,极于宋而剥于明,至清乃复兴。"[1]清代词学理论成绩斐然,相比前代,理论内容更加丰富,并且形成了一定体系,对"豪放""婉约"等词学具体问题也有更加细致深入的论述。清代词论文献浩瀚,形式较前代更为多样和完备,包括词话、词集和词选的序跋批注、论词诗词,以及文、笔记、词谱、诗话、曲话、书札中的相关内容,有专门的词论著作,也有散见于各处的点滴评说。其中与"豪放""婉约"问题相关的资料,至今无人做过系统统计。笔者在研究清代"豪放""婉约"词论时参考前人考述,对搜集到的现有相关文献资料进行分析、归类,大致分为词话、词选、词籍序跋、论词诗词四种。

一、词话:较常见的词论形式

词话是传统词论的主要形式,无论是对宏观的词学史还是微观的词学问题来说,都有重要意义。近人谢之勃指出:"词话者,纪词林之故实,辨词体之流变,道词家之短长也。"[2]虽然不够全面,比如有的词话主要是阐释词的声律问题,但是充分肯定了词话的功能。

词话产生于宋代,是随着词的产生发展应运而生的,是宋词繁荣兴盛的产物。

早期的词话往往不成体系,今天看来较为凌乱,都是杂在或附着在笔记和诗话著作中。这属于广义词话的范畴。广义的词话指所有文字记载中涉及词的言语,除了专门的词话著作,也包括诗话、笔记、文集、史传、类书中

---

[*] 作者简介:赵银芳,文学博士,国家图书馆副研究馆员。

对词的评价。以宋人笔记为例，其中就有很多谈词之语，我们比较熟悉的俞文豹《吹剑录》，其中关于东坡轶事的记载就颇为生动，流传久远，成为词坛佳话，形象地点出了"婉约"与"豪放"两种风格词作的不同之处：

> 东坡在玉堂日，有幕客善讴，因问："我词比柳词何如？"对曰："柳郎中词，只合十七八女郎，执红牙板，歌'杨柳岸晓风残月'，学士词须关西大汉，铜琵琶、铁绰板，唱'大江东去'。东坡为之绝倒。"

宋人诗话中谈词较多的是陈师道《后山诗话》，作者论苏轼曰："退之以文为诗，子瞻以诗为词，如教坊雷大使舞，虽极天下之工，要非本色。"[3]309 明确道出当时词坛对苏词、豪放词的态度，反映出"以婉约为本色"的词学观念，也成为对后世影响深远的词论。此类早期散见于各处的词话虽不够系统，但不乏生动，为后人的词学研究提供了鲜活的资料。

狭义的词话指以词和词人及相关内容为议论对象的阐释和评论，主要指独立的专门著作，论述的语言以散体而非韵语为主，包括关于词及词人的品评，对词的考证，词的本事、声律、填词要诀等。为了把词论与词籍序跋、论词诗词区分开来，本文所讲的词话即狭义的词话。

宋人词话流传下来的不多，《四库提要》词曲类仅录宋人词话3部，唐圭璋《词话丛编》录宋代词话相对较多，也不过11部，但这些词话对我们了解宋词的特性、地位等起了重要作用。大概和词的发展状况有关，元、明词话存世寥寥无几；到了清代，词话著作蔚为壮观，在数量上远超出历史上的各代，对许多问题的探讨也尤为详尽和系统。《词话丛编》共收词话85种，其中清代词话68种，加上附录中的3种，有71种之多。《词话丛编》之后，学者们又发现清代词话70余种，词话未见但存目的也有40余种[4]。随着文献搜集工作的持续，《词话丛编补编》《词话丛编续编》《词话丛编二编》都已问世。张璋等编纂的《历代词话》《历代词话续编》也可以作为《词话丛编》的补充资料来用。止于目前，清代词话尚有许多发掘的余地，考证工作也在继续。

清词话中，对词的"豪放""婉约"问题的论述占了大量笔墨，词话作者不断对苏轼、辛弃疾、李清照等人进行评论，或直接或间接地反映在对这些词人作品的评价中,有助于我们更好地了解这些词人和"豪放""婉约"问题。

清代词学理论载体多样,但词话是最常见也最重要的词论形式。至于它涉及的"豪放""婉约"论述有多少,可以通过图表的形式略窥一斑。《词话丛编》仍是目前最全面的词话总集,也是清代"豪放""婉约"词论的主要词话载体,笔者对其中清代词话做了粗略统计,得出一组有关"豪放""婉约"词论的数据,具体如下:

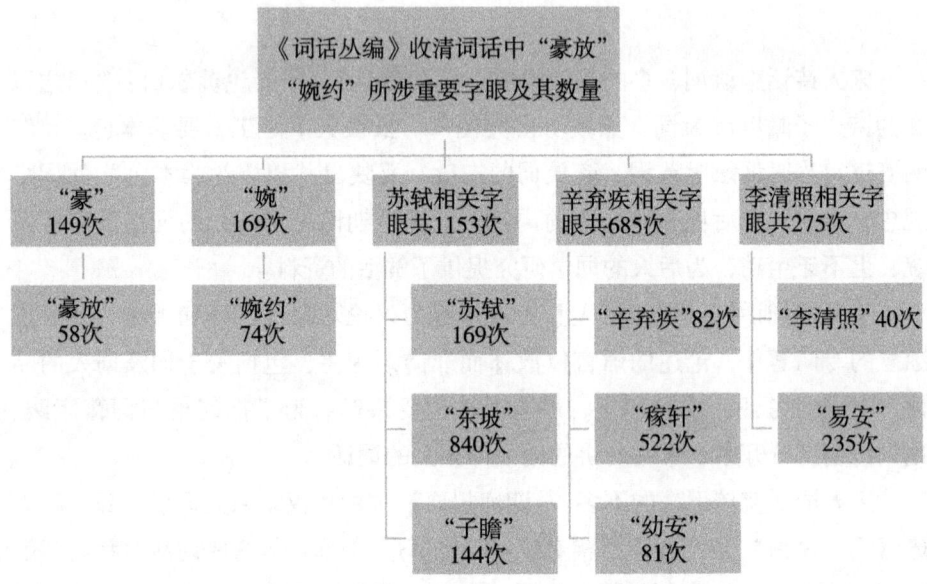

这项统计只是模糊统计,涉及某些具体字句难免会有重复,还会包括少数清代以前的数据,因为"豪放""婉约"问题是词学中的重大问题,前人也有论述,当世的词论家在阐释自己观点时会对前人有所继承;另外,虽然《词话丛编》中大多是单篇词话,但也不乏汇编和加工了众多词话中名句而成的词话,如冯金伯辑成的《词苑萃编》,所以同样的字句有时可能重复出现。李清照并不能代表全部的婉约词人,苏轼、辛弃疾也不能概括全部的豪放词人,只是笔者选取的较有代表性的词人。

但上述统计也能反映"豪放""婉约"词论在这71种清代词话中所占的比重还是相当大的,关系也很复杂,是和许多词学问题交织在一起,并非清晰的单一论述。

清代"豪放""婉约"词论之文献载体举隅

我们以《词苑萃编》为例,谈谈"豪放""婉约"词论的具体阐述形式。

《词苑萃编》成书于嘉庆年间,是编者有感于徐釚《词苑丛谈》的错综杂乱等缺陷,在原书基础上删减补缀,结合自己意志订正而成。全书分二十四卷,体例上分为体制、旨趣、品藻、指摘、纪事、音韵、辨证、谐谑、余编九项内容,时间上包括从宋至清的词学评论,对历代涉及"豪放""婉约"问题的词论多有摘录,但是对清代部分收录不够全面,笔者在此不详加论述,只从中采撷几个简单的例子进行简要论说。

例一:作者对词的态度是"词宜洗粉泽"。论据是毛稚黄的词论,毛稚黄反对当时词坛流行的以"韵"和"艳"来品评词作,认为真正的好词是去掉雕饰、洗去粉泽,并且必须以情贯始终,即蕴藏真挚的情感;他认为豪放词、婉约词中均有佳作,并对"豪放"和"婉约"进行界定,即"虽豪宕震激而不失于粗,缠绵轻婉而不入于靡"[5]1786。

例二:作者承认婉约为宗,但对南宋诸公的词作成就加以肯定。书中曰:"渔洋山人论词以为:'词以少游、易安为宗,固也。然竹屋、梅溪、白石诸公,极妍尽致处,反有秦、李所未到者。'"[5]1787其态度夹杂在对其他词人论断的肯定中。

例三:对词之"本色"做出新解,以《词筌》中相关论述为证,赞词之本色为佳,并高度评价辛弃疾词,认为其词为本色词。此处所谓"本色"是有真情、绝去雕饰之意,而非传统词论中"婉约为词之本色"之"本色"。突破了"词以婉约为本"的思维定式,新人耳目。

例四:以《词苑》中相关论断为证,推崇豪放词、苏轼词。"子瞻'与谁同坐,明月清风我','明月几时有,把酒问青天',快语也。'大江东去,浪淘尽、千古风流人物',壮语也……其词在浓与淡之间耳。"集《碧鸡漫志》词论佳句指出苏轼为词指出向上一路,具开拓之功,陆游认为苏轼非不能歌,而是不喜剪裁以就声律。

《词苑萃编》共有4处提到"豪放","婉约"8处,苏轼45处、子瞻34处、东坡167处,辛弃疾16处、稼轩54处、幼安9处,李清照12处、易安31处,一定程度上反映出苏、辛开创的豪放词风打破传统"婉约"词之樊篱,成为历代争论的热点。

康熙年间"诗坛泰斗"王士祯,在词学史上也留下厚重的一笔,继明代张綖分词为"豪放""婉约"两体外,首次变"体"为"派",明确提出词分

"豪放""婉约"两派,开现代意义上的"豪放派"和"婉约派"之源,在词史上意义重大。他在做出这一贡献的同时,也为"豪放""婉约"的争论添加了许多新的内容,如关于"豪放派"和"婉约派"的称呼等,清代"豪放""婉约"词论的内容也因此变得更加丰富多彩。但大家对王士禛词论的理解大多停留在这个层面,其他内容则很少引起关注,我们可以通过他的词论著作,对其词学理论有更加全面清晰的了解。

《花草蒙拾》是王士禛的重要词话,代表了其主要的词学观点,书中记其读《花间集》《草堂诗余》时之感触,从温庭筠、韦庄等花间词人入手,但又不限于此,对诸多词人及词学问题都有评价。我们锁定其中"豪放""婉约"内容进行探讨。

《花草蒙拾》专列一条冠之以"婉约与豪放二派",具体论述为"张南湖论词派有二:一曰婉约,一曰豪放。仆谓婉约以易安为宗,豪放惟幼安称首,皆吾济南人,难乎为继矣"[5]685作者在归纳前人相关论述的基础上,加入了自己的理解,从与张綖论述之对比可见。张綖道:"词体大略有二:一体婉约,一体豪放。婉约者欲其词情蕴藉,豪放者欲其气象恢弘。盖亦存乎其人,如秦少游之作,多是婉约;苏子瞻之作,多是豪放。大抵词体以婉约为正,故东坡称少游为今之词手;后山评东坡词虽极天下之工,要非本色。"概括了"婉约"和"豪放"的特征,前者"词情蕴藉",后者"气象恢宏",强调这和作家的个人气质关系很大,同时明确指出婉约为正,是词之本色。王士禛的词学观念有了很大进步,虽然肯定张綖"二体说",但不再把目光停留在正变问题上,其意义在于:变"体"为"派",使词学史上有了"婉约派""豪放派"的称谓;进一步促成了李清照和辛弃疾成为"豪放派"和"婉约派"的典型代表的地位,豪放词地位得以提高。由是对后世产生很大影响,甚至成为词坛定论。

作者的这些论断不是孤立的,而是和其他论述相互关联,参之书中其他论述,我们会对其词学思想有更多了解。在"婉约与豪放二派"论述中,作者虽然不再把关注点放在词之正变问题上,但"婉约"为本色、"豪放"为变体的根深蒂固观念并未完全改变,当时仍占统治地位。他在论述"温韦非变体"时曰:"弇州谓苏、黄、稼轩为词之变体,是也;谓温、韦为词之变体,非也。"他对苏轼、辛弃疾赞赏有加,意味着豪放词越来越受到人们的喜爱。"平山堂一抔土耳,亦无片石可语,然以欧、苏词,遂令地重"[5]681,深切体会到苏词的影响。但他认为苏轼词中既有豪放风格,也有婉约风格,其词之所以名重如此,主要是豪放词的影响,但婉约词也功不可没,是共同作用的结果。"名家当行,固有二派。苏公自云:'吾醉后作草书,觉酒气拂拂,从十指间出。'黄鲁亦云:'东坡书兵海上风涛之气。'读坡词当作如是观。琐琐与柳七较锱铢,无乃为髯公所笑。"[5]681 他看到了苏词带来的词坛新气象,认为苏词作之气象相比柳永等人的词风是巨大的进步。他赞赏辛弃疾词中磊落丈夫气,曰:"石勒云:'大丈夫磊磊落落,终不学曹孟德、司马仲达狐媚。'读稼轩词,当作如是观。"[5]681 言语之间对豪放词欣赏有加。

二、词选:较隐性的词论形式

和其他词论形式相比,词选是较隐性的词论形式,反映出词选者的好恶和当时的审美风尚,能间接透露出作者的态度。清代词选种类很多,仅叶恭绰《全清词钞》所引用的就达221种之多。

施蛰存《历代词选集叙录》中收27部,马兴荣《中国词学大辞典》、王兆鹏《词学史料学》分别收84部、102部,相对完整,两相对照得112部。唐宋人选的词选存12部,明人选的词选存20多部,清人现存全部词选共100余部。清代几乎每个词派都有词选,如浙西派朱彝尊编《词综》,常州派张惠言编《词选》。另外,清代词选是词话的重要来源,一些词话取自词选的序言、发凡或评点,所以各种词论形式之间有时并非完全区分。

清代词学史上的词选大致有三种:宋人所选唐宋词选的重刊、新编历代词选、当代词选。宋人词选《草堂诗余》在明代影响很大,在清初亦有较大影响。新编历代词选著名的有朱彝尊、汪森《词综》,张惠言《词选》,周济《词辨》《宋四家词选》,陈廷焯《词则》,朱祖谋《宋词三百首》等。当代词选就清初来讲,较著名的就有王士禛、邹祗谟《倚声初集》,顾贞观、纳兰性德《今词初集》,陈维崧、吴本嵩《今词苑》,蒋景祁《瑶华集》等。清代的词学流派亦十分重视当代词选的作用,多以本邑本乡词人为基本阵容,各派都选编有体现本派成员的词选本,如云间派有《幽兰草词》(收陈子龙、李雯、宋徵舆三人词),西泠词人有《西陵词选》,松陵词人有《松陵绝妙词选》,梁溪词人有《梁溪词选》,柳州词人有《柳州词选》,阳羡派有《荆溪词初集》,浙西派有《浙西六家词》等。这既宣告本派的正式登场,也为本邑本乡词坛的成就、声势和特色起到宣传造势的作用[4]。这些词选都是研究清代"豪放""婉约"词论的重要资料。从清人对《草堂诗余》的批评中，从新编历代词选的序言及内容中，还有清代当代词选的编选目的中，都可以找到"豪放""婉约"问题的相关论说。清人对各种词选之于词坛创作风气的作用高度重视，将词选作为词学批评的工具和词学理论的载体，几乎每个流派的出现和思潮的兴盛都与相应的词选有关。词选是清代词学理论的重要形态，在清代词学史上产生了重要作用。

词选体现了清人的词学审美理想，对词风嬗变和词学理论发展起着重要作用。事实上词选编选不是简单罗列词作那么简单，陈廷焯云"以我之性情，通古人之性情"[6]3907，并进一步指出"作词难，选词尤难"[6]3907，选词需要慎重，否则影响词选的传播不说，也不能反映当时的社会风尚和选者的思想意趣。清人非常重视唐宋词选的作用，目的是指导当代创作、影响词人的审美和好恶。词选的作用非同小可，清代词学史上的论辩往往是由词选引发。龙榆生指出："浙常二派出，而词学遂号中兴。风气转移，乃在一二选本之力。"[7]由此可见词选的强大功能。所以词选中选词的偏重和内容、编选家的态度就尤为重要，而这些客观上给我们研究清代豪放、婉约词论提供了一个突破口。词选的序跋往往具有理论宣言的性质，是很重要的文献资料，其中某些理论还可与重要的词话著作相互印证。

南宋赵闻礼《阳春白雪》正集八卷专选婉约风格的词人词作，外集一卷多收张元幹、辛弃疾、刘过等人悲壮豪放的作品，这对后人将宋词分为婉约、豪放两派想必有所启发。清初文人邹祗谟、王士禛共同编选《倚声初集》是清代最早的词选之一，王士禛在序里道："诗余者，古诗之苗裔也。语其正则南唐二主为之祖，至漱玉、淮海而极盛，高、史其嗣响也；语其变则眉山导其源，至稼轩、放翁而尽变，陈、刘其余波也。"由此可见其继承明人以"婉约"为正、以"豪放"为变的词学观念，与《花草蒙拾》中相关词学观点相互印证，还可借此窥探出王士禛等为代表的广陵词人群体对"豪放""婉约"的看法。

清代词选中直接涉及"豪放""婉约"及相关字眼的论述并不多，一般是夹杂在词选序跋中，也会反映在选录词作的偏好及数量上，需要仔细甄别，是较隐性的词论形式。

三、词籍序跋：较集中的词论形式

就序跋使用的名称来讲，包括"序""自序""后序""跋""跋语""题辞""题记""随记""再记""解题""提要""叙""叙录""发凡""凡例""例言""引言"等，笔者所指的词籍序跋把凡是起到序跋作用的都包括在内。这里指的是"词籍"而非"词集"，前者包含的内容比后者宽泛许多。词籍序跋是词籍的一部分，独立性不强，虽然很早就引起学人的重视，但收集这类资料的文献书籍并不多。施蛰存《词籍序跋萃编》收唐、五代、宋、辽、金、元、明、清词集序跋共1045篇，清人所作的序跋占半数以上。另外，收词集序跋较多的本子还有金启华、张惠民等《唐宋词集序跋汇编》，其中许多序跋是清人所写。

清代的词籍序跋包括对重新刊行的历代词集所作的序跋，为新选编的前朝、当朝词集所作的序跋，以及词话、词谱等的序跋。总的来说，清代词籍序跋以总集、选集、别集之序跋为主，杂有部分词话、词谱、词律及其他序跋。清人学术研究热情很高，词选繁盛，相应的词籍序跋也很多，再加上对历代词籍的重新刊行，序跋数量超过了之前历代词籍序跋的总和。

清代词籍序跋是"豪放""婉约"词论的重要载体，为我们研究清代词坛风尚、清代"豪放""婉约"词论及挖掘深层次要因提供了有益的视角，有很大作用，但近些年受关注的程度不够。

《四库全书总目》起到了序跋的作用，对苏轼、辛弃疾、李清照词集均有介绍，我们以此为例简要阐述清代词籍序跋中的"豪放""婉约"词论，并可大致得出乾隆年间官方对"豪放""婉约"词的评价。

《东坡词一卷提要》在阐释"豪放""婉约"问题时这样评论："词自晚唐五代以来，以清切婉丽为宗。至柳永而一变，如诗家之有白居易。至轼而又一变，如诗家之有韩愈，遂开南宋辛弃疾等一派。寻源溯流，不能不谓之别格。然谓之不工则不可。故至今日，尚与《花间》一派并行而不能偏废。"[8]62清人论词人喜欢用诗人作为参照系，把柳永对词之贡献等同于白居易对诗的贡献，说明柳永词"近俗"的一面，把苏轼"以诗为词"、辛弃疾"以文为词"和韩愈"以文为诗"比较，深入浅出、发人深思。这种评判方式独特新颖，但难免有偏颇之处。值得肯定的是，这种评价方式在一定程度上借助诗梳理了词史脉络。从这段文字我们也可得知清代官方对苏轼、辛弃疾豪放词的评价——"然谓之不工则不可",指出苏、辛豪放词的艺术和思想魅力毋庸置疑,是和婉约并行的一派,但仍然目之为"别格"。

《稼轩词四卷提要》云:"其词慷慨纵横,有不可一世之概,于倚声家为变调。而异军特起,能于翦红刻翠之外,屹然别立一宗,迄今不废。"[8]202 对辛词的态度是认可其豪放词"慷慨纵横""不可一世""屹然别立一宗",但仍然是"变调",说明这一时期辛词的作用受到重视,但并未摆脱"变调"的定位。

《漱玉词一卷提要》:"清照以一妇人,而词格乃抗轶周、柳,张端义《贵耳集》极推其元宵词永遇乐、秋词声声慢,以为闺阁有此文笔,殆为闲气,良非虚美。虽篇帙无多,固不能不宝而存之,为词家一大宗矣!"[8]146 对李清照词大加褒扬,认为其功劳、地位不可低估。由此可以看出,在当时,李清照的婉约盟主地位并未动摇,仍然是词坛一大宗主。

此外,民间文人对"豪放""婉约"也有诸多论述,如冯煦、王鹏运等所作序跋中对此都有评价。综观之,不同的词学流派亦有不同的词学主张,对"豪放""婉约"的看法亦不尽相同,有时同一词学流派内部的不同论家对"豪放""婉约"的看法也有差异。

四、论词诗词:较独特的词论形式

论词诗词是清代词学理论的独特景观。清代论词诗词是论词诗词发展链条上集大成的环节,对论词诗词的长期发展功不可没,其后民国至今论词诗词络绎不绝,已发展为词学理论的一种固定形式,如夏承焘《论词绝句》就很有代表性,也已走入人们的研究视野。据笔者了解到的整理和研究成果来看,清代仅论词诗就多达四十余家,总数逾七百首以上,其中厉鹗所作受关注稍多。从论词诗词中挖掘"豪放""婉约"词论很有意义,可以和传统词论相互印证,给清代"豪放""婉约"问题的研究提供充足而新颖的资料,尤其是在多年来论词诗词受关注程度一直远远不够的情况下。

清代论词诗词数量庞大,内容丰富,形式多样,对历代词人词作风格特点、渊源、影响等发表看法的言语比较多,篇幅上包括单首数句到鸿篇巨制,如谭莹论词绝句组诗177首从唐宋词人论至清朝本代。这其中即使是文人偶有感兴,以习用文体来谈看法,也能反映一些词论家的词学思想或创作经验。这些论词诗词作为词学理论的新形式,对词学理论发展有很大的贡献,也给词学批评增加了新的范式。[9]一些著名的论词诗词还成为词论家代表性的理论文献和词学理论的重要载体,具有很高的价值和重大的影响。比如厉鹗没有词话著作,《论词绝句》十二首就成为厉鹗及浙西派词学理论的重要文献。组诗、组词可作为简明词史,少则三五首,多则百首以上,这种宏大规模使其具有一定的系统性。再如纳兰性德是清代著名词人,其词学理论相对来说就也更加重要,但他没有词话等专门的词学论著存世,而《填词》一诗正面阐述了他对词的看法,刚好弥补了这个空白,其中涉及"豪放""婉约"问题。

这些论词诗词形式独特,形象和思想妙合无垠,读之绝不枯燥乏味,但有时不免晦涩。因为诗词篇幅短小,语言简练,多用典故和意象,如"红牙""铁板""红杏"等意有借指,以及承载了丰富文化意蕴的语符,给理解其中词学主张增加了难度,需要我们认真揣测。

辛弃疾是清代词论家评论的重点,各家欣赏的角度和评价有所不同,如郑方坤《论词绝句》三十六首其二二、华长卿《论词绝句》其二二、沈道宽《论词绝句》其十九、高旭《论词绝句》三十首其十九,对辛弃疾都有论及。清代论词诗词里论及苏轼、李清照、辛弃疾及相关"豪放""婉约"问题的还有华长卿《论词绝句》其十四、江昱《论词绝句》其四、冯煦《论词绝句》十六首其五,相对来说论李清照的篇幅不是很多,且主要集中在其改嫁问题的辨析。

下面从清代论词诗词中举例说明其中"豪放""婉约"词论的呈现状态。

郑方坤,生于康熙年间,雍正年间进士,诗坛留名,有政声,虽有词作传世,但这方面的成就一直不为人知,作有《论词绝句三十六首》(《四库全书存目丛书补编》本《蔗尾诗集》卷五),历数历代词人短长,其中有多首涉及"豪放""婉约"问题,具体如下:

九

坡公余技付歌唇,摆脱秾华笔有神。
浪比教坊雷大使,那知渠是谪仙人。

十二

黄花五字播闺吟，和笔真惭阁稿砧。
谁嗣徽音向萝屋，海棠开后到而今。

十七

红牙铁板尽封疆，墨守输攻各挽强。
莫向此间分左袒，黄金留待铸姜郎。

二二

稼轩笔比镆铘铦，醉墨淋浪侧帽檐。
伏枥心情横槊气，肯随儿女斗秾纤。

二七

《草堂》册子较《花庵》，错杂薰莸总不堪。
别采蘋洲帐中秘，不妨高阁束双函。

二九

有明一代孰邹枚，兰畹风流坠劫灰。
解事王杨仍强作，颓唐下笔况粗才。

三〇

云间设色学《花间》，汴宋余波着意删。
和者国中二三子，笙璈未觉寂尘寰。

三三

长芦朱叟捧珠盘，琴趣编成秀可餐。
力为词场斩榛楛，老年花不雾中看。

三五

阳羡才情冠古今，光腾万丈影千寻。
人间乃有迦陵鸟，白纻红盐尽縠音。

三六

束发谐声辨齿牙，度腔未熟笑蒸沙。

他年顾作伶官老，豪气应无屈宋衙。

这几首诗谈论的"豪放""婉约"问题，归纳起来有如下几点：

第一，对苏辛豪放词、李清照词的态度。肯定苏、辛的词作成就，欣赏二者的"豪放"风格，认为他们的作用是使词不再一味沉浸在秾艳之中，变得有力量，词境得到开拓，表达方式上更加酣畅淋漓，气势上愈发雄伟壮观。"坡公余技付歌唇，摆脱秾华笔有神"是对这种作用的形象概括。赞赏辛词艺高超，比之为"镆铘"，认为其下笔入神之势如宝剑般锋利无比。一改传统词论中视"婉约"为正体的看法，对苏、辛的关注多于李清照。认为苏轼是天才词人，作词信手拈来便神奇无比，辛弃疾也是"下笔如有神"。

第二，对明代词坛状况的评价。这一点从第二九中可窥见一斑。郑方坤认为明代词坛花间香艳词风独领风骚，笼罩词坛，这种颓势无人能挽回，因为明代缺乏苏、辛这样力挽狂澜、开拓新词风的杰出人物，暗示明人多粗陋，词人素质和词坛风气相互影响，这也是明代词坛式微的重要原因。

第三，对清初词坛的看法。郑方坤指出明末清初云间派着意花间，忽视两宋词，在词坛上应者寥寥。赞扬朱彝尊，指出其贡献很大，不仅创作出优秀词作，还编成《词综》，"力为词场斩榛楛"，有筚路蓝缕之功。肯定陈维崧为代表的阳羡派之成就，认为阳羡派倡豪放词风，尤其陈迦陵才情卓绝，词中气象万千、光芒四射，可为人间奇景。

第四，认为词之风格有多种，"豪放""婉约"之外，还有姜夔词风，在众词风中首推姜派。"红牙铁板尽封疆，墨守输攻各挽强"，"红牙""铁板"均出自宋代词论，分别指代柳永和苏轼，也代表两人分别呈现的"婉约"与"豪放"两种词作风格。这句诗意思是说，长期以来大家总是把柳永和苏轼相互比较，难分上下，但作者认为这个问题争论起来没有意义，暗指应该把目光放在姜夔词上，接着笔锋一转进一步说明"黄金留待铸姜郎"的意旨，指出姜夔词胜出一等，可见其态度是推崇姜夔清空词风。

陈聂恒与郑方坤生活时代相近而出生年份稍晚，二人对"豪放""婉约"的看法大不相同，陈聂恒极力推崇"婉约"词风，这一点在《读宋词偶成绝

句十首》(清刻本《栩园词弃稿》卷四)其六中有所体现:

> 敢言豪气全无与,诗论天然非所宜。
> 千古风流归蕴藉,此中安用莽男儿。

陈聂恒认为"豪放""豪气"充斥词中不合时宜,有损词之形象,与词的功能、特色不相符,真正好词应该是婉约缠绵、委曲蕴藉的,言辞之间对"豪放词"很是不屑,讥之为"莽男儿"。

江昱生年稍后于陈聂恒,生活的时代与之相差不远,对"豪放""婉约"的认识却又有不同,在他的十八首论词绝句中,虽未明确提出自己的倾向,但字里行间还是能看出其态度。

二
> 临淄格度本南唐,风雅传家小晏强。
> 更有门墙欧范在,春兰秋菊却同芳。

作者照顾到各家的风格,风雅也好,婉约也好,欧阳修和范仲淹等创作的词境逐渐开阔、稍显"豪放"的词作也好,在作者心目中并芳争妍。在后面几首中,作者的审美态度愈发复杂:

三
> 红杏尚书艳齿牙,郎中更与助声华。
> 天生好语秦淮海,流水孤村数点鸦。

四
> 一扫纤秾柔软音,海天风雨共阴森。
> 分明铁板铜琶手,半阕杨花冠古今。

秦观词缠绵悱恻,得到作者激赏。相对"豪放""婉约",江昱更偏爱周邦彦,推崇其为词坛领袖,如其六中有"词坛领袖属周郎"之句,但不因此抹杀其他词人之功劳,对南渡诸贤也大加赞扬。可知在江昱心中,周邦彦词、秦观婉约词仍是正统的婉约词的传承。江昱同样接受了词史上的"铁板铜琶"之讥，把苏轼定位为"铁板铜琶手"，但也肯定了苏轼开拓词境、转变词风之功，又不抹杀其婉约词的高超绝妙。江昱对辛弃疾评价不高，认为"辛家老子体非正"，成就比不上刘过等。从他对刘过的肯定来看，"体非正"应是针对辛弃疾"以文为词"、改变了词的婉约风格而言，对词的内容上的慷慨悲壮并无过多非议。

  清人就是这样在诗词中表情达意，借以阐述对词学问题的看法，这些诗词虽然篇幅有限，却意内言外、意味深长，符合我国传统的"诗言志"传统，不失为很好的理论载体。清代各个时期都有文人创作这类作品，对我们理解清代各个阶段的"豪放""婉约"词论大有裨益。

注 释

[1] 陈乃乾辑《清名家词序》，《清名家词》第1册，上海书店1982年版
[2] 谢之勃《论词话》，《国专季刊》第一期，1933年。
[3] （清）何文焕《历代诗话》，中华书局2004年版。
[4] 参见孙克强《清代词学文献的整理和研究》，《河南大学学报》（社会科学版）2005年第4期。
[5] 唐圭璋《词话丛编》第二册，中华书局2005年版。
[6] （清）陈廷焯《白雨斋词话》，人民文学出版社1959年版。
[7] 龙榆生《选词标准论》，《词学季刊》第一卷第二号。
[8] 施蛰存主编《词籍序跋萃编》，中国社会科学出版社1994年版。

第二十一届苏轼学术会议综述

◇刘清泉[*]

2017年8月22—25日,由中国苏轼研究学会、平顶山学院和郏县苏轼文化研究会主办,眉山市三苏文化研究院、平顶山学院文学院、平顶山学院伏牛山文化圈研究中心和郏县三苏纪念馆共同承办的"纪念苏轼葬郏915周年暨全国第21届苏轼学术研讨会"在平顶山学院举行。

此次会议的亮点有二:

其一,开展纪念苏轼葬郏915周年活动。24日上午,与会学者乘车前往郏县茨芭乡苏坟寺村,参加东坡艺苑揭牌仪式、参观三苏纪念馆并拜谒三苏陵墓。此次会议在平顶山召开,郏县三苏坟受到与会学者一定的关注,收到苏轼葬郏相关论文5篇。刘清泉《郏县苏轼符号——谈苏轼的丧葬观》认为,郏县三苏坟这个载体,象征苏轼"是处青山可埋骨"的丧葬观,以及旷达的人生姿态,已衍化为郏县苏轼符号,是郏县苏轼文化的独特资源。相关论文还有刘继增、梁楠楠、刘祎桐《郏县苏轼坟前的"仗剑侍卫"——康熙年间"天下第一廉吏"张鹏翮书法诗刻碑初探》,于海峰、刘彩平《瞻仰苏轼墓祠的一道"必答题"——一代文豪苏轼究竟患何致死病症再探》,王宝郑《苏轼葬郏史实考论》,乔建功《读〈苏过墓志铭〉辩苏轼葬郏之因》。

其二,收到专著6部:陆雪卉著《此心安处是吾乡——苏东坡的心路依归研究》(九州出版社2017年版)、何晓苇、杨兴玉主编《东坡西湖研究》(中国文史出版社2017年版)、方永江著《且思:苏祠外浅尝》(中国文史出版社2016年版)、陆明德著《苏轼知徐州札记》(中国文化出版社2017年版)、谭敦容著《苏轼与徐州》(中国文化出版社2017年版)和喻世华著《苏轼的人间情怀》(江苏大学出版社2017年版)。

---

[*] 作者简介:刘清泉,眉山市三苏文化研究院研究室主任、副研究员,中国苏轼研究学会副秘书长。

此次会议成果丰富，共收到来自北京、上海、四川、湖北、海南、广东、江苏、河南、河北、山东、陕西、吉林、江西、云南、重庆、贵州、甘肃、青海、内蒙古、辽宁、台湾等 20 余地学者的论文 121 篇，并收到专著 6 部。综览与会者论文，从内容角度分为以下五个方面。

一、传播、接受与版本研究

有关传播、接受与版本研究的论文共计 22 篇

传播研究论文 1 篇，彭文良《苏轼作品在生前的传播形式及其特点》一文指出，苏轼作品在其生前传播形式有结集、刻石、抄录、传唱四种，并有生前即备受推崇、边疆异域亦有读者群与本人有意传播的特点。

接受研究包括苏轼对前人的接受与后世对苏轼的接受两部分。其中，苏轼对前人的接受研究 4 篇，主要涉及苏轼对陶渊明、杜甫和白居易的接受。周裕锴《苏轼眼中的杜甫——两个伟大灵魂之间的对话》分别从苏轼对杜甫忠诚人格的推崇、远大志向的肯定、诗坛地位的评价、不幸遭遇的同情、艺术风格的欣赏、意象句法的化用、诗歌人生的调侃、艺术趣味和陋句的质疑等方面阐述其对杜甫的接受，指出苏轼在多种场合会想起、化用杜甫的诗句，苏轼认为自己是杜甫的知音，而杜甫则是自己的代言人。陈才智《在形神与身心之间——苏轼之于陶渊明、白居易》认为，白乐天型人格范式，上承陶渊明，下启苏东坡，是中国文人三大人格范式中的重要一环，白居易曾自比"异世陶元亮"，而苏轼则自云"出处依稀似乐天"。从晋代陶渊明的形影神释，到唐代白居易的身心问答，再到宋代苏东坡的物我相忘，构筑起中国文人范式的三块重要基石，中国文人思想也随之经历了起转合的三个阶段。另外还有赵银芳《东坡旷代慕乐天——"苏白"与其"东坡"情节略论》、高云鹏《苏轼视野中的陶渊明——兼论苏轼在陶渊明经典化过程中的意义》等文。

有关后世对苏轼的接受研究论文 14 篇，涉及后世话本、剧本、小说、评论、词典、教材中对苏轼的接受研究。王维玉《重审李泽厚之"苏轼的意义"》认为，李泽厚对苏轼的意义之断言，关联着其诸多理论预设，在特定历史语境下有其进步意义，并影响至今，然而就当前语境来看，李氏的理论预设值得进一步辨析，结合近几十年来的相关研究可以看出，苏轼的意义表现

在：文化上，他并非一维理性的恪守者，而是以个性求整体，具有准宗教的形上意味；社会上，他是前后期传统文化的过渡者，并暗含着近代人文的消息；他又是贵族、士绅到平民的贯通者，也暗指着现代的方向。邹建军《〈世界文学史〉中的苏轼叙述及其缺失》认为，俄罗斯科学院高尔基世界文学研究所编写的《世界文学史》中的"苏轼叙述"，只是简要评述、评价了苏轼的诗文、书法、绘画等作品和成就，没有具体的分析，话语方式上存在个性化的问题，总体上存在篇幅、重点、评述失当等失误，这是由于编者没有科学的编辑体例与叙述原则、没有读完苏轼的全部或主要作品、叙述方式与文学史观念存在问题等原因造成的。何梅琴《近五年关于苏轼实证研究述评》对近五年来有关苏轼生平、行迹、交游、诗词文创作、作品版本等方面的实证研究成果进行了述评。相关论文还有曾涛《编纂〈三苏文化大词典〉的价值和意义》、江枰《论"程学盛于南，苏学盛于北"的不成立》、王魁星《论〈冷斋夜话〉的文体特征及东坡形象》、赵焕亭《近情——林语堂与苏东坡精神的一个契合点》、闫真真《钱基博的东坡散文研究》，以及刘宝强、常民强、李新、赵星、苏学文、张国培等人的论文。

版本研究论文3篇。刘尚荣《东坡词傅幹注考证》列举该书在词文、题序、注释等方面的突出特色，揭示了《注坡词》在东坡词的编年、校勘、笺注、辑佚、辨伪等方面的重大贡献。朱刚《关于婺刻〈三苏先生文粹〉所载策论》认为，《三苏先生文粹》的编者以服务于科举为目的，塑造了"三苏文"的一种形态，呼应了南宋场屋举子的需要。一方面，由于《文粹》在有关科举之文的搜集上几乎竭尽全力，其成果非常出色，故能为我们提供三苏的许多集外文章；另一方面，也由于这么多集外文的加入，且跟三苏别集原有之文混编，就有可能塑造出新的文集形态。此外，还有梁敢雄《黄州出土苏轼乳母墓志及铭文定本考》。

二、 思想与精神研究

有关苏轼思想与精神的研究涉及其思想底蕴、精神风度、宗教观、君臣观、人生观、生死观、丧葬观等诸多方面，共有论文28篇。

江惜美《苏东坡的思想底蕴》认为，苏轼经历了北宋儒、释、道三教合一的洗礼，他体认道家、践履佛法，并精研儒学，汲取各家学说的精华而融会贯通，形成了自己的哲学观，以至出入经史、驰骋翰墨，都能无入而不自得。徐建芳《〈周易〉"易简"原则对苏轼的影响》认为易简"平易而不难，简单而不繁"的基本原则对苏轼的处世态度和政治思想产生了很大的影响。许外芳《论东坡风度》认为，苏轼全面学习魏晋风度，加以综合化用，形成了自己独特的"东坡风度"：谈玄论道、醉以忘忧、性好山水、幽默谐谑、书画怡情、医药养生、人物品评，成为后人效法的榜样，千古传诵。相关论文还有庆振轩《坎坷识天意，淹留见人情——苏轼君臣观探论》、张思齐《苏轼文学创作中的亲民意识》、潘民中《苏东坡的"三不"品格略论》、孙君恒《苏轼所写墓志铭里的人生观》、彭林泉《苏轼恤狱之仁研究——以〈乞医疗病囚状〉为基点》、袁丁《苏轼与巫术——以苏轼对巫术的矛盾态度为中心》、金欢《浅析家风家教对苏轼法制思想的影响》，以及涂普生、杨常沙、刘清泉、乔云峰、夏爱民、谭敦容、杨晓宇、苏明奇、尹伟达、顾丽莉等人的论文。

其中，有关苏轼宗教观的论文8篇，袁桂娥、刘继增《苏轼晚年心灵世界探微——兼谈苏轼对汉传观音文化的贡献》认为，苏轼晚年撰写的《观世音菩萨颂》，体现了他"援儒入佛"的思想，成为管窥饱经沧桑的苏轼晚年心灵世界的"窗口"和观音"汉化"进程中的一个里程碑。相关论文还有徐培富《浅议苏轼的心性论与宗教观》、宋明刚《浅谈苏轼对杭州佛教文化的影响》、谈祖应《论"东坡禅学"之缘起及基本特征》、郭杏芳《试谈苏东坡的佛家情缘及佛教观》、刘晗《苏轼的佛教情怀与生态智慧》、刘伟《禅桨荡漾心灵歌——苏轼耽禅原因考略》、陆雪卉《苏轼布施观研究》等。

三、文学与艺术研究

有关苏轼文学与艺术的研究论文共计24篇，其中审美研究9篇、文学作品研究9篇、书画作品研究6篇。

冷成金《悲剧意识的源起以及苏轼词悲剧意识研究》、包树望《苏轼理趣诗中的悲剧意识》和宋春光《悲剧情怀与苏轼形象的理想化》3篇探讨了苏轼诗词文中的悲剧意识，其中，冷成金从悲剧意识的兴起与情—理—情的价值建构理路、在悲剧情怀中归于心理本体、悲剧意识的兴起与化时间为空间的时空关系、对悲剧意识的审美超越四个方面论述了苏轼词中的悲剧意识。

杨胜宽《三苏父子的怨刺诗学观》认为怨刺诗学观在中国古代诗歌创作与批评史上具有悠久的传统，三苏父子的诗学观念内容丰富，他们的怨刺诗学观一脉相承，无论放在传承孔子以来的诗学传统观念，还是放在北宋诗歌发展现实需要的背景上，三苏怨刺诗学观都很重要，且价值巨大。审美研究还有李静《东坡词：壮美词格的多重构成》、赵伟东《苏轼文艺观的三维观照》、马蓉《苏轼自然审美思维方式探析》、高春林《寻找苏轼，或寻找灵魂旧址——谈〈此心安处〉创作兼论苏轼诗学》、罗浩刚《苏轼"问月"的文学思想史意义》等。

对苏轼文学作品的研究有商拓《试论苏轼诗歌的对仗》、王渭清《东坡俳谐论》、马银华《苏轼密州超然台唱和及其文化意蕴》、喻世华《苏轼润州词辨证》、王双同《政治际遇下的东坡辞赋创作研究》、张宏《传世杜诗书法与杜集校勘——以苏轼书〈奉观严郑公厅事岷山沱江画图十韵〉为例》、阮忠《苏东坡流贬海南儋州的"和陶诗"论》、吴增辉《文化视野下的苏轼和陶诗平议》等。韩国强《论苏轼〈艾子杂说〉的政治倾向》从暴露官场的黑暗、怒斥暴君的残暴、揭示变法的弊病三个方面论述《艾子杂说》，阐明了其嘲讽世情、讥刺时病的政治倾向。此外还有苏轼与他人作品的比较研究，如闫续瑞《苏轼、苏辙送别诗情感之比较》、周于飞《张问安张问陶唱和诗与苏轼苏辙唱和诗之比较》等。

书画作品研究方面，王万洪《宋代巴蜀书法综述》认为，宋代巴蜀书法达到了巴蜀书法史的最高峰，文人学者书法、民间书法、宗教书法在这一阶段得到最大限度的发展，以苏轼为核心的巴蜀书法人才实盛，并在全国处于独领风骚的显赫地位。因此，两宋三百多年，是巴蜀书法在历史上最兴旺的时代，不仅在当时占据了文献整理、书法创作、书法理论等领域的高水平位置，同时泽被后世，影响巨大。书画研究还有由兴波《宋代"书法四大家"诗学思想与书法理论比较研究》、李新《绚烂之极是平淡——苏轼书画艺术论》、杨吉华《苏轼诗画论中的"文人"探绎》、王琳祥《苏轼〈赤壁赋〉墨迹长卷传世记》、徐晓洪《一蓑烟雨任平生——东坡立展图研究》等。

四、文化与地域研究

文化与地域研究论文共计21篇，其中文化研究8篇、地域研究4篇、时代价值研究9篇。

文化研究方面，潘殊闲《苏轼的养生智慧及其当代启示》认为，苏轼的养生思想与实践已升华为一种养生的智慧，即心养、身养、食养、药养和境养。苏轼的养生智慧启示我们，养生需要有强烈的养生意识、良好的生活环境、基本的物质保障，这三者三位一体，缺一不可，如果说养生意识属于精神层面，那么生活环境与物质保障就是物质与精神的混合层面，精神与物质必须并行不悖，方可相向而行，才能抵达康养的幸福彼岸。相关论文还有张馨心《卫浴　养生浴德净心——苏轼与沐浴文化探论》、丁沂璐《胸次岂无医国策，囊中幸有活人方——再论苏轼与医学文化》、俞兆良《苏东坡的酒肉人生与他的豁达情怀——以东坡酒和东坡肉为例》、肖根胜《苏轼心目中的"桃花源"——苏轼密州〈后杞菊赋〉之"南阳之寿"考辩》、颜正源《苏东坡的诗酒风流》，以及李公羽、于海峰、刘彩平等人的论文。

地域研究方面，孙晓东《苏轼与地方志》认为，苏轼在全国各地为官游历所留下的诗词文赋、活动遗迹是宋元明清地方志编纂中的重要内容，他和宋代方志名家的交往，他所撰写的《东坡志林》，都对后世地方志的发展起了非常重要的作用。与地域研究相关的还有刘继增、梁楠楠、刘祎桐、乔建功、苏慎等人的论文。

时代价值研究方面，方永江《论东坡文化及时代价值》认为，东坡文化是以"三苏"为中心而形成的名人文化，是综合仁爱、旷达和博大精神特质的中华文化。它产生于北宋，经南宋、元、明、清、近代的衍生发展，在当今仍然具有社会价值和现实意义。此外还有苏泽民《三苏家训的特点和普世价值》、谢仿贤《谈谈东坡家风》、苏俊七《让三苏的家风家规家训推动国风国规国训的确定》、王宪斌《苏东坡为政观念引发的现实思考》、肖汉泽《从苏轼的调研谈政协调研的方法论原则》、齐念慈《东坡文化是"一带一路"民心相通工程的中国话语》、吴书芹《东坡文化与海南优秀文化传承发展》、孟昭全《一个老共产党员的学研苏学之路》等。

五、生平与家世研究

有关苏轼生平与家世的研究论文计14篇。

其中，有关苏轼生平研究的论文10篇，李景新《苏东坡北归卜居考》指出,苏东坡北归过程中,曾动过定居蜀川、杭州、龙舒、常州、真州、许昌之念,后来只在常州和许昌两地选择,最终考虑到政治局势的因素,放弃了前往许昌定居的计划,选择了定居常州。生平研究相关论文有 4 篇与颍州相关:郭世轩《颍州的魅力及其诗词表现——兼论苏轼的颍州诗意书写》、陆志成《欧苏颍州之文坛盟主责任交接》、姜伦《苏东坡颍州祈雨纪事》、李兴武《颍州事涉东坡的两次祭祀》。此外还有海滨《丁谓执殳,为苏前驱——丁谓与苏轼流贬海南经历对读》、刘奉《苏轼徐州治水亲水的历史功绩》、陆明德《友谊如山重,双星耀古今——试论苏徐州与文同的亲密交往》、周云容《北宋前期官制体系下的苏轼官职解读》,以及王宝郑等人的论文。

关于三苏家世的研究论文 4 篇,包括苏青龙《苏辙、苏过叔侄寓许考》、苏登科《试论许昌苏氏族谱中的祖源问题》、苏士福《苏味道故里追述》、张斌《关于大袭存为赵郡苏氏祖居地、宰相苏味道故里的考证》。

此次会议论文质量参差不齐,有些论文学术性较差,有待进一步提高。限于篇幅,此不赘述,不当之处,敬请批评。